Pater Karl Wallner

WER GLAUBT WIRD SELIG

Pater Karl Wallner

WER GLAUBT WIRD SELIG

Gedanken
eines Mönchs über
das Glück,
sinnvoll zu leben

Lübbe

Mit Erlaubnis meines
Herrn Abtes Gregor Henckel Donnersmarck
vom 5. Jänner 2009

Dieser Titel ist auch als Hörbuch bei Lübbe Audio lieferbar

Gustav Lübbe Verlag in der Verlagsgruppe Lübbe

Originalausgabe

Bildnachweis S. 129: akg-images, Symbolische Darstellung der
Durchbrechung des mittelalterlichen Weltbildes, Holzschnitt.
Aus: Camille Flammarion, *L'Atmosphère. Météorologie populaire,* Paris 1888.
Umschlaggestaltung: Gisela Kullowatz
Satz: Druck & Grafik Siebel, Lindlar
Gesetzt aus der Bembo
Druck und Einband: Friedrich Pustet, Regensburg

Printed in Germany
ISBN 978-3-7857-2373-9

5 4

Sie finden uns im Internet unter: www.luebbe.de
Bitte beachten Sie auch: www.lesejury.de

Inhalt

1. Darf ein Mönch plaudern?

Ich bin ein glücklicher Mensch. Und ich bin ein noch glücklicherer Mönch. Darum bedrückt es mich, dass viele Menschen so unglücklich sind. In der letzten Zeit ist mir die Frage besonders heftig aufgestoßen: Warum begegne ich so vielen Menschen, die äußerlich reich und schön sind, innerlich aber frustriert und leer? Irgendetwas stimmt da nicht. Klar, nach dem Glück suchen alle. Aber könnte es vielleicht sein, dass diese Menschen zwar suchen, oft sogar gierig suchen, aber am falschen Ort? Könnte es sein, dass sie deshalb so enttäuscht sind, weil sie von ihrem Leben nur eine Art Reisebüro-Glück erwarten? Also, ich kenne das ja auch, diese Sehnsucht nach der großen Entspannung, nach dem großen Ausatmen in einen sorgenlosen Urlaub hinein. Ich kenne auch dieses Bauchgefühl des Begehrens nach einem ganz glücklichen Leben, das in einem aufsteigt, wenn man diese glänzenden Urlaubsprospekte durchblättert: herrliche Bilder von Wasser, Sonne, Meer und Palmen! Suggestive Verheißungen völliger Sorglosigkeit und Seligkeit. Ja, auch Mönche fühlen sich manchmal überarbeitet, auch Priester brauchen Erholung und auch ich mache mal Ferien. Aber entschuldigen Sie, ich bin nicht so blöd, zu meinen, dass so etwas mein letztes Glück und mein höchster Lebenssinn sein könnte. Nein, aus diesem Selbstbetrug bin ich schon lange ausgestiegen.

Seien wir ehrlich: Den Lebensurlaub im totalen Glück gibt es nicht. Das Leben hat große Verheißungen und kann wunderschön sein, aber es bleibt doch immer viel zu klein, viel zu eng, viel zu kurz. So wie das Sandstrand-Glück eben. Die Ferien sind ja fast nie das, was man sich zusammengeträumt hat. Statt unendlicher Sorglosigkeit wird man meist schnell von sehr endlichen Sorgen eingeholt. Da ist man endlich im Urlaub, und doch ist da immer etwas, das nicht passt: die Liegestühle besetzt, der Sand zu heiß, der Magen verdorben, die Nachbarn zu laut, der Service zu langsam ... Die Wirklichkeit ist immer ein Nadelstich in den prallen Luftballon meiner Träume. Und außerdem wird jedes Gesuhle am noch so traumhaften Traumstrand mit der Zeit einfach fad. Einfach langweilig, tödlich langweilig. Wer das Blaue vom Himmel erwartet hat, wird durch das Graue des Gewöhnlichen bestraft. Gibt es das große Glück überhaupt? Ja, ich denke schon, denn ich habe das Gefühl, dass ich es für mich gefunden habe. Und ich glaube, dass wir in einer geistigen Zeitenwende leben, wo die Menschen wieder anfangen, am richtigen Ort zu suchen. Wir Menschen sind ja nicht dumm, denn Gott hat jedem von uns einen Verstand gegeben samt einem untrüglichen Instinkt des Herzens. Ich glaube, dass heute viele Menschen spüren, dass es so nicht weitergehen kann. Die Diskrepanz zwischen irdischem Glanz und geistiger Finsternis ist zu groß. Ich glaube, dass viele Menschen diesen stumpfen Materialismus immer mehr satt haben. Sie spüren: Das kann doch noch nicht alles sein. Da muss doch noch irgendwo ein großer Sinn und ein letztes Glück für mein Leben zu finden sein.

Wenn Milch zu kochen beginnt, dann geht sie über. Dieses Büchlein gebe ich nur mit intensivem Bauchweh an die Öffentlichkeit, denn ich bin es zwar gewohnt, in Predigten und theologischen Vorträgen »überzugehen« – aber nicht im Plauderton. Eigentlich sind mir Menschen, die so vor sich hin plaudern und schwätzen und plappern sogar suspekt. Natürlich hat gerade bei uns in Österreich das Plaudern eine hohe soziale Funktion, man setzt sich ins Kaffeehaus und redet bei einem kleinen Braunen über alles, worüber man halt so redet – also über alles. Bei uns sagt man: »Beim Reden kommen die Leute zusammen!« Beim Plaudern geht es nicht darum, Themen zu analysieren oder Probleme zu lösen, sondern einfach darum, sich mitzuteilen. Hier ist das Reden absichtslose Preisgabe: Ich erzähle dir über mich, ohne etwas von dir zu wollen; ich höre mir dich an, ohne dass ich fürchten muss, dass du etwas von mir willst … Ist es nicht gerade dieses Zweckfreie, das bewirkt, dass man wirklich »zusammenkommt«?

Freilich: Das Nachmittagsgeplaudere im Kaffeehaus ist ein Dialog, da tauschen sich zwei oder mehrere aus. Als ich gebeten wurde, in einem ausdrücklich nichttheologischen und nicht philosophischen Verlag ein Buch im Plauderton zu schreiben, musste ich mich erst kundig machen. Offensichtlich hatte ich im Kloster, wo ich ja schon mehr als ein Vierteljahrhundert bin, die Zeit verschlafen. Ich habe in Erinnerung, dass in meiner Jugend ein Sachbuch ein Sachbuch war; in einem solchen hatte Persönliches, also Geplaudere über sich selbst, nichts verloren. Aber die Zeiten haben sich offensichtlich geändert. Man kann nur staunen, wie sehr sich der Stil geändert hat und welche Unmassen von Büchern im Plauderton da auf dem Markt sind, und zwar wirklich über alle möglichen »ernsten« und »sachlichen« Themen: Naturwissenschaftliches, Philosophisches, Medizinisches, Psychologisches und sogar Theologisches gibt es im Plauderton.

Ich sollte ein Buch über Sinn und Glück schreiben. Aber ein Buch, das nicht mit der pedantischen Akribie eines zitateversessenen und fußnotenhäufenden Theologen ausgetüftelt wird, sondern mit der Leichtigkeit und dem Augenzwinkern eines Kaffeehausplauderers? Also ein Buch, in dem ich mich selbst nicht so ernst nehme, und in dem ich meine persönlichen Erfahrungen und Ansichten nicht möglichst tief hinter neutralen und klug abgewogenen Formulierungen verstecke? Das war neu. Das bereitete mir Bauchweh. Dazu brauchte ich viel Gebet und eine große innere Überwindung. Und nun habe ich mich also entschlossen, wirklich einfach darauf loszuplaudern. Aber nicht irgendwie über irgendwas, sondern aus den Tiefen meines Herzens. Ich bin seit meinem 19. Lebensjahr Mönch und erfahre täglich – zu meiner bleibenden Überraschung – das tiefe Glück eines sinnerfüllten Lebens. Wenn ich als Zisterziensermönch hier offen meine persönlichen Ansichten über Gott und die Welt, über Glück und Sinn des Lebens vorlege, so deshalb, weil einige gemeint haben, dass das vielleicht für suchende Menschen hilfreich sein könnte. Denn es geht mir nicht darum, einfach Neugierde zu befriedigen. Wie degoutant sind die vielen billigen Society-Talkshows, die uns die Fernsehkanäle heute bescheren, wo Hinz und Kunz über eine eventuelle Ehekrise von Angelina Jolie und Brad Pitt spekulieren, den neuesten Absturz von Amy Winehouse betratschen, die Frisur von Britney Spears beplappern und die Zuseher – warum sieht sich das überhaupt jemand an? – mit Belanglosem zumüllen.

Durch den Erfolg unserer Gregorianik-CD *Chant – Music for Paradise* habe ich erfahren, dass auch ein so extrem anderes Leben, wie wir als Mönche es führen, für heutige Menschen interessant sein kann. In der Fadesse des Einheitsfastfood unserer Mac-Donalds-Kentucky-Fried-Chicken-Burger-King-Kultur macht ein so abgehobener und zeitgeistresistenter Lebensstil die Leute offensichtlich neugierig. Doch mir geht es wie gesagt nicht darum, die Neugierde und Kuriositätensucht zu befriedigen. Ich gebe in diesem Buch vieles aus den Tiefen meines Herzens preis, weil ich hoffe – und bete –, dass die Eine oder der Andere davon profitieren kann. Mir ist bewusst, dass ich mich damit vielleicht lächerlich mache – auf jeden Fall verwundbar. Sei es drum! Ich wünsche mir, dass Sie dieses Buch, egal wo Sie gerade stehen, einen Schritt vorwärtsbringt in der größten und wichtigsten Aufgabe, die das Leben uns Menschen stellt: den Sinn des Lebens zu finden.

Doch ich muss Sie warnen. Zunächst einmal die Leser, die nicht so fest im christlichen Glauben sind. Natürlich würde ich mich freuen, wenn diejenigen Leser, die bisher noch keinen Zugang zu Gott, zum Christentum oder zur katholischen

Kirche haben, dieses Buch nicht gleich nach den ersten Seiten frustriert in eine Ecke schleudern, weil sie meinen, dass hier einer nur fromm und naiv daherschwätzt. Wir sind nicht erst seit den geplatzten Bubbles der Aktienbörsen in einer Sinnkrise, wir sind es seit vielen Jahren. Das Gefühl eines Vakuums an Sinn und eines Defizits an Zufriedenheit und Freude ist zu unserer gesellschaftlichen Grundstimmung geworden, die wir mit Fun und Drogen zu betäuben versuchen. An der religiösen Suche der »postmodernen« Menschen bedrückt mich, dass sie überall suchen, nur nicht im christlichen Glauben. Es macht mich traurig, wenn viele Menschen im christlichen Glauben nur eine religiöse Lehre sehen, die auf einem angeblich längst bloßgestellten Mythos beruht und noch dazu ein Moralsystem vertritt, das unzeitgemäß und glücksfeindlich ist. Warum denken die Leute, wenn sie »Mönch« hören, sofort an safranrot gekleidete buddhistische Mönche, wo doch im eigenen Land die Klöster von »nebenan« seit Jahrhunderten Kultur und Spiritualität prägen? Für viele ist der christliche Glaube eine Liebhaberei, ein Hobby, ein Spleen von einigen wenigen Masochisten geworden, die noch nicht durchschaut haben, dass das Christentum eine Hochburg von Intoleranz und Scheinheiligkeit ist.

Ich kann so schreiben, weil es in meinem Leben Phasen gab, in denen ich sehr ähnlich dachte. Doch das ist vorbei. Hier möchte ich Zeugnis davon geben, dass es nicht so ist. Dass der Glaube frei macht, glücklich macht, das Leben abrundet. Für mich ist der Glaube an Christus nicht eine äußere Doktrin oder Ideologie, der ich mich ausliefere, und durch die ich Lebensqualität einbüße; er ist auch kein Ornament oder eine Dekoration, sondern er trägt mein Leben, macht es geradlinig, sinnvoll und schön. Der Prophet Jesaja kündet Israel die Zeit des Heils mit den Worten an: »Jedes Tal soll sich heben, jeder Berg und Hügel sich senken.« (Jesaja 40,4) Der christliche Glaube hat die Kraft, die Berge von Problemen, die uns fertigmachen, abzutragen, und die Tiefen der Traurigkeit, in die wir manchmal absinken, aufzufüllen. Warum stöhnen Jugendliche zuerst einmal kräftig auf, wenn sie »Kirche« hören? Aber dieselben Jugendlichen finden es dann sehr schnell »cool«, wenn sie merken, wofür Kirche wirklich steht, nämlich für eine geheimnisvolle Verbindung mit Gott. Die jungen Leute heute sind nicht dumm; sobald sie entdecken, dass man bei den christlichen Gottesdiensten eine Gänsehaut bekommen kann, weil man dort von der Nähe Gottes berührt wird, lassen sie sich gerne auf den Glauben ein! Glauben macht glücklich.

Ich möchte nicht, dass Sie das Gefühl haben, ich wollte Ihnen hier eine religiöse Doktrin aufschwatzen. Und Gott möge verhüten, dass der geneigte Leser abgeschreckt wird, weil er denkt, hier würde von einer Welt geredet, die mit der seinen nichts zu tun hat: von einem Wolkenkuckucksheim einer abgehobenen Phantasiewelt. Natürlich – ich bin ein besonders religiöser Mensch, ich bin ja mit Begeisterung Mönch. Dieses Buch schreibe ich als einer, der sich als glühend gläubig definiert. Ich bin kein Soziologe und kein Psychologe, kein Lebensberater und kein Guru, sondern einer, der selbst von etwas erfasst ist, das ihn glücklich macht. Hier schreibt einer, der zum Glauben gefunden hat und aus dem Gefühl heraus lebt, dass ihn eine größere Wirklichkeit gefunden und heimgeholt hat. Und darum hoffe ich, dass ich ein bisschen von dem verstehe, was die Menschen heute belastet. Wenn ich an die Flut von E-Mails, von Gebetsanliegen und Telefonaten denke, die mich täglich erreichen, bin ich betroffen über die Finsternis und Öde, die in vielen Seelen heute herrscht. Es kommt mir vor wie am Anfang der Weltschöpfung, wo im Buch Genesis der Zustand der Erde als »wüst und leer« geschildert wird; auf Hebräisch heißt es *»tohu wa bohu«*, was Martin Buber so eindrücklich mit »Irrsaal und Wirrsal« übersetzt. Weil Gott noch nicht seinen Logos, sein Wort, seinen Sinn gesprochen hat.

Das Wichtigste im Leben ist immer das Geistige. Geld kann man nicht festhalten, Aktienkurse fallen, Ehre verweht im Zeitgeist, Ansehen verdämmert … alles müssen wir irgendwann loslassen. Was unser Leben eigentlich wertvoll macht, das sind die »Dinge«, die keine Dinge sind, weil sie aus einer nichtmateriellen Welt herkommen: Die Erfahrung von Geborgenheit und Geliebtwerden, von Freude und Lebensstärke kann zwar von außen »angestoßen« werden, doch sie gehören zu einem Bereich, den wir nur mit den hilflosen Worten »geistig« oder »innerlich« bezeichnen können. Ich bin ein Mönch, der kein Gehaltskonto hat, weder Auto noch Fernsehapparat besitzt und der trotzdem – oder deswegen? – sehr glücklich ist. Denn meine Wurzeln sind in einer anderen Welt, und mein innerer Jubel kommt aus dem Glauben an die erfahrene Wirklichkeit Gottes. Vielleicht ist es ja sogar gut, Menschen, die zwar als postchristliche Erben einer christlichen Geistigkeit und Kultur aufgewachsen sind, die innere Dimension des christlichen Glaubens aber NIE richtig erfasst haben, mit dem zu konfrontieren, was ein überzeugter Christ, ja ein gläubiger christlicher Mönch so denkt. Es kann doch nicht sein, dass wir uns für den Inhalt der Spiritualität buddhistischer Mönche interessieren, dabei aber unser christliches Mönchtum nur mehr insofern wahrnehmen, als in den Klöstern Konzerte, kulturelle und akademische Tagungen und Sonstiges stattfindet. Alles schöne Veranstaltungen, die aber in meinen Augen doch nur zweit- oder drittrangig sind.

Ich bin weder Psychiater noch Lebenscoach, sondern nur ein einfacher Mönch, der in einer für viele Menschen sehr fremden und unvorstellbaren Lebensform lebt. Meine Erfahrungen sind die eines Mönches. Aber vielleicht ist es ja hilfreich, einmal eine ganz andere Perspektive kennenzulernen. Vielleicht hilft es Ihnen, sich selbst mit einer ganz anderen Weltsicht zu konfrontieren. Vielleicht hilft es, um selbst einmal auszusteigen aus den eingefahrenen Vorstellungen, die man von sich selbst und von

Gott und der Welt hat. Die Vogelperspektive, die ich als Mönch bieten kann, kann hoffentlich ein Impuls sein, anders zu sehen, tiefer zu denken. Selbst zu ändern, was mit Gottes Hilfe geändert werden kann, und so glücklicher zu leben. Also bitte ich auch die Atheisten, so es solche im schwammigen postmodernen Milieu des Irgendetwas-wird-es-schon-geben überhaupt noch gibt, um ihr Wohlwollen. Bitte legen Sie dieses Buch nicht gleich weg. Ich bin ohnehin nicht klug genug, Ihnen Gott beweisen zu können. Ich möchte Sie aber sehr wohl dazu einladen, doch so mutig zu sein, es einmal zu versuchen, sich von Gott selbst beweisen zu lassen, dass es ihn gibt. Er kann das besser als ich.

Sodann muss ich auch die sehr Frommen und Gläubigen warnen, die dieses Buch zur Hand nehmen. Jene, die mich als »Dogmatikprofessor« kennen, der sich anstrengt, hundertprozentig den Glauben der Kirche zu vertreten, weil er selbst hundertprozentig davon überzeugt ist. Die Art und Weise, wie ich hier schreiben werde, ist so ganz und gar nicht »dogmatisch«. Das werden zwar all jene begrüßen, die nicht wissen, dass das Wort »Dogma« für überzeugte Katholiken, und dazu gehöre auch ich, einen absolut positiven Beigeschmack hat. Aber Hardcore-Katholiken kann es oft gar nicht dogmatisch genug sein. Im alltäglichen Sprachgebrauch ist das etwas ganz anderes: »Dogma« riecht nach starrköpfiger Doktrin, nach uneinsichtiger Sturheit und ideologischem Fanatismus. »Dogmatisch« schimpfen wir jemanden, der unbeirrt wider bessere Einsicht an einer realitätsfremden Lehre festhält. Ich bin von Beruf Dogmatikprofessor, das traue ich mich aber manchmal gar nicht zu laut sagen, denn im weltlichen Verständnis ist ein »Dogmatiker« ein hohl- und holzköpfiger Ideologe. Wie schade, dass dieser Begriff so vermiest wurde. Uns Gläubigen ist das ja mit einigen zentralen christlichen Begriffen passiert. Sie wurden ihrer ursprünglichen Schönheit und Leuchtkraft beraubt und sind zu hässlichen Negativbegriffen verkommen. Besonders schlimm ist es allerdings dem »Dogma« ergangen! Was könnte uns kleinen endlichen und begrenzten Menschen Besseres passieren, als dass Gott sich auf unsere Seite schlägt, sich uns gegenüber nicht verschweigt und uns als die Wirklichkeit aller Wirklichkeiten sein Heil schenkt? Das verstehen wir nämlich ursprünglich unter »Dogma«. Ich bin – vom richtigen Verständnis her – zutiefst stolz, dass ich »Dogmatiker« bin, weil ich zutiefst darüber glücklich bin, dass es »Dogma« gibt. Unser Gott ist nicht ein Gott, der sagt: »Pst, ich bin Gott, aber ich sag es euch begrenzten Menschlein nicht! Krabbelt nur schön in eurer kleinen Welt mit verbundenen Augen herum und spielt Blinde Kuh, wenn ihr den Sinn des Lebens finden wollt.« Nein! »Dogma« ist jene wunderbare Wahrheit, in der sich Gott uns enthüllt. Und zwar in einer Wahrheit, die gerade nicht bloß eine Doktrin, ein Moral- oder Wertesystem ist. Im Dogma geht es um unser Heil, um unser letztes Glück, um das, was Gott selbst verbürgt. Also um die letzte Wahrheit über Gott und die Welt. Wahrheit meint hier bitte nicht bloß eine schlichte Information à la »Es gibt neun Planeten im Sonnensystem«. »Wahrheit« hat in unserem dogmatischen Sprachgebrauch immer etwas mit mir selbst zu tun, mit meinem Heil und mit meinem Lebensglück.

Die Wahrheit der Wahrheiten ist für uns Gläubige daher die Erkenntnis, dass Gott die Liebe ist. Der Satz »Gott ist die Liebe« ist keine »Wahrheit« im Sinn einer chemischen Formel oder einer belanglosen Information. Die Relativitätstheorie Einsteins oder die Quantentheorie Heisenbergs sind wichtige Wahrheiten zur Beschreibung der Welt, aber sie zu wissen oder nicht zu wissen entscheidet nicht über Gelingen und Scheitern meines Lebens. Das Dogma hingegen, wonach Gott die Liebe ist, ist eine Wahrheit in einer existentiellen Kategorie. Hier geht es nicht um »etwas«, hier zielt alles auf mich. Denn sobald ich im Glauben annehmen kann, dass Gott die Liebe ist, strömt eine letzte Geborgenheit, ein letzter Sinn in mein Leben. Das

Dogma rettet mich also aus meiner Angst, dass ich in meinem winzigen kleinen kurzen Leben, das so beängstigend endlich ist, wie in einem engen Betonschacht begraben sein könnte. Mein Glaube an Gott befreit mich vor unserer bedrückenden Platzangst im Dasein und heilt die Klaustrophobie unserer globalisierten Weltsicht. Daher bitte ich die schon gläubigen Christen, die erwarten würden, dass ich meinem Metier treu bleibe und mehr über dogmatische Glaubensinhalte rede, um Entschuldigung. In diesem Buch geht es mir vor allem darum, zu zeigen, dass der Glaube frei macht, dass es schön und befreiend ist, sich von Gott Sinn und Ziel im Leben zusagen zu lassen. Wer glaubt, wird glücklich.

Ich finde also, dass auch jene Menschen, die dem Glauben und erst recht der Kirche mit Distanz, ja vielleicht mit einem Bauch voller Vorurteile gegenüberstehen, das Recht haben, zu erfahren, was ein gläubiger Mönch so denkt. Darum kann ich nur nochmals versichern, dass ich nicht versuchen werden, jemanden zu indoktrinieren, dass ich aber auch nicht die Wurzeln meines Lebensglückes verleugnen kann und mich sogar freuen würde, wenn andere ebenfalls zu diesen Wurzeln finden. Denn ehrlich gesagt: Ein Ungläubiger, der weiß, dass er ungläubig ist, und darunter leidet, ist mir lieber, als ein Frommer, der weiß, dass er fromm ist, und darauf stolz ist. Jedenfalls: Wenn Milch kocht, dann geht sie über. Wovon das Herz voll ist, davon spricht der Mund, sagt Jesus (Lukasevangelium 6,45). Und darum freue ich mich, dass ich hier von meinem Lebensglück plaudern darf.

2. Warum habe ich nie Zeit?

Wir sind immer unterwegs, wir sind immer in Bewegung. Unser Leben kennt keinen Stillstand, unser Leben ist ein beständiger Prozess, unser Leben entwickelt sich. Mittlerweile passiert es mir manchmal, dass ich erschrecke, wie alt ich mit meinen 45 Jahren schon bin. In meinem Zimmer gibt es ein Regal mit Fotoalben aus den 80er und 90er Jahren, also aus der schon versunkenen Zeit, wo unsere Fotos noch nicht in die Unsichtbarkeit von Computerfestplatten verbannt waren, sondern als Bilder in Alben gesammelt wurden. Eineinhalb Meter Fotoalben über mein Wirken als Kaplan und als Pfarrer, Fotos, die Erinnerungen hochblitzen lassen. Auf den Bildern Kinder, die schon lange erwachsen sind; Menschen, die schon gestorben sind; Gesichter, die ich nicht mehr identifizieren kann. Diese Fotoalben schaue ich mir nie alleine an, denn sie erwecken in mir das Gefühl, dass die Zeit viel zu schnell und viel zu unausgenützt verrinnt, und das macht mich traurig. Ehrlich! Es macht mir schon aus meiner persönlichen Stimmungslage heraus keine wirkliche Lust, über das Verrinnen der Zeit nachzudenken. Ich tue es mehr aus Disziplin und weil ich das Gefühl habe, dass es doch heilsam ist, ab und zu über die Zeit und ihre Flüchtigkeit nachzudenken.

Das Wort »Ich habe keine Zeit« höre ich sehr oft. Dabei ist es sprachlich absolut paradox: Das, was wir heute wirklich »zu jeder Zeit« zu wenig haben, das ist »Zeit«. Junge Leute »haben keine Zeit«. Ich erlebte als Pfarrer, dass die 7-jährigen Kinder, die zur Erstkommunionvorbereitung kommen, schon »keine Zeit« mehr haben. Schon da zückten die Eltern den Terminkalender, und es war eine endlose Prozedur, bis man einen wöchentlichen Termin für die Kids gefunden hatte, weil sie zugepflastert sind mit

Schule, Nachhilfe, Ballett, Reiten, Turnen, Fechten, Kinderyoga und so weiter. Die armen Kinder! Und wir noch viel, viel ärmeren Erwachsenen! Ich selber erwische mich auch oft dabei, mich mit einem »Leider, da habe ich keine Zeit« zu entschuldigen. In letzter Zeit bin ich ein paar Mal erschrocken, nachdem ich diesen Satz gesagt habe, und zwar über dieses innere Gefühl der Erleichterung: Denn »Ich habe keine Zeit« ist eine unschlagbare Entschuldigung, die jeder versteht. Es entpflichtet einen sofort davon, eine Herausforderung anzunehmen, für jemanden da zu sein, sich um ein Problem zu kümmern. Das »Ich habe keine Zeit« ist, wie gesagt, sonderbar und paradox, denn Zeit haben wir ja immer. Im Prinzip wollen wir nur sagen: Ich kann nicht, denn da verwende ich meine Zeit für etwas anderes. Als Ausrede besagt »Ich habe keine Zeit« sogar: Das ist mir nicht wertvoll genug, dass ich meine Zeit damit verbringe. Oder: Dafür will ich meine Zeit nicht verschwenden. Tatsache ist, dass wir immer Zeit haben. Niemand kann sich herausstehlen aus dem Prozess des ständigen Vergehens und Werdens. Wir sind also immer auf dem Weg, und indem wir die Zeit verbringen, vergeht sie auch schon und wir mit ihr. Ist das nicht paradox: Wir haben zu jeder Zeit keine Zeit mehr! Ich denke, dass jeder instinktiv spürt, dass dieses Immer-Weiter-Treiben einen letzten Sinn haben muss, ein Ziel, eine Zukunft. Wohin rinnt der Sand in der Sanduhr unseres Lebens? Woher kommt die Traurigkeit, wenn wir das permanente Vergehen betrachten?

Der deutsche Mystiker Jakob Böhme sagt: »Der Mensch hat Heimweh, weil er Heimweh ist.« Ich glaube, dass er eine tiefe philosophische Einsicht getroffen hat, wenn er den Menschen als Sehnsuchtswesen definiert. Die sehnsüchtige Offenheit in Richtung einer Zukunft haben viele große – alte wie neue – Denker erspürt und auf verschiedenste Weise formuliert. Für die einen, die Existentialisten etwa, ist der Mensch gerade deshalb so elendiglich tragisch, weil er auf die Zukunft hin lebt und doch nur in die Endlichkeit hinein verdämmert. Die Offenbarung sagt uns, woher diese Sehnsucht kommt: Sie kommt von Gott, weil ein Funke des Göttlichen in uns liegt. Wir sind selbst ein Stück Unendlichkeit, weil Gott etwas von seiner Unendlichkeit in uns gelegt hat: unsere geistige Seele. Die Offenbarung verbürgt uns schließlich auch, dass diese Sehnsucht gestillt wird. Hier auf Erden, indem uns Gott berührt, wenn wir uns in einem gläubigen Leben mit ihm verbinden. Und dann vollends nach dem Tod. Der Mensch hat Heimweh, weil er Heimweh ist. Damit kann ich mich gut identifizieren. Ich habe wirklich das Gefühl, dass das Leben vorantreibt und dass man mit zunehmendem Alter immer schneller vom Fluss der Zeit vorwärtsgespült wird. Ich denke, dass die Frage eigentlich jeden Menschen betrifft, ob er sie nun ausdrücklich stellt oder nicht: Ob mein Heimweh auch je erfüllt wird? Ob mein Leben ein letztes Ziel hat? Ob es etwas gibt, das alle kleinen Lebenssinne, die doch immer vergänglich sind, zusammenfasst, bündelt und vielleicht sogar erlöst? Ich glaube, dass es notwendig ist, wieder zu beginnen, tiefer zu denken. Die materialistische Lösung, sich mit den letzten Fragen erst gar nicht zu beschäftigen, weil es – angeblich – keine Antwort darauf gibt, scheint mir nicht empfehlenswert. Wir tragen in unserem Geist diese Wunde, und sich nicht mit ihr zu beschäftigen, an ihr vorbeisehen zu wollen, kann zu Entzündungen und Infektionen führen. Zumindest bedeutet es einen Verlust an Lebensqualität, wenn man die Frage nach dem Ziel unseres dahinfließenden Lebens erst gar nicht zulässt oder von vornherein als sinnlos abtut. Sie ist einfach da, diese Wunde, diese permanente Frage: Wohin geht der Weg, was ist der Sinn, wo liegt das Ziel?

Natürlich kann man eine Zeit lang das Heimweh verdrängen, man kann sich selbst manipulieren und so tun, als könnte man es nicht zulassen. Jugendliche sind ein gutes Beispiel dafür, und in der Jugend funktioniert das phasenweise auch ganz

»cool«. Schon aus einem entwicklungspsychologischen Grund: Der junge erwachsen werdende Mensch hat ja von Natur aus die Aufgabe, sich die Welt und das Leben »zu erobern«, seinen Platz in dieser Welt zu suchen: Bildung, Freundschaft, Liebe, Beruf, soziale Position, Weltanschauung, Erfolg, Anerkennung … all das muss erobert werden. Und es macht durchaus Sinn, Eifer und Anstrengung zu investieren, um eine gute Ausbildung zu bekommen; es gibt eine Fülle von kleinen Lebenssinnen. Das große Aber liegt darin, dass alle diese Sinne wortgemäß »klein« sind; so wichtig und richtig es ist, ihnen nachzujagen, so sind sie doch vergänglich. Und dieser Vergänglichkeit ist nun einmal jedes Glück und jeder Lebenssinn in dieser Welt unterworfen. Alles vergeht. Dem Philosophen Heraklit um 500 vor Christus wird die Formel *»Pantha rhei«*, »alles fließt, zerfließt«, zugeschrieben. Raphael hat ihn in den Stanzen des Vatikanischen Palastes als trübsinnigen Grübler dargestellt, und damit vermutlich Michelangelo portraitiert. Aber angesichts des ständigen Vergehens muss man ja depressiv werden. Plato hat es später mit den Worten formuliert: »Alles fließt und nichts bleibt.« Auch das Glück bleibt nicht, es zerfließt. Darum machen die einen Fehler, die meinen, dass sie eine endgültige Glückseligkeit erreichen können, indem sie alle ihre Wünsche erfüllen. Das funktioniert sicher nicht, denn man kann viele Wünsche erfüllen, aber nicht alle. Und kaum ist die eine Sehnsucht erfüllt, dämmert das Glücksgefühl schon wieder in die gewöhnliche Alltäglichkeit hinüber. Warum gewöhnt man sich so schnell an das, was man gestern und vorgestern noch so gierig und heißhungrig ersehnte?!

Das Leben treibt voran. Wie sehr man sein Herz an einen kleinen Lebenssinn hängen kann, habe ich als Jugendlicher erlebt, als ich mein erstes Auto gekauft habe. Mein Heimatdorf ist ein winziger Fleck im südlichen Umland von Wien mit dem originellen Namen Wampersdorf; es liegt zwar nicht am Rande der Zivilisation, aber doch weitab von guten Bus- oder Bahnverbindungen. Ein »Fortgehen« am Abend oder sonstige Unternehmungen sind da ohne Auto fast unmöglich. Der Führerschein war eine echte Befreiung, und die Erinnerungen an den Kauf meines ersten Autos sind unauslöschlich: Es handelte sich um einen rostigen, zehn Jahre alten Ford Escort, und als ich zum ersten Mal damit vor dem Elternhaus vorfuhr, kam mir das so toll vor, als hätte man alle Weihnachten und Ostern zusammengelegt. Schließlich hatte ich tagelang auf den Kauf des Autos hingefiebert, und da stand es nun: mein Auto! Endlich konnte ich die Welt erobern. So ähnlich muss sich Christoph Kolumbus gefühlt haben, als er nach langem Betteln und Ringen mit dem spanischen Königshaus endlich »seine« Santa Maria übernehmen durfte. Und dann? Die Begeisterung der Vorfreude war schnell der Gewöhnung gewichen. Heute ist das Autofahren für mich weder Befreiung noch Freude, sondern ein notwendiges Übel. Die Zeit drängt voran, und was uns heute als große Sensation erscheint, uns mental blockiert und dominiert, weil es uns als das einzig Wichtige und Wesentliche erscheint, ist morgen abgetaut wie der Schnee von gestern, ist alltäglich und banal.

Wer im Dahinstrudeln nicht stehen bleibt und in seiner Seele durchatmet, der wird den Weg verlieren oder erschöpft zusammenbrechen. Das Nachdenken über das Dahinfließen der Zeit und das Ziel, auf das wir zutreiben, nimmt uns nichts. Wehe uns, wenn wir nicht reflektieren und innehalten, dann sind wir bloß Getriebene, Fortgerissene und Taumelnde!

Alles, was uns hilft, aus diesem Fortgerissenwerden »Ich habe keine Zeit« auszusteigen, ist gut. Alles, was uns hilft, dieses Gefühl von Sehnsucht und Heimweh im Herzen zuzulassen, kann uns nur helfen, tiefer und erfüllter zu leben. Als Dogmatiker habe ich einige Artikel geschrieben, in denen ich sehr pointiert meine Frustration über den Esoterik- und New-Age-Boom zum Ausdruck gebracht habe. Ich habe das Gefühl, dass es dort vielfach nicht um Spiritualität geht, sondern um Naivität. Und um Abzocke. Den ins Alter gekommenen Jungen, Hungrigen und Erfolgssüchtigen, die sich plötzlich ausgepowert in der Midlife-Crisis wiederfinden, werden teure Seminare verkauft, wo sie tagelang auf Matten liegen müssen, um Urlaute auszustoßen; und die mentalen Zustände, in die man durch solche Übungen notgedrungen geraten muss, werden dann als Begegnung mit dem Göttlichen oder dem Ganzen oder sonst etwas verkauft. Ja schon die aufgeblähten Begriffe, die manche Gurus oder Esoteriker verwenden, kommen mir vor wie vergoldeter Müll. Pathos ohne Substanz. Ich habe in meinen Aufsätzen die christliche Spiritualität von der östlichen Spiritualität abgesetzt, so auch vom Buddhismus. Der Buddhismus ist für mich eine geniale Philosophie, die versucht, mit dem inneren Vakuum fertig zu werden, das jeder Mensch in seiner Seele vorfindet. Sie ist für jene, die im dumpfen Materialismus verdämmern, ein Fortschritt; aber für jene, die eigentlich schon die Erfüllung dieser Sehnsucht in Jesus Christus glauben dürften, ist sie nach meinem Urteil ein Rückschritt. Doch das ist ein anderes Thema.

Jedenfalls erhielt ich auf meine scharfen Artikel zwei erstaunliche Reaktionen. Zum einen erzählte mir ein Manager, und zwar ein echter top-verdienender Manager, wie er durch ein esoterisches Wochenend-Seminar zum christlichen Glauben zurückgefunden hat: Tatsächlich bestand die Meditationsübung darin, dass die Seminarteilnehmer auf Matten liegend stundenlang den Urlaut »Om« halblaut ausstoßen mussten. Der Mann war Gott sei Dank Rationalist genug, dass ihm dieses Om-Om-Stöhnen nach einer gewissen Zeit zu blöd war. Um sich die Zeit zu vertreiben, begann er innerlich das einzige Gebet zu beten, das ihm seit seiner Kindheit in Erinnerung war: das Vaterunser. Und plötzlich erhielten die Worte, die er zuvor immer nur gedanken- und herzlos geplappert hatte, Sinn; ja mehr noch: sie begannen in einem tröstlichen Licht in der Seele zu leuchten.

Nach meiner Interpretation hat hier Gott diesen Menschen innerlich berührt.

Noch aufregender für mich ist ein zweites Beispiel, aufregend deshalb, weil der junge Mensch, der damals mit fünfzehn gedankenlos den Fernseher einschaltete und dort einen buddhistischen Mönch vorgeführt bekam, heute ein promovierter Philosoph und Kandidat unseres Klosters ist. Der liebe Gott hat an sein Herz auf eine sehr eigentümliche Weise geklopft: zubetoniert im Materialismus wird er zuerst durch eine Sendung über den Buddhismus fasziniert. Äußere Faszination führt zu einem inneren Abenteuer, denn anhand des Mönches, der da im Fernsehen präsentiert wird, erfährt er, dass es eine andere Welt gibt. Nicht nur die Welt der Äußerlichkeiten, sondern eine Welt der inneren Erfahrungen, inneren Kräfte, inneren Abenteuer. Solche Erfahrungen haben viele Heilige gemacht, und oft waren sie mit schmerzhaften Endlichkeitserlebnissen verbunden: Der Tod von geliebten Menschen stellt alles Bisherige in Frage und entlarvt es als Oberflächlichkeit und Schein. Unser Kandidat hat mir einmal erzählt, was in diesem Augenblick für ihn als Fünfzehnjährigen passierte: Mit einem Schlag war seine Pubertät beendet. Aus dem Kind war ein Mann geworden, aus dem Taumelnden ein Voranschreitender, aus dem Träumer ein Denker. Damals hatte er den Gott, an den er heute glaubt, und dem er jetzt sogar als Mönch sein Leben lang dienen möchte, noch nicht gefunden, aber er war selbst gefunden worden. Er war angerührt worden von einer Erkenntnis, die die Voraussetzung für alles Wichtige im Leben ist: dass unser eigentliches Leben nur dann stattfindet, wenn wir geistige, ja geistliche Menschen werden. Gerade der Buddhismus ist eine große Suche des Geistes nach dem Einswerden mit dem Letzten; diese philosophischste aller Weltreligionen ist die programmatische Suche nach dem Einswerden, das methodische Sich-Öffnen für die Begegnung mit dem Unerkennbaren. Heute ist unser Kandidat einen Schritt weiter, weil er an Christus glaubt und damit daran, dass das Unausdenkliche geschehen ist: Der weite Horizont des Namenlosen, auf den der Kreislauf des Lebens zustrebt und mit dem der Buddhist eins werden möchte, hat sich von sich her uns Menschen zugesagt. Die östlichen Meditationen können der Seele das Atmen lehren; dass wir dann aber nicht tödlichen Stickstoff, sondern lebensspendenden Sauerstoff atmen, das verbürgt uns das Christentum, das daran glaubt, dass Gottes Göttlichkeit selbst zu uns herübergeweht ist, in unserer Endlichkeit sein Zelt aufgeschlagen hat und Mensch geworden ist (Johannesevangelium 1,14).

Die Zeit rinnt dahin. Für mich hat sie eine wunderschöne Zukunft, das ewige Leben bei Gott. Nicht, dass ich weltflüchtig bin. Jeder Augenblick, den ich hier auf dieser herrlichen Erde leben darf, ist ein Genuss. Auch als Christ darf ich sagen: Ja, das Leben ist schön. Ja, ich möchte möglichst lange leben! Gerade als Christ darf ich weltverliebt sein, weil ich ja die Welt nicht als Schein oder Prüfung sehe, sondern als ein Geschenk Gottes. Auch ich darf manchmal mit Goethes Faust sagen: »Verweile doch o Augenblick, du bist so schön!«

Für mich als Glaubenden gibt es Augenblicke, die mir besonders wertvoll sind, weil ich weiß, dass Gott »entlang« meines Lebens ist. In meinem Leben gab es einige Knotenpunkte, wo ich mich Gott besonders nahe wusste, wo ich fast handgreiflich gefühlt habe, dass Er da ist und sorgt und eingreift. Das sind aber alles Augenblicke, die in den seltensten Fällen durch ein Foto in meinen vielen Fotoalben dokumentiert sind. Manche solche Momente waren sehr traurig. Ich erinnere mich etwa an den Abschied von meiner sterbenden Großmutter Anna an einem herbstmilden Novembertag. Die ganze Familie hatte sich um das Krankenbett versammelt, und bei vollem Bewusstsein konnte Oma die Krankensalbung empfangen. Dieses Sakrament wird in der Heiligen Schrift definiert als das Sakrament des »Aufrichtens«: »Ist einer von euch krank? Dann rufe er die Ältesten der Gemeinde zu sich; sie sollen Gebete über ihn sprechen und ihn im Namen des Herrn mit Öl salben. Das gläubige Gebet wird den Kranken retten und der Herr wird ihn aufrichten; wenn er Sünden begangen hat, werden sie ihm vergeben.« (Jakobusbrief 5,14 f.) Das Aufrichten ist sowohl im seelischen als auch im leiblichen Sinn zu verstehen. Oft durfte ich bei Kranken, Schwerkranken und Sterbenden miterleben, dass dieses Sakrament zu einem inneren Loslassen und Aufatmen geführt hat. Man konnte auch bei meiner Großmutter regelrecht sehen, wie sich der innere Frieden ausbreitete: »Jetzt ist alles in Ordnung.« Meine Großmutter war nach der Krankensalbung wirklich aufgerichtet: in ihrem Verhältnis zu Gott, an den sie ihr Leben lang geglaubt hatte, und in ihrem Verhältnis zu ihrer Familie. Dass sie als entscheidungsstarke Frau, die nach dem Tod ihres Mannes das strenge Kommandieren gewohnt war, die Kraft fand, um Verzeihung zu bitten, für das, was sie falsch gemacht hatte, hat uns zu Tränen gerührt. Was bei diesem unvergesslichen Augenblick spürbar aufgerichtet war, das war das Gefühl der Liebe.

Nach dieser Feier bin ich sehr rasch in das Kloster zurückgefahren. Getröstet und doch traurig, selbst aufgerichtet und doch belastet von der Angst, Oma auf dieser Erde nicht wiederzusehen. Angst vor dem Verlust, Trauer um das Vergehende, Wehmut einer sich unweigerlich ausbreitenden Leere. Der liebe Gott hat mir damals einen starken Trost geschickt, denn an diesem späten Novembernachmittag ging die Sonne mit tiefem roten Leuchten über den Alpen gerade unter, als ich Richtung Heiligenkreuz unterwegs war. Der Horizont strahlte mit der Verheißung eines hellen Dahinter, die Sonne ging mit der Zusage unter, dass wir ja doch niemals untergehen. Ich glaube, ich war in Tränen, aber doch in Frieden. Jedenfalls konnte ich damals die Hoffnung auf Unsterblichkeit am bebilderten Firmament gleichsam anschauen, diese starkmachende Hoffnung, die jeder noch so großen Leere trotzt. In derselben Nacht ist meine Großmutter dann gestorben, im Beisein meines Vaters, dessen Mutter sie war, und der mit den anderen Familienmitgliedern betend an ihrem Bett ausgeharrt hatte. Gott hatte durch diesen Abschied nicht nur die Seele einer Sterbenden »aufgerichtet«, sondern auch die ganze Familie. Aufgerichtet und ausgerichtet, denn nie wird das Ziel der Ewigkeit deutlicher als dann, wenn der vergängliche Horizont sich in die Weite des Todes ausdehnt. Ja, wenn es dieses Ziel wirklich gibt, dann kommt doch erst all dieses unausgegorene und so trügerische Sehnen und Streben in unserem Leben ins Lot. »Unruhig ist unser Herz«, sagt der große Augustinus, »bis es ruht in Gott.«

3. Ist Wallfahren heilsam?

Wir sind immer unterwegs – und wir sollten über dieses permanente Vorwärtsschreiten nachdenken. Damit nicht ein »Es« uns vorwärtstreibt, sondern wir selber diejenigen sind, die bewusst vorwärtsgehen. Eine Hilfe dazu ist das Wallfahren. Wer hätte gedacht, dass es einmal eine derartige Renaissance des Wallfahrens gibt! Überall wird gepilgert! Pilgerstraßen und Wallfahrtswege werden neu entdeckt und von gewieften Touristikern mit Euphorie beworben. Um die Revitalisierung des mittelalterlichen Jakobswegs ist ein regelrechter Hype entstanden, sodass man heute als Mittvierziger fast schon Komplexe bekommt, wenn man noch nicht auf dem Jakobsweg war. (Keine Sorge: Ich war natürlich schon auf dem Jakobsweg, freilich nur in der kürzest möglichen, gerade noch »gültigen« und vor dem Gewissen verantwortbaren Variante von drei Tagen!) Aber der Boom der Fußwallfahrten ist allgemein. In Österreich wird Mariazell überlaufen, in Bayern Altötting, in Norddeutschland Kevelaer usw. Dafür gibt es wohl ganz »banale« Gründe: Wallfahren ist die Alternative zu dem Dauerzustand des Sitzens, zu dem uns unser Lebensstil zwingt. Pilgern ist Protest gegen die Degeneration zu einer Gesellschaft von Sitzern: Wir sitzen vor dem Fernseher, im Auto, vor dem Computer – und halten Besprechungen ohne Ende, die wir sogar ausdrücklich »Sitzungen« nennen … Irgendwie spüren die Menschen, dass sie sich verlieren im »Ver-sessen-Sein«. Die Alternative zum Versitzen des Lebens ist der Aufbruch. Daher die Begeisterung auch für die Fußwallfahrt. Das Hinaus in die Natur ist die Alternative zum Versitzen des Lebens im Rhythmus des versessenen Konsumierens. Sie ist Protest gegen das »Versitzen« von wertvoller Lebenszeit durch bloßes »Be-sitzen-Wollen«.

Es gibt eine psychologisch heilsame Dimension des Wallfahrens, sonst könnte man nicht erklären, dass es in allen Religionen das Pilgern an heilige Orte gibt. Ich glaube, dahinter steckt eine Art von Platzangst im Dasein, die wir Menschen haben. Uns ist das Leben zu eng. Besonders eng wird es übrigens nach der Midlife-Crisis. Natürlich sind auch viele junge Leute auf den »Caminos« der Welt unterwegs, aber da geht es oft auch um Gemeinschaftserlebnisse mit Hilfe der Religion. Die wirklichen Wallfahrer sind für mich die, denen das Leben zu eng geworden ist, die noch einmal ihre Nase aus der Muffigkeit des Alltags hinausstecken wollen, ob sie nicht was Neues, etwas Tragenderes, etwas Sinnvolleres erschnuppern können. Wenn der deutsche Komiker Hape Kerkeling (ich halte ihn für noch genialer als unser kleines österreichisches Pendant Roland Düringer) sein Mega-Erfolgsbuch einer flapsigen Schilderung seiner Jakobswegerfahrung mit »Ich bin dann mal weg« betitelt, dann trifft er genau das Gefühl, das die Wallfahrer antreibt, sich hunderte Kilometer durch unluxuriöse Landschaften zu quälen. Dahinter steckt vielleicht ein noch existentielleres »Ich will dann mal raus – aus diesem Leben«. Aussteigertum und Abenteurertum begeistern sich für das Wallfahren, weil es hier die geheimnisvolle Verheißung eines Zieles gibt: Man geht wohin! Man hat etwas vor Augen! Man will nach Santiago de Compostela, nach Rom, nach Jerusalem – oder in den kleineren Varianten, mal schnell in drei Tagen nach Mariazell, Altötting oder Kevelaer … Wenn es nicht etwas tiefgründiges Allgemein-Menschliches gäbe, könnte man nicht erklären, warum es auch für wenig Religiöse oder sogar explizit ungläubige Menschen eine Versuchung ist, mal alles liegen und stehen zu lassen, um wochen- oder sogar monatelang den Jakobsweg dahinzutrampen. Wallfahren heißt wohl einfach: mit den Füßen die große Suche nachspielen, die das Leben nun einmal ist. Die Suche nach dem großen Sinn.

Auch ich habe das Wallfahren als eine Art Therapie für das banale Einerlei des Alltags erlebt. Das Leben wird gerade dann seicht, wenn es so angenehm ist, dass es keine Herausforderung mehr darstellt. Als Pfarrer bin ich jedes Jahr mit einer Gruppe nach Mariazell gewallfahrtet. Von meiner Pfarre Sulz aus waren das ca. 110 Kilometer, für die wir drei Tage brauchten. Ich erinnere mich noch, dass mich immer am Tag vor dem Abmarsch ein innerer Widerwille erfasst hat, denn ich wusste ja, dass mir jetzt drei Tage Schweiß, drei Tage schlechte Betten, drei Tage Erschöpfung bevorstanden. Noch dazu ist man als Priester bei solchen Wallfahrten besonders gefordert, weil man ja eine Art Motivator für die anderen sein soll. Und man steht mit Muskelkater vorne am Altar und feiert die tägliche heilige Messe, während die lieben Mitpilger bequem ihre Beine in den Kirchenbänken ausstrecken … Manchmal kommen dann auch Augenblicke, wo man völlig demotiviert ist: Man schwitzt sich einen steilen Alpenweg hinauf, eingepackt in einen Plastikregenmantel, weil es unangenehm kalt ist und der Regen niederprasselt. Da denkt man sich unweigerlich: Warum bin ich so blöd, mir das anzutun? Wie schön hätte ich es jetzt zu Hause. Doch gegen diese »Versuchungen« gibt es nur ein Mittel: die Zähne zusammenbeißen, Schritt für Schritt vorwärts, immer weiter. Stehenbleiben geht nicht, weil Stehenbleiben einfach keine Lösung ist. Mir hat in solchen Null-Bock-Stimmungen immer das Wort des heiligen Don Bosco geholfen, der seine Schüler mit dem Zuruf: »Nur Mut, ein Stückchen Himmel macht alles wieder gut!« zu motivieren versucht hat. Also mich hat es manchmal motiviert. Und dann gibt es da das große Ziel, den Gnadenort Mariazell. Man weiß, dass die innere Erhebung, der Augenblick, in dem man nach drei schweißreichen Tagen in die hohe, glänzende Basilika einzieht, für all das entschädigen wird … Man weiß, dass man einem kleinen Himmelsgefühl entgegenzieht. Und darum geht man immer weiter.

Das pilgernde, also zielmotivierte Weitergehen ist zutiefst ein Sinnbild für die Lebenseinstellung, die ein gläubiger Christ haben sollte. Nichts widerspricht dem christlichen Glauben mehr als der Stillstand, das Festsitzen, die Bewegungslosigkeit. Es ist sicher kein Zufall, dass das öffentliche Wirken Jesu darin besteht, dass er drei Jahre lang mit ein paar von ihm berufenen Jüngern durch das Land zieht. Den Lifestyle, in den Jesus seine ersten Jünger gerufen hat, muss man sich ganz konkret als permanente Wanderschaft vorstellen. Jesus zog als prophetischer Künder der Gottesherrschaft von Ort zu Ort: und hinter ihm her kamen die Prophetenjünger, also die Apostel. Wir lesen auch, dass Jesus manchmal freudig aufgenommen wird, manchmal aber einfach abblitzt und kein Nachtquartier findet. Jesus sagt einmal: »Die Füchse haben ihre Höhlen, die Vögel haben ihre Nester, der Menschensohn aber hat keinen Ort, wo er sein Haupt hinlegen kann.« (Matthäusevangelium 8,20) Das Christentum beginnt also mit dieser Weg- oder Wallfahrtsgemeinschaft. Übrigens wird sich Jesus selbst als »den Weg« bezeichnen, der zum Vater führt (Johannesevangelium 14,6). Darum liegt im Wallfahren eine Urkraft des Göttlichen, denn Stillstand bedeutet Resignation. Ja, wer kein Ziel vor Augen hat, ist schon irgendwie »tot«. Sich auf Jesus einlassen, bedeutet, das Festsitzen überwinden und sich auf den Weg machen. Das war den ersten Christen so klar, dass sie ihren Glauben schlicht und einfach »den Weg« (Apostelgeschichte 9,2 usw.) nannten.

Wallfahren ist daher etwas Ur-Christliches. Wer wallfahrtet, bewegt sich. Wer wallfahrtet, hört auf festzusitzen. Die Erfahrung ist faszinierend, schon rein psychologisch ist das Gehen und Pilgern heilsam und kraftgebend. Der Wallfahrer erlebt plötzlich, wie all das, was ihn bisher beschäftigt, bedrückt und vielleicht sogar erdrückt hat, zurückgelassen wird. Beim Wallfahren geht das übrigens viel schneller als beim »Erholungsurlaub«. Zumindest ist das meine Erfahrung. Neue Herausforderungen auf einer ganz anderen Ebene als im Alltagsleben führen psychologisch viel schneller in eine innere Distanz zum Normalen. Wer nur faul am Strand liegt, der braucht länger, bis er innerlich frei ist vom Druck seiner normalen Lebenswelt. Und so kann man allen nur auf das Herzlichste raten: Macht euch auf den Weg! Lasst den Ballast zurück, indem ihr auf ein Ziel hin ausschreitet. Wer geht, der bleibt ja eben nicht, wo er ist, der lässt ja etwas zurück. Er schreitet aus und richtet seinen Blick nach vorne auf ein neues Ziel. Mit dem Gehen spannt sich daher auch die Seele auf das aus, was vor ihr liegt. Paulus formuliert diese Wegerfahrung: »Ich vergesse, was hinter mir liegt, und strecke mich nach dem aus, was vor mir ist.« (Philipperbrief 3,13) Das Auf-dem-Weg-Sein wird so zur Heilung. Ich glaube, dass das Wallfahren auch deshalb so boomt, weil wir in den vergifteten Milieus, in denen wir leben, sosehr der Heilung bedürfen.

Ich möchte hier einen Schnitt machen und ein wenig weiter ausgreifen: Denn Wallfahren ist nicht bloß gehen. Wallfahren ist mehr als die heilsame Wirkung des Weges. Ein berühmtes Wort aus der östlichen Religiosität lautet: »Der Weg ist das Ziel«. Das stimmt – aber nur ein Stück weit. Richtig ist: Der Weg ist das Ziel, weil er ein Ausbrechen ist. Er kann sogar ein Genuss sein – selbst wo er mit körperlicher Mühe und Anstrengung verbunden ist. Wallfahrtserfahrungen in der Natur und in der Gemeinschaft einer Wallfahrtsgruppe sind etwas Herrliches! Ich habe die Weggemeinschaft beim Wallfahren immer über alles genossen. Es gibt ein automatisches »Fraternisieren«, auch wenn die Quartiere auf dem Weg nach Mariazell einfach sind, auch wenn die Blasen an den Füßen aufgegangen sind: Nichts kommt an die frohe und gelöste Gemeinschaft heran, die sich dann beim gemeinsamen Abendessen, bei einem Glas Bier oder Wein oder gar Schnaps bildet. Das gehört dazu, das ist christliche Lebensfreude. Und natürlich auch das Miteinanderbeten. Oft rührt es uns ja heute peinlich an, wenn wir außerhalb der

Kirche miteinander beten sollen. Da setzt ein blöder Mechanismus der errötenden Scham ein, unseren Glauben im ungeschützten öffentlichen Raum – vor allen anderen (!) – zu zeigen. Das geht durchaus auch uns Priestern so. Beim Wallfahren ist es leichter, diese unangebrachte Scham zu überwinden. Unvergesslich wird mir ein Erlebnis auf meiner ersten Fußwallfahrt nach Mariazell sein, wo meine kleine Pfarrgruppe zusammen mit einer großen, fast hundertköpfigen Gruppe einer Weinviertler Pfarre unterwegs war. Das Weinviertel ist eine ländliche Gegend nördlich von Wien, wo der christliche Glaube mit seinen Traditionen noch tief verwurzelt ist. Im Unterschied zum Wienerwald, wo die großstädtische Scheu vor dem öffentlichen Bekenntnis schon bis ins Mark der Gläubigen eingedrungen ist. Jedenfalls beteten wir mit den Weinviertlern während des Gehens ganz selbstverständlich den Rosenkranz, also das einfache Meditationsgebet, das aus der rhythmischen Wiederholung der Grundgebete Vater Unser und Gegrüßet seist Du Maria besteht. Schon das ist eine eigene Erfahrung: Wenn man durch die Natur ausschreitet, in lockeren Reihen, und man sich eingebettet weiß in den Glauben derer, die da vor, hinter und neben einem zu Gott beten.

Das Unvergessliche dieser ersten Wallfahrt lag aber in einer so genannten »Meditation«, die wir am zweiten Tag des Pilgerns hielten. Schon den ganzen Vormittag waren die Weinviertler Frauen unruhig gewesen: »Jetzt müssen wir endlich meditieren!« Ich muss ehrlich sagen, dass ich mir darunter nichts Rechtes vorstellen konnte, denn das Wort »meditieren« kann alles Mögliche bedeuten: betrachtendes Beten, stilles Nachdenken, aber auch für nichtchristliche geistige Übungen wird ja gerne das Wort »Meditation« verwendet. Ich war also sehr neugierig. Und dann meditierten wir wirklich auf Weinviertlerisch. Ein Mann gab die Order aus: Jetzt meditieren wir. Und alle schienen zu wissen, wie das geht. Außer mir. Heute muss ich sagen: So etwas

Berührendes hatte ich selten vorher erlebt: die Hundertschaft der Pilger verteilte sich einfach im Wald, lagerte sich locker nebeneinander. Gott sei Dank war das Wetter trocken und schön. Ich war wie gesagt sehr neugierig, was jetzt geschehen würde. Und es geschah zunächst einmal gar nichts. Es wurde nur ganz still, plötzlich hörte man die Äste knacken, den Wind durch die Blätter spielen, die Vögel nah und fern. Wenn man versucht, an Gott zu denken, nimmt man ja auch die Welt viel bewusster wahr. Nach einer Stille, die ich gar nicht als drückend, sondern als leicht und doch intensiv empfand, hörte ich plötzlich eine Frau aus dem Hintergrund: »Gott, ich danke dir, dass ich hier sein darf. Du hast mir so viel Gutes geschenkt.« Stille. Dann kam aus einer anderen Ecke ein Seufzen: »Ich bete für meine Kinder und Enkelkinder und bitte den lieben Gott, dass er ihnen hilft.« Und so ging das weiter. Manche waren ganz emotional, manche nüchtern, manche waren natürlich auch ganz verstummt, denn frei etwas herauszusagen, das sich noch dazu an Gott richtet, ist nicht jedermanns Sache. Manche dankten, manche sagten Bitten. Es war alles so natürlich, dass man das Gefühl hatte, dass wirklich alle den lieben Gott ganz nahe spüren. Das war die Wallfahrts-Meditation, die ich später noch bei weiteren Wallfahrten ein paar Mal erleben durfte. Meditation kommt vom Lateinischen und hat etwas mit Mitte, »Medium« zu tun. Hineingehen in die Mitte, in das Zentrum, in das Wesentliche. Das ist für uns letztlich das Herz Gottes. Wir finden unsere Mitte, indem wir die Mitte Gottes finden.

Auf einer Wallfahrt wird man also keineswegs nur von Augenblicken des Verzagens gequält, sondern man wird mit sehr viel innerem Licht aus der doppelten Begegnung untereinander und mit Gott beschenkt. Aber das Schönste kommt am Schluss: die Ankunft am Ziel, das Erreichen des Wallfahrtsortes. Ich muss es offen sagen, dass mir das östliche Wort »Der Weg *ist* das Ziel« nicht zusagt, weil ich als Christ glaube, dass es mehr gibt als das stetige Unterwegssein. Es gibt die Gnade des Ankommens. Auf der Wallfahrt wie im Leben insgesamt. Mir gefällt der Satz besser: »Der Weg *hat* ein Ziel«. Ich meine, dass darin die christliche Religiosität besser ausgedrückt ist: Mein Lebensweg hat ein Ziel, ein Ziel, das Gott nicht nur gesetzt hat, sondern ein Ziel, das Gott selbst ist. So wird das Ankommen am Wallfahrtsort zur Metapher für unser einstiges Ankommen im Himmel. Deshalb hat man ja die Kirchen so prachtvoll gebaut, um in Stein und Bild und Stuck und Goldglanz ein bisschen von dem abzuspiegeln, was uns einst ganz anders und viel schöner erwarten wird.

Unser Leben ist, ob wir wollen oder nicht, ein Prozess, ein permanentes Weitergehenmüssen. Doch ewig können wir nicht weitergehen, denn es gibt eine Grenze. Irgendwann stehen wir vor dem unüberwindlichen Hindernis, das den Namen Tod trägt. Das ist die harte Wand, an die jeder irdische Wanderer prallt! Als Christ unterscheide ich mich nun gerade dadurch von allen anderen Gehern und Wanderern, dass für mich diese Wand im Glauben durchsichtig geworden ist auf ein Ziel, das jenseits des Weges liegt. Jesus sagt zu seinen Jüngern: »Wohin ich gehe: den Weg dorthin kennt ihr!« Darauf antwortet Thomas verständnislos: »Wir wissen nicht, wohin du gehst. Wie sollen wir dann den Weg kennen?« Und Jesus entgegnet: »Ich bin der Weg und die Wahrheit und das Leben, niemand kommt zum Vater außer durch mich!« (Johannesevangelium 14,4–6) Das ist übrigens der Grund, warum bei einer Fußwallfahrt das Kreuz vorangetragen wird: Abbild unseres eigenen Lebens mit seinen Schwierigkeiten, mit Nägeln und Wunden gespickt. Der Blick auf den voranziehenden Herrn am Kreuz gibt Kraft!

Und dann kommt die Ankunft. Endlich! Bei unserer Mariazell-Fußwallfahrt haben die Organisatoren das immer klug geregelt: Wir zogen feierlich den letzten Berg hinunter in das von den hohen Alpen umschlossene Mariazell. Doch es ging noch nicht gleich in die Kirche. Zuerst hieß es Duschen und

Sich-Schönmachen. Wir durften auch nicht gleich privat in die Kirche, denn als Gemeinschaft waren wir unterwegs, als Gemeinschaft wollten wir in die Basilika einziehen. Dann kam die Aufstellung vor dem hohen gotischen Portal, darüber die mächtigen drei Türme, die zum Himmel aufragten, als wollten sie mit den umliegenden Berggipfeln konkurrieren. Unsere Pilgerschar aufgestellt vor dem Gotteshaus. Erleichterung und Erwartung. Das Gehen hat ein Ende, hat sein Ziel gefunden. Der Superior der Basilika erscheint, spricht freundliche Begrüßungsworte. Wir sind wohl schon die fünfzehnte Pilgergruppe, die er heute begrüßt, doch die Routine stört uns nicht: Wir sind ja angekommen. Das Mittelportal öffnet sich und unter Gesängen ziehen wir ein in den hohen Raum, wo vorne in der Mitte über dem Altar die uralte Mariazeller-Marienstatue steht. Umgeben von Kerzen und barockem Silberglanz, hell beleuchtet, weil dort eben unser Ziel im Bild symbolhaft greifbar ist. Das Ziel, das unser Leben sinnvoll macht: Maria hält auf ihrem Arm Jesus und zeigt mit der anderen Hand auf ihn. Besser gesagt: Sie zeigt auf die »Frucht der Erlösung«, denn das Jesuskind hält einen saftigen Apfel in seiner Hand, auf den die Mutter Maria zeigt. Im Mittelalter war der Apfel eine Delikatesse, ein Genuss. Und eben das bietet uns Gott durch seinen Sohn, den Maria geboren hat: den Genuss des Göttlichen. Hier in dieser Zeit. Noch größer aber in der Ewigkeit.

Alle Strapazen sind vergessen, selbst die Blasen an den Füßen schmerzen nicht mehr, wenn man durch das Portal der Wallfahrtskirche schreitet. Dann darf man zu Füßen des Gnadenbildes stehen. Und aufschauen zur Muttergottes, zu Jesus, zu Gott dem Vater im Himmel: Im Goldglanz leuchtet einem die Erkenntnis entgegen: Mein Leben hat ein Ziel! Die tröstende Wirkung des Wallfahrens ist nicht nur psychologisch, sondern sie reicht in noch tiefere Schichten der Seele, denn hier wird das religiöse Sinnvakuum therapiert, das uns innerlich so bedrückt.

Wallfahrt lässt uns emotional die Hoffnung erfahren, dass unser Weg nicht im Nichts endet. Trost breitet sich aus, denn jetzt wissen wir, dass die Anstrengung und der Schweiß des Lebens Sinn haben, weil sie am Ende in Gott erlöst werden. Am Ende jeder ordentlichen Fußwallfahrt steht eine echte Erlösungserfahrung. Von Lourdes, wo es ja mehrere Dutzende streng untersuchte und ärztlich beglaubigte Heilungswunder gibt, heißt es ja auch mit Recht, dass das größte Wunder darin besteht, dass jeder – auch der Kranke, der körperlich keine Verbesserung erfahren hat – in seinem Herzen ein Stück von jenem Heil und Trost mitnimmt, das die eigentliche Gnade einer Wallfahrt ist.

4. Ist der Weg schon das Ziel?

Als ich mit achtzehn Jahren ins Kloster eingetreten bin, war ich in meinem Fühlen und Denken, so glaube ich, noch ein richtiger Teenager. Ähnliches erlebe ich heute bei den Mitbrüdern, die jung ins Kloster eintreten, wobei sich die Situation in den letzten Jahren geändert hat. Denn die meisten treten heute nicht wie ich als postpubertäre Teenager ein, sondern nach abgeschlossener Berufsausbildung oder nach dem Studium und vielleicht auch nach so mancher Erfahrung, dass das Leben »in der Welt« doch nicht so erfüllend ist wie das Leben, in dem man sich »ganz auf Gott« einlässt. Jedenfalls würde ich meinen Zustand damals als einen Zustand der Unreife bezeichnen. »Unreif« meint, dass einem die innere Abklärung fehlt, weil die Motivation noch nicht wirklich geläutert ist. Aus dieser inneren Erfahrung heraus wage ich es etwa auch, jungen Paaren zu sagen, dass ein bloßes Verliebtsein noch etwas Unreifes ist. Da ist etwas noch nicht abgeklärt, da tricksen die Hormone Gefühle vor, die erst geläutert werden müssen, da blähen sich die Stimmungen in einem zu einer Blase auf, die letztlich hohl bleibt. Doch Gott sei Dank schreiten wir voran, werden geprüft und geläutert. Damals war ich begeistert vom Lebensstil im Kloster, von den liturgischen Formen und Gesängen, vom Weihrauchduft und auch von dem etwas hochnäsigen Gefühl, von Gott eine sehr exklusive Berufung zum Mönch erhalten zu haben. Ich war voller Ideale, und wenn ich mich recht erinnere auch ein wenig in der Verblendung, dass ja jetzt – mit mir – die Hochblüte des Christentums endlich anbrechen werde. Und gerade da ist mir in den ersten Jahren eine große Gnade geschenkt worden: Sehr konkret wurde mir die eigentliche Motivation, die einen Mönch – und natürlich auch jeden anderen Gläubigen – durch das Leben trägt, vor Augen geführt. Es ist die Hoffnung auf Ewigkeit über den Tod hinaus. Was mich in meinen jungen Jahren im Kloster am meisten beeindruckt hat, war die Begleitung von alten Mitbrüdern in den Tod hinein. Dadurch ist mir aufgeleuchtet, dass man nur Christ sein kann, wenn man erstens den Tod nicht verdrängt und zweitens dieses »Danach« ganz fest als Perspektive und Fixpunkt seiner Spiritualität nimmt. Wenn ich an der heutigen Mentalität von uns Christen etwas zu kritisieren habe, dann ist es sicher diese Ewigkeitsvergessenheit. Am Anfang nannte sich die Bewegung, die aus Tod und Auferstehung Christi entstanden war, »der Weg«. Das waren Menschen, die wussten, dass sie auf ein Ziel hin unterwegs waren, das ihnen im leeren Grab Christi und im »Der Friede sei mit Euch!« des auferstandenen Jesus ganz klar vor Augen gestellt worden war. Paulus nennt Christus den »Erstgeborenen« der Toten, die »Nachgeborenen«, das sind wir. Und wo uns die Perspektive fehlt, dass wir auf etwas Größeres zuleben, fehlt uns eigentlich alles.

Auch interessante Theologen wie etwa Johann Baptist Metz haben es Ende des 20. Jahrhunderts beklagt, dass unserem Christentum die Orientierung auf das ganz Andere fehlt. In seinen Formulierungen spricht er davon, dass uns der »apokalyptische Stachel« fehle, also jene urchristliche Leidenschaft, die einen neuen Himmel und eine neue Erde ersehnt, erwartete, herbeibetet. Apokalypse heißt Enthüllung bzw. Offenbarung. Was uns Glaubenden offenbart ist, das ist die Ewigkeit bei Gott, die uns bereitet ist. Die Kritik von Metz und anderen teile ich. Sie ist fundamental, denn es geht um nichts weniger als um das Christsein von uns Christen. Denn wir sind eine »eschatologische« Religion. »Eschatologisch« heißt, auf das Letzte, die Gemeinschaft bei Gott ausgerichtet. Wenn uns diese Hinordnung des Lebens auf eine letzte Zukunft fehlt, was sind wir dann? Eine religiöse Weltbewältigungsidee? Eine moralische Wertevermittlungsinstanz? Ein sozialer Weltverbesserungsverein? Ein psychotherapeutisches Leidensbewältigungsprogramm?

Ich bin gegen eine Lebenseinstellung, die die zweite Bitte des Vaterunser streicht. Denn das geschieht ja faktisch in der Mentalität vieler Menschen. Die zweite Bitte in jenem einzigen Gebet, das Jesus seine Jünger zu beten lehrt, lautet schlicht: »Dein Reich komme!« Für mich war die Ausrichtung auf den Himmel immer etwas sehr Wichtiges und etwas fast Natürliches, sodass ich als Pfarrer in manchen Gesprächen oft Phrasen habe fallen lassen wie: »Ausruhen werde ich mich, wenn ich im Himmel bin.« Oder »Ich freue mich schon auf den Himmel.« Die Reaktion schwankte meist zwischen Überraschung und Abwehr. »Aber Herr Pfarrer, Sie werden doch noch nicht ans Sterben denken.« Doch, ich schon! Die Perspektive auf die Ewigkeit ist aus der Lebensmentalität der meisten Menschen nicht nur verschwunden, sie wird sogar als Belästigung empfunden. Das gilt durchaus auch für Kirchenchristen. Und ich glaube, dass hier wirklich eine Wurzel dafür liegt, dass wir das Sensationelle an unserem Glauben gar nicht mehr begreifen können. Die Urkirche tat das schon. Die lebte nämlich aus der Vorstellung, dass der Herr Jesus, der nach seiner Auferstehung in den Himmel aufgefahren war, jederzeit zurückkommen würde. Man nennt diese Vorstellung »Naherwartung«. Und das Neue Testament ist voll mit Mahnungen, wachsam zu sein, weil man ja weder den Tag noch die Stunde kennt, wann der Herr vom Himmel wiederkommt. Darum ist es auch kein Zufall, dass das letzte Wort der Bibel der Ruf »Maranatha« ist. Wenn man den letzten Satz auf der letzten Seite der Bibel aufschlägt, dann stößt man auf diesen aramäischen Sehnsuchtsschrei der jungen Kirche, wie ihn der Verfasser der Apokalypse zitiert. »Maranatha! Komm bald, Herr Jesus!« Vermutlich haben die Christen diesen Bittruf in ihren Gottesdiensten permanent gesungen; er gehörte in die frühchristliche Liturgie wie heute das Amen zum Gebet, denn er wird nicht nur in der Bibel, sondern auch in anderen frühen Schriften wie etwa im 1. Korintherbrief und in der Zwölfapostellehre zitiert.

Können wir das heute auch ehrlichen Herzens singen? Sieht man freilich einmal davon ab, ob es überhaupt möglich ist, alle liturgischen Gebete aufrichtig und ehrlich so zu meinen, wie man sie spricht. Denn bei jeder heiligen Messe werden wir ja durch die Liturgie gefordert und überfordert. Wenn der Priester an einer der wichtigsten Stellen des Gottesdienstes der Gemeinde zuruft: »Erhebet die Herzen« und die Gemeinde dann lautstark zurücksingt: »Wir haben sie beim Herrn« – da möchte ich nicht wirklich wissen, wie viele der Feiernden ihre Herzen tatsächlich »beim Herrn« haben, und wie viele einfach gedankenverloren irgendeine liturgische Formel zurückplappern. Gerade der Bittruf »Maranatha«, der offensichtlich so einprägend war, dass er auch im auf Griechisch verfassten Neuen Testament als aramäische Dialektphrase übernommen wurde, ist heute eine spirituelle Überforderung. Wenn wir ehrlich sind, dann würden wir am liebsten nicht singen: »Komm bald Herr Jesus – und beende damit unser schönes, herrliches, bequemes und genussreiches Leben«, sondern wir würden wohl formulieren müssen: »Bleib so lange wie möglich weg, lass mich so lange wie möglich leben, nimm mir nur nicht so schnell dieses angenehme Leben weg.« Ich glaube ja, dass die Idee der Seelenwanderung deshalb im Westen so populär geworden ist, weil die Vorstellung, dass die Seele von einem Leben zum nächsten weiterwandert, viele Menschen tröstet. Wenn ich noch ein paar Mal geboren werden kann, dann muss ich mich nicht so vor dem Sterben fürchten, dann kann ich das irdische Leben ja noch ein paar Mal genießen.

Ich möchte hier eine Art Gotteslästerung begehen, denn ich stehe dem hochgefeierten Erfolgsautor Paulo Coelho (geb. 1947) kritisch gegenüber. Dass seine Bücher sich in Millionenauflagen verkaufen, wundert mich nicht, denn auch ich halte sie für literarische Gustostücke. Coelho ist ein virtuoser Fünfhaubenkoch der Erzählkunst, er vermag Bilder und Handlung so spannend zu arrangieren, dass es wirklich ein Genuss ist. Und eine Orgie an Gefühlen auslöst. Aber das »Dahinter«, also das Weltbild, oder die »Botschaft«, wenn man es mal so pathetisch nennen möchte, ist mir suspekt. Ich habe das kleine Buch »Der Alchimist« immer als eine Art Handbuch esoterischer Erbauungsliteratur verstanden. Das Hauptthema ist ein Weg, ein Aufbruch, eine Suche. In dem andalusischen Hirtenjungen Santiago kann sich jeder wiedererkennen: Santiago träumt von einem großen Schatz an den Pyramiden! Waren nicht die Pyramiden immer schon ein Symbol für das Unendliche, eine Metapher für das Religiöse, Gleichnis für den Impuls, nach dem Sinn des Lebens, dem Schatz des Lebens zu suchen? Jedenfalls macht sich Santiago auf, erlebt »zauberhafte« Abenteuer und »geisterhafte« Selbsterfahrungserlebnisse, begegnet Hexenmeistern, besteht Prüfungen und trifft die Frau seines Lebens, um schließlich und endlich wirklich bei den Pyramiden anzukommen. Aber das Ende der Reise ist gar nicht das Ziel gewesen. Am Schluss steht die Weisung des Alchimisten, dass er die ganze Zeit schon angekommen war, denn der Weg sei das Ziel. Und am Schluss wird er rückverwiesen: der Goldschatz, den er so abenteuerlich und gefahrvoll und verwirrend im Labyrinth seiner Lebensreise suche, der sei eigentlich in der kleinen Kirche begraben, von der Santiago seinen Ausgang genommen hat. Diese Kirche – absichtlich oder nicht – ist eine verlassene, romantische Ruine. Ich fühlte mich auch getröstet, das Buch ist fabelhaft suggestiv. Sonst hätten sich Bill Clinton und viele andere ja nicht gerne damit ablichten lassen. Aber »die Moral von der Geschicht« ist mir zu dünn, denn sie lautet doch: Was du draußen suchst, das hast du eigentlich drinnen. Das Göttliche und Jenseitige, dem du nachläufst, trägst du eigentlich immer schon in dir. Bei Coelho bekommt also der Slogan »Der Weg ist das Ziel!« eine besondere Färbung. Denn: Zu gehen ist schon sinnvoll, aber nur in der Sinnlosigkeit, dass man draußen eben nichts finden kann außer sich selbst. Ich meine daher, dass all diese esoterische Erbauungsliteratur nicht wirklich Trost gibt, sondern nur Vertröstung. Denn sie ist ja doch wieder nur »weltverliebt«, ja weniger noch: »selbstverliebt«: Der Weg ist das Ziel, und mein Lebensglück lukriere ich aus dem geistigen Selbstgenuss meiner selbst. Was zu kurz kommt, ist die Perspektive der Zukunft. Santiago kommt nie an, die Pyramiden sind nur der Moment, wo ihm die Augen aufgehen, und er wieder dort ist, wo er begonnen hat. Dieser Weg hat kein Ziel, weil er nur in sich selbst ein Ziel zu finden meint.

Wir sind heute alle orientierungslos, weil wir in hohem Maße kein begehrenswertes Ziel vor Augen haben. Wir sind weltbesessen und ewigkeitsvergessen. Kein Wunder, sagt doch schon das alte Sprichwort: *»Plenus venter non studet libenter!«* – Ein voller Bauch studiert nicht gerne. *»Studere«* heißt im Lateinischen aber auch »streben«. Unsere erdgesättigte Generation tut sich schwer, sich auf ein Ziel hinter diesem schönen Leben zu orientieren. Uns geht es geistig ähnlich, wie wir es nach einem üppigen Mahl erleben: Das wohlige Bauchgefühl zieht uns nieder und macht uns erdschwer. Warum soll ich mir über Tod und Vergänglichkeit Gedanken machen? Jede Religion ist wohl so kraftvoll wie ihre Hinordnung auf ein Ziel. Das frühe Christentum schöpfte seinen ganzen Schwung aus der Hoffnung auf die Wiederkunft des Herrn. In der frühchristlichen »Zwölfapostellehre«, der Didache, heißt es etwa: »Es komme die Gnade und es vergehe diese Welt!« (Didache 10,6). Und das war kein Sätzlein am Rande, sondern die Forscher gehen davon aus, dass es sich um einen Ruf gehandelt hat, der offensichtlich regelmäßig bei den Gottesdiensten der jungen Christen verwendet wurde. Man stelle sich vor, der Priester würde heute bei den Gottesdiensten rufen: »Wann geht denn nun mal endlich diese Welt unter!« Könnten wir das heute noch bejahen? Unserer schönen Welt ein freudiges »Vergehe« entgegenzurufen ist wohl das, was uns säkularisierten Wohlstandsmenschen am fernsten von allem liegt! Wir Heutigen würden wohl lieber rufen: »Es bleibe die Welt, und jeder Gedanke an das Danach sei weit weg von mir!« Heute ist das Verdrängen des Todes angesagt.

Der innere Verfall eines Hoffens auf Ewigkeit zeigt sich natürlich auch äußerlich, und zwar im Verfall des Totenkultes. Bei uns im traditionellen Wien war die »Schöne Leich«, also das Feierliche Leichenbegängnis, früher ein tiefes Grundbedürfnis der Bevölkerung. Als der aufgeklärte Kaiser Joseph II. († 1790) die barocken Frömmigkeitsformen drastisch auf ein puritanisches Mindestmaß reduzierte, versuchte er auch, den »Pompe funèbre«, den feierlichen Glanz der Totenliturgie in seiner barocken Üppigkeit einzudämmen. Statt blumenumhüllter Prunksärge und Stafetten von schimmernden Kerzen sollte es nur mehr einen zweckmäßigen Sarg zum Wiederverwenden geben: Ein Sarg, der nicht im Grab versenkt wurde, sondern der nur auf das Grab gestellt wurde. Durch einen Fallboden sollte die in einen Sack eingenähte Leiche in das Grab plumpsen. Dieser Radikalpuritanismus machte den »Volkskaiser« beim Volk so unbeliebt, dass er einen Großteil seiner Reformen wieder zurücknehmen musste. Der Wiener bzw. der Österreicher lässt sich nicht gerne seinen Totenkult deformieren. Doch nun erleben auch wir im traditionellen Wien, dass Begräbnisse immer mehr einer Art Leichenentsorgung zu ähneln beginnen. Zwar gibt es auch noch die »Schöne Leich«, wo der Verstorbene mit Blumen, Kerzen und Marschmusik nicht feierlich genug zu Grabe getragen werden kann. Aber man spürt ein Abbröckeln auch in diesem Charakteristikum einer jenseitsgläubigen Kultur.

Als ich Pfarrer war, hatte ich ein Erlebnis, das mir jetzt noch die Gänsehaut über den Rücken jagt. Damals war ein Mann, ein Familienvater aus den neuen deutschen Bundesländern, auf der Wienerwaldautobahn tödlich verunglückt. Der Bestatter, von dem ich sagen kann, dass er seinen Beruf nicht nur als ein Geschäft absolvierte, sondern als ein pietätvolles Begleiten der Angehörigen aus einem tiefen christlichen Glauben heraus, rief mich also an. Ob es mir etwas ausmache, einen Ungetauften zu beerdigen. Nein. Ob es mir etwas ausmache, dass keine Angehören kommen werden. Nein. Ob es mir etwas ausmache, wenn nur wir beide, er und ich, die Bestattung vornehmen. Nein. – Die Angehörigen wollten von dem Verunglückten nichts mehr wissen. Weder Frau noch Kinder noch sonst jemand. Also hielten der Bestatter und ich das merkwürdigste Begräbnis unseres Lebens. Gemeinsam schleppten Pfarrer und Bestatter den Sarg auf das offene Grab, dann betete ich. Es war ein milder Frühlingsnachmittag mit blauem Himmel und diesem unwiderstehlichen Duft der Wiesen und Haine, die um den Friedhof lagen. Auch das hat der ganzen Szene ihre Banalität geraubt, vor allem aber die Gebete. Dass hier der Leib von einem zur Verwesung versenkt wird, der auf Erden so gar nicht geliebt gestorben ist, der vielleicht auch Gott nicht gekannt hat … Also, es war mir dann doch schaurig. Nach den Gebeten haben wir beide den Sarg in die Erde hinuntergelassen, ich glaube, dass ich sogar noch ein bisschen beim Zuschaufeln geholfen habe. Vor dem Friedhof in Sulz war auch der Platz für die Müllsammlung, und viel Unterschied war eigentlich nicht zwischen der Müllentsorgung hier und der Leichenentsorgung dort … Ich hoffe, dass dieses Erlebnis ein Einzelfall bleibt, aber wenn es mit der Jenseitsvergessenheit so weitergeht, dann wird auch die Humanität der Trauerarbeit, die ja im Totenkult ausgedrückt wird, immer dünner werden.

Das Vergessen des Lebens nach dem Tod ist natürlich auch eine binnenchristliche Krankheit, eine Demenz, die bei uns Verkündigern, bei den Priestern begonnen hat. So hat es übrigens auch Johannes Paul II. in seinem auf die Ewigkeit gerichteten Buch *Die Schwelle der Hoffnung überschreiten* beklagt. Er bedauert dort, dass wir Priester über die Themen der Eschatologie wie Tod, Gericht, Ewigkeit, Himmel, Hölle, Fegefeuer usw. so gut wie nicht mehr predigen. Wir reden in der Kirche viel, aber nicht über die große Erfüllung. Als Theologe kann ich freilich einiges Verständnis für dieses Schweigen aufbringen, denn es gab Zeiten, und die sind noch nicht allzu lange vergangen, da haben wir *zu viel* über das »nach dem Tod« geredet. Es waren Zeiten, die wir Jüngeren zwar nicht mehr erlebt haben, die aber doch auf viele in und außerhalb der Kirche bedrückend gewirkt haben müssen: Man hat damals viel zu wissenssicher über das gesprochen, was nach dem Tode kommt. So als hätte Gott uns durch seinen Sohn einen detaillierten Fahrplan mit genauen Ankunfts- und Abfahrtszeiten für das Leben nach dem Tod übermittelt: Für den einen das Fegefeuer für soundsoviele Jahre, für den anderen die Hölle, für noch einen anderen den Himmel usw. Ich glaube sagen zu können, dass die Theologie hier vormals zu unvorsichtig war. Und auch zu pessimistisch. Ich selbst habe mit Sicherheit noch nie eine Predigt über die Hölle gehört, aber wenn man den Erzählungen der Alten glaubt, muss ja früher dauernd über die Hölle gepredigt worden sein. Da bin ich froh, dass wir heute den Akzent auf die Hoffnung legen. Natürlich bin ich auch davon überzeugt, dass Gott uns so ernst nimmt in unseren Entscheidungen, dass es wirklich einen doppelten Ausgang unserer Erdengeschichte gibt: in Gott oder gegen Gott, Himmel oder Hölle. Jedenfalls ist das Jenseits ein vielfaches Geheimnis: Geheimnis, weil es Begegnung mit Gott ist, der das Geheimnis aller Geheimnisse ist; Geheimnis – hier sogar im Sinn von »Rätsel« – deshalb, weil es in der Zukunft liegt und diese Zukunft die anderszeitliche Ewigkeit ist.

Es gibt über uns Priester sehr viele Klischees, eines davon ist sicher, dass wir dauernd über Himmel oder Hölle reden. Aber

Hand aufs Herz: Wann haben Sie das letzte Mal wirklich einen echten Priester darüber verkündigen hören? Wir sind doch sehr verschämt geworden, auch durch die Theologie verunsichert worden, in der Rede über das, was unsere ureigenste Hoffnung ist. Die Verkündigung ist stumm geworden. Oder sie ist banal geworden und auf das Niveau von »Wir kommen alle, alle, alle in den Himmel!« herabgesunken. Fällt das nur mir auf? Dass die Leute nämlich, sobald sie von uns nichts mehr zu hören bekommen, in eine andere Richtung hin lauschen? Dass sie ihre Ohren auf andere Antworten hin spitzen, weil wir ihnen keine mehr zu geben scheinen? Deshalb müssen wir über die Hoffnung reden, die uns erfüllt. Ich will das mal versuchen.

5. Diesseits und Jenseits

Im christlichen Glauben geht es also um das Reich Gottes in der Ewigkeit, um die Gemeinschaft mit Gott im Himmel. Doch wir sollten uns hüten, das zu einseitig zu sehen. Der richtige Weg liegt in der Mitte, vor den beiden Straßengräben müssen wir uns in Acht nehmen. Der eine Straßengraben ist die reine Zukünftigkeit; gemeint ist, dass wir uns so sehr nach dem Leben »danach« sehnen, dass wir weltfremd werden und die Gegenwart vergessen. Das andere Out, in das wir uns nicht begeben dürfen, ist die ausschließliche Konzentration auf die Gegenwart: »Und den Himmel überlassen wir den Engeln und den Spatzen«, wie Heinrich Heine ziemlich sarkastisch getextet hat. Ich kann nicht von mir behaupten, dass ich allzu sehr von der ersten Gefahr belastet werde. Auf meinen Grabstein könnte man gerne die Worte setzen: Ich habe das Leben geliebt. Die Gefahr, zu sehr nur auf den Himmel zu schielen, scheint mir heute so gut wie nicht mehr zu bestehen. Wir sind alle erdschwer.

Der berüchtigte Vorwurf Lenins »Religion ist Opium des Volkes«, mit dem er unterstellte, dass sich das Volk mit der Religion auf ein Jenseits vertröstet und somit Religion die ungerechten Zustände in der Welt gleichsam zementiert, trifft heute ins Leere. Marx und Lenin erlebten den christlichen Glauben im 19. Jahrhundert als stark auf das eigene jenseitige Seelenheil konzentriert. Marx deutete Religion und Gottesgedanken ohnehin nur als einen »Überbau«, als Produkt unserer Phantasie, das wir der konkreten gesellschaftlichen Ordnung hinzufügen. Für ihn macht der Mensch die Religion und nicht die Religion den Menschen. Deshalb kommt er zu der extrem negativen Beurteilung von Religion als einer Form der Entfremdung des Menschen. Die Kritik der Religion, später sogar der Kampf gegen die Religion, ergibt sich daraus als eine Notwendigkeit. Marx schreibt: »Die Kritik der Religion ist also im Keim die Kritik des Jammertales, dessen Heiligenschein die Religion ist.« Die simple, und leider auch durch den Staatskommunismus daraus gezogene Folgerung lautete: Nur in einer atheistischen Gesellschaft gibt es Gerechtigkeit und Frieden unter den Menschen. Diese Kritik müssen wir durchaus ernst nehmen: Wenn Religion einzig und allein Flucht vor der Wirklichkeit und phantasievolle Realitätsverweigerung ist und damit die Ungerechtigkeit der Welt festigt und verklärt, muss sie hinterfragt, kritisiert, ja sogar politisch bekämpft werden. Übrigens lässt George Orwell in seiner *Animal Farm* einen schwarzen Raben auftreten, der die versklavten Tiere scheinheilig tröstet, indem er ihnen von einem »Sugarcandy-Land« erzählt, in das sie gelangen, wenn sie nur geduldig die Versklavung durch die Schweine ertragen. Vermutlich soll der schwarze Rabe eine Anspielung auf uns Priester sein.

Es hat Zeiten gegeben, in denen der Vorwurf an die Christen, dass sie zu leicht an der Gegenwart vorbeisehen hin auf ein jenseitiges Leben nach dem Tod, eine Berechtigung hatte. Vor allem im 19. Jahrhundert breitete sich in der Kirche die Parole »Rette Deine Seele!« aus. Das war als Appell zu einem bewussten und zielorientierten Leben gemeint, bekam aber einen individualistischen und egoistischen Beigeschmack: Hauptsache, ich rette meine Seele in den Himmel. (Dabei sind wir überzeugt, dass wir nur gemeinsam in den Himmel kommen, allein lässt uns Gott nicht hinein!) Diese Parole konnte man dann auch oft auf Missionskreuzen an katholischen Kirchen sehen, also an den Kreuzen, die man nach Wochen der Glaubenserneuerung aufgestellt hatte. Ich erinnere mich, dass vor meiner Taufkirche ein solches Kreuz stand. Und in meinem Kloster in Heiligenkreuz befand sich ein solches meterhohes schlichtes Holzkreuz gleich beim Eingang in die Abteikirche. Es musste aus den 1960er Jahren stammen; von der Inschrift »Rette deine Seele« waren allerdings einige Buchstaben abgefallen, die sich unsereins freilich leicht rekonstruieren konnte. Für Touristen aber war die Aufschrift abenteuerlich, denn da stand zu lesen: »ette ene eele« und so mancher hat wohl gedacht, dass es sich hier um einen Zauberspruch handeln muss ... Jedenfalls erinnere ich mich an das ungläubige Kopfschütteln, als die Teilnehmer von Rätselralleys vor dem Kreuz standen und die Frage: »Was steht auf dem Kreuz beim Kircheneingang der Abteikirche von Heiligenkreuz?« die Antwort abkritzelten: »ette ene eele«.

Wir müssen gestehen, dass es in der Geschichte des Christentums Zeiten gegeben hat, wo wir wie Hans-Guck-in-die-Luft durch die Welt gelaufen sind. Wo wir das Böse und Ungerechte nicht gesehen haben, nicht sehen wollten oder nicht sehen konnten, weil wir zu sehr nach dem »Jenseits« ausgespäht haben. Am Ende des 19. Jahrhunderts bekam ja sogar Papst Leo XIII. von innerkirchlicher Seite Schwierigkeiten, als er die erste Arbeitsenzyklika »Rerum Novarum« veröffentlichte. Viele in der Kirche nahmen ihm übel, dass sich die Kirche überhaupt Gedanken über Themen wie Arbeit und die soziale Situation der Gesellschaft machte. Heute sind diese Zeiten vorbei, denn gläubige Christen stehen überall in vorderster Front, wo es um Bekämpfung von Armut und Krankheit geht. Dietrich Bonhoeffer hat in einem seiner Abschiedsbriefe formuliert: »Ich fürchte, dass die Gläubigen, die nur mit einem Bein auf dem Boden stehen, auch nur mit einem Bein im Himmel stehen!« Getrost können wir sagen, dass wir heute ganz fest auf dem Boden stehen. – Vielleicht sogar zu fest.

Mir scheint es, dass heute eine allzu starke Orientierung hin auf das Jenseits, auf die Ewigkeit, auf das Leben nach dem Tod die geringere Gefahr ist. Dass einer nur noch für den Himmel leben will, das kommt vor, aber es ist selten: Unlängst habe ich von einem früheren Industriellen gelesen, der völlig ausgestiegen ist und sich im Osten auf eine kleine Insel zurückgezogen hat, um dort als buddhistischer Mönch zu meditieren. Seinen Lebensunterhalt erbettelt er sich, den Rest des Tages verbringt er in Meditation, und das schon viele Jahre hindurch. Der Bericht hat mich sehr beeindruckt, wenn ich auch sagen muss, dass dieses Ideal des völligen Freiseins für Gott nicht unserem Ideal als zisterziensische Mönche entspricht. Wir wollen für den Himmel leben, aber wir wollen auch auf Erden etwas bewegen; wir wollen nicht für uns selbst im Himmel leben, sondern wir wollen viele schon auf Erden motivieren, diesen Himmel zu entdecken und ihn sich als Ziel zu nehmen.

Im Augenblick sind wir im Westen alle sehr sehr erdgesättigt. Mir kommt es vor, als wäre die Unzufriedenheit, die ich bei vielen erlebe, nichts anderes als Blähungen einer lustvollen Übersättigung. Wir sind so angezogen von der schönen Gegenwart, von all dem Angenehmen, das das Leben zu bieten vorgibt, dass wir absolut keine Lust haben, an die Zukunft zu denken. Und schon gar nicht an die ewige Zukunft, denn da müssten wir ja etwas extrem Unangenehmes tun: Wir müssten über die Begrenztheit unseres schönen Erdenlebens nachdenken. Wir lieben es, wohlstandsverwöhnt und weltverliebt zu leben. Deshalb müssten wir eigentlich sehr glücklich sein. Doch wir spüren, dass das Glücklichsein nicht so funktioniert, wie es theoretisch sein müsste. Doch warum ist das so? Wo die Zukunft ausgeblendet wird, da verendet auch bald die Lust am Gegenwärtigen. Goethe lässt Faust den Vertrag mit Mephistopheles im 1. Teil des Dramas mit den Worten besiegeln: »Werd' ich zum Augenblicke sagen: Verweile doch! Du bist so schön! Dann magst du mich in Fesseln schlagen, dann will ich gern zugrunde gehn!« (Faust I,V,1699–1702) Faust muss sich in dieser Wette keine Sorgen machen, denn der schöne Augenblick kommt zwar, er kommt auch immer wieder und immer anders, aber er ist eben jedes Mal ebenso schnell auch wieder vorüber. Nein, er verweilt nicht. Mein Leben ereignet sich so, dass meine Gegenwart permanent zugrunde geht und zur Vergangenheit wird.

Die geplatzten Bubbles der Finanzmärkte, die wir erlebt haben, haben unsere erdenschwere Weltverliebtheit erschüttert, aber nicht gebrochen. Damit ich richtig verstanden werde: Der Spruch des alten Ovid »*Carpe diem* – Pflücke den Tag« hat sein Wahres darin, dass wir Schönheit, Liebe, Geborgenheit, Freude … immer nur jetzt erleben können. Ovid meinte in seiner Ode, dass der Genuss immer im Hier und Jetzt liegt. Auch die Vorfreude auf Zukünftiges oder die frohe Erinnerung an Vergangenes machen mich nur jetzt glücklich. Die Einladung, die Gegenwart zu nutzen, ja zärtlich zu »pflücken«, kann man sehr verschieden interpretieren. Eindrucksvoll fand ich den Film *Der Club der toten Dichter*, in dem der brillante Robin William als Lehrer Keating das »Carpe Diem« zum Leitspruch dafür macht, dass jeder Schüler aus seinem Leben etwas ganz Besonderes und Einzigartiges machen soll. Der Film ist ein Appell an junge Leute, sich gegen den Zwang des Konventionellen zu richten, den Augenblick zu nutzen und sich für das freie Denken zu entscheiden. Heute ist der Kampf gegen das Establishment, wie es im *Club der toten Dichter* in einem verknöcherten und beengenden Internatssystem inszeniert wird, ohnehin einer Lebenskultur des »Ich-tue-was-mir-gefällt« gewichen. Darum sehe ich die Lehre aus diesem Film darin, dass es heute ein »Carpe diem« braucht, um sich mit Mut vom Einerlei der öffentlichen Meinung abzuheben.

Wenn heute »Carpe Diem« als Marke oder zumindest Untertitel für verschiedene Genussmittel verwendet wird, so deshalb, weil sich der Spruch sehr gut hedonistisch interpretieren lässt: Genieße, genieße, genieße – so viel wie möglich, und möglich ist es eben nur im Jetzt. Dazu fällt einem der griechische Philosoph Epikur ein, der ca. 270 vor Christus gestorben ist. Dass er eine sehr erdgerichtete Philosophie erdacht hat, haben ihm schon seine Zeitgenossen attestiert. Der Römer Horaz etwa nennt sich ein »Schweinchen aus der Herde Epikurs«, womit er auch andeutet, welches Niveau er dieser Weltanschauung zubilligt: er vergleicht es mit einem grunzend wohligen Herumwühlen im irdischen Dreck. Die Einstellung Epikurs gegenüber den Göttern kann ich gut nachvollziehen: Wir kennen ja alle das Gefühl, dass in einem Augenblick des vollkommenen irdischen Vergnügens, in einem Moment, in dem man sich ganz der weltlichen Lust hingibt, in dem man nicht mehr als Ich handelt, sondern sich von den Trieben treiben lässt, nicht gerne an Gott erinnert wird. Für mich ist zum Beispiel das anstrengendste Gebet im Kloster jenes nach dem Mittagessen. Da bin ich so träge und satt und rundherum geistig abgesenkt, dass es für mich eine große Überwindung bedeutet, mit den Mitbrüdern in feierlicher Prozession in die Kirche zu ziehen – nach dem Mittagessen! – und dort zuerst das Totengedächtnis zu beten und dann noch die sogenannte Non, ein zehnminütiges Psalmengebet. Von den beiden Optionen »Nach dem Essen sollst du ruhn oder tausend Schritte tun« kommt für mich nur die erste in Frage, da ich ja als Mönch mittags meist schon seit halb fünf Uhr morgens auf den Beinen bin. Zu Mittag bin ich so k.o, dass man das Sprichwort ruhig auch umtexten könnte: »Nach dem Essen sollst du ruhn oder auch ein Schläfchen tun.« Was aber den Geist so sehr hinunterzieht, das ist vor allem die Sättigung, der zufriedene volle Bauch; irgendwie rebelliert da etwas besonders stark in mir, in einem solchen Zustand Gott zu suchen.

Aber gerade das Erinnertwerden an Gott in Situationen, in denen man sich an Nichtigkeiten oder gar an Falsches verliert, kann heilsam sein. Bei dem Gedanken an folgende Begebenheit, die mir einmal passiert ist, muss ich Gott heute noch mit einem Schmunzeln danken, dass er offensichtlich durch mich an Sich erinnern wollte – und dadurch eine Dummheit verhindert werden konnte. Ich besuchte einmal mit dem Auto einen Priesterfreund in der Slowakei. Man muss wissen, dass die Slowakei tief christlich geprägt ist. Der Glaube dort hat der Bedrückung durch den Staatskommunismus standgehalten, ist aber auch sehr stark ein Ausdruck der Kultur und der Konvention. Dazu kommt ein Schuss slawische Mentalität, die zur Schwermut neigt ... Jedenfalls fühle ich mich in diesem Land sehr wohl, staune allerdings manchmal über die Unzufriedenheit mit dem Leben, mit der Wirtschaft, mit der Politik, mit dem Bischof und dem Rest der Welt, die manche meiner priesterlichen Mitbrüder mir dann herausklagen. Aber wenn man sich an die leichten Andunkelungen der slawischen Seele einmal gewöhnt hat, ist es leicht zu ertragen, denn im Grunde sind die Menschen dort froh und glücklich, – ohne dass sie selbst es so richtig merken wollen. Nach dem Grenzübergang musste man damals Autobahnvignetten kaufen. Ich fahre fast immer mit dem Ordensgewand, erstens weil es bequemer ist, zweitens, weil ich einfach ein Zeugnis geben möchte für die Lebensform, in der Gott mich haben wollte. (Und drittens macht schwarz-weiß-gestreift ja auch schlank!) Jedenfalls stieg ich an der ersten Tankstelle nach der Grenze aus dem Auto, besorgte mir die Vignette und war gerade dabei, sie an der Windschutzscheibe zu montieren, als ein noch nicht so alter Mann sich vor mir aufbaute. Die folgende Szene war ernst, aber doch irgendwie lustig. »Was sind Sie?«, fragte er auf Deutsch mit slawischem Akzent. Ich: »Katholischer Priester.« Er: »Sind Sie also wirklich echt?« Ich: »Ja, ganz echt. Aus Österreich. Ich besuche einen Priester hier in der Slowakei.« »Schwören Sie, dass Sie Priester sind!« – »Glauben Sie, ich laufe zum Spaß so herum?« Er: »Dann kann ich es wirklich nicht tun. Dann geht es nicht.« Nun war ich natürlich neugierig, was das Ganze sollte, noch mehr, weil er wirklich tief erschüttert ausschaute. Er erzählte mir seine Geschichte: Er war verheiratet und hatte kleine Kinder. Vor ein paar Tagen hatte er aber eine Frau kennen gelernt und sich ein wenig verliebt. Gerade war er mit dem Auto unterwegs, um sie wieder zu treffen. Bisher war noch nichts passiert, aber diesmal wollte er die Sache vorantreiben. Doch da habe er mich, den schwarz-weißen Mönch an der Tankstelle gesehen. Noch nie habe er einen Priester an einer Tankstelle gesehen, und jetzt passierte gerade ihm das. Langer Rede kurzer Sinn: Für ihn war das ein Zeichen von Gott, dass er seine Frau nicht betrügen dürfe. Ich sagte: »Gott ist gut, besser rechtzeitig bremsen, als dann vor dem Wrack seines Lebens stehen.« Ich gab ihm den Segen, und er fuhr in die andere Richtung weiter als er vorgehabt hatte. Natürlich war ich nach dieser Begegnung ein wenig »high«, weil ich das Gefühl hatte, dass der liebe Gott mich für etwas Gutes verwendet hatte, denn ich kenne genügend Beziehungen, die gescheitert sind, weil einer vorher keinen Fingerzeig Gottes erhalten oder zumindest nicht als solchen erkannt hat ... Später kam mir dann ein Gedanke, der meine Euphorie wieder etwas dämpfte: Wie vielen Menschen mit ähnlich verbogenen Absichten bin ich wohl schon begegnet, die sich nicht an Gott erinnern lassen wollten?

Epikur macht das zum Programm seiner Lebensphilosophie: Er lehrt, dass es für den Menschen ein Glück ist, wenn er die Götter vergisst. Denn wer Gott beiseitelässt, der braucht letztlich kein schlechtes Gewissen beim Genießen zu haben. Diese Götter als jenseitige Instanzen verderben einem mit ihren Imperativen und moralischen Herausforderungen ja nur die Lebensfreude. Daher der Rat des Epikur: Nicht einmal ignorieren! Einfach links liegen lassen, damit das *»Carpe diem«* lustvoller gelingt. Ich denke, dass Horaz mit seinem Schweinevergleich Recht hatte, denn ein solches Denken ist sehr niedrig und kann sogar richtig schweinisch werden. Und irgendwie ist Epikur unglaublich modern, die von ihm gepredigte Philosophie scheint sich fast eins zu eins heute durchgesetzt zu haben. Der alte Grieche ist kein Atheist; es fällt ihm gar nicht ein, die Existenz der Götter zu leugnen. Soll es sie doch geben. Die Wirklichkeit interessiert ihn nicht, sondern nur, wie und was wir von ihr wahrnehmen. Also: Mag es auch Götter geben, kümmere dich einfach nicht um sie. Doch das funktioniert leider nicht. Die Erfahrung der Flüchtigkeit allen Genusses lässt sich nicht totschlagen. Was hier gepredigt wird, ist eine Lebenseinstellung, wie sie vielleicht Paulus in der Hafenstadt Korinth erlebt hat. Als er an die Korinther schreibt, formuliert er: »Wenn Tote nicht auferweckt werden, dann lasst uns essen und trinken!« Und dann setzt er das hinzu, was uns so wie damals den Korinthern die Augen öffnen soll: »Denn morgen sind wir tot!« (1. Korintherbrief 15,32)

Vielleicht sind ja manche Menschen deshalb so antireligiös und so resistent gegenüber allen »Versuchungen«, einmal über den Sinn des Lebens nachzudenken, weil sie in der Aktivierung ihres Geistes geradezu eine Bedrohung für das Glück der Gegenwart sehen. Der Gesättigte hat eben kein Ziel mehr, er ist in sich selbst zufrieden. Gilt das nicht heute auch für uns gläubige Christen? Ist nicht auch unser persönlicher Zielhorizont sehr eng und irdisch geworden? Oft kommt es mir so vor, als ob die Kirche die Menschen heute auch deshalb so wenig zu begeistern und mitzureißen vermag, weil sie selbst den Anschein einer bloß humanitären Weltverbesserungstruppe, einer bloß moralisierenden Wertevermittlungsinstanz oder einer bloß psychologischen Gemeinschaftstherapie erweckt. So bewegen wir nichts, weil wir selbst nicht mehr weiterkommen. Und wir kommen deshalb nicht mehr weiter, weil wir selbst kein Ziel mehr vor Augen haben. Uns fehlt die Sportlichkeit des Paulus, der an die Gemeinde von Philippi schreibt: »Das Ziel vor Augen, jage ich nach dem Siegespreis: der himmlischen Berufung, die Gott uns in Christus Jesus schenkt.« (Philipperbrief 3,14)

Zuvor hat uns Epikur auf den Gedanken gebracht, dass es in Augenblicken, wo wir ganz erdkonzentriert sind, unangenehm und erschreckend ist, an Gott erinnert zu werden. Zumindest bei mir wehrt sich dann alles, der Nähe Gottes ausgesetzt zu sein. Ich kann das aus folgender Erfahrung bestätigen: Wenn ich in Wut bin und bösartig über andere schimpfe oder tobe, dann möchte ich Gott ganz einfach nicht nahe haben! Wenn ich toben will, dann ist der Gedanke an Gott geradezu ein Spaßverderber, weil ich ja ganz bös und lustvoll darin aufgehen möchte, Gift und Galle aus mir rauszulassen und sie gegen andere zu schleudern. Gott erinnert immer daran, dass man es besser und richtiger machen könnte. Die Nähe Gottes vermiest einem also die Lust an der Sünde. Das war wohl auch der Grund, warum man früher die Allgegenwart Gottes symbolisch durch ein Auge dargestellt hat und dieses Mittel auch auf ziemlich fatale Weise in der Pädagogik eingesetzt hat. Wenn ich mich in der Nähe Gottes fühle, dann ist das für mich eine beglückende Erfahrung. Wie viele Menschen aber, denen Gott als das alles sehende und alles ahndende »Auge« nahegebracht wurde, haben davon ein völlig verdrehtes Gottesbild. Es ist auffällig, dass J. R. Tolkien das alles sehende »Schwarze Auge« zum eindrucksvollsten Symbol des Bösen macht. Gerade Tolkien, der ja gläubiger Christ war und in *Der Herr der Ringe* den Versuch macht, christliches Gedankengut in mythische Märchenhandlungen »rückzuübersetzen«. Ich kenne leider einige ältere Gläubige, die unter der Vorstellung, dass der liebe Gott wie »Big Brother« alles überwacht und ausspioniert, sehr gelitten haben. Gott sei Dank haben mir meine Eltern nie Gott als eine alles sehende und alles überwachende Instanz geschildert, vor der ich irgendwelche unbegründeten Ängste hätte entwickeln können. Darum ist auch in Situationen, in denen ich innerlich sehr böse bin, die Erinnerung an Gott immer positiv. Am Anfang schiebe ich Gott weg, da will ich lieber an meiner Bosheit ersticken. Und dann lasse ich ihn doch langsam zu, meine Wut kühlt aus, meine Verklemmung löst sich. Der Vergleich ist vielleicht despektierlich, aber wenn ich so ganz verrannt bin in Aggressionen, Neid und Unterstellungen, dann kommt mir das wie eine Verstopfung vor. Und der Gedanke an den gütigen, ewigen, liebenden Gott ist dann eine Art Purgativ, das die Seele zur Reue hin reinigt.

6. Können Seelen wandern?

Wie ist das nun mit dem Leben nach dem Tod? Wenn ich in regelmäßigen Abständen die Vorlesung über »Eschatologie«, also über die »Letzten Dinge« zu halten habe, dann wundere ich mich, wie viele nicht-christliche Bücher es über das »Jenseits« gibt. Während in unseren Gottesdiensten, ich muss es noch einmal beklagen, fast nie oder jedenfalls viel zu selten über das Leben nach dem Tod gepredigt wird, scheinen sich die Menschen des 21. Jahrhunderts, also die Menschen, für die Wellness, »Auschillen« und Aktienkurse das Wichtigste zu sein scheint, doch nicht wenig für das zu interessieren, was »danach« kommt. Die christliche Verkündigung hat früher diesen »Markt« des Bedürfnisses nach Wissen um das Jenseits sehr stark befriedigt. Vielleicht so sehr, dass wir Christen uns daran den Magen verdorben haben. Vor unserem Kloster liegt eine herrliche barocke Kreuzweganlage. Vierzehn Kreuzwegstationen in Form von kleinen Kapellen stellen den Leidensweg Christi dar. Übrigens ist diese Anlage so wunderbar von alten Kastanien und Linden umwachsen, dass schon dieses knorrige und rankende Leben der Bäume neben den Stationen das Grausen und Schrecken des Leidens Christi, das durch die Stationen dargestellt ist, abmildert. Die Kreuzweganlage wurde in der ersten Hälfte des 18. Jahrhunderts von Abt Robert Leeb (1728–1755), einem der baulustigsten Barockäbte unseres Stiftes, errichtet, um die Wallfahrer von Wien zu begrüßen. Abt Robert hatte die Idee offensichtlich von einer Wallfahrt nach Jerusalem mitgebracht. Am Fuß des Kreuzweghügels, dort wo der Kreuzweg beginnt, steht eine fünfzehnte Kapelle, in der die Pilger ihr Nachgehen und Nacherleben des Kreuzweges Christi beginnen sollen. Sie trägt den Namen »Intentionskapelle«. »Intention« heißt »Absicht« oder »Anliegen«.

Während in den anderen Kapellen jeweils in Form eines barocken Reliefs eine der Leidensstationen Christi veranschaulicht ist, findet man in dieser Intentionskapelle ein für heutiges Empfinden durchaus befremdliches Bild: Im Halbrelief ist dort ein Flammenmeer dargestellt und im Flammenmeer ringen nackte und halbnackte Männer und Frauen ihre Hände gegen den Himmel. Also »das Fegefeuer«. Der Barock war in seinen Ausdrucksformen nicht zimperlich: Der Pilger sollte hier die »Intention«, das »Anliegen« fassen, dass er den Kreuzweg nicht zum Privatvergnügen abschritt, sondern dass es um das Heil der Welt, der Menschen, der Verstorbenen ging. Drastisch sollte ihm vor Augen gestellt werden, »warum« Christus gelitten hat: nämlich um die Menschen vom Schmerz der Gottferne zu befreien. Drastisch sollte er motiviert werden zu intensiven Gebeten. Das Fegefeuer als Drohbild, das Fegefeuer als Warnbild, das Fegefeuer als Motivationsbild. Das war barocke Frömmigkeit. Uns Heutigen ist das zu heftig, zu plakativ, und auch ein wenig zu banal. Auch uns Mönchen. Darum will der Herr Abt die Kapelle demnächst umgestalten und dort die Ölbergangst Christi durch unseren Mitbruder, den Künstlermönch Frater Raphael, umgestalten lassen. Die Fegefeuerdarstellung mit den in jenseitigen Qualen brutzelnden Menschlein wird dann vermutlich in ein Depot verschwinden, sie ist auch wirklich nicht mehr zeitgemäß.

Eine Lehre für uns Heutige ist das veraltete Bild vom Seelen-Barbecue aber allemal: Unsere Vorstellungen über das, was der christliche Glaube über das Jenseits lehrt, sind nicht nur plakativ, sondern manchmal auch primitiv. Im Höllenpfuhl schmorende Verdammte, im Fegefeuer gegrillte Sünder, im Himmel zwischen auf Wolken sitzenden Engeln herumschwebende Heilige … Über die Primitivwitze von Petrus an der Himmelstür habe ich mich, glaube ich, schon als Kind geärgert, weil ich sie unwürdig fand. Wobei man sagen muss, dass solche Witze manchmal durchaus tiefere Wahrheiten humorvoll ausbildern können. Aber der Himmel ist eben kein Etwas, keine ummauerte und von einem drolligen Petrus mit Himmelsschlüssel bewachte Stadt, sondern unser ewiges Glücklichsein in der Gegenwart des lebendigen Gottes. Die Primitivvorstellungen sind sicher auch schuld daran, dass sich neue Bilder etabliert haben, die gar nicht aus dem Bereich des christlichen Glaubens kommen. Der Bedarf nach dem, was die Religionswissenschaftler »Transzendenzerfahrung« nennen, ist da. Der Bedarf nach anschaulichen Vorstellungen über das »Leben danach« auch. Wir Christen befriedigen diesen Bedarf nicht. Also suchen die Menschen woanders.

Die »neue Religiosität« von New Age wird deshalb von vielen attraktiv gefunden, weil sie neue Bilder bietet. Bilder, die nicht so primitiv sind. Jugendliche sagen mir, dass sie »Tischerlrücken« so interessant finden, weil man dort etwas erfährt, etwas erlebt; weil man dort mit einer Gänsehaut auf dem Rücken scheinbar in eine Welt vordringt, die spannend und eroberungswürdig ist. Nicht so zubetoniert und gleichgültig und uncool wie unsere Alltagswelt. In der Scheinwelt des Radios hört man dauernd extrem gut aufgelegte Moderatoren, in der Scheinwelt des Fernsehens verlieben sich schöne Menschen dauernd in schöne Menschen, steigert sich Spannung über Spannung, lösen sich Schwierigkeiten zauberhaft auf … Ich denke, dass viele Menschen Spiritistisches und Okkultes deshalb so »cool« finden, weil es das Kribbeln der Scheinwelt in ihr konkretes Leben hineinholt. Als Priester habe ich öfter mit jungen Leuten zu tun, die mal etwas aus dem Satanismus »ausprobieren«. Ich habe das immer nur als Ausdruck einer recht naiven Neugier nach dem Schaurig-Unbekannten kennen gelernt. Da werden zur Mitternacht Pentagramme mit brennendem Benzin in den Rasen gebrannt und schwarzer Lippenstift samt einem Outfit à la Darth Vader sollen die dunkle Seite der Seele nach außen sichtbar machen. Es mag auch gefährliche Formen von solch satanischen Jenseitssehnsüchten geben, Gott sei Dank hatte ich bislang nur mit Halbwüchsigen zu tun, die auf eher harmlose Weise versuchten, das Gebräu von Unsicherheit und Aggression auszudrücken, das in der Seele von Pubertierenden herrscht.

Es verblüfft mich immer wieder, wie schnell die Leute bereit sind, irrationales Zeug zu glauben. In den Vorstellungen von einem Leben nach dem Tod war in den 80er und 90er Jahren besonders die Idee von der »Wiedergeburt« oder »Seelenwanderung« verbreitet. Es ist die Vorstellung, dass die Seele mehrere Leben durchwandert, dass sie nach dem Tod in eine neue Lebensform, eine neue Geschichte, einen neuen Leib weiterzieht ... Das griechische Fremdwort dafür ist »Metempsychose«, das lateinische Fremdwort »Reinkarnation«. Wörtlich müsste man »Reinkarnation« übersetzen mit: Wiedereinkehr der Seele ins Fleisch, kurz eben »Wiedergeburt«. Man muss dazu wissen, dass es diese Vorstellung schon bei einigen großen Denkern der Antike gegeben hat. Sie taucht überall dort auf, wo das Geistige im Menschen zu wichtig und das Leibliche zu wenig wichtig genommen wird. Etwa beim großen Plato vierhundert Jahre vor Christus. Für die Platoniker war ja der Leib immer nur ein Unfall, der der geistigen Seele passiert ist. Solange die Seele mit diesem verflixten Leib, der krankheitsanfällig, triebgesteuert, erdgebunden und sogar sterblich ist, verbunden ist, ist sie nicht bei sich selbst. Dasselbe ist auch ein Grundgedanke der östlichen Religiosität, wo ja auch die Seele das Eigentliche ist, das durch Meditation aus der unedlen Verstrickung in das Endliche gereinigt werden muss. Wenn es heute bei vielen eine Sympathie für die Wiedergeburtsgedanken gibt, dann kommt das weniger, weil wir uns so intensiv den Kopf zerbrochen haben wie Plato und seine Kollegen. Auch nicht, weil wir so spirituell sind wie die Menschen im Osten. Mir scheint, dass wir uns hier einfach eine nette Idee gesucht haben, mit der wir uns billig vertrösten können: Da bemerken wir plötzlich, wir, denen es so gutgeht im Leben, dass unser Leben begrenzt ist. Hilfe! Der Tod raubt uns das Vergnügen. Doch wie schön, dieser wunderbare Trost, dieses Licht in unserer Lustbegrenztheit: Hurra, wir können ein paar Mal leben!

Hier bin ich wohl etwas polemisch geworden. Zu meiner Entschuldigung möchte ich erzählen, dass es mir als gläubigem Christen einmal wie ein Schreck in die Glieder gefahren ist, als mir eine Dame, die noch dazu jeden Sonntag in die Kirche ging, in einem vertrauensvollen Augenblick gestand, dass sie früher eine ägyptische Prinzessin gewesen sei. Vor vielen hundert Jahren, so ihre Schilderung, war sie eine einflussreiche Persönlichkeit am Hofe des Pharaos gewesen, das sei ihr in einem Traum mit absoluter Sicherheit gewiss geworden. An andere Stadien, die sie in den letzten Tausend Jahren durchlaufen hatte, konnte sie sich nicht mehr so genau erinnern … Ich bin sicher rot angelaufen vor Schreck, musste tief Luft holen und nach Worten ringen. Der liebe Gott hat mich davor bewahrt, zynisch zu antworten, dass die Lücken aus den anderen Jahrhunderten wohl daher kommen könnten, dass sie da eine Putzfrau am Hofe Heinrichs des Zänkers oder Sonst-zum-Kuckuck-Irgendwas gewesen sei. Zynismus ist nie gut, denn Zynismus ist immer ein Gift. Mir war klar, dass man eine kränkliche Vorstellung nicht mit Gift behandeln kann. Solche »Geständnisse« habe ich dann noch öfter gehört, in abgewandelter Form, manchmal von Menschen, die ich für durchaus vernünftig halte. Offensichtlich ist das Bedürfnis, in eine Phantasiewelt zu fliehen sehr groß. In dem geschilderten Fall habe ich mir recht ruhig alles angehört und nicht gleich großen Widerspruch angemeldet; ich habe dann aber immer wieder in den Predigten über die Einmaligkeit unseres Lebens gesprochen. Ich habe darüber gesprochen, dass wir ein wirkliches Ich mit einer einzigartigen Identität sind: Wir entstanden in einem Augenblick, den die Liebe unserer Eltern zueinander und die Liebe Gottes zu uns bestimmten; wir wurden als etwas, das vorher nicht war. Und wir gehen nach dem Tod unseres Leibes direkt in das Angesicht Gottes. Auf uns wartet kein »Immer wieder« auf Erden, sondern ein »Ein für alle Mal« bei Gott. Unser Leben ist kein Kreisel, sondern eine lineare Linie, mit einem Anfang und einem Ende, das kein Abbruch, sondern Unendlichkeit ist.

Zum Glauben an eine Seelenwanderung habe ich als gläubiger Christ eine eindeutig ablehnende Haltung, das ist irrationaler Aberglaube. Und doch bin ich ganz dagegen, dass wir mit Kanonen auf diesen drolligen Aberglauben schießen. Ich kann auch nicht erklären, warum Menschen plötzlich die fixe Idee haben, dass sie ägyptische Prinzessinnen oder Prinzen (ja, auch Männer haben solche Ideen!) gewesen sind. Doch wenn man bedenkt, dass sich die meisten Menschen heute täglich stundenlang durch dutzende Fernsehkanäle zappen, wo der Phantasie nirgendwo Grenzen gesetzt sind, ist es vielleicht doch nicht so verwunderlich. Wir leben in einer Welt von massiven bildhaften Suggestionen, sowohl durch Literatur als auch durch Film und Fernsehen. Das »Déjà-vu«, das der Reinkarnationsüberzeugte erlebt, ist nicht die Begegnung mit seiner eigenen Vor-Vor-Vor-Vergangenheit, sondern eine träumerische Projektion seiner selbst in Form von bewussten oder unbewussten Filmszenen im eigenen Kopf. Heute haben so viele Leute so komische Ideen, dass ich manchmal wirklich das Gefühl habe, dass wir Christen die letzte Bastion der Vernunft sind. Jawohl, gerade wir Gläubigen, denn ohne Vernunft kann man ja gar nicht richtig glauben.

Zur Seelenwanderung fällt mir noch ein Erlebnis in meinem priesterlichen Leben ein, bei dem mir das »Geständnis« eines Jugendlichen einen kleinen Schrecken bereitet hat. Als ich Pfarrer war, war es mir ein Anliegen, dass die Firmlinge vor der Firmung auch das Buß-Sakrament empfingen, also zur Beichte gingen. Wir haben das gut und angstfrei vorbereitet, und ich habe den jungen Leuten im Alter von 13 bis 14 Jahren auch immer angeboten, dass sie nicht beichten müssen, wenn sie nicht wollen. Aber sprechen sollten sie mit mir. Und dann kam ein Bursch, der sehr intensiv über seine Fehler nachgedacht hatte und auf eine reife Weise beichtete, sodass ich recht beeindruckt war, ihm einen freundlichen Zuspruch gab und ihn verabschiedete. Der Schreck kam während des Händedrucks zum Abschied, denn da sagte mir der Kerl in einem Ton, wie wenn man ein verschwörerisches Lebensgeheimnis preisgibt: »Und übrigens, Pater Karl, glaube ich an die Seelenwanderung!« Dabei grinste er mir fröhlich ins Gesicht. Die Szene war so, dass ich nichts Großes mehr sagen konnte und der Glaubenswächter in mir schon deshalb nichts entgegnete, weil es mir einfach die Sprache verschlagen hatte. Das war auch gut so! Denn im Nachdenken ist mir erst klar geworden, was eigentlich los war: Der Bub wollte mit seinem Bekenntnis zur Seelenwanderung mir gegenüber nur bezeugen, dass er wirklich an ein Leben nach dem Tod glaubte. Er dachte, mir mit dieser Eröffnung eine Freude zu machen. Umgeben von Schulkameraden und Freunden, die sich vermutlich gar nicht mit dem Danach beschäftigten, hatte er immerhin darüber nachgedacht. Wahrscheinlich war das Einzige, was er an Vorstellungen über ein Leben nach dem Tod ergattern konnte, die Idee der Seelenwanderung. Hier sind wir wieder bei der Schuld, die wir Christen – auch ich damals im Firmunterricht – auf uns geladen haben, weil wir zu wenig über die Hoffnung reden, die uns erfüllt. Und seither sind mir Menschen, die an irgendetwas nach dem Tod glauben, wenn auch diffus und konfus, lieber als Menschen, die alle Gedanken daran von sich wegschieben.

Freilich mag ich es nicht, wenn man sich mit Irrationalität nur blöde vertröstet. Man wird hier schon auch dazu einladen müssen, Argumente auf den Tisch zu legen: Woher willst du wissen, dass du wiedergeboren wirst? Wer oder was garantiert dir die Wanderung deiner Seele? Wenn wir Christen an ein Leben nach dem Tod glauben, so ja auch nicht nur aus klugen philosophischen Überlegungen über die Unsterblichkeit unserer Seele, sondern deshalb, weil Christus auferstanden ist. Sein österliches »Der Friede sei mit Euch« nach der grausamen Kreuzigung, mit der für seine Anhänger eine Welt zusammenbrach, schenkt unserer Sehnsucht nach einem Leben in Ewigkeit den wahren Frieden. Und hier muss ich nochmals meine Befürchtung äußern, dass die Seelenwanderung eine Phantasie ist, mit der man sich selbst vertrösten will. Die Beruhigungspille für Wohlstandsmenschen, die dem trostlosen Gedanken der Endlichkeit und des Todes entgehen wollen. Deshalb ist die westliche Reinkarnationsvorstellung ja auch total verschieden von der östlichen Vorstellung. Im Osten ist es eine Strafe für die Seele, wenn sie nach dem Tod aufgrund ihres Karmas im ewigen Kreislauf des Samsara noch einmal in ein armseliges irdisches Leben zurückkehren muss. Leib ist Leid. Leibliches Leben dient nur der Reinigung vom bösen Karma. Und wenn man nicht sehr aufpasst und das Karma sogar noch verschlechtert, dann kann es einem im Osten passieren, dass man plötzlich als Tier wiedergeboren wird. Eine beängstigende Vorstellung.

Ein Mitbruder aus Sri Lanka hat erzählt, dass ausgerechnet einen Tag nach dem Tod seines Vaters eine Königskobra in das Haus seiner Familie gekrochen kam. Eine Kobra gilt auf Sri Lanka als respektiertes, verehrungswürdiges Tier. Die buddhistischen und hinduistischen Angestellten waren sofort überzeugt, dass die Seele des verstorbenen Hausherrn in der Königskobra in sein Heim zurückgekehrt war … Ein alter Professor an unserer Hochschule, der mittlerweile schon lange zu Gott heimgegangen ist, hat daher mit pfiffiger Ironie während des erstens Booms von New Age und Esoterik in den 80er Jahren gemeint: »Wie schön ist unser christlicher Glaube: *Wir* brauchen ja nicht zu fürchten, dass wir unsere eigene Großmutter verschluckt haben, wenn uns vielleicht einmal eine Fliege in den Mund geflogen ist.« Ja, das ist ein bisschen polemisch, aber wenn man eben davon überzeugt ist, dass Christus auferstanden ist, dass damals zu Ostern vor 2000 Jahren etwas passiert ist, womit wirklich niemand gerechnet hat – am allerwenigsten die eigenen Anhänger Jesu – dann ist man doch betroffen darüber, dass sich auch christliche Menschen alle möglichen Phantasien über das Jenseits zurechtlegen. Und so ganz die Hoffnung vergessen, die uns erfüllt. Denn es gibt wirklich ein Leben nach dem Tod.

7. Prinzip Hoffnung

Im Kindergarten hatte ich das Glück, von geistlichen Schwestern betreut zu werden. Das war für mich als etwas rauflustigen und unglaublich frechen Bub schon deshalb spannend, weil ich immer wissen wollte, wie denn die Schwestern ohne ihren Schleier ausschauen. Damals hatten die so genannten Hedwigschwestern, wie viele andere Orden auch, noch ein interessanteres Outfit: Der ganze Kopf war von einem Schleier umrahmt, so dass man nur das Gesicht zu sehen bekam, alles andere war verhüllt. Ich hätte damals einiges dafür gegeben, die Haarfarbe der drei Schwestern ausforschen zu können. Später gab es eine Schleierreform, der Schleier bekam die Form eines etwas größeren Kopftuches. Nun konnte man auch etwas von den Haaren sehen. Schade, nach meinem Empfinden ist damit ein Hauch von Mysterium verschwunden. Jedenfalls haben diese geistlichen Schwestern, die wohl ziemlich Mühe hatten, mich Lausbuben zu bändigen, uns auch das eine oder andere Gebet beigebracht. Besser müsste man sagen: »Gebetlein«, denn als Kind waren das ja noch keine bewussten Inhalte, die ich auf Gott hin gesprochen oder gar gedacht hätte, sondern vielmehr nette Verse und Reime. Egal, denn ein Verslein habe ich mir von damals so gut gemerkt, dass es immer wieder in meinen Gedanken aufgetaucht ist, gerade auch nachdem ich als Jugendlicher tief zu Gott gefunden hatte. Das Gebetlein lautet:

»In den Himmel will ich kommen.
Fest hab ich mir's vorgenommen.
Mag es kosten was es will,
für den Himmel ist mir nichts zuviel.«

Dazu hatten unsere Schwestern verschiedene Gesten gemacht, um den Text zu unterstreichen und uns einzuprägen. Bei

»In den Himmel will ich kommen« hatten sie die Hände weit und kreisrund auseinandergerissen, um die Weite des Himmels anzudeuten. Zum zweiten Vers machten sie eine fest geschlossene Faust und schüttelten sie energisch: »Fest hab ich mir's vorgenommen.« Von da an habe ich gemerkt, dass es auf den Willen ankommt, dass es im Glauben auch um so etwas wie Entschlossenheit und Entschiedenheit geht. Diese Entschlossenheit wird nochmals verstärkt durch das »mag es kosten was es will«. Da meine Eltern Kaufleute sind und ich meinen Vater als Kind oft erlebte, wie er am Abend die Buchhaltung machte und das Geld zählte, machte es auf mich einen besonderen Eindruck, dass die Schwestern dazu die Geste des Geldzählens machten. In den Himmel kommen kostete also etwas; wobei mir schon damals klar war, dass es sich dabei nicht um irdisches Geld handeln konnte. »Für den Himmel ist mir nichts zu viel«. Schwester Immaculata riss dazu ihre Hände von oben nach unten, ganz energisch, so als wollte sie mit aller Wucht einen Teller auf den Boden schleudern. Nichts! Nichts ist zu viel für den Himmel. Natürlich habe ich damals unter »Himmel« auch eher das Blaue »da oben« verstanden. Dass wir in der Religion mit »Himmel« das bezeichnen, was die Philosophen »Transzendenz« nennen, ist mir erst später klar geworden. Wobei auch Kinder eine Ahnung haben, dass der Himmel, in den wir uns hineinbeten, zunächst einmal das Ganz-Andere bedeutet. Eine Sphäre der Geborgenheit jenseits dieser Welt.

In Feieransprachen wird oft das Schlagwort vom »Prinzip Hoffnung« strapaziert, manchmal sogar in Verbindung mit dem Namen Ernst Bloch. Die wenigsten haben das ungeheuer dicke Werk des deutschen Philosophen gelesen, – ich auch nicht. In den siebziger Jahren war der »utopische Sozialismus« sehr modern, das war die Zeit, wo gesellschaftspolitische Vorstellungen noch die Kraft hatten, zu Ideologien zu werden. Ideologien leben davon, Gegenideologien zu haben. Die Widersprüchlichkeit ist oft bloß eine verkappte Form von Komplementarität. Um es auf der harmlosen Ebene der Farben zu formulieren: Was wäre rot ohne grün, was wäre blau ohne gelb, was wäre schwarz ohne weiß? Mit dem Jahr 1989 kam der Zusammenbruch der Ideologien und damit auch der Utopien. Die Utopie war genau das Anliegen von Ernst Bloch. Das Wort »Utopie« kommt aus dem Griechischen. *»U«* heißt »kein« und *»topos«* ist der »Ort«, der »Platz«. Utopie ist etwas, das es nicht gibt, das keinen Platz in der Realität hat. Entweder weil es gar nicht existiert oder weil es erst in der Zukunft existieren wird. Das Jahr 1989 hat bewiesen, dass das Paradies auf Erden, wie der Staatskommunismus es erreichen will, keinen Platz in der Zukunft hat. Man hat Generationen um Generationen eingeredet, dass man um der wunderbaren Zukunft willen alle Übel ertragen müsse. Weil dann ... Dieses »dann« ist aber nie eingetroffen, im Gegenteil, die Situation in den kommunistisch regierten Ländern war ökonomisch, sozial und psychologisch eine Katastrophe. Und die Idee von einer absolut gerechten und zufriedenstellenden Gesellschaftsordnung, die das volle Glück des Menschen – jedes Menschen (!) – besagt, ist in sich ortlos. Pardon – so etwas gibt es eben nicht. Man kann solche Utopien ja denken, als Idee sind sie nett. Aber was es nicht geben kann, das gibt es auch nicht. Darum ist die Idee vom Himmel auf Erden, dort wo sie zur Ideologie geworden ist, gefährlich und zerstörerisch. Das hat die Welt lange genug ertragen müssen.

Ernst Bloch ist es um das Schöne an der Idee gegangen. Er war jüdischer Abkunft und hatte wohl von daher jene wunderbare Idee von Geschichtsverlauf, die das biblische, also das jüdisch-christliche Weltbild, so sehr auszeichnet: Wir sind auf die Zukunft hin. Das Judentum ist die Religion der Hoffnung, und das haben wir Christen mit ihnen gemeinsam. »Israel hoffe auf den Herrn!« heißt es in den Psalmen. Diese schöne Zielorientierung ist zum Fundament der Überlegungen Blochs geworden: Unser Leben empfinden wir im Jetzt nur dann als wirklich befriedigend und beglückend, wenn es auf eine Zukunft hingeht. Für den gläubigen Juden wie für den gläubigen Christen besteht das große Ziel in einer jenseitigen Zukunft, in einer Zukunft, die Gott setzen wird (Judentum) oder schon gesetzt hat (Christentum). Doch für den Atheisten Bloch fällt das Jenseits weg; zurück bleibt eine hohle Form, eine leere Schale. Natürlich kann Bloch auch uns Christen insofern sympathisch sein, weil er eine »formale« Struktur in unserer Seele entdeckt und beschrieben hat: Der Mensch ist nur glücklich, wenn er über sich hinausdenkt, wenn er aus einem »Überschuss« über das Jetzt hinaus lebt. Darum bringt er auch Kunst, Literatur, Architektur, Religion usw. hervor, weil sich ihm in diesen eine Verheißung auf ein Größeres zusagt. Eine Mona Lisa ist nicht dasselbe wie ein abfotografiertes Frauenporträt, da lächelt einem die Verheißung einer jenseitigen Schönheit zu. Das hat Bloch richtig gesehen. Doch erstickt sein »Prinzip Hoffnung« letztlich an der Hoffnungslosigkeit. Denn wo es keinen Gott gibt, gibt es auch nur kleine Hoffnungen auf irdische Glücksmomente. Diese Hoffnung ist der Versuch zur Selbsttröstung im Angesicht der Angst vor der Hoffnungslosigkeit. Denn diese kleinen Wellen von irdischem Glück werden ja hoffnungslos an der Betonmauer unseres Sterbenmüssens gebrochen. Blochs These ist also ein säkularisierter christlicher Gedanke: Strecke dein Leben aus nach dem Größten, und du wirst daraus Orientierung und Standfestigkeit in der Gegenwart empfangen. Man sollte den Gedanken wieder auf seine ursprüngliche christliche Dimension hin reinigen, denn nur in der Perspektive hin auf die Ewigkeit Gottes hat das Prinzip Hoffnung wirklich die Kraft, Hoffnung zu geben.

Ich meine also, dass nur der Glaube uns ein tragfähiges »Prinzip Hoffnung« schenkt und uns damit zugleich irdisch stark macht, nämlich im psychologischen Sinn. Es ist schon interessant, dass uns das Hoffen auf eine ewige Zukunft nicht die Bodenhaftung raubt. Im Gegenteil: Wenn ich auf Zukunft hin hoffe, dann werde ich stark in der Lebensbewältigung. Den psychologischen Sinn des Glaubens hat der österreichische Psychologe Viktor E. Frankl beschrieben. Auch ihn darf ich als Christ als einen unverdächtigen Zeugen anführen, denn er hatte zwar starke Sympathien gegenüber dem Christentum, war jedoch zeit seines Lebens Agnostiker, bestritt also, dass man Gott überhaupt erkennen kann. So war er wohl ein Suchender. Da Viktor Frankl jüdischer Abstammung war, musste er wie so unsäglich viele andere die Gräuel des nationalsozialistischen Rassenwahns am eigenen Leib erleben: 1942 wurde er deportiert und in verschiedene Konzentrationslager gebracht, unter anderem nach Auschwitz, wo er bis zur Befreiung durch die US-Armee 1945 war. Sein Vater starb im Ghetto Theresienstadt, seine Mutter wurde in der Gaskammer von Auschwitz ermordet, seine Frau im Konzentrationslager Bergen-Belsen. Als Psychologe hat Frankl aus den eigenen Erfahrungen in den Konzentrationslagern Schlüsse gezogen und seine Eindrücke in dem Buch *… trotzdem Ja zum Leben sagen* verarbeitet: Am ehesten überlebten die unmenschliche Situation jene, die ein Ziel hatten, die positiv auf Sinn und Zukunft hin dachten. Während jene, die sich selbst aufgaben und nicht mehr an Rettung glaubten, bald auch tatsächlich den Quälereien und Strapazen erlagen. Die Überlebenschancen der Hoffenden waren weit höher als die derjenigen, die sich selbst aufgegeben hatten. Die Hoffnung ist also im wahrsten Sinn des Wortes lebenserhaltend. Viktor Frankl hat viel Autobiographisches und Selbsterfahrenes verarbeitet, wenn er als 3. Wiener Schule der Psychotherapie – nach Sigmund Freuds Psychoanalyse und Alfred Adlers Individualpsychologie – die so genannte Logotherapie entwickelt hat. Das Wort »Therapie« bedeutet »Heilung«. Für Frankl kommt die Heilung durch den »Logos«, das heißt durch den »Sinn«, den der Mensch im Leben findet.

Sinnvoll leben – und das heißt dann auch: mit Ziel und Zukunft leben – ist heilsam und gesund.

Frankl beobachtete, wie in den Konzentrationslagern vor allem jene die tödliche Gegenwart überlebten, die sich ein Ziel setzten, eine Zukunft suggerierten, sich selbst Hoffnung gaben. Der Unterschied zu uns Gläubigen liegt darin, dass wir an Gott glauben, der uns erstens eine Zukunft schenkt, die wir uns nicht selbst einreden müssen. Glaube ist keine Autosuggestion und kein Drahtseilakt unserer Phantasie, sondern ein Geschenk und eine Vorgabe. Und zweitens dürfen Gläubige in schlimmen Lebenssituationen auf das Eingreifen Gottes hoffen. Wir müssen uns nicht damit abfinden, dass erst mit dem Himmel alles besser wird. In einer schweren Bedrängnis darf und muss ich darauf vertrauen, dass Gott mir hilft. Meine Großmutter stand 1945 mit drei kleinen Kindern da, das älteste, meine Mutter, sechs Jahre alt. Aus dem Krieg war die Nachricht gekommen, dass ihr Mann gefallen war. Die Russen marschierten ein, rächend, plündernd, vergewaltigend und unberechenbar. In dieser Situation waren viele Frauen so verzweifelt, dass sie sich das Leben genommen haben. Als Kind habe ich lange nicht begriffen, was das heißt, wenn davon gesprochen wurde, dass diese oder jene »in die Leitha gegangen« sei. Leitha heißt der Fluss meines Heimatdorfes, der einst in der Donaumonarchie Österreich von Ungarn trennte. Für uns Kinder war das Baden in der Leitha das reinste Vergnügen. Und weil es für uns nichts Schöneres gab, als im Sommer die Erlaubnis zu erhalten, im Fluss schwimmen zu gehen, ist mir die grauenhafte Bedeutung von »in die Leitha gehen« sehr lange verborgen geblieben. Warum senkten die Leute nur immer so die Stimme, wenn sie davon sprachen? Nach dem Krieg hatte mein anderer Großvater, den ich selbst auch nicht mehr kennen lernen durfte, einen Soldaten als Hausarbeiter aufgenommen, der vom Schicksal besonders hart geschlagen worden war. Er war für mich, meine Schwester und meinen Bruder eine Art Großvaterersatz, wir haben ihn liebevoll »Jupp« genannt. Vor allem für mich war der einfache, alte, gläubige und doch so entsetzlich getroffene Mann der große Begleiter meiner Kinder- und Lausbubenjahre. Jupp hatte kurz vor dem Krieg geheiratet, der Ehe entsprangen schnell zwei Kinder, zwei liebe Mädchen, die der Vater freilich kaum sah, da er ja als Soldat in den Krieg musste. Immer irgendwo an die Front, immer unter Lebensgefahr. Vom Krieg hat er wenig erzählt, höchstens von den Partisanen auf dem Balkan und davon, wie unvorstellbar grausam das alles gewesen ist. Nur der Gedanke an seine liebe Frau und an die beiden Mädchen hat ihn am Leben erhalten. Logotherapie! Aber dieser Lebenssinn sollte ihm leider nicht bleiben. Am Ende des Krieges kam die Meldung in mein Heimatdorf, dass er vermisst wurde. Und dann endete alles im Chaos, die Russen marschierten ein und niemand war seines Lebens und seiner Zukunft mehr sicher. Als Jupp 1946 aus kurzer Gefangenschaft nach Hause kam, zeigte man ihm drei Gräber. Wenige Monate zuvor war seine Frau mit den beiden Kindern »in die Leitha gegangen«. Als ich geboren wurde, war der Krieg schon achtzehn Jahre vorüber, und Jupp lebte schon seit siebzehn Jahren als »Faktotum« und Großvater bei uns. Als Jugendlicher habe ich später einmal an seiner Tür gelauscht, um herauszufinden, welche merkwürdigen Selbstgespräche er da jeden Abend in seinem einsamen Zimmer führte. Es war der Rosenkranz, den er betete, und wenn ich mich nicht getäuscht habe, kamen da auch die Namen von seiner Frau und seinen beiden Töchtern vor. Doch ich wollte eigentlich von meiner Großmutter erzählen, die sich 1945 in derselben verzweifelten Situation befand wie Jupps Frau, mit dem Unterschied, dass sie keine Vermisstenmeldung, sondern eine echte Todesmeldung von ihrem Ehemann in der Hand hielt, und sie noch dazu schwanger war. Sie hat darüber nie gesprochen, ich weiß es von meiner Mutter. Sie ist mit ihren zwei Töchtern und ihrem kleinen Sohn nicht in den Verzweiflungstod gegangen, weil ihre Mutter – meine bodenständige Urgroßmutter – entschieden sagte: »Du wirst das aushalten und deinen Kindern nichts antun.« Und weil »der Glaube« sie zurückhielt. Was sie hier unter »Glaube« verstand, habe ich leider nie erfragt. Ich denke nicht, dass es bloß die Angst eines religiösen Menschen war, die Sünde des Selbstmordes zu begehen. Ihr Glaube, der das Leben meiner Mutter und damit auch indirekt meines bedeutete, war wohl das Vertrauen darauf, dass Gott alles zum Guten führen kann. Schon hier, und auf jeden Fall in der Ewigkeit.

8. Leben und Sterben

Aus der Konzentration auf das Leben mit Gott ist für uns Mönche eine Lebenshaltung geworden, die wir ganz systematisch einüben. Hindenken auf das vollendete Leben in der Ewigkeit gehört zu den inneren Übungen eines Mönches. Der heilige Benedikt gibt in seiner Regel, die aus dem 6. Jahrhundert stammt, sich also schon 1500 Jahre bewährt hat, einen ganzen Katalog von geistlichen Weisungen. Er nennt sie »die Werkzeuge der guten Werke«, denn er ist überzeugt, dass auch der menschliche Geist mit Werkzeugen, geistlichen nämlich, geformt und bearbeitet werden muss, um glücklich zu werden. Benedikt empfiehlt uns, dass wir uns »den Tod täglich vor Augen halten« (Benediktsregel 4,47). Als ich frisch ins Kloster eingetreten war, war mir diese Weisung durchaus suspekt. Wer denkt schon gerne an den Tod? Es bleibt ja immer gegen unsere Lust und Laune gerichtet, überhaupt die Frage nach dem Letzten zu stellen. Dieses geistige Werkzeug muss man daher mit einer gewissen Überwindung anwenden.

In späteren Zeiten hat sich daraus die Haltung eines *»Memento mori«* entwickelt, »Denk daran, dass du sterben musst«. Man muss dazu wissen, dass dieses Wort ursprünglich kein christliches ist. Es handelt sich um eine Mahnung, die sich schon die vorchristlichen Heiden zusprachen: *»Memento mori«* soll sagen: Denk daran, dass du nur jetzt lebst. Denk daran, dass auch du sterblich bist. Das Höchste, was ein Römer erleben konnte, war ein Triumphzug, den man ihm zu Ehren veranstaltete, das war sozusagen der Himmel auf Erden und hatte für einen römischen Feldherrn die Bedeutung, als wäre ihm Nobelpreis, Oscar und Wahl zum amerikanischen Präsidenten in einem zuteil geworden. Wenn ein siegreicher Feldherr in Rom einen Triumph feierte, dann war er gleichsam identisch mit Jupiter. Daher war auch sein Gesicht rot gefärbt wie die Statue des Jupiter Optimus Maximus – des allerbesten und allergrößten Jupiters – auf dem Kapitol. Hinter diesem vergöttlichten Triumphator stand aber ein Sklave, hielt ihm den Lorbeerkranz über den Kopf und flüsterte ihm ununterbrochen ins Ohr: *Memento mori* – denk daran, dass auch du sterben musst. Oder: *Memento te hominem esse* – denk daran, dass auch du nur ein Mensch bist. Jedenfalls hat das bewusste Denken an die eigene Vergänglichkeit eine vorchristliche, also heidnische Karriere hinter sich. Natürlich wurde das heidnische Gedankengut auch von gläubigen Christen rezipiert, und dadurch mit neuem Bedeutungsinhalt gefüllt. Denn an das Sterben in sich zu denken, ist nicht schön. Und sinnvoll ist es nur insofern, als es zu einem intensiveren Lebensgenuss anstacheln soll. So wie Menschen durch eine schwere Krankheit plötzlich aufschrecken aus ihrer Oberflächlichkeit und das Leben plötzlich völlig neu als täglich beglückendes Geschenk erfahren. Nachdem wir als Menschen nun einmal Verstand haben und vielleicht die einzigen Lebewesen im Universum sind, die um ihren bevorstehenden Tod wissen, ist es schon sinnvoll, auch einmal daran zu denken. Auch in der Bibel wurde schon viele Jahrhunderte vor Christus das Motto des *Memento mori* von dem anonymen Autor des Psalmes 90 formuliert: »Herr, lehre uns bedenken, dass wir sterben müssen, damit wir klug werden.« (Psalm 90,12) Noch klüger ist es aber, nicht das eigene Sterben ins Auge zu fassen, sondern das, was durch das Sterben geschenkt wird: die Auferstehung.

Das höchste Fest von uns Christen ist nicht Weihnachten, sondern Ostern. Nur kurz zur Sicherheit: Zu Weihnachten feiern wir nicht den Weihnachtsmann, sondern, dass Christus geboren wurde. (Weihnachtsmänner sind für mich das Übelste, das wir aus der infantilen Konsumzivilisation Amerikas importiert haben.) Die Geburt Christi in der Krippe von Bethlehem bedeutet, dass Gott in dieser Welt anwesend wird. Das Rad der Zeit rollt nicht im ewigen Kreislauf des Immer-Selben und Nie-Ans-Ziel-Kommens dahin, sondern Gott hat einen Punkt markiert, der unendlich wertvoll ist. Er selbst ist da und die Engel künden der Welt die große Freude. Endlichkeit wird zum Schauplatz von Unendlichkeit. Und diese Unendlichkeit Gottes hat sich auf Krippenlänge verkürzt und strampelt als kleines Kind in den Windeln. Der Evangelist Lukas erwähnt ausdrücklich zweimal die Windeln des göttlichen Babys namens Jesus. Es ist schön, dass die ganze Welt Weihnachten feiert, auch in Ländern mit Mikro-Anteilen an Christen wird der Zeitenwende gedacht, denn aufgrund der Berechnungen des römischen Mönches Dionysius Exiguus im Jahre 525 ist das Geburtsjahr Christi für uns die Mitte der Zeitrechnung. Wir unterteilen die Zeit in »vor Christi Geburt« und »nach Christi Geburt«. Aber diese Geburt ist nur das Zeitmaß der irdischen Zeit: Gott kommt zum Menschen. Und dann möchte dieser Jesus uns Menschen zu Gott mitnehmen. Das tut er durch Tod und Auferstehung. Mit der Geburt Christi beginnt die Zeit der Nähe Gottes zu uns, mit der Auferstehung Christi beginnt die Ewigkeit der Nähe von uns zu Gott.

Als ich mit achtzehn Jahren in das Kloster eintrat, liebte ich die heiligen Zeremonien. In meinem Kloster werden sie besonders feierlich begangen, auch weil die Architektur der riesigen mittelalterlichen Abteikirche ein Stück Himmel auf Erden gegenwärtig macht. Unsere Väter wollten das Himmlische des Raumes noch verstärken, indem sie im hoch aufstrebenden gotischen Hallenchor tatsächlich Himmelssterne an die Decke setzten. Das ist Liturgie: der göttlichen Welt die Chance zu geben, in unseren Gesängen und Zeremonien wirkmächtig anwesend zu sein. Diese Übermacht durfte ich als Novize erfahren, also als frisch in das Kloster eingetretener Mönch. Im ersten Jahr heißt man »Novize«, was auf lateinisch nichts anderes als »Neuling« bedeutet. Bei meinem ersten Ostern im Kloster wurde ich von meinen Gefühlen überwältigt und erfuhr ein tiefes Aha-Erlebnis. Ich war damals ja gerade mal neunzehn Jahre alt, als ich die heiligen Zeremonien des Triduums miterleben durfte. In der Karwoche ändert sich die Stimmung im Kloster völlig, alles wird ernst, still, besinnlich, denn wir begleiten Christus in sein Leiden hinein, das ihm nach seinem triumphalen Einzug in Jerusalem bevorsteht. Liturgie ist heiliges Spiel, erfülltes Spiel, vergegenwärtigendes Spiel. Wenn man sich auf dieses Spiel einlässt, wird man tief hineingezogen, gleichsam zeitgleich mit den grausamen Ereignissen vor 2000 Jahren, als alle Christus verlassen haben und er selbst sein gesamtes Tun und Lehren in der einen und einzigen Geste zusammenfassen wollte: sich einer grausamen und ungerechten Tötung zu überlassen, um so zu zeigen, wie weit Gottes Liebe zu uns sich auszudehnen bereit ist. Am Gründonnerstag setzt er diese Geste als Sakrament ein, als Letztes Abendmahl übergibt er den Jüngern den Auftrag: »Das ist mein Leib, der für Euch hingegeben wird. Das ist der Kelch des Neuen Bundes, der für Euch und für alle vergossen wird zur Vergebung der Sünden. Tut dies zu meinem Gedächtnis.« Er setzt damit Eucharistie und Priestertum ein. Am Karfreitag feiern wir sein Leiden und seinen Tod, die banale und brutale Hinrichtungsform der Kreuzigung wird in einer faszinierenden Zeremonie als Höhepunkt der Liebe gefeiert! Unglaublich berührend. Und dann kommt der heilige Karsamstag, wo alles ganz still und heimelig geworden ist: Christus ist wirklich gestorben. Es gibt keine Messe, keine Liturgie, nur Schweigen und stilles Anbeten vor dem Grab. Christi Grab ist unser Grab. Gottes Sohn teilt nicht nur das Sterben mit uns, sondern auch die moderige Dunkelheit eines Grabes. Dann kommt die Osternacht. Ich durfte damals ministrieren, also in der Liturgie einen besonderen Dienst in der Nähe des Altares tun. Genauer: ich durfte das Rauchfass tragen. Der Weihrauch steht als Symbol sowohl für Gott als auch für uns: Das kostbare Harz der Weihrauchpflanze wird darin verbrannt, um auszudrücken, dass sich Gott aus Liebe zu uns opfert. Von unserer Seite ist der Weihrauch der etwas hilflose Versuch, Gott zu signalisieren, dass wir uns selbst in Liebe zu ihm verzehren wollen. Es war großartig für mich, denn in meiner Heimatpfarre hatte ich als Kind und Jugendlicher zwar Ostern mitgefeiert, aber niemals in solchen Dimensionen: der herrliche Raum, die feierlichen Bewegungen, die wunderbaren Klänge, – und ich als einer der Ministranten neben dem Abt mitten im Auge des Dramas der Auferstehung Christi, das wir Mönche da zeitlos nachspielen: Feuer und Licht werden zum Symbol für die Auferstehung, die Osterkerze wird zum Symbol für Christus, das Verlesen von sieben Lesungen des Alten Testamentes wird zum Symbol für die Erfüllung, die Gott all seinen uralten Verheißungen gibt. Ich bin froh, dass unsere große Abteikirche in den letzten Jahren für die Feier der Osternacht zusehends überfüllt ist: Was gibt es Schöneres, als den Sieg über den Tod zu feiern? Die Gläubigen ertragen fast vier Stunden bittere Kälte, um mitzufeiern, dass die Wärme der ewigen Liebe uns die Angst vor dem Sterbenmüssen aus den Herzen fegt. Genau das wurde mir in meiner ersten Heiligenkreuzer Osternacht geschenkt. Nach der Kommunion, durch die ich daran glauben darf, dass Christus es selbst ist, der als Auferstandener in mir ist, stimmte der Kantor den spätmittelalterlichen Gesang an: *Halleluja, halleluja – o filii et filiae.* Dieses Lied des Franziskaners Johannes Tisserand († 1494) hat die mitreißende Rhythmik eines Marsches und besingt in vielen Strophen die Osterereignisse: die Frauen am leeren Grab, Thomas in seiner Begegnung mit Jesus, die Apostel vor dem leeren Grab, Maria Magdalena vor dem Auferstandenen. Die letzten Strophen lauten: *Wer fest auf seinen Gott vertraut, / obgleich sein Auge nichts geschaut, / der hat sein Himmelszelt gebaut. / Halleluja.* Und: *Den schuld'gen Dank erklingen lasst, / die Demut fromm und stark umfasst, / singt fröhlich: Deo grátias! / Halleluja!*

Das Marschlied endete nicht nur in Freude, sondern in Lachen. In einem frohen Lachen des Herzens darüber, dass Christus auferstanden ist. Und: dass auch wir auferstehen. Ich kniete also dort, und ich gestehe, dass ich selten so innerlich angerührt war wie in diesem Augenblick. Es gibt so Momente, in denen gleichsam wie in einem Funken die ganze Wahrheit aufstrahlt, wo alles transparent wird auf einen letzten Sinn und ein letztes Glück. Das wurde mir damals geschenkt. Es ist vielleicht etwas gewagt hier den großen und berühmten Blaise Pascal (1623–1662) zu nennen. Aber jedes Mal, wenn ich von seinem Schlüsselerlebnis gelesen habe, habe ich mich an jene Situation meiner ersten klösterlichen Osternacht erinnert gefühlt, wo ich nach der Kommunion, kniend hinter dem Altar, auch eine Art Feuer Gottes erleben durfte. Bekanntlich hing Blaise Pascal, der ein Universalgenie war und sich als Mathematiker und Physiker hohes Ansehen erworben hatte, einem Gottesglauben an, der mit dem Namen »Deismus« bezeichnet wird: Das ist eine bloß denkerische Überzeugung, dass es ein göttliches Etwas jenseits der Weltwirklichkeit gibt. Hinter der genialen Konstruktion der Welt steht Gott als eine Art mathematisches Ursprungsprinzip, das alles konzipiert hat. Dieser Gott ist abstrakt, er ist kühl, er hat keine Gefühle, er ist einfach nur ein geniales Irgendetwas hinter allem. Pascal hat 1654 eine sehr tiefe Bekehrung von dieser Gottesüberzeugung zur Gottesliebe erfahren. Die Erfahrung war für ihn so überwältigend, dass er sich davon Notizen gemacht hat und das Papierstück, das er *Mémorial* – also »Erinnerungsstück« – nannte, in seine Kleidung einnähte. Nach seinem Tod fand man, was er handschriftlich als sein Bekehrungserlebnis festgehalten hatte. Der Text des *Mémorial* lautet: »Jahr der Gnade 1654. Montag, den 23. November, Tag des heiligen Klemens, Papst und Märtyrer, und anderer im Martyrologium … Seit ungefähr abends zehneinhalb bis ungefähr eine halbe Stunde nach Mitternacht: Feuer: ›Gott Abrahams, Gott Isaaks, Gott Jakobs‹, nicht der Philosophen und Gelehrten. Gewissheit, Gewissheit, Empfinden: Freude, Friede. Gott Jesu Christi … Nur auf den Wegen, die das Evangelium lehrt, ist er zu finden … Freude, Freude, Freude und Tränen der Freude … Nur auf den Wegen, die das Evangelium lehrt, kann man ihn bewahren …«

Der Gott Jesu Christi ist nicht ein Gott der Toten, sondern ein Gott der Lebenden. Darum ist mir das *Memento mori* zu wenig. Ja, als Mönch halte ich mich an die Weisung der Benediktsregel und denke täglich (jawohl!) an den Tod. Immer am Abend nach dem letzten Gebet, wenn wir Mönche gemeinsam in der finsteren Kirche niederknien und einige Augenblicke ins Schweigen versinken, denke ich daran, dass wieder ein Tag vorbei ist. Ich frage mich, ob der heutige Tag »gut« war, also ob ich die kurze Zeit genutzt habe, um das Richtige zu tun. Und ich denke an das herannahende Ende. Vor dem Schlafengehen ist das sehr sinnvoll. Aber ehrlich, es ist nie ein *Memento mori*, sondern immer ein *Memento vivere*, ein: »Denk daran, dass du leben wirst!« Ich finde das viel positiver, weil das Sterben ja nur Hingang zu einem Größeren und Schöneren ist. Wir nennen dieses stille gemeinsame Beten am Schluss unserer gemeinsam gesungenen Gebete übrigens »Gewissenserforschung«, denn gerade der Gedanke, dass wir einmal in ein ewiges Leben gehen, macht uns sensibel in unserer Verantwortung für das Jetzt. Und am Schluss steht auch ein Ritus, der an das Leben erinnert. Denn wenn wir dann schweigend aus der Kirche gehen, besprengt der Abt, vor dem wir uns tief verneigen, jeden Einzelnen von uns der Reihe nach mit gesegnetem Wasser. Wasser ist Symbol für das Leben, Symbol für Christus, der uns durch die Taufe herausholt aus dem Grab unserer Sinnlosigkeit. Früher hatten die Gläubigen auch Weihwasser zu Hause und haben sich selbst am Abend mit diesem Wasser bekreuzigt. Jedenfalls: So lässt sich der Tag gut abschließen, weil man sich vom ewigen Leben getragen weiß.

Das *Memento vivere* ist für mich nicht nur eine große Hoffnung, es ist auch ein Appell zur Verantwortung. Wenn ich weiß, dass ich für meine Taten über den Tod hinaus verantwortlich bin, dann werde ich auch verantwortlich leben. Schon im rein weltlichen Bereich wird uns ja mittlerweile immer klarer, wie sehr wir für die Zukunft der nächsten Generationen verantwortlich sind. Die Welt ist in unserer Perspektive wirklich klein geworden, sie hat eben wirklich nur die Größe, wie wir sie in Google-Earth schon durchsurfen können. Zumindest uns Europäern ist mittlerweile bewusst geworden, dass die Bewahrung der Schöpfung im Kleinen beginnt: also bei *meinem* Verzicht auf energieaufwändig rund um den Globus transportierte Produkte, bei *meiner* Rücksichtnahme auf den Treibstoffbedarf des neuen Autos usw. Wir dürfen unseren Nachfolgern nicht einen verwüsteten, treibhausgasgeschädigten Planeten hinterlassen. Auch die irdische Zukunft der Menschen, die nach uns diese Erde bevölkern, bedarf unseres verantwortlichen Handelns.

Als Mönch ist es aber auch meine Aufgabe, an die Verantwortung gegenüber dem Ewigen zu erinnern. Wenn nicht ich, wer sonst? Ich möchte nun wirklich nicht in der Urkirche leben, denn ich liebe das 21. Jahrhundert und bin dem lieben Gott sehr dankbar, dass ich jetzt leben darf mit all dem Großartigen, das uns die Technik beschert hat. Aber manche geistige Haltung der frühen Zeit des Christentums ist doch bewundernswert und sollte auch 2000 Jahre danach zumindest bedacht werden. Wenn man etwa die Briefe aufschlägt, die uns aus der Zeit der frühen Kirche überliefert sind, dann gibt es dort immer eine Mahnung zur Wachsamkeit. Gerade weil die frühen Christen sosehr von der Hoffnung auf Auferstehung getragen waren, wollten sie immer wachsam sein. In der frühen Kirche kam der Akzent hinzu, dass man die Wiederkunft Christi als ganz nahe erwartete. Diese Erwartungshaltung gab der jungen Kirche eine ungeheure Dynamik, einen ungeheuren Mut zum Martyrium. So konnten sie die letzte der Seligpreisungen Christi erfüllen: »Wenn sie euch verleumden, vor Gerichte schleppen, foltern und ermorden, – freut euch und jubelt, euer Lohn ist im Himmel!« Dazu freilich braucht man nicht in die ersten christlichen Jahrhunderte gehen, solches Wachsamsein für die Ewigkeit hat es zu allen Zeiten gegeben. Sehr beredt ist das Zeugnis der Märtyrer während des Nationalsozialismus, die uns ja zeitlich ganz nahe stehen. Eine Gänsehaut läuft mir jedes Mal auf, wenn wir im Kloster den Brief des österreichischen Wehrdienstverweigerers und Märtyrers Franz Jägerstätter lesen, den er zwei Stunden vor seiner Enthauptung durch die Nazis an seine Frau und seine kleinen Kinder geschrieben hat. Ebenso bei dem Brief der Ordensfrau Schwester Restituta Kafka, die als Krankenschwester in Mödling, wenige Kilometer von meinem Kloster entfernt, von den Nazis deshalb hingerichtet wurde, weil sie die Kreuze in den Krankenzimmern nicht abnehmen wollte und ein »wehrmachtzersetzendes« Spottgedicht weitergegeben hatte: Zeugnisse vollkommener Hingabe in die Hoffnung, in die Hoffnung auf Ewigkeit.

Wer also glaubt, dass er mit dem Tod zu einer ewigen Form der Verantwortung gezogen wird, der wird automatisch »wachsam« sein. Jesus selbst hat in seinen Reden viele Male zur Wachsamkeit aufgerufen, und ich meine, dass diese Sensibilität gegenüber einer letzten Zukunft uns sehr viel Kraft geben könnte, nicht nur persönlich, sondern auch als Weltgemeinschaft. Denn die globalisierte Welt wird eine globalisierte Einigkeit brauchen, um die Probleme der Zukunft, die den Planeten zerstören könnten, in den Griff zu bekommen. Wir brauchen Sensibilität auf Zukunft hin, wie es im ältesten Paulusbrief heißt: »Darum wollen wir nicht schlafen wie die anderen, sondern wach und nüchtern sein.« (1. Thessalonicherbrief 5,6) Ehrlicherweise muss man zugeben, dass schon damals die Kirche ihre Ursprungsdynamik schnell verloren hat. Und heute schon gar. Da inhalieren wir halt einfach die Abgase des Zeitgeistes, der nunmal sehr zukunftsvergessen ist, wir atmen sie intensiv ein – und vergiften uns daran. Der christliche Glaube war in den letzten 2000 Jahren immer stark genug, dass er sich von solchen Kränkeleien schnell erholen konnte, so wird es auch diesmal sein.

Ein Symptom dafür, dass die Kirche in der nördlichen Hemisphäre ein bisschen angeschlagen ist, ist der Mangel an geistlichen Berufen. Jesus fordert ja fast provokant zur umfassenden Nachfolge heraus, die auch den Verzicht auf Selbstbestimmung und auf Ehe einschließt. Und er verbindet diese Forderung mit der Begründung »um des Himmelreiches willen« (Matthäusevangelium 19,12). Ich werde hier nicht groß über den Zölibat schreiben, weil ich selbst staune, dass man damit so glücklich werden kann und weil ich glaube, dass es außerhalb des Verliebtseins in Gott und des Begnadetseins durch Gott keine »irdische« Vernunfterklärung dafür gibt. Jesus meint ja selbst, dass wir nicht mit einer theologischen Gedankenakrobatik den Sinn dessen aufschlüsseln können, das nur der versteht, der wirklich ganz und gar von Gott getroffen ist: »Wer es fassen kann, der fasse es.« (Mathäusevangelium 19,12) Ich halte die Ehelosigkeit für die größte Herausforderung meines Lebens und das oftmalige Erfahren von menschlicher Einsamkeit für die größte Belastung meines Lebens. Aber genau deshalb bin ich ganz für den Zölibat. Wenn die Kirche das aufgeben würde, würde sie das große Abenteuer verleugnen, das Gott denen zumutet, die er ganz an sich ziehen will. Dort wo mir menschlich etwas fehlt, schmerzhaft fehlt, wird mir göttlich etwas anderes geschenkt. Und das ist zugleich auch fruchtbar für die Menschen. Und – wer es fassen kann, der fasse es – glücklich wird man noch dazu, schon in diesem Leben, und noch mehr in der Ewigkeit.

Es ist ja nicht so ganz einfach, etwas als positiv zu schildern, das einem persönlich einiges abverlangt. Eine Herausforderung als Quelle des Glücks? Mich hat es immer geärgert, dass es zeitweise massive Strömungen gab, gerade auch in der katholischen Kirche, die uns Priestern den Zölibat gleichsam ausreden wollten. Als ich sehr jung, nämlich mit 28 Jahren, Pfarrer geworden war in einer kleinen Wienerwaldgemeinde in der Nähe des Stiftes, gab es in den Medien gerade wieder eine große Zölibatsdebatte. Ich kann es den lieben Gläubigen gar nicht verdenken, dass sie so etwas wie Mitleid entwickelt haben mit uns Priestern, wenn über diese sonderbare Lebensform überall nur genörgelt, geraunzt und öffentlich gestöhnt wird. Eine Frau, die durchaus oft in den Gottesdienst kam, nahm mich einmal beiseite und sagte mir freundlich: »Wissen Sie, Pater Karl, es macht uns gar nichts aus, wenn sie sich eine Freundin zulegen.« Ich bin dann wohl sehr bleich geworden, weil ich mir immer fest vorgenommen hatte, es mit dem lieben Gott ganz ernst zu halten und ihm, auch wenn er unsichtbar ist und einem manchmal sehr fern vorkommt, bis zum Tod absolut treu zu bleiben. Ich hatte eindeutig nicht vor, zweideutig zu leben! Zugleich war mir klar, dass das keineswegs eine Verführung zum Falschen sein sollte, sondern halt einfach Mitgefühl und Mitleid ausdrückte. Wenn die Leute immer nur von den Schwierigkeiten hören, die jemand hat, der sich ganz und gar mit dem lieben Gott einlässt, sodass er auch auf so wertvolle Dinge wie Umarmungen, Zärtlichkeit, Sex, Kinder und Familie verzichtet, weiß ich, dass die Frau es sehr lieb gemeint hat.

Als die Leute dann gesehen haben, dass ich mich bemühe, ganz in meinem priesterlichen Dienst aufzugehen und dabei gar nicht frustriert oder gar zölibatsverzweifelt ausschaue, waren sie auch wieder beruhigt und ganz zufrieden mit meiner Lebensform. Und als später eine Studentin etwas zu oft meinen Rat und meine Nähe suchte, gab es Menschen, die mich durchaus nett darauf aufmerksam gemacht haben, dass ich doch ein bisschen aufpassen sollte, weil sich hier jemand Hoffnung auf etwas machen könnte, das ich als Priester einfach nicht geben kann. Ein gutes Gespräch mit der jungen Dame hat das damals übrigens sauber geklärt, und ich bin mit ihr bis heute freundschaftlich und respektvoll verbunden. Es hat mich immer geärgert, wenn man mir mit der Frage gekommen ist: »Warum lässt der Papst / die Kirche die Priester nicht heiraten?« Oft habe ich mich gefragt, was sich die Leute eigentlich denken. Wurde ich von den Schergen des Papstes aus den Armen einer Geliebten weggeschleppt, um im Zölibat kaserniert zu werden? War es nicht meine freie Entscheidung? Und wenn ich mich schon in dieser Lebensform der Einsamkeit für die Leute zerreiße, könnten die dann nicht ein bisschen mehr Verständnis und Unterstützung aufbringen?

All das geht nur, weil ich an den Himmel glaube. Jetzt, wo ich manchmal ein bisschen neidisch auf meine alten Freundinnen und Freunde schaue, die schon große Kinder haben, fällt mir zu meiner ehe- und familienlosen Lebensform, in der mich Gott haben wollte, das Wort des Apostels Paulus ein: Paulus ist ein scharfer Denker, er schreibt der Gemeinde in Korinth, die ein tolles Gemeindeleben entfaltet hatte, folgende Worte ins Stammbuch: »Wenn wir unsere Hoffnung nur in diesem Leben auf Christus gesetzt haben, sind wir erbärmlicher dran als alle anderen Menschen. Nun aber *ist* Christus von den Toten auferweckt worden als der Erste der Entschlafenen.« (1. Korintherbrief 15,19 f) Eines ist mir klar: Wenn es kein ewiges Leben gibt, dann ist das Unerfülltbleiben in diesem Leben nicht sinnvoll. Dann hat es keinen Sinn, dass ich als Mönch täglich so früh aufstehe, um den lieben Gott stundenlang mit lateinischen Psalmen anzusingen; dass ich bei so vielen Gelegenheiten, wo sich mir ein Vergnügen angeboten hat, die Zähne zusammengebissen habe und nein gesagt habe. In meinem Leben mit Gott gibt es auch menschlich gesehen sehr viel Positives. Aber trotzdem gilt das Wort des Paulus: Ohne letzten Sinn wäre ich wirklich ärmer, leerer, ja erbärmlicher dran als diejenigen, die dem Leben jeden Tropfen an Lust und Selbsterfüllung auszupressen versuchen. Dieses Erbärmlicher-Dransein-wenn-es-keinen-Himmel-gibt ist doch gerade jedem Ordensmann, jeder Ordensfrau, jedem Priester, der wegen seiner Liebe zu Gott in die Ehelosigkeit geht, bewusst. Und darum verstehe ich nicht ganz, warum man uns sosehr diese Lebensform auszureden und zu vermiesen versucht. Sie ist doch eigentlich für die Gläubigen, denen wir dienen, eine Art Garantie dafür, dass wir Priester nicht bloß phantasievolle Geschichten erzählen. Wenn jemand gauklerhafte Märchen erzählt, dann sagt man im Wienerischen dazu, dass er »a Gschichtl druckt«. Den Himmel predigen und dabei ein schönes sattes und noch dazu angesehenes bürgerliches Leben führen? Passt das zusammen? Bezeugen wir nicht durch unsere merkwürdige, ausgestiegene, nicht-angepasste und letztlich ja auch menschlich nicht voll verständliche Lebensform, dass wir wirklich an etwas glauben, das im Jenseits dieses schönen Lebens liegt? An etwas noch hundertfach Schöneres, das es wert ist, ein Leben lang in einer fast verrückten Weise erbärmlicher dran zu sein als die anderen? Ich würde mir wünschen, dass die Leute für das Zeugnis von uns Ordensleuten und Priestern ein bisschen mehr Verständnis hätten, und dass sie ein bisschen mehr dafür beten würden, dass es gelingt. Ein guter Priester kann man nur sein, wenn man in sich diese Unruhe auf Ewigkeit hin hat.

Der frühchristliche Bischof Ignatius von Antiochien ist vielleicht einer, der am radikalsten diese verrückte Haltung formuliert hat. Man hat ihn zu Beginn des 2. Jahrhunderts unter Kaiser Trajan (110–117) von Kleinasien nach Rom gebracht, wo er in der Arena den wilden Tieren vorgeworfen werden sollte. Eigentlich müssen wir froh sein, dass unsere Unterhaltung heute mittels Film und Fernsehen so funktioniert, dass zwar immer noch massenhaft Menschen sterben, um uns Nervenkitzel und Ablenkung zu bescheren, aber Gott sei Dank nur noch in der Welt der Fiktion. In der Antike wurde noch live in der Arena gestorben. Viele Christen waren in den ersten Jahrhunderten Opfer dieser Unterhaltungssucht der Römer, so auch Ignatius. Auf seiner Reise zum Martyrium schreibt Bischof Ignatius sieben Briefe, in denen er uns nicht nur Einblick in das Leben der jungen Kirche gibt, sondern auch in die unglaubliche Sehnsucht, die ihn erfüllt. Auf Ignatius passt das Wort von der *»amour fou«*, von der verrückten Liebe, die er zu Gott hat, denn er bittet die Gemeinden, sein Martyrium nicht zu verhindern. Er will für Christus sterben, er will das Zeugnis geben. Und den Römern schreibt er im Voraus, warum sie ihn nicht durch ihren Einfluss vor der Arena und den Löwen retten sollen: »Ein lebendiges Wasser murmelt in mir, das sagt mir innerlich: Auf zum Vater!« (Ignatius von Antiochien, Brief an die Römer 7,2) Was ist das für eine Haltung, die sich bei Bischof Ignatius findet, als er gerade nach Rom deportiert wird, um dort den Löwen vorgeworfen zu werden? Zur Klarstellung: Todessehnsucht ist nicht christlich! Was wir ersehnen, ist nicht der Tod, sondern das Leben. In der frühen Kirche galt sogar die Regel, dass derjenige, der sich zum Martyrium drängt, der sich selbst ausliefert, nicht christlich ist. Wir haben etliche Zeugnisse, etwa vom Cyprian von Karthago, dass sich Christen sehr wohl vor den Schergen und Henkern versteckten. Aber dort, wo das Unvermeidliche da ist, gibt es bei den Heiligen nicht Aufruhr, sondern Ergebung; nicht Rachegedanken, sondern den Willen, die Hoffnung auf ewige Gemeinschaft mit Gott zu bezeugen.

Doch das betrifft uns ja wohl nicht, denn die Wahrscheinlichkeit, dass wir den Löwen zum Fraß vorgeworfen werden, wie das dem Bischof Ignatius vor 1900 Jahren passiert ist, ist relativ gering. Was wir brauchen, ist allein diese innere geistige Perspektive: also eine Zielorientierung in unserem Lebensverständnis, die Kraft aus der Hoffnung auf eine Zukunft schöpft, die jenseits der unvermeidlichen Todesgrenze liegt. Der Blick der Ewigkeit auf das Ziel stärkt zugleich die Bereitschaft, die Ärmel hochzukrempeln und die Gegenwart zu bewältigen. Ein lebendiges Wasser murmelt in mir, sagt Ignatius: »Auf zum Vater!« Ich habe schon Jakob Böhme und Dietrich Bonhoeffer zitiert, da kann ich auch noch einen anderen großen Denker aus dem protestantischen Raum zitieren: Christoph Blumhardt junior (1842–1919), ein einflussreicher schwäbischer Pietist, trifft den Punkt, wenn er sagt: »Wer mit einem Bein im Himmel verankert ist, wird mit dem anderen umso fester auf der Erde stehen.« Dieser evangelische Pfarrer ist schon deshalb interessant, weil er sich der Sozialistischen Partei Deutschlands anschloss, die damals keine lammfromme Bewegung der Bürgerlichkeit war, sondern noch das Revolutionspotential ihres Ursprungs in sich trug. Er ließ sich 1900 sogar als SPD-Abgeordneter in den württembergischen Landtag wählen, was ihm in seiner Kirche Unverständnis, Kritik und Isolation eintrug. Auf katholischer Seite lassen sich aus der damaligen Zeit ähnliche Beispiele anführen, bis hin zu Papst Leo XIII., der mit seiner Sozialenzyklika *Rerum novarum* von 1891 plötzlich als Sozialistenfreund galt. Dabei muss es doch klar sein, dass dort, wo man eine »ewige Zukunftsperspektive« hat, auch eine irdische Zukunftsperspektive vorhanden sein muss. Ja gerade dort, wo einem der Himmel ein Anliegen wird, wird man sich auch fröhlich, unverdrossen und eifrig der Verbesserung der ungerechten Erde zuwenden. Blumhardt ist ein Zeuge der tiefen eschatologischen Hoffnung, die den Gläubigen erfüllen soll und ihn nicht weltfremd, sondern welttüchtig macht. Als er im Alter einen Schlaganfall erlitt, gab er die schönsten Zeugnisse einer frohen Reich-Gottes-Erwartung: »Einst kommt der Tag, und bald kommt der Tag unseres Herrn Jesus Christus. Da wirst du dein Leben verstehen, da wirst du jauchzen über allem Schweren, das du gehabt hast, da wirst du danken für dich und andere, für deine Gegenwart und für deine Vergangenheit.«

Eine solche Haltung des »Einst-und-bald« kann hilfreich sein, schon rein psychologisch. Bei Problemen, Blockaden und Frustrationen, wenn manches einem schier unüberwindlich scheint, wenn man vor einer dunklen Wand der Aussichtslosigkeit steht, dann ist doch die Perspektive auf Ewigkeit das Heilmittel par excellence. Als der heilige Martin von Tours Anfang November 397 in Langres todkrank daniederlag, erschöpft von seinen Tätigkeiten als Bischof, Friedensvermittler und Glaubensbote, hat er das berühmte Wort gesprochen: *Mortem non timeo, vivere non recuso* – »Ich habe keine Angst davor zu sterben, aber ich habe auch nichts dagegen, noch ein bisschen weiterzuleben.« Ein großartiges Wort, das ich als Priester oft bei Krankenbesuchen an alte Menschen weitergegeben habe. Im Alter und in der Krankheit sind viele verzagt. Das Wort »verzagt« besagt einen depressiven Zustand der Selbstaufgabe: man kann nicht nur nicht mehr viel tun, man hat sogar das Gefühl, anderen zur Last zu fallen. In diesem Zustand sagt Martin, der bei uns ja vor allem als großer mantelteilender Kinder-Heiliger berühmt geworden ist, dass er sich vor dem Sterben nicht fürchtet, und genauso wenig vor dem Leben. Ich denke, dass das die christliche Lebens- und Sterbenseinstellung genau auf den Punkt bringt: Ich hänge nicht gierig und um jeden Preis am Leben, also ich bin bereit, mein Leben in den Tod hinein loszulassen. Aber ich freue mich auch, wenn ich noch ein paar Jahre leben darf. Das ist menschlich, das ist normal, das ist psychisch gesund.

Nun bin ich zur Zeit weder in einem Gefangentransport nach Rom zu einem Rendezvous mit den Löwen im Zirkus wie der alte Bischof Ignatius, noch bin ich in der Situation, erschöpft und aufgerieben schon auf das Sterbelager niederzusinken wie der gute Sankt Martin, und ein Sozialrevolutionär wie Christoph Blumhardt bin ich schon gar nicht. Was bleibt für mich? Für mich, der ich jetzt mit beiden Beinen im Leben stehen muss, der ich Gott sei Dank noch nicht todkrank bin, der ich jeden Tag von früh bis spät unter Anspannung stehe, weil ich soundso viele Dinge zu erledigen, soundso schwere Jobs zu bewältigen habe, soundso viele Aufgaben lösen muss? Was bleibt für mich? Für mich persönlich bleibt eine Lebenshaltung, die der italienische Jugendseelsorger und Heilige Giovanni Bosco in einer tollen Parole formuliert hat. Giovanni Bosco, oder kurz Don Bosco, war auch eine Art Sozialrevolutionär im 19. Jahrhundert, er starb 1888. Als junger Priester begann er in der norditalienischen Metropole Turin, in der die Jugendlichen durch die explosive Industrialisierung in eine proletarische Verwahrlosung gerieten, Jugendheime zu gründen. Er holte die jungen Leute von der Gasse weg, um ihnen im religiösen Geist nicht nur Heimat, sondern auch Sinnorientierung zu geben. Er versuchte die jungen Leute, also Straßenkinder, die sich schon daran gewöhnt hatten, von Diebstahl und Gaunereien zu leben, zu motivieren, ein anständiges Leben zu führen. Wenn man das Böse gewohnt ist, braucht man innere Kraft, um das Gute zu tun, das ja dann oft als viel schwerer und anstrengender erscheint. Die Parole Don Boscos lautete: »Nur Mut, ein Stückchen Himmel macht alles wieder gut.«

Dieses Wort hat mir persönlich immer wieder geholfen. Als Motivationshilfe taugt es sogar bei strapaziösen Wanderungen, dann allerdings mit einem kräftigen Schmunzeln: Nur Mut, ein Stückchen Himmel macht auch die Schinderei und Plackerei des Bergaufgehens wieder gut … Das Leben geht nun mal manchmal bergauf. Jeder von uns braucht permanent Motivation, und warum soll nicht der Gedanke an ein ewiges Glück eine solche Motivation sein? Eine Übung, die ich mir zu eigen gemacht haben, stammt aus der alten Schatzkiste christlicher Spiritualität und hat auch eine antifrustrierende und antidepressive Wirkung: Sie besteht darin, die Dinge dieser Welt *sub specie aeternitatis*,

»unter dem Blickwinkel der Ewigkeit« zu betrachten. Gerade für mich ist das sehr wichtig, weil ich mich in Ideen und Wünsche regelrecht hineinsteigern kann. Ich fühle mich manchmal wirklich gestraft, weil ich so viele Ideen und Wünsche und Zukunftsträume zur Welt-, Kirchen- und Menschenverbesserung in mir habe. Und dann neige ich dazu, mir manche Idee in den buntesten Farben auszumalen und entsprechend unglücklich zu werden, wenn ich diese fixen Vorstellungen nicht umsetzen kann. In einer solchen Situation hilft es, sich von sich selbst zu distanzieren, gleichsam aus sich herauszutreten und von einem Standpunkt im Jenseits zu fragen: »Was nützt das für die Ewigkeit?« Was bringt es, wenn ich jetzt mein Konzept gegen einen Mitbruder durchsetze? Was bringt das, wenn ich mit meiner Ansicht Recht behalte? Mir hilft es sehr viel, von meiner Verbissenheit loszulassen und lockerer eine kleine Niederlage wegzustecken, wo andere sich mit ihrer Meinung gegen mich durchgesetzt haben.

Einmal wurde ein Erbschaftsstreit an mich herangetragen. Eine gläubige Frau fühlte sich zu Unrecht übergangen; ihre verstorbene Mutter hatte offensichtlich ihre Schwester im Testament bei Weitem bevorzugt. Der Fall war, so wie er mir geschildert wurde, eine große Ungerechtigkeit. Denn obwohl die Frau ihre Mutter die meiste Zeit gepflegt hatte, deshalb auf Urlaub und viele andere Annehmlichkeiten verzichtet hatte, ging der größere Teil der Erbschaft an die andere Tochter. Die hatte sich wenig oder gar nicht um die kranke Mutter gekümmert, war aber halt einfach – wie das oft der Fall ist – aus irgendwelchen emotionalen Gründen von der Verstorbenen mehr geliebt worden als jene Tochter, die im Haus geblieben war und die letzten Monate bis zur Erschöpfung die Pflegelast getragen hatte. Gott sei Dank war die Frau gläubig. Menschlich gesehen war eine große Ungerechtigkeit geschehen, und als die Frau zu mir kam, war sie fast schon entschlossen, vor Gericht zu gehen und zu klagen. Man kennt diese Geschichten ja, sie kommen nicht nur unter den Hollywood-Stars vor, die offensichtlich aus Gründen der Selbstvermarktung gezwungen sind, sich alle zwei Jahre mit großem Bausch und Bogen und möglichst skandalträchtig scheiden zu lassen, um auf sich aufmerksam zu machen, sonst könnte man sich ja diese absurden Rosenkriege in der Schein- und Glitzerwelt der Reichen und Schönen nicht erklären. Als die Frau mit ihrer bitteren Klage zu mir kam, ist mir erstens ein großes Gefühl der Dankbarkeit hochgekommen: Wie schön ist es doch, nichts zu besitzen. Laut Kirchenrecht sind wir Mönche ja nicht »eigentumsfähig« und alles, was wir besitzen (bzw. verwenden) gehört der Gemeinschaft und nicht dem Einzelnen. Bei meinem Ordenseintritt habe ich auch formal auf alle Erbschaftsansprüche gegenüber meinen Eltern und meinen Geschwistern verzichtet, auch auf das so genannte Pflichtteil. Also dankte ich Gott, dass ich diese Probleme nie haben werde. Natürlich habe ich das geraten, was aus der Perspektive der Ewigkeit zu raten ist: Sich Durchsetzen wäre sicher ein weltlicher Weg, vielleicht sogar ein erfolgreicher. Wenn es sich um einen Fall gehandelt hätte, bei dem die Existenz der Frau gefährdet gewesen wäre, hätte ich wohl auch dazu raten müssen. Aber die Frau hatte ja ein geordnetes Leben, eine liebe Familie. Sie in einen Erbschaftsprozess zu schicken, hätte wahrscheinlich Streit, Verwandtenkrieg, Entfremdung mit ihrer Schwester und deren Familie bedeutet, und so etwas kann zu jahrelanger Feindschaft führen, die einem das Leben verbittern kann. Im weltlichen Bereich gilt das Sprichwort: »Beim Geld hört die Freundschaft auf!« Mein Rat war, doch an das Höhere zu denken, nämlich das bisher so harmonische Verhältnis zu ihrer Schwester und deren Familie; es ging zwar um einiges, aber doch nicht um alles. Und was hat man davon, wenn man zwar einen größeren Anteil am Erbe erstritten hat, aber dadurch Freunde verloren hat und vor allem den Frieden des Herzens. Geld ist nicht so wertvoll, dass man um seinetwillen Freundschaften zerstören sollte. Und dann habe ich das gesagt, was ich schon oft bei Beerdigungsfeiern gesagt habe: »Im Augenblick des Todes können wir nichts festhalten!« Oft habe ich bei Sterbenden gesehen, wie sie versuchen festzuhalten, sich ganz real mit den Händen an den Rest des Lebens festzuklammern. Doch dann kommt der Augenblick, in dem man ganz real alles loslassen muss, in dem das große Ausatmen von der Erde weg kommt, das für uns Gläubige zugleich das große Aufatmen in den Himmel hinein ist. Oft bin ich schon beim Sterben dabei gestanden oder habe sogar die Hand gehalten. Die Frau ist übrigens nicht vor Gericht gegangen, sie hat keine Klage eingereicht. Sie hat es freilich auch nicht bloß hinuntergeschluckt, so etwas ist gefährlich und kann psychisch krank machen, und auch wieder alles vergiften. Sie hat der Schwester gesagt, dass sie traurig ist, dass die Mutter ihre Pflege nicht honoriert hat. Ich weiß nicht, ob die Familie der Schwester darauf reagiert hat, ich weiß nur, dass die Familien heute im Frieden sind. Jahre sind vergangen und sie können miteinander reden, miteinander feiern, miteinander leben. Das ist wohl wirklich nur gegangen, weil hier jemand bereit war, vom Blickpunkt der Ewigkeit her zu handeln. Im Wissen, dass es auf Erden keine letzte Gerechtigkeit geben wird, aber sehr wohl einmal in jener kommenden Welt. Viele Dinge, die wir heute so wichtig nehmen und die uns Zeit und Kraft kosten, die uns innerlich anspannen und in die wir uns manchmal regelrecht verbeißen, sind all das nicht wert. »Es komme die Gnade und vergehe die Welt«, heißt es in der frühchristlichen Zwölfapostellehre. Es ist eine wirkliche Gnade, die uns psychisch sehr entlasten kann, wenn wir den Selbstbetrug durchschauen, der darin liegt, dass wir Vergängliches wichtiger nehmen, als es dies verdient hat.

Diesseits und Jenseits beeinflussen sich. Es ist auch für unser irdisches Glück nicht egal, ob ich die große Perspektive habe oder nicht. Kann eine rein diesseitige Sicht des Lebens, in der es außer den 70, 80, 90 oder meinetwegen 100 Lebensjahren sonst nichts mehr gibt, glücklich machen? Ich glaube nicht. Da käme ich mir vor wie eingesperrt in einem Hochgeschwindigkeitszug, der unweigerlich gegen eine Betonwand rast. Daher möchte ich für ein weltverliebtes »Maranatha« plädieren: Einerseits dürfen wir mit beiden Beinen auf dem Boden der Wirklichkeit stehen und uns in diese schöne Welt regelrecht verlieben. Das Leben ist schön! Das können wir noch tiefer sagen, weil wir ja glauben, dass dieses Leben in der Welt ein Geschenk Gottes an uns ist. Nicht das Unordentliche und Böse, das es auch gibt. Das kommt nicht von Gott. Aber das glauben wir ja durch die Solidarität Gottes mit uns, die er uns in seinem Mensch gewordenen Sohn gezeigt hat, als erlöst. Der Glaube nimmt uns nicht die Lust am Leben, sondern er ermöglicht sie uns erst in seiner ganzen Tiefe. Es ist so schön, an Gott glauben zu dürfen, der einem nicht nur diese Welt, sondern dazu noch eine ganze Ewigkeit schenkt. Andererseits bin ich auch für ein kräftiges: »Maranatha« im Sinne von »Komm bald lieber Gott, erlöse uns!«. In unserem Sehnen muss es einen Drall hin auf das »Darüberhinaus« geben. Falsch wäre es, wenn wir uns von dem Wunder, dass das irdische Leben hier so schön ist, blenden ließen. Es gibt halt »etwas, das kein Auge gesehen, kein Ohr gehört, das in kein Menschenherz gedrungen ist: das was Gott denen bereitet, die ihn lieben!« (1. Korintherbrief 2,9) Wenn wir einmal da angelangt sind, dann erst sind wir im eigentlichen Leben. Das Leben ist schön, die Sehnsucht nach dem Himmel ist schöner, das vollendete Leben im Himmel ist am allerschönsten. Von Michelangelo gibt es die Überlieferung, dass er mit 86 geseufzt habe: »Wenn ich nur bald sterben darf! – Sind Sie lebensmüde? – Nein, lebenshungrig!« Wenn das nicht wahr ist, ist es gut erfunden, denn dass Michelangelo Hunger nach dem Leben im Himmel hatte, davon zeugen seine herrlichen Kunstwerke, wo Stein und Farbe plötzlich die Ewigkeit durchleuchten lassen.

10. Hört mich Gott?

Das größte Glück meines Lebens ist, dass ich gelernt habe, mit Gott wie mit einem Freund zu sprechen. Als Gläubiger halte ich viel vom Gebet. Ich habe aber festgestellt, dass die wenigsten Menschen wirklich beten können. Natürlich ist alles eine Frage der Definition: wenn man unter »beten« bloß das Aufsagen von Texten, das Rezitieren von auswendig gelernten Formeln oder sonst etwas versteht, dann können das wohl schon einige. Obwohl ich auch hier feststelle, dass unsere alten christlichen Gebetsformeln immer weniger bekannt sind. Manche Jugendliche können zwar Texte von Grönemeyer-Liedern auswendig, aber Vater unser, Ave Maria und Glaubensbekenntnis sind ihnen genauso geläufig wie die Präambeln der Verfassung von Burkina-Faso ... Insofern wäre es natürlich schon ein Fortschritt, wenn zumindest die Christen die Urformeln ihres Glaubens auswendig können würden. Aber das ist immer noch zu wenig, denn beten heißt eben nicht mechanisch dahersagen. Gott ist ja kein Mega-Computer, der schon mit einigen Sprach-Eingaben zufrieden wäre. Gott will geliebt werden. Er will, dass wir auf ihn hören, und er will, dass wir mit ihm in geistigem Kontakt sind.

Richtig beten zu können ist wunderschön. Ich bin meinen Eltern sehr dankbar, dass sie mir schon von der frühen Kindheit an Gebete beigebracht haben. Das Erste, woran ich mich erinnere, war die Geborgenheit, die ich bei den Abendgebeten mit den Eltern am Bettrand empfand. Allerdings lernt ein Kind mehr über das Gefühl als über den Verstand. Und so war ich jahrelang felsenfest davon überzeugt, dass wir im Vaterunser dem lieben Gott versprechen, einem gewissen »Schuldi« »gern« zu vergeben. Als Kind betete und verstand ich: »... wie auch wir vergeben *unserem Schuldi gern*«. Ich wunderte mich manchmal, wer denn dieser ominöse »Schuldi« sei, aber damit ließ ich es auch schon bewenden. Als ich dann als Jugendlicher nach jahrelangem unbewussten Aufsagen der Gebetsformel endlich entdeckte, dass es bei dieser Vaterunser-Bitte um etwas ganz anderes ging – dass es um »unsere Schuldiger« geht und nicht um einen merkwürdigen »Schuldi« – saß der Schreck und der Schock tief! Ich ärgerte mich über mich selbst, wie ich nur so dumm gewesen sein konnte, so unwissentlich und unreflektiert meine Gebete herunterzusagen. Ich habe mich also so sehr vor mir selbst geschämt, dass ich fortan begann, darauf zu achten, was ich denn da überhaupt sagte. Und so kam es, dass mir irgendwann bewusst wurde, dass ich hier nicht ins Leere sprach und dachte, sondern, dass es ein Gegenüber gibt, das mein Gebet erreicht. Es gibt ein unsichtbares Du, und dieses Du hört uns und antwortet uns.

Viele Menschen können nicht beten. Sie können nicht nur ein bisschen nicht beten, sondern sie können einfach gar nicht beten. Ich weiß ja auch noch, wie mühsam ich es als Kind fand, in die Kirche zu gehen. Das dauert so lange, das ist so fad, da geschieht so wenig ... Oder am Abend Gebete vor dem Schlafengehen aufzusagen. Das ist viel langweiliger als Fernsehen. Eine Pflichtübung, in der ich keinen Sinn erkennen konnte. Bis der große Augenblick kam: dieser Gott, auf den ich hin redete, antwortete. Viele Menschen haben eine naive Vorstellung vom lieben Gott. Als wäre Gott so wie der König im Kleinen Prinzen, der da draußen irgendwo auf einem kleinen Sternchen herumläuft und eigentlich genauso ist wie wir, nur dass er eben in einer imaginären Welt lebt. So stellten sich ja auch die Griechen und Römer ihre Götter vor: Im Prinzip nichts anderes als menschförmige Phantasiegestalten. Wenn wir mit Gott sprechen, erwarten wir die Antwort daher oft auch sehr menschenförmig: Spreche ich einen Menschen an, so wird er antworten, indem er zurückspricht. Nun lesen wir in der Bibel, dass Gott das auch kann: dass er Menschen direkt mit Worten, wie auch immer die beschaffen sein mögen, innerlich anspricht. Das Wort Gottes kann auch ein akustisches Wort sein, warum nicht. Aber noch viel häufiger lesen wir in der Heiligen Schrift, dass Gott nicht durch Worte antwortet, sondern durch Taten. Der hebräische Ausdruck für Worte (*debarim*) kann deshalb oft auch »Taten« bedeuten. Im Kloster bin ich für die zentrale E-Mail-Informations-Adresse verantwortlich, also laufen viele Anfragen über mich. Auf unzählige Anliegen ist zu reagieren, vieles ist zu organisieren. Ich leite die E-Mails dann je nach Zuständigkeit an meine Mitbrüder weiter. Mein Eindruck ist, dass ich meine Mitbrüder in zwei Kategorien einteilen kann: Die, die sofort antworten und zurückschreiben. Und die, die nicht zurückschreiben. Tatsächlich gibt es einige, die nie, aber auch wirklich nie reagieren. Aber trotzdem, und das muss ich zu ihrer Ehre sagen, kann man sich darauf verlassen, dass sie die Anfrage gewissenhaft erledigen werden. Gott gehört in diese zweite Kategorie! Wenn ich zu Gott rede, dann »handelt« er zurück. Sein Wort wird wirkmächtig in meiner Lebensgeschichte. Es geschieht etwas.

Wenn man nicht beten kann, oder wenn man das Gefühl hat, dass man besser beten lernen sollte, dann sollte man Gott einmal die Chance geben, einem zu zeigen, dass er antwortet. Er will das wirklich. Er ist ja Wirklichkeit. Und daher will er, dass wir ihn wirklich kennen lernen. Aber ich warne alle, die unbedingt und unter allen Umständen und auf jeden Fall eingefleischte Atheisten oder noble Agnostiker bleiben wollen, denn es gilt: »Bete nie zum Schein, denn es könnte wirksam sein!« Schade nur, dass man dann gerade das Beste vom Leben versäumt … Der beste Anfang, um Gott kennen zu lernen und ein betender Mensch zu werden, ist das Bitten. Beten kommt von Bitten. Es gibt viele Formen des Gebetes: Man kann Gott bitten, ihn loben, man kann ihn anschweigen, ihn anlauschen, man kann ihn fragen, man kann sogar mit ihm streiten … Stille und Schweigen sind sehr wichtig, um uns innerlich zu öffnen. Papst Gregor der Große († 604) schildert, wie der heilige Benedikt ein Gespräch unterbricht mit der Begründung: »Wir müssen jetzt unser Gespräch ein wenig abbrechen, um durch Schweigen wieder Kraft zum Reden zu sammeln!« Schweigen ist nicht bloß die Abwesenheit von Sprechen, sondern es ist eine innere Aktivität des Sich-Öffnens auf Gott hin. Thomas Merton (1915–1968), einer der bekanntesten Gott-Sucher des 20. Jahrhunderts, hat formuliert, dass das Schweigen »der stumme Schrei des Herzens nach Gott« ist. Man muss aufpassen, dass man ein christliches Kloster nicht verwechselt mit einem Kloster östlicher Prägung. Die Stille ist für uns kein Wert an sich. Sie ist für uns ein Instrument, um hörend zu werden auf den Gott, von dem wir glauben, dass er schon gesprochen hat und weiter spricht. Es geht nicht darum zu verlöschen – *Nirwana* heißt ja Verlöschen –, sondern darum, das eigene Ich aus einer anderen Quelle aufgefüllt zu bekommen, und dazu muss man eben still sein. Stille ist nicht prinzipiell davon abhängig, ob es äußerlich still ist. Das muss ich schon deshalb deutlich herausstreichen, weil in unsere Klöster oft Menschen mit einer falschen Vorstellung von Stille kommen. Wer diese religiöse Dimension nicht sieht, dem würde ich empfehlen: Geh an einen schönen Strand auf den Malediven, da kannst du dich in den Strandkorb setzen und hast nur das Rauschen des Meeres. Aber wenn du diese sprechende Stille suchst, aus der Gott letztlich zu uns kommt, dann komm ruhig ins Kloster.

Als Einstieg empfehle ich aber nachdrücklich das Bittgebet, vor allem wenn man noch gar nicht so sicher ist, ob es Gott wirklich gibt. Als ich vor Kurzem in Paris war, um in verschiedenen Radiosendern über die Spiritualität zu sprechen, die im gregorianischen Choral steckt, wurde mir eine wunderbare Begegnung mit einem Ereignis geschenkt, das durch und durch gnadenhaft ist. Schon lange war mir Charles de Foucauld ein Begriff, aber nur oberflächlich. Auf dem Weg zu einem Radiosender, meinten meine Begleiterinnen, dass es hier eine interessante Kirche gäbe, nämlich Saint Augustin. Beim Betreten befiel mich der übliche Grimm, der in mir aufsteigt, wenn ich eine der ehrwürdigen Kirchen und Kathedralen Frankreichs betrete: Grimm, weil ich angesichts des ins Schwarz verschmutzten Inneren dieser uralten Gotteshäuser immer sofort den Wunsch verspüre, ein Bildbearbeitungsprogramm zu starten, um diesen bedrückenden Grauschleier der Vernachlässigung zu entfernen! Kein anderes europäisches Land hat so prachtvolle Kathedralen und Kirchen wie Frankreich, und in keinem anderen sind sie so heruntergekommen und desolat. Die Grande Nation hat ein kleines Herz für ihre spirituellen Wurzeln und lässt aus falsch verstandenem Laizismus den schönsten Teil ihrer Kultur verkommen! Was für ein ärgerlicher Kontrast zwischen der aufgemotzten Imperial-Architektur, den Machtsymbolen der Republik, und den in Verwahrlosung dahindämmernden alten Kirchen … Ich schwelgte also in den Vorstellungen, wie es wäre, wenn dieser hohe dunkle Raum im Glanz der Restaurierung strahlen würde. Und dann stand ich vor einer kleinen Seitenkapelle, wo zu lesen war: *»Ici Charles de Foucauld s'est converti …«* – Hier hat sich Charles de Foucauld bekehrt, als er bei Abbé Huvelin am 30. Okt. 1886 beichten war. Charles de Foucauld hatte im Alter von 15 Jahren jeglichen Glauben verloren. Aus einer angesehenen und vermögenden Adelsfamilie stammend, konnte er sich einiges erlauben. Er flog wegen Faulheit und asozialem Verhalten vom Gymnasium, trat dann dem Militär bei, wo er in der zweijährigen Offiziersausbildung nicht weniger als 45 Strafen für Ungehorsam, Faulheit und Nachlässigkeit erhielt. Ein Mensch ohne inneren Halt, der schon in seiner Schulzeit einen exzessiven Lebenswandel führte. In wenigen Jahren brachte er das

Erbe seines Großvaters mit Prostituierten und Essgelagen durch. Seine Favoritin Mimi nahm er sogar nach Algerien mit, was zu seiner Entlassung als Offizier führte. Nordafrika faszinierte ihn, sodass er sich entschloss, Algerien, Marokko und Tunesien zu erforschen. Die Frage nach Gott tauchte in Charles de Foucauld auf, als er bei seinen Expeditionen, die er als nunmehr erfolgreicher und angesehener Geograph unternahm, die tiefgläubigen Muslime erlebte, die fünf Mal am Tag niederknieten und beteten. Zusammen mit dem Rabbiner Mardochi Abi Serur brach er in das damals für Christen verbotene Marokko auf. Er gab sich dabei als russischer Rabbi aus, um einreisen zu dürfen. Da das Atlasgebirge bisher nur weiße Flecken auf den Landkarten war, machten ihn die Kartenskizzen, die er anfertigte, zu einem anerkannten, ja gefeierten Geographen in Europa. Die Begegnung mit den beiden monotheistischen Religionen berührten den Lebemann, machten ihn nachdenklich und religiös sensibel. Eine innere Reise beginnt. Nach Paris zurückgekehrt, sucht Charles de Foucauld immer wieder die benachbarte Kirche Saint Augustin auf, um den Satz zu sagen: »Mein Gott, wenn es dich gibt, lass mich dich erkennen.« Für ihn ist das ein Wortspiel, weil er ja noch nicht glauben kann. Doch für Gott offensichtlich nicht. In der Bibel sagt ja die göttliche Weisheit: »Wer mich sucht, der wird mich finden.« (Sprichwörter 8,7). Und Jesus prophezeit es auch mehrfach in den Evangelien: »Wer sucht, der wird finden!«

Am 30. Oktober 1886 bewahrheitet sich diese Verheißung plötzlich und radikal. An diesem Tag sucht Charles den bekannten Prediger Abbé Henri Huvelin auf, eigentlich nur, um mit ihm zu reden. Der aber erkennt sofort, dass hier nicht seine menschliche Klugheit notwendig ist, sondern Gottes allesverändernde Kraft. »Ich möchte mit Ihnen sprechen.« – »Knien Sie nieder und beichten Sie zuerst.« Beichte heißt: Gott einen Neuanfang wirken lassen. Diese Lebensbeichte wird zum radikalen

Neuanfang. Ich war ergriffen, an dieser Stelle zu stehen. Kleine Ursache (»Beichten Sie!«) mit großer Wirkung: Charles ist einer der verliebtesten Heiligen des 20. Jahrhunderts, er wird über verschiedene Stationen Mönch, Priester, schließlich Einsiedler im algerischen Ahaggar-Gebirg unter dem nomadischen Stamm der Tuareg. Im Rahmen der politischen Unruhen gegen die französische Militärregierung wurde Charles de Foucauld am 1. Dezember 1916 in seiner einsamen Klause von Aufständischen erschossen. Gestorben ist er sehr einsam, als Einsiedler in der Wüste, als Christ unter Nichtchristen. Bei einem so weiten Herzen – ein symbolisches Herz heftete er sich auch an sein Einsiedlergewand – wundert es mich aber nicht, dass er später fruchtbar wurde. Nicht nur, weil die Kirche ihn 2005 selig gesprochen hat, sondern weil mehrere Gemeinschaften aus seiner Spiritualität des Kleinwerdens vor dem Großen Gott hervorgegangen sind. »Mein Gott, wenn es dich gibt, lass mich dich erkennen«, hatte er gebetet. Und Gott hat es gehört.

Und wenn man schon gläubig ist? Auch dann ist das Bitten um etwas keine Schande. Nur sollte man mit dem Bitten nicht warten, bis man von schwerer Not, Krankheit oder sonstigen Belastungen gleichsam an die Wand gedrückt wird. Ja, mit dem Rücken zur Wand kommt man fast automatisch zum Bitten. Es heißt ja mit Recht »Not lehrt beten!« Es wäre aber unrecht, wenn wir nur beten, wenn uns das Wasser bis zum Hals steht. Die älteren Gläubigen in meiner Wienerwaldpfarre erzählten fast mit glänzenden Augen von der »erfolgreichen« Situation, die für die Kirche während des Zweiten Weltkrieges eingetreten war: »Da war die Kirche ganz voll! Im Krieg, da war kein Platz mehr in der Kirche, da standen sie bis auf die Straße hinaus!« Nun, ich bestreite, dass eine so schreckliche Not wie ein Krieg wirklich eine erfolgreiche Situation für den lieben Gott ist; wir können ziemlich sicher sein, dass er weder Krieg noch Not noch Elend will. Und hundertprozentig lässt Gott nicht deshalb eine Not entstehen, damit sich sein Bodenpersonal über mit verzweifelten Menschen gefüllte Gottesdienste freuen kann ... Eines solchen Sadismus ist Gott nicht fähig. Übrigens war es in meiner Pfarre während des Zweiten Weltkrieges nicht nur die Verzweiflung, die die Menschen in die Kirche getrieben hat, sondern auch so etwas wie Regimetrotz und Widerstand, weil man ja genau wusste, was die Nazis von den »Pfaffen« und ihren Anhängern hielten. Doch egal, eine Tatsache bleibt: Wenn wir traurig und verzweifelt sind, dann beten wir fast automatisch. Es ist aber schade, wenn wir nur unter Leidensdruck beten. Als der Krieg zu Ende war, so wurde mir berichtet, stand mein Vorgänger bald wieder vor einer halbleeren Kirche. Eines Sonntags soll er während der Predigt mit ausgebreiteten Händen ausgerufen haben: »Wo sind sie alle geblieben?!«

Ja, wo sind heute die betenden und bittenden Menschen geblieben? Das schon mehrfach zitierte lateinische Sprichwort *Plenus venter non studet libenter!* – »Ein voller Bauch studiert nicht gerne!« kann man auch umformulieren: Ein voller Bauch betet nicht gerne, denn beten kommt von bitten. Worum sollen wir beten, wenn wir doch scheinbar alles haben? Vor Kurzem war ich in Leipzig, also in jener Stadt, in der die Friedensgebete im »Leipziger Herbst« 1989 maßgeblich zu etwas geführt haben, dass man wohl mit Fug und Recht als Wunder bezeichnen muss. Die Friedensgebete in der Leipziger Nikolaikirche gab es schon seit 1980, sie wurden von den evangelischen Pfarrern Christian Führer und Christoph Wonneberger geleitet. Ab September 1989 entstanden nach den Friedensgebeten die Montagsdemonstrationen gegen die politischen Verhältnisse in der staatskommunistischen, bedrückten und zugrunde gewirtschafteten DDR. Dieser Aufmarsch des Volkes war in sich unerhört, weil er gegen das Regime gerichtet war. Die Parole »Wir sind das Volk«, unter der sich Hunderttausende versammelten, war diametraler Protest gegen die SED-Diktatur. Dass die DDR und all die anderen staatskommunistischen Regime des Warschauer Paktes damals ökonomisch am Ende waren, dass die Ideologie des Marxismus nur noch eine staatspolizeilich aufrechterhaltene Hülle war, dass der Scheinglanz eines Systems, von dem schon jahrelang offensichtlich war, dass es politisch gescheitert war, die Menschen nicht ewig blenden konnte, ist allen klar. Die heutigen Soziologen, Zeitgeschichtler und Politikwissenschaftler sehen sicher richtig, dass ein Zusammenbruch kommen »musste«. Was aber nicht mit den Maßstäben der normalen Gesellschaftsentwicklung zu erklären ist, das ist die Art und Weise, wie es zum Kollaps dieses trüben Systems gekommen ist, nämlich friedlich und ohne Blutvergießen. In Leipzig traf ich einen katholischen Priester, der damals auch vor den Hunderttausenden bei der Thomaskirche gepredigt hat. Er versicherte mir hoch und heilig: Es war ein Wunder und dieses Wunder ist gekommen, weil wir gebetet haben. Schon allein die Tatsache, dass sich Zehntausende, Hunderttausende versammeln durften, wo sonst schon eine Ansammlung von mehr als zehn Leuten von der Stasi als politische Agitation gewertet und geahndet werden konnte, ist nicht erklärbar.

Auch wir in Österreich dürfen auf einen friedlichen Wandel ohne Blutvergießen zurückblicken, denn nach dem Ende des 2. Weltkrieges 1945 war Österreich in vier Zonen geteilt; der Osten stand unter der Herrschaft der Sowjetunion. Auch hier kam es zu einer Art Sturm des friedlichen Gebetes, das der Franziskanerpater Petrus Pavlicek (1902–1982) initiierte. Dieser Pater Petrus Pavlicek ist mir deshalb so sympathisch, weil er eine aufregende Lebensgeschichte hinter sich hat: Mit einundzwanzig Jahren verabschiedete er sich nämlich vom christlichen Glauben und trat sogar aus der Kirche aus. Erst zehn Jahre später fand er wieder zum Glauben zurück. Es ist oft so, dass Menschen, die erlebt haben, wie trostlos ein Leben ohne Gott ist, dann umso intensiver im Glauben entflammt werden. So war es auch bei

Pater Petrus. Als er ins Kloster eintreten wollte, schickte man ihn zunächst weg, weil er schon zu alt sei; als er stur blieb, nahmen ihn die Franziskaner in Prag dann doch auf. Während des Krieges wirkte er als Priester und musste unter anderem unschuldig zum Tode Verurteilte auf dem Weg zur Exekution beistehen. Er war jedenfalls ein innerlich geläuterter Mensch, als er aufgrund einer Art übernatürlicher Eingebung im österreichischen Marienwallfahrtsort Mariazell die Idee fasste, einen Gegenkrieg gegen all den Terror des Bösen zu starten, den er in seinem Leben hatte erfahren müssen: Gegen die depressiv-machende Gottlosigkeit und gegen die politische Situation des Unrechts, die durch die Besetzung Österreichs gegeben war. Er wollte das, was uns heutige Christen zutiefst an unserer Geschichte beschämt, nämlich die blutigen Kreuzzüge des Mittelalters, in einer geistigen Form wiederbeleben. Pater Petrus sammelte ab 1950 tausende, zehntausende, ja hunderttausende Österreicher zu einem »Kreuzzug« des Gebetes und der Liebe. Unter dem Eindruck der Marienerscheinungen von Fatima, wo Maria in Portugal 1917 durch drei Hirtenkinder zum Rosenkranzgebet für den Frieden aufgerufen hatte, zogen zehntausende Menschen durch die Straßen Wiens, um für den Frieden zu beten. Der »Wiener Herbst« dauerte länger als der »Leipziger Herbst«. Jahrelang gab es diese Gebetsprozessionen, die berühmten »Vier im Jeep«, also die Soldaten der Besatzungsmächte Amerika, England, Frankreich und Russland, standen mit ihren Wagen abseits und schauten erstaunt zu. Ein Truppenaufmarsch der eigenen Art, wenn Katholiken mit der Gebetsschnur des Rosenkranzes in der Hand Gott um Frieden und Hilfe bitten.

Dass Österreich am 15. Mai 1955 einen Staatsvertrag erhielt, der die volle staatliche Souveränität wiederherstellte und also auch den Truppenabzug der Sowjetarmee zur Folge hatte, grenzt einfach auch an das Wunderbare. Auch die damals agierenden österreichischen Politiker Julius Raab und Leopold Figl, beide tiefgläubige Christen, schrieben das Einlenken Russlands der Hilfe der Mutter Gottes zu, die so viele zuvor durch das Beten des Rosenkranzes um ihre Fürsprache bestürmt hatten. Dahinter steht dieser sympathische Franziskaner mit der bewegten Vorgeschichte, der in seinem Leben von Gott sosehr getroffen worden war, dass er Gott alles zutraute. Es braucht solche Feuerköpfe, die euphorisch sind in ihrem Vertrauen auf Gott. Euphorisch, nicht fanatisch. Euphorie hat etwas mit Freude zu tun, Freude, die sich aufsteigert zu einem Verhalten, das jenseits von menschlich-klugen und rational-vorsichtigen Abwägungen steht. Das ist etwas ganz anderes als der Fanatismus der Eiferer, die mit verkrampftem Herzen, zugekniffenen Lippen und knirschenden Zähnen ihr Ideal verfolgen. Die Euphorie kommt aus der Freude, der Fanatismus aus dem Hass. Wo der Mensch ganz auf Gott setzt, bleibt ihm daher immer auch der Humor erhalten. Als Pater Petrus Pavlicek seine Idee, tausende Menschen zu einer Gebetsprozession durch das besetzte und geteilte Wien zusammenzurufen, dem damaligen Wiener Erzbischof Kardinal Theodor Innitzer vortrug, soll dieser skeptisch die Hände über dem Kopf zusammengeschlagen haben. Er hielt es für aussichtslos, die verängstigten und ausgehungerten Wiener zu einer öffentlichen Prozession auf die Ringstraße zu holen. Was für eine törichte Idee! Das wird nicht gehen. »Pater Petrus, was machen wir, wenn niemand kommt?« Die Antwort: »Eminenz, dann gehen wir zwei halt alleine.« Der Kardinal willigte ein, und es waren zehntausende, die damals mit Kerzen und Rosenkranz friedlich die Freiheit meines Heimatlandes erbetet haben. Was wäre die Welt, ohne solche Menschen wie Pater Petrus von Wien oder Pfarrer Führer von Leipzig, ohne diese Feuerköpfe, die den Frieden und die Gerechtigkeit in diese Welt bringen wollen? Das sind für mich Lämmer mit dem Herzen eines Löwen, die deshalb etwas weiterbringen, weil sie wissen, wo die Quelle aller positiven Veränderung ist: in Gott. Das Grab des schmalen Franziskanerpaters Petrus Pavlicek in der Franziskanerkirche in Wien ziert ein einziger Kranz mit der Aufschrift: »Österreich dankt Pater Petrus«.

Ich bin fest davon überzeugt, dass Gott unsere Gebete hört und dass er sie erhört. In der Theologie ist das ein gewisses Problem. Aber dazu ist die Theologie ja oft da: Dinge, die in unserem erfahrenen Umgang mit Gott eigentlich ganz einfach sind, auf ihre Komplexität hin zu durchdenken. Meine persönliche Erfahrung lehrte mich von Jugend an, dass Gott auf meine Gebete reagiert. Ich hatte nie das Gefühl, dass ich beim Beten eine stumme Wand anspreche oder einen Gott, der sosehr mit seiner eigenen Herrlichkeit und Größe beschäftigt ist, dass ihn meine kleinen Sorgen nicht interessieren. Daher habe ich mich nie geschämt, Gott um alles Mögliche zu bitten, um Kleines und um Großes: um gute Noten in der Schule, um Gesundheit für jemand Kranken, um Trost für Depressive usw. Wenn man philosophisch oder theologisch wird, dann wird das Ganze scheinbar kompliziert, denn dann könnte man ja fragen: Warum sollte Gott es nötig haben, sich von uns bitten zu lassen? Wenn Gott Gott ist, dann muss er doch ohnehin alles wissen, warum soll ich ihm dann im Gebet Informationen geben müssen, dass wir hier auf Erden dieses oder jenes brauchen? Und wenn Gott gut ist, dann müsste er ja ohnehin immer wissen, was das Beste für uns ist, oder? Solche Fragen hat es in der Theologie der letzten Jahre wirklich gegeben. Diese Fragestellung erweckt den Eindruck, als würde sie sehr »nobel« und »respektvoll« von Gott denken: Scheinbar hält sie ihn für so allwissend, so gut, so mächtig, dass sie es gleichsam als respektlos abtut, wenn wir ihn mit konkreten Bitten belästigen. Gott wisse ja ohnehin schon alles, er wolle ja ohnehin schon alles Gute. Klingt klug, ist aber grundfalsch.

In Wirklichkeit macht ein solches Denken Gott nicht groß, sondern klein. Natürlich weiß Gott – von einem absoluten Standpunkt aus betrachtet – immer schon alles. Er lenkt mit seiner Vorsehung auch alles auf ein gutes Ziel hin. Niemals aber sind wir in diesem seinem Blick auf die Welt nur so etwas wie Marionetten, unfreie Hampelmänner. Ich habe schon manche Vorträge gehört, wo man das Bittgebet regelrecht schlechtgemacht hat, so als wäre es gar kein Gebet. Einmal hat ein Priester gesagt, man solle Gott immer nur danken, immer nur loben, immer nur preisen. Natürlich: die höchste Form des Gebetes ist es, wenn ich den ewigen, unsichtbaren Gott von ganzem Herzen lobe. Das ist die Idee, die hinter dem Chorgebet von uns Mönchen steht: Wir Mönche beten nicht deshalb täglich stundenlang, weil wir etwas von Gott haben wollen, sondern weil wir ihm in unseren Gebeten einfach nur sagen, dass er ganz toll ist! Dass er alles wunderbar geschaffen hat. Das ist eine Haltung des permanenten Verliebtseins, die sich darin äußert, dass der Verliebte sich nicht satt sehen kann an seiner Geliebten und ihr nur immer wieder sagen kann: Schatz, du bist großartig. Du bist die Beste. Du bist die Liebste. Du bist die Schönste. So ähnlich halten wir Mönche es mit dem gemeinsamen Chorgebet von früh bis spät. Nicht Bitten, sondern Loben ist unsere Berufung. Aber trotzdem ärgere ich mich, wenn pseudo-intellektuelle Pseudo-Philosophen (oder Pseudo-Theologen) einem das Bittgebet vermiesen wollen. Ich mag es nicht, wenn man Gott derart kompliziert denkt, dass man ihm so mit seiner menschlichen Klugheit gleichsam sein Gottsein verbietet. Gott mag das auch nicht. Er ist nicht kompliziert, man darf sich ruhig mit der intuitiven Einfalt des Herzens auf ihn verlassen. Bittet man ihn, dann gibt er. Sucht man ihn, dann lässt er sich finden. Klopft man bei ihm an, dann öffnet er.

Wenn ich Gott um etwas bitte, dann lobe ich ihn doch auch, zumindest mittelbar, über Umwege, denn mit jeder Bitte sage ich ihm: Ich traue dir zu, dass du da helfen kannst und dass du da helfen willst. Ich traue dir zu, dass diese schlimme Situation, für die ich dich um Abhilfe bitte, nicht in deiner Absicht liegt, dass du, lieber Gott, etwas Besseres willst und herbeiführen kannst. Wenn ich Gott bitte, dann durchbreche ich die zentnerschwere Betondecke des Ich-kann-alles-selber-machen, die uns doch in Wirklichkeit niederdrückt. Tatsächlich können wir heute durch die vielen technischen und medizinischen Errungenschaften viel mehr, um uns ein schönes irdisches Leben einzurichten. Aber wir können nicht alles, und wir werden nie alles können. Und außerdem steht doch dieser gesamte Fortschritt in einer negativen Klammer, denn je mehr wir können, desto mehr werden wir diesen Planeten zerstören, und desto sicherer werden wir die Zukunft der kommenden Generationen gefährden. Ich bin ganz für den Fortschritt, und ich danke Gott, dass ich heute leben darf und nicht vor fünfhundert Jahren oder vor hundert Jahren, wo es noch keine Computer, Flugzeuge oder CDs gegeben hat. Das Bittgebet wird nie obsolet sein, weil der Mensch nie allmächtig sein wird. Und ich meine wirklich, dass uns die Dialektik zwischen Immer-mehr-Können und Immer-mehr-Zerstören zutiefst beunruhigen sollte, damit uns dann nicht erst die Not einer Atom- oder Klima- oder Genkatastrophe wieder das Bittgebet lehrt. Nein, jetzt müssen wir beten und bitten, dass Gott den Lauf der Dinge gut und richtig lenkt, gerade in einer globalisierten Welt.

Das Bittgebet war mein erster Zugang zu Gott, besser gesagt: Die Antworten, die Gott darauf gegeben hat. Nicht Worte, wie gesagt, sondern Taten. Darum bin ich zu einem Fan des Bittgebetes geworden. Für einen Christen müsste das eigentlich eine Selbstverständlichkeit sein, denn Jesus hat intensiv zum vertrauenden Bitten eingeladen. Er hat Gleichnisse erzählt, wo er Gott seinen Vater mit jemand vergleicht, den wir mit unseren Bitten gleichsam belästigen sollen, damit er uns erhört. Er hat seinen Jüngern ein einziges Gebet gelehrt, das Vaterunser, das aus nichts anderem als aus sieben Bitten besteht. Er hat wörtlich gesagt: »Bittet, dann wird euch gegeben; sucht, dann werdet ihr finden; klopft an, dann wird euch geöffnet.« (Matthäusevangelium 7,7) Ich habe einmal vom heiligen Klemens Maria Hofbauer (1751–1820), dem Stadtpatron von Wien, gelesen, dass er dieses Jesuswort wortwörtlich genommen haben soll. Pater Klemens Maria Hofbauer soll tatsächlich an den Tabernakel auf dem Altar geklopft haben. Der Tabernakel ist der Ort in unseren Kirchen, wo wir Katholiken Christus wirklich gegenwärtig glauben in Gestalt des Sakramentes. So wollte er gleichsam symbolisch an das Herz Gottes klopfen. Der Anlass war, dass Wien damals ziemlich heidnisch war. Infolge der Aufklärung predigten die Pfarrer gemäß den staatlichen Verordnungen mehr über den Erdäpfelanbau und über Hygienemaßnahmen als über Gott und den Himmel. Klemens Maria aber wollte die Menschen für Gott begeistern und versicherte sich dazu der Hilfe des Himmels. Klopft an und euch wird aufgetan. Die religiöse Erneuerung gelang nachhaltig; schon zu seinen Lebzeiten nannte man den kleinen Priester aus der Ursulinenkirche den »Apostel Wiens«. Von der Polizei bespitzelt, von den liberalen »Mitbrüdern« im Priesteramt beneidet und denunziert, gelang es ihm, eine ganze Welle der Glaubenserweckung auszulösen.

Gott braucht unser Bitten, Suchen und Anklopfen nicht. Von einem absoluten Standpunkt aus braucht Gott überhaupt nie irgendetwas. Er braucht nicht den Kosmos, er braucht nicht die Welt, er braucht nicht die Menschen, er braucht nicht unseren Kult und unser irdisches Herumgetue mit unseren Gebeten … Aber *er will brauchen*! Das ist eben das Tolle an Gott, dass er sich auf diese Schöpfung eingelassen hat, dass er uns auch diese grausam-schöne Möglichkeit namens Freiheit gegeben hat, sodass wir selber entscheiden können, ob wir Gutes oder Böses tun. Auf der einen Seite ist unsere Freiheit wirklich schön, denn sie macht uns wirklich glücklich, sie gibt uns die Chance, uns immer neu im Guten zu überraschen. Und auf der anderen Seite kann die Freiheit grausam sein und Gewalt, Zerstörung und Hass freisetzen. Gott wollte uns frei, und darum wird Gott uns in unserer Freiheit – so oder so – immer respektieren. Das ist seine Entscheidung, mit der wir leben müssen. Das Bittgebet ist deshalb so wichtig, weil ich hier Gott signalisiere, dass ich darauf vertraue, dass er das Richtige besser weiß und kann als ich. Das macht ihn groß. Gott sei Dank war ich als Jugendlicher nicht durch die Kompliziertheiten einer blutleeren und lebensfremden Sophisterei belastet und habe, nachdem ich tiefer zu Gott gefunden habe, ganz einfach und selbstverständlich meine Bitte auf ihn hin gesagt und gedacht. Da ging es meist um sehr kleine Dinge, etwa gute Noten. Dass da irgendetwas »egoistisch« sein könnte, daran habe ich gar nicht gedacht, denn mir war klar, dass Gott mein bester Freund ist, mein mächtigster Verbündeter, dass er alles besser weiß – warum sollte ich da nicht einfach um das bitten, was mir für mich das Vordringlichste erschienen ist? In der Schule war ich immer ein kleiner Streber und freute mich immer riesig über gute Prüfungs- oder Schularbeitsergebnisse. Warum nicht? Und siehe da, es funktionierte: oft sogar bei Examen, für die ich gar nicht so perfekt vorbereitet war.

Von einem, der sagt, er glaube an Gott, aber zugleich nicht wagt, Gott um etwas zu bitten, würde ich meinen, dass es nicht weit her ist mit seinem Glauben. Gott will nicht die noble Distanz, er möchte, dass wir ihm alles zutrauen, wirklich alles. Jesus hat ein schönes Wort vom Glauben gesagt, der Berge versetzen könnte, wenn er auch nur so groß wie ein Senfkorn wäre. Aber bei manchen Leuten ist das Vertrauen auf Gottes Hilfe leider nicht einmal in diesem Mini-Format vorhanden. Natürlich muss ich hier sofort anfügen, dass Beten und Bitten allein zu wenig ist. Weil Gott eben nicht wollte, dass sich die Welt nur durch seine persönlichen Interventionen zum Bessern verändert, hat er uns ja diese merkwürdige Freiheit gegeben. So stehen wir in der Pflicht, auch etwas zu tun.

Als ich ein junger Kaplan war, hatte einer der Ministranten, die ich damals betreuen durfte, riesige Probleme. In Englisch wollte so gar nichts gelingen, sodass er eines Tages ziemlich verzweifelt dastand: mehrere Schularbeiten nacheinander waren mit Ungenügend bewertet worden. So konnte es nicht weitergehen, das Abbrechen der Schulausbildung stand im Raum. In dieser Situation bat er mich, ihm doch in Englisch Nachhilfeunterricht zu geben. Natürlich habe ich das gerne gemacht, denn er war auch ein besonders Treuer in seiner Hilfe bei den Gottesdiensten. »Wie viel kostet denn eine Stunde Nachhilfe bei dir?« – »Also Geld nehme ich keines, aber du musst mir versprechen, jeden Tag zu beten!« Konkret habe ich ihm ein Stück vom Rosenkranz verordnet, um genau zu sein zehn Mal das Gegrüßet seist Du Maria. Nur um das Maß zu geben: das bedeutet einen »Zeitaufwand« von vier Minuten pro Tag. Freilich war mir klar, dass das für einen 14-Jährigen auch schon eine Herausforderung ist. Natürlich haben wir auch fest studiert, er war sehr eifrig im Lernen. Ich könnte viele, viele ähnliche Geschichten erzählen, aber diese eine Begebenheit hat sich irgendwie besonders fest in meiner Erinnerung eingebrannt. Vielleicht deshalb, weil das Gesicht dieses jungen Burschen gar so strahlend war, als er nach der nächsten Schularbeit zu mir kam. Und was er gesagt hat, hat sich tief eingeprägt: »Pater Karl, ich habe einen Dreier, – *das funktioniert ja wirklich*!« Was funktioniert? Die Kombination von Arbeit und Gebet, von Studium und Gottvertrauen, die Synergie von menschlicher Anstrengung und göttlicher Hilfe. Vielleicht hängt dieses »Es funktioniert ja wirklich!« auch deshalb so fest in meinem Gedächtnis, weil der Bursch von damals mittlerweile ein fescher Junior-Bankdirektor geworden ist mit einer noch fescheren Freundin (die er allerdings schön langsam heiraten sollte … wenn es nach mir geht), der immer wieder in meine Gottesdienste kommt, sodass ich es eben nicht vergessen kann, dieses freudestrahlende »Es funktioniert!« eines Jugendlichen, der erfahren durfte, wie unschlagbar gut man durchs Leben kommt, wenn man seine eigenen Kräfte mit der Wirkmacht Gottes kombiniert. Für ihn war es eine »Lebenswende«, wie er selbst sagt, als er kapierte, wie machtvoll es ist, wenn man einerseits alles tut, was man selbst tun muss; andererseits aber zugleich auf die Hilfe Gottes vertraut. Gottes Hilfe plus meine eigene Anstrengung, – das ist ein machtvolles Joint Venture!

Das ist übrigens genau das Motto, unter das man die Regel des heiligen Benedikt versucht hat zusammenzufassen: *ora et labora* – »bete und arbeite«. In der Regel Benedikts (480–547), den wir als Vater des europäischen Mönchtums verehren, ist dieses Wort gar nicht zu finden. Die heutigen Experten der Benediktsregel sind auch gar nicht zufrieden mit dieser komprimierten Formel, und sie reklamieren einen dritten Begriff ein: *ora, lege et labora*, also: »bete, lies und arbeite«. Sie meinen damit, dass die Benediktsregel ja auch das beschauliche Lesen und das intellektuelle Studieren fördert. Wenn man die Tätigkeiten des Klosterlebens zusammenfassen möchte, dann mag der Dreiklang das Richtigere sein. Wenn man nach einem Programm für das persönliche Glaubensleben sucht, dann genügt die Zweierparole *ora et labora*. Damit kann man es bewenden lassen, denn wenn man im Leben etwas weiterbringen möchte, so genügen diese beiden Dimensionen: das »arbeite« als Ausdruck der eigenen Anstrengung. Schon das hat einen Bezug zu Gott, denn Gott hat uns unsere Fähigkeiten gegeben, damit wir überhaupt etwas tun und verändern können in dieser Welt. Wo wir aber bei unserem »Schaffe, schaffe, Häusle bauen« den Blick auf Gott vergessen, da machen wir wiederum uns selbst kaputt und vielleicht die Welt dazu. *Ora* ist ein Imperativ, ein Befehl. Der muss heute sehr laut gesagt werden, denn auch das *labora* ist ein Befehl und tritt heute mit einem geradezu diktatorischen Herrschaftsanspruch auf: Arbeiten, arbeiten, arbeiten … Und dann laufen wir und schaffen wir, und wir bekommen das Leben trotz allen Fortschritts doch nicht in den Griff. Weil es ein Wahn ist, dass wir alles können. Darum schuften wir und werden nicht glücklich, darum rennen wir und kommen nie ans Ziel. Je mehr Welträtsel wir lösen, desto mehr entgleitet uns diese Welt in ausweglose Aporien hinein. Wer hätte nach dem Wunder von 1989 geglaubt, dass die »neue Weltordnung«, die danach großspurig verkündet würde, schon so bald durch den Terror des 11. September 2001 und die daraufhin folgenden Kriege in Afghanistan und Irak angekratzt werden würde?

Wenn jemand schon im Kleinen sagt: »Ich schaffe mein Leben schon selbst, ich brauche Gott um nichts bitten« – wie steht es dann mit den globalisierten Problemen, auf die ich als Einzelner nur einen mikroskopischen Einfluss habe? Während die Supermacht USA Krieg spielt, um ihre – und leider auch unsere – Energieressourcen zu sichern, haben schwer kalkulierbare Staaten wie Pakistan oder Nordkorea ihre Atomprogramme entwickelt, sprengen sich täglich hier und dort Selbstmordattentäter in die Luft, schmelzen die Polkappen rapide ab, lassen die Wetterkapriolen Schlimmes von einer bevorstehenden Klimakatastrophe erahnen und platzen der Reihe nach die Bubbles der Finanzmärkte, weil wir hier mit unserer Gier etwas aufgeblasen haben, was es in der Wirklichkeit gar nicht geben kann. Ja, in dieser Situation fühle ich mich als Einzelner hilflos, auch wenn ich natürlich überzeugt bin, dass ich bei politischen Wahlen auch mit meinem kleinen Stimmlein etwas bewegen kann, und dass auch das Trennen meines Mülls (in meinem Mönchspapierkorb gibt es fast nur Papier) nicht belanglos ist. Viele Mini-Beiträge ergeben eine Maxi-Wirkung. Trotzdem meine ich, dass ich für die Zukunft der Welt, der globalisierten Welt, wo sich der Clash of Civilizations bereits in den von Ausländergruppen bevölkerten Vororten von Wien vor unserer Nase ereignet, vor allem beten und bitten muss. Ich meine, dass ich die Zukunft dieser Welt nicht bloß den Politikern und Wissenschaftlern, den Diplomaten und Religionsführern überlassen darf. Das sind auch nur Menschen wie du und ich. Ich glaube daran, dass Gott eine Wirklichkeit ist. Und da ich selbst bereit bin, mit meinen eigenen Kräften das Beste zu tun, möchte ich auch Gott das zutrauen. Und so bitte ich ihn, uns Frieden zu schenken, uns zu helfen, der Zerstörung der Natur entgegenzutreten, und alles so zu leiten, damit alle Menschen glücklich leben können.

11. Ach ja, und: Amen

Für mich liegt im Gebet ein ganz großes Glück. Auch wenn ich mittlerweile schon ein bisschen abgestumpft bin und die Nähe Gottes mir fast schon so selbstverständlich geworden ist wie die Nähe eines Ehepartners nach 50 Ehejahren, so liegt doch im Umgang mit Gott eine Quelle der Kraft. Ein wenig erinnere ich mich ja auch noch daran, wie das damals war, als ich mit sechzehn oder siebzehn Jahren über die Wirklichkeit Gottes gestolpert bin. Das war faszinierend, jetzt noch läuft mir eine Gänsehaut auf, wenn ich daran denke, wie ich damals begonnen habe, jeden Abend den Rosenkranz zu beten. Plötzlich hineingeborgen in eine andere Welt, ausgebrochen aus dem Gefängnis des Banalen. Meine Seele war plötzlich hochgefahren aus einem faden Stand-By-Zustand. Das Leben war plötzlich viel spannender, weil hinter der Oberfläche eine Wirklichkeit aufleuchtete, die mir vorher nicht bewusst war. Gott zu begegnen ist faszinierend und beglückend, und darum möchte ich regelrecht Werbung machen für das Gebet. Das ist auch notwendig. Denn Gott kommt bei uns in Europa in der normalen Lebenswelt nicht vor, für ihn gibt es keine Werbe-Spots im Fernsehen oder im Radio, über die Botschaft des Evangeliums wird in MTV nicht dahingerappt, und in den bunten Illustrierten sind religiöse Themen ein verschämtes Randthema. Und ich fürchte, dass diese vor 2000 Jahren gegründete Promotion-Firma Gottes namens Kirche in den letzten Jahren sosehr mit ihrer Firmenstruktur beschäftigt war, dass wir es jämmerlich verabsäumt haben, »in die Welt hinauszugehen und die gute Nachricht allen Geschöpfen zu verkünden« (Matthäusevangelium 28,19). Und dann gab (und gibt) es da auch noch manche Firmenskandale …

Das Gebet braucht in doppeltem Sinn Werbung: Erstens ist der, zu dem wir beten, keine Selbstverständlichkeit. Er zeichnet sich zudem durch so merkwürdige Eigenschaften wie Unendlichkeit, Ewigkeit, Unsichtbarkeit aus ... Ich soll mit jemandem sprechen, den ich nicht sehen kann, von dem ich nicht einmal hundertprozentig sicher bin, ob es ihn überhaupt gibt? Und dann kommt zweitens hinzu, dass mir das Beten als Kind zwar vielleicht noch beigebracht worden ist, es aber doch etwas ziemlich Langweiliges ist. Nach unserem christlichen Glauben kommt außerdem noch dieses Phänomen der »Erbsünde« dazu, dass es also in uns eine Art Trägheitsprinzip gibt, das uns hinunterzieht. Ehrlich gesagt, muss auch ich als Mönch mich jedes Mal überwinden, wenn ich zu beten beginne. Wenn ich einmal den Zündschlüssel umgedreht habe, läuft es ja, aber irgendwie gibt es da geheimnisvolle Blockaden. Bei meinen jungen Mitbrüdern merke ich, dass sie sehr, sehr gerne beten. Oft gibt es einen Zusammenhang zwischen der Intensität, mit der sie beten, und der Distanz, in der sie vorher zu Gott waren. Einige von ihnen haben nämlich durchaus so etwas hinter sich, das man eine tiefgehende Bekehrung nennen darf. Bei manchen plötzlich, bei anderen langsam angebahnt. Und dann atmen sie mit einer Intensität durch wie jemand, der kurz vor dem Ersticken war. Es ist fast eine naturhafte Reaktion, dass der Gottferne, der schließlich zu Gott findet, am Anfang nicht genug kriegen kann: so schön, so neu, so tief, so bunt, so beglückend ist auf einmal alles. Die Kirche ist hier übrigens sehr klug, denn sie weiß, dass es nach aufregenden Bekehrungen ein Auskühlen auf Normaltemperatur geben muss ...

Werbung für das Gebet kann nur ein Ziel haben: einfach Geschmack darauf zu machen, es doch selbst einmal zu probieren. Mein Kloster besitzt seit 1142 ein Weingut an den sonnigen Südhängen des Anningers, dort wo die Alpen in das Wiener Becken auslaufen. Unsere Väter haben vermutlich die burgundischen Weinsorten importiert, als sie von Morimond aus nach Osten zogen und im schattigen Tal des Sattelbaches mein Kloster Heiligenkreuz gründeten. Wir produzieren dort Spitzenwein, der jedes Jahr neue Prämierungen erringt. Nun trinke ich zwar ab und zu Wein, gerne sogar, aber von den verschiedenen Geschmäckern des Weines habe ich so gut wie keine Ahnung. Es war deshalb ein für mich ziemlich belustigendes Erlebnis, einmal in unserem Weingut an einer Weinverkostung teilzunehmen, während der Kellermeister die verschiedenen Weine zu beschreiben versucht hat. Er kündigte – nicht ohne stolzes Pathos – die jeweilige Weinsorte mit Eigenschaften wie »blumig«, »bunt«, »fruchtig«, »laktisch«, »nussig« oder sonstwas an, die mich zwar neugierig machten, mir aber sonst überhaupt nichts sagten. Unter einem »körperreichen« Wein konnte ich mir genauso wenig vorstellen wie unter Phantasieworten wie »kullukakanisch« oder »mexohypsisch«. Erst als ich den Wein dann auf den Lippen hatte, wurde mir einigermaßen klar, was man unter diesem oder jenem Geschmack verstehen kann. So ist es auch mit dem Gebet. Mein Ziel ist es, die Menschen zum Verkosten zu bringen. Das Beten ist eine Erfahrung in einer Dimension, die man nicht durch bedrucktes Papier nahebringen kann. Ich kann nur neugierig machen. Kosten muss man selber, denn sobald man Gott zum Du nimmt, steht man in einer anderen Dimension der Wirklichkeit. All die Dinge, die bisher das Ganze des Lebens auszumachen schienen, werden plötzlich zur Nebensache.

Gebet ist ein Dialog. Es funktioniert deshalb, weil Gott ist, und weil er eine Wirklichkeit ist. Kindergebete sind gut. Aber nur für Kinder. Erwachsene müssen erwachsen zu beten lernen. Wenn ein Achtzehnjähriger noch genauso liebliche Kinderreimchen plappert wie ein Achtjähriger, wenn eine erwachsene Frau noch genauso meint, dass wir unter dem »Himmel«, in dem sich Gott befindet, das Blaue mit den Wolken da über uns meinen, wie sie sich das vielleicht als Vierjährige vorgestellt hat, dann stimmt etwas nicht. Dann ist eine vorpubertäre religiöse Naivität in einem nachpubertären Menschen stecken geblieben, von dem man wohl fürchten muss, dass er jetzt gar nicht mehr religiös ist. Warum sollte auch ein Erwachsener Freude finden am stumpfen Herunterplappern leerer Formeln? Warum sollte ein denkender Erwachsener den letzten Sinn seines Lebens in unreflektierter Naivität suchen?

Als junger Pfarrer hatte ich einmal ein Erlebnis, das mir die religiöse Unreife vieler Menschen bewusst gemacht hat. In meiner Wienerwaldpfarre hielt ich immer am späten Nachmittag des Heiligen Abends eine Krippenlegungsfeier für die Kinder. Das war übrigens der Gottesdienst, zu dem die meisten Männer in die Kirche kamen, weil es offensichtlich am Heiligen Abend Aufgabe der Väter ist, sich um die Kinder zu kümmern (zumindest besser dann als gar nie!) und die Mütter offensichtlich Mann und Kinder in die Kirche geschickt hatten, um in Ruhe alles für die Heilig-Abend-Feier vorbereiten zu können. Verständlich. Bei dieser Feier war die Kirche voll mit Kindern, alle tief angesteckt von dieser kribbelnden Stimmung der Vorfreude, deren Verlust wir Erwachsenen so sentimental beklagen. Neben vielen Liedern erzählte ich die Weihnachtsgeschichte, ärgerte mich über ein paar Weihnachtsmannmützen (dass ich den Weihnachtsmann nicht mag, wird wohl schon deutlich geworden sein) und dann stellten die hundert Kinder in ziemlichem Chaos die Krippenfiguren in die Krippe. Mir war es immer ein Anliegen, das Eigentliche des Festes »rüberzubringen«, dass nämlich der unendliche Gott sich auf Krippenlänge verkürzt. So lautet eine plakative Formulierung des heiligen Bernhard von Clairvaux: Der unendliche Gott, den die Himmel nicht fassen können, verkürzt sich aus Liebe zu uns auf Krippenlänge, damit er uns Menschen als seine Kinder und wir ihn als für uns Kind gewordenen Gott lieben können. Gott als Kind, Christus als

Kind. Ausdrücklich betont ja der Evangelist Lukas in seiner eindrucksvollen Schilderung der Geburt Christi in Bethlehem die Windeln des Jesuskindes, gleich zwei Mal. Gott in Windeln. Und um den Santa-Claus- und Rudi-das-Rentier-verseuchten Kindern den Sinn des Weihnachtsfestes noch eindrucksvoller nahezubringen, hatte ich ein lebensgroßes, holzgeschnitztes Jesuskind gekauft, ein reizendes Jesusbaby mit ausgebreiteten Armen, herzerweichendem Babylächeln und schmalzigen Haarlocken. Alles Grödner Qualitätsarbeit, trotzdem ein bisschen kitschig – und vielleicht deshalb wirklich schön! Das Ende der Krippenlegungsfeier bestand nun darin, dieses Jesuskind in eine große Krippe mit Stroh mitten in der Kirche vor den Altar zu legen. Dann durften alle Kinder nach vorne kommen und das tun, was man bei jedem Kindergeburtstag tut: dem Jesuskind alles Gute zum Geburtstag wünschen. Da stand also die Hundertschaft der Kinder, von ganz klein bis etwas größer und grölte das Jesuskind mit leidenschaftlicher Kinderlust an: »Happy birthday to you, happy birthday to you, happy birthday, liebes Christkind, happy birthday to you!« Die Kleinen konnten gar nicht genug bekommen, – ich aber auch nicht. Mir ist dabei immer das Herz aufgegangen, denn das ist doch eigentlich Weihnachten: Geburtstag des Sohnes Gottes, Geburtstag des Christkindes. Die Kinder habe ich dann immer entlassen, indem jedes Kind noch einmal persönlich vor die Krippe treten durfte, um dem Jesuskind »Alles Gute zum Geburtstag« ins Ohr zu flüstern; die Kinder haben es geliebt, und die Erwachsenen, also meistens die zur Kinderobsorge abkommandierten Väter, standen mit leicht feuchten Augen im Hintergrund. Warum erzähle ich das? Weil einmal nach der Feier, als sich schon alle in ihre Häuser zerstreut hatten und ich allein in der Kirche noch aufräumen musste und mich auf die Einsamkeit des Heiligen Abends eingestimmt habe, weil ich ja zu Weihnachten als Pfarrer immer allein in meinem Pfarrhof war, – weil da auf einmal ein Vater zurückgekommen ist, mit seinem kleinen Kind auf dem Arm: »Pater Karl, ich möchte mich bedanken.« Nur zur Klarstellung: Das war ein Akademiker! »Ich möchte mich bedanken, weil ich heute zum ersten Mal in meinem Leben wirklich begriffen habe, was wir zu Weihnachten feiern. Wie Sie das Happy Birthday liebes Christkind angestimmt haben, ist es mir wie Schuppen von den Augen gefallen!« Spätestens seit diesem Augenblick schäme ich mich nicht wirklich, meine Theologenehre zu verlieren, wenn ich bei der Predigt möglichst einfach, möglichst verständlich zu sprechen versuche. Weil ich fürchte, dass fast alle Inhalte des Glaubens einfach nicht mehr verstanden werden. Sie sind zwar noch da, aber sie sind Hülsen, unreflektierte Metapher, sinnentleerte Traditionsformeln. Menschen, die hundert Mal schon von der Geburt Christi gehört haben, sind verblüfft, wenn ihnen plötzlich aufgeht, dass Weihnachten die größte jährliche Geburtstagsparty der Welt ist. Und dass das Christkind Geburtstag hat! Nicht das Klingeling-Klingeling-Christbaum-Christkind, sondern das richtige. Mein Aha-Erlebnis von damals war, dass man so gut wie nichts mehr voraussetzen kann. Wenn die Wirklichkeit Gottes und die Inhalte des Glaubens derartig verblasst sind, dann ist natürlich kein Gebet möglich. Mit Schema, Hülse und Phrase kann man nicht kommunizieren.

Apropos Hülse! Sehr zuwider ist es mir auch, wenn man den Glauben wieder re-mythologisiert. Mythos ist geschichtsloses Märchen. Glaube aber gründet in der Geschichte: »In jenen Tagen erließ Kaiser Augustus den Befehl, alle Bewohner des Reiches in Steuerlisten einzutragen. Dies geschah zum ersten Mal; damals war Quirinius Statthalter von Syrien.« So geschichtsbezogen beginnt Lukas in seinem Evangelium die Schilderung von der Geburt Christi: in den Koordinaten von Raum und Zeit, nach damaliger Zeitrechnung festgelegt durch die Regierungszeit des Kaisers und der Statthalter. Gott schlägt einen Pflock von Wirklichkeit in die Geschichte, seither messen wir unsere Zeit von dieser Geburt Christi an. Daher ist es für mich fragwürdig, aus dem Christuskind eine Märchenfigur zu machen. Ich meine die Vorstellung vom »Christkind« als einem kleinen putzigen Engelchen, das dafür zuständig ist, dass die Geschenke unter dem Christbaum liegen, dass der Christbaum geschmückt ist, dass ein Glöckchen läutet und dann alle in den zuvor geheimnisvoll verschlossenen Raum gehen dürfen. Ich muss zugeben, dass das der Brauch war, wie ich ihn in meiner Familie kennen gelernt habe und wie er in Österreich wohl immer noch weit verbreitet ist. Als Kind war ich fest davon überzeugt, dass dieses Heinzelmännchen-Christkind dafür zuständig ist, dass zu Weihnachten die große Überraschung geschieht: der mit Kerzen übersäte Baum, das helle Glöckchen als Signal, dass man jetzt eintreten darf, schließlich natürlich unter dem Baum die Geschenke ... Aus dem Amerikanischen verbreitet sich zusehends die Vorstellung vom alten Santa Claus, der Name stammt vom geschenkebringenden Nikolaus. In seiner Transformation vom heiligen Nikolaus zum Santa-Claus-Weihnachtsmann hat er aber alle religiösen Attribute verloren: Aus der Bischofsmütze ist eine lächerliche Zipfelmütze geworden; der heilige Nikolaus trägt erhabene liturgische Gewänder, der fettleibige Santa Claus hingegen ein weltliches rotes Narrengwand, wo ein dicker Gürtel seinen feisten Bauch zusammenschnallen muss. Er ist nicht nur zum heidnischen Narren geworden, sondern für mich ist der Weihnachtsmann zum Symbol für etwas geworden, das ich für in sich abscheulich halte: für den vom Mythos verbrämten Konsumrausch. Wahrscheinlich verbreitet sich der Weihnachtsmann ja deshalb so rasant, weil er in den Einkaufszentren so praktisch einzusetzen ist, weil der gute alte Rauschebart auf Kinder, die oft vater- und großvaterlos aufwachsen, besonders faszinierend wirkt, und weil er frei ist von jedem christlich-religiösen Bezug. Und man kann ihn auch als Weihnachtsdekoration gewinnbringend kommerzialisieren. Auf Dächer kletternde Weihnachtsmänner sind so ziemlich das Doofste an Dekorationskitsch, das wir in den letzten Jahren aus der infantilen amerikanischen Unterhaltungswelt importiert haben. Shame on us!

Wir sollten uns aber auch unserer eigenen Mythen schämen, denn das unsichtbare Christkind ist ein Kindermärchen. Es gibt mir als Gläubigem wirklich immer einen Stich, wenn mir ein Kind sagt: »Pater Karl, ich weiß schon, dass es das Christkind nicht gibt!« Und das mit dem Stolz eines Agenten, der eine große Verschwörung aufgedeckt hat. Dabei gibt es das Christkind doch! Das ist es doch gerade, was wir zu Weihnachten feiern. Nur so wie es die Erwachsenen gegenüber den Kindern zum Feengespenst degradieren, gibt es das Christkind nicht. Ein österreichischer Bischof erntete einmal höhnischen Spott und Gelächter, als er gefragt wurde, worauf er sich zu Weihnachten am meisten freue. Er sagte – noch dazu mit einem etwas verklärten Lächeln: »Auf das Christkind!« Und war damit endgültig als naiver Märchenopa vor der johlenden Öffentlichkeit bloßgestellt ... Wie kann ein Erwachsener so etwas sagen – sich auf das Christkind freuen?! Wo doch sogar die Phrase »einen Brief an das Christkind schreiben« unter Erwachsenen bedeutet: unerfüllbaren Wunschvorstellungen nachhängen. Mag sein, dass dieser Bischof auch sonst zu wenig verstanden hat, die Sprache der Lebenswelt der Menschen zu sprechen, aber diesen Hohn hatte er nicht verdient. „Happy birthday to you, happy birthday, liebes Christkind, happy birthday to you!» Das feiern wir zu Weihnachten. Ein mythisches Christkind, das nur dazu da ist, den Christbaum versteckt und unbeobachtet herzurichten, ist fast genauso wenig wert wie der fabulöse Weihnachtsmann mit seinen sechs Rentieren, deren idiotische Namen manche Kinder bereits besser kennen als die Namen von Maria, Josef und Jesus ... Unser Zugang in die Sphäre des Ewigen muss frei werden von mythischer Überformung.

Wenn ich persönlich bete, dann spreche ich mit Gott wie

mit einem Freund, das ist christliche Spiritualität. Gott ist ja immer da. Er ist so anwesend wie die Luft, die uns umgibt, und ohne die wir ersticken würden. Von sich aus ist Gott uns immer nahe, und er ist auch immer dialogbereit. Großartig hat das ein anonymer jüdischer Texter in Psalm 139 ausgedrückt, wenn er Gott mit den Worten anspricht: »Wohin könnte ich fliehen vor deinem Geist, wohin mich vor deinem Angesicht flüchten? Steige ich hinauf in den Himmel, so bist du dort; bette ich mich in der Unterwelt, bist du zugegen. Nehme ich die Flügel des Morgenrots und lasse mich nieder am äußersten Meer, auch dort wird deine Hand mich ergreifen und deine Rechte mich fassen.« Um mit Gott in Kontakt zu treten, muss ich also nur diese Bewusstlosigkeit wegschieben, die mich wie eine dicke Panzertür von der Wirklichkeit Gottes trennt. Gott ist immer schon da! Ein Augenblick des Hindenkens auf ihn genügt, und schon öffnet sich eine andere Welt.

Ich finde ja, dass wir Christen auch so etwas wie einen Nobelpreis für Literatur einführen sollten, denn es gibt da einiges wirklich Geniales, wo genau das auf den Punkt gebracht wird, was der innerste Kern unseres Glaubens ist. Die ersten, die einen solchen Spezial-Nobelpreis für ihre christliche Genialität erhalten sollten, wären meines Erachtens der Autor Giovanni Guareschi (1908–1968) und der Schauspieler Fernandel (1903–1971). Zumindest posthum hätten sie eine solche Auszeichnung verdient, denn wo wird das Wesen von Gebet genialer auf den Punkt gebracht als in der Person des Don Camillo? Guareschi schildert in seinen Geschichten, die in einem italienischen Dorf der Poebene in der unmittelbaren Nachkriegszeit spielen, ebenso humorvoll wie tiefgründig den Konflikt zwischen dem schlagkräftigen Landpfarrer Don Camillo und dem ebenso schlagkräftigen kommunistischen Bürgermeister Peppone. In den fünf Don-Camillo-Filmen hat der französische Schauspieler Fernandel dem lausbübischen Landpfarrer ein unvergleichliches Profil gegeben, das wohl das Priesterbild von vielen Menschen geprägt hat. Wenn es in meiner Pfarre kleinere Spannungen gab, oder wenn es irgendwo energisch anzupacken galt, dann lautete das größte Lob, das mir die Leute in meiner Pfarre machen konnten: »Das haben Sie ja wie der Don Camillo gemacht«. Don Camillo und Peppone liegen im Dauerkonflikt, doch weil sie zwei Menschen sind, die zwar verschiedene Mittel anwenden, in Wirklichkeit aber beide das Herz am rechten Fleck haben, gibt es immer ein Happy End. Was Guareschi hier unbeabsichtigt geschildert hat, ist eigentlich der Konflikt zwischen Christentum und nicht-christlichem Humanismus, wie er seit der Aufklärung tobt, und der eigentlich ein Scheinkonflikt ist. Das Beste an Don Camillo ist aber nicht seine lausbübische Durchsetzungskraft, sondern sein Verhältnis zu Jesus auf dem großen Kruzifix über dem Altar seiner Dorfkirche: Dieser Jesus spricht zu Don Camillo. Wenn Don Camillo in der Nähe des Kreuzes ist, so schielt er immer mit den großen tränensäckigen Augen Fernandels hin auf das Kreuz, immer offen für den Dialog mit dem Unsichtbaren. Und da werden sehr berührende Momente durchgespielt: Als Don Camillo sich gegenüber Peppone allzu brutal durchsetzt und sich gegenüber Gott in den Groll zurückzieht, bleibt Jesus plötzlich stumm. Als Don Camillo Peppone mit einem Prügel verdroschen hat, muss er mit dem Stock durch die Kirche und wird von Jesus angesprochen: »Don Camillo, was versteckst du hinter deinem Rücken?« Es nützt nichts, Don Camillo muss Jesus seine Untat gestehen. Der Prügel kann Gott nicht verborgen bleiben. »Aber es ist doch Pappelholz, ganz weich!« Bei dieser Szene musste ich Tränen lachen. Einen Nobelpreis für Guareschi und Fernandel, weil sie das ernsteste Thema auf die humorvollste mögliche Weise verarbeitet haben: Mit Gott in Verbindung zu stehen ist ernst, denn sie entscheidet über Glück und Sinn unseres Lebens. Aber aus dieser Verbindung, aus dem Sprechen mit Gott darf eben nichts ausgeklammert sein. In unserem Dialog mit Gott darf alles ein Thema sein; und vor Gott dürfen wir ruhig auch so total menschlich sein wie das Schlitzohr Don Camillo, der sich sogar um seinen Gott herumzumogeln versucht. Das tun wir ja, Hand aufs Herz, dauernd. Wir mogeln uns dauernd um die Niederträchtigkeit herum, zu der wir fähig sind, und perfektionieren ein System von selbstbeweihräuchernden Ausreden. Aber vor Gott nützt das eben nichts. Großartig finde ich auch, dass Don Camillo auf Jesus hört und dass Jesus seinen Priester durchaus korrigiert und zurechtweist. Es ist mir ja selbst schon oft passiert, dass ich mit bestimmten fixen Ideen, mit irgendwelchen Aggressionen gegenüber jemandem ins Gebet gehe, und dann wird mir plötzlich das Herz weich, der innere harte Stein, den ich gerade noch gegen jemanden werfen wollte, schmilzt mir in der Gegenwart Gottes weg, und plötzlich schaut die Welt ganz anders aus.

Mit Gott kann man immer sprechen, mit Gott kann man alles besprechen. Von Don Camillo können wir lernen, dass wir mental dieses Du Gottes vor Augen haben müssen. Gott hat gleichsam »ein Problem«, weil er sinnlich nicht gleich wahrnehmbar ist. Er ist nicht so sichtbar und hörbar wie das Irdische, deshalb muss man sich, wenn man betet, ein wenig anstrengen, um auf Gott hin zu denken. Für mich genügt da schon das kürzestmögliche Wort: »Du«. Christ ist nicht der, der über Gott redet, sondern der, der mit Gott redet. Bevor ich zu beten beginne, sage ich einfach »Du« zu Gott, um meine eigenen herumfliegenden Gedanken auf Gott hin zu konzentrieren. Gott ist nicht ein Es, nicht ein Irgendetwas, nicht ein wabernder Nebel, sondern ein liebendes Du. Und mit diesem Du will ich jetzt sprechen. Oft genügt ein kurzer Augenblick der Konzentration, und schon bin ich intentional in einer anderen Welt, zumindest auf einem anderen Niveau. Eigentlich sehe ich genau das als meine Aufgabe als Priester an, die Menschen mit diesem

Du zu verbinden. Eigentlich eine leichte Aufgabe, weil dieses Du Gottes eine Wirklichkeit ist. Im wörtlichen Sinne: Gott ist eine Wirklich-keit, er ist in dem Sinne wirk-lich, dass er wirklich wirkt. Beim Gebet trete ich in Verbindung mit dem lebendigen Du, das schon immer unsichtbar da war. Ich glaube, das unterscheidet meine Tätigkeit als Priester auch von dem, was ein Guru oder ein Meditationstrainer macht. Auf Gott kann man sich nämlich verlassen. Beten bedeutet nicht sosehr, selbst auf Gott einzureden, sondern Gott wirken zu lassen. Und das tut er eben wirk-lich.

Hier fällt mir unweigerlich der berühmte Holzschnitt ein, der in unseren Schulbüchern noch als »das« Bild für den neuzeitlichen Aufbruch in die Forschermentalität fungierte. Dieser Holzschnitt zeigt einen Menschen auf einer flachen Erde, die vom Himmelsgewölbe überspannt wird, alles schaut recht mittelalterlich aus: die Welt als Scheibe, der Himmel als Käseglocke. Kein Wunder, dass man die Darstellung ausgeben konnte als »anonymer Stich um 1520«. Das beginnende 16. Jahrhundert, wo der Forschergeist des Menschen auszubrechen begann: Der Mensch steckt seinen Kopf durch das Himmelsgewölbe, schaut sehnsüchtig hinaus und streckt seine Hand den übereinandergetürmten Sphären von Sonne und Sternen entgegen. Mag sein, dass die Pseudodatierung »um 1520« auch deshalb gewählt wurde, weil man damit in die Nähe der Reformation kam. Heute gilt dieses Bild als Paradebeispiel einer wissenschaftlichen »Fehlinformation«, man könnte auch sagen: einer »Ente«. Es handelt sich keineswegs um einen mittelalterlichen Kupferstich, in dem exemplarisch der große Wandel vom dunklen Mittelalter in die hellstrahlende Neuzeit dargestellt wird. Der Holzschnitt wurde zum ersten Mal 1888 in dem Buch eines französischen Ballonfahrers namens Camille Flammarion (1842–1919) verwendet, der seine spannenden Abenteuerbücher mit eindrucksvollen Abbildungen eines anonymen Künstlers

versehen ließ. Das Buch trägt den Titel *L'Atmosphère. Météorologie populaire*. Hier geht es also um eine allgemeinverständliche Wetterkunde am Ende des entdeckungsfreudigen 19. Jahrhunderts. Tatsächlich wollte Flammarion mit dem Holzschnitt den im Mittelalter weitverbreiteten Irrglauben verspotten, wonach der Mensch den Ort finden könne, wo sich die Wetter- und Himmelssphären und die Erdscheibe berühren. Der dort dargestellte Mann, der Kopf und Hände gerade aus der Käseglocke hinausreckt, ist also gerade nicht der hochgemute Aufklärer, sondern viel eher der abergläubische Naivling. Das finde ich besonders deshalb zum Schmunzeln, weil der Holzschnitt erst so richtig berühmt geworden ist, als er 1969 für eine Biographie von Galileo Galilei verwendet wurde. Doch der große Sternenforscher und Weltbildumstürzer Galilei ist das genaue Gegenteil von dem armen Tropf, der dem Ende des Regenbogens nachjagt, um das Schatztöpfchen zu finden ... Aber neben diesem »korrekten« Wissen um ein Bild, das offensichtlich die Phantasie vieler beflügelt hat, gibt dieses Bild auf religiöser Ebene doch etwas her. Es ist einfach eindrucksvoll, wie der Mann sehnsüchtig den Käfig seiner Endlichkeit durchbricht. Wer beten will, der muss zuerst auch mit seinem Kopf durch die Wand. Die endliche Welt umgibt uns wie ein Gefängnis; sinnlich, schön, reizend, und mit dem betrügerischen Anspruch, schon alles zu sein. Das Bild sollte man sich merken, weil es sagt, dass es ein Dahinter gibt, und dass es sich lohnt, den Kopf und das Herz ein bisschen hinauszustrecken in die Sphären, die so mitreißend anders sind.

Wir veranstalten in unserem Kloster monatlich einen Gebetsabend für Jugendliche, den man in deren Sprache als ziemlich »steil« bezeichnen muss. Am ersten Freitag im Monat kommen zwischen 200 und 300 Jugendliche im Alter von fünfzehn bis dreißig, um zu beten. Die so genannte »Jugendvigil« ist in den letzten Jahren ein echter Renner geworden und hat eine Eigendynamik entwickelt. Ich erinnere mich noch, wie mühsam es am Anfang war, ein paar Kids zu motivieren, nach Heiligenkreuz zu dem Jugendgebet mitzufahren. Damals waren wir Mönche schon glücklich, wenn dreißig bis fünfzig gekommen sind. Als Jugendseelsorger habe ich jetzt die seltsame Aufgabe, Jugendgruppen regelrecht abzuwimmeln, weil unsere Platzkapazitäten nicht ausreichen. Die jungen Leute kommen nicht zu uns, weil wir dort Cancan tanzen, Gratis-Joints verteilen oder irgendeine Liturgie nach der Art einer Disco-Inszenierung abziehen. Wenn sie chillig abtanzen wollen, dann gibt es anderswo coolere Möglichkeiten, dazu braucht man kein Kloster. Und um DJ zu werden, dazu ist auch keiner von uns Mönchen hier eingetreten, das gibt es professioneller, das können andere besser. Wir haben uns klosterintern vorgenommen, dass wir Mönche den Jugendlichen eben genau das anbieten möchten, das authentisch zu uns gehört. Und was macht einen Mönch zum Mönch? Die Verbindung mit Gott. Ich halte aus eigener Erfahrung nichts von jenen kirchlichen Jugendveranstaltungen, wo man meint, mit einer zeitgeistangepassten, actionreichen Verpackung die Menschen erreichen zu können. Gerade weil man sich in den Formen anbiedert und anpasst, transportiert man so gut wie keinen Inhalt und fügt der Oberflächlichkeit der Welt nur wieder eine – kirchlich verbrämte – Oberflächlichkeit hinzu.

Für das Substantielle gibt es bei jungen Menschen eine große Offenheit, denn die jungen Leute haben menschlich gesehen (fast) alles; es gibt auch fast nichts, was sie nicht irgendwie dürften. Was ihnen aber niemand anbietet, ist die Sensation des Göttlichen. Auf der Spielwiese der Endlichkeit gibt es unüberschaubar viele Möglichkeiten, so viel Action, so viel Fun – aber der Himmel darüber fehlt! Bei Gesprächen mit jungen Menschen habe ich oft das Gefühl, als würden mir in den Gesprächen die mehr als 2000 Jahre alten Worte des Psalmisten entgegenklingen: »Gott, du mein Gott, dich suche ich, meine Seele dürstet nach dir. Nach dir schmachtet mein Leib wie dürres, lechzendes Land ohne Wasser.« (Psalm 63,2) Daher sehen wir Mönche es als unsere Aufgabe, ganz einfach die Möglichkeit zu schaffen, dass die Jugendlichen Gott begegnen. Was wir in der Jugendvigil den Kids eröffnen wollen, das ist die Erfahrung des Göttlichen. Natürlich kann dazu ein gewisses Maß an äußerer Action ganz hilfreich sein. Die Kirche hat immer die sinnlichen Zeichen, die Symbole und Rituale geliebt, weil sie ja einen Gott in die Welt hinausträgt, der selbst ein sinnlich wahrnehmbarer Mensch gewesen ist. Bei dem monatlichen Jugendgebet geben wir es also einerseits nicht billig: zwei Stunden Singen, Beten, Schweigen, still Hören … Auf der anderen Seite gibt es viel zu schauen: wenn wir mit Kerzen durch die mittelalterliche Klosteranlage ziehen, Gebete murmelnd. Es gibt viel zu riechen:

wenn der duftende Weihrauch vor dem Altar aufsteigt, es gibt viel zu fühlen: wenn am Schluss jedem Jugendlichen die Hände zum Segen aufgelegt werden … Mir ist es wirklich ein Anliegen, dass sich bei den jungen Leuten innerlich etwas tut. Vor Beginn halten wir eine Art »Warming up«, wo wir einsingen, begrüßen, einfach einmal dem lieben Gott eine Stimme geben, die sich in der Stimmung ausdrückt: Schön, dass ihr da seid. Ich weiß, wie schwer es für einen ist, sich auf das Unsichtbare zu konzentrieren, wenn das Sichtbare in Gestalt eines attraktiven Mädchens oder eines feschen Burschen doch so greifbar nahe ist. Im Prinzip gibt es nichts Besseres, als wenn sich bei solchen Jugendveranstaltungen junge Leute mit gleicher religiöser Wellenlänge kennen lernen – und verlieben. Einige prachtvolle Ehen sind schon aus der Jugendvigil hervorgegangen, das ist okay. Aber die eineinhalb Stunden, in denen wir miteinander beten, sollen wirklich ganz dem gehören, den man nicht sehen kann, nicht hören kann, mit dem man nicht Händchen halten kann. Darum lade ich in der Einstimmungsphase manchmal zu einer kleinen Übung ein: Ich bitte alle, ihrem Nachbarn links und rechts ein paar Sekunden lang tief in die Augen zu schauen. Die Augen sind das Tor der Seele: den ach-so-interessanten Menschen links und rechts von mir einmal bewusst wahrnehmen, schafft schon eine Stimmung der Sammlung. Und wenn das geschehen ist, was meist nur mit Kichern und Lachen abgeht, dann lade ich ein, die Augen zu schließen: »Jetzt öffnen wir die Augen des Herzens. Jetzt wollen wir Gott anschauen. Jetzt will uns Gott anschauen. Die nächste Stunde wollen wir auf Gott hören.« Und siehe da, meist entsteht wirklich, sogar bei Kids, die durch die Pubertät in ihrer religiösen Aufnahmefähigkeit hormonell ein wenig blockiert sind, eine dichte Stimmung. Irgendwie kann ich fühlen, ob die Jugendlichen dann in einem Dialog sind mit Gott, ob sie offen werden für die Stimme der Liebe, die von drüben herüberkommt.

Die von mir so verehrte Mutter Teresa von Calcutta (1910–1997) hat gesagt: »Wir müssen Lehrer des Gebetes werden.« Und: »Wir müssen beten, dass andere beten können.« Mir ist das nicht deshalb ein Anliegen, weil ich andere von meiner Religion überzeugen will, sondern weil ich es einfach als aufbauend, kraftgebend und wunderbar empfinde, in Verbindung mit Gott zu sein. Ich habe schon vor vielen Jahren einen eindrucksvollen Text gefunden, in dem ein Schüler auf die übliche bewusstlose Weise, also mit abgeschaltetem Hirn und mit inaktivem Herzen, das christliche Grundgebet, das Vaterunser zu beten beginnt. Das ist wohl auch das Gebet, das heute doch noch jeder Christ irgendwie kann, das einzige Gebet, das Jesus seinen Jüngern zu beten gelehrt hat. Also das Grundgebet aller christlichen Grundgebete. Als der Schüler aber mit dem Aufsagen des Vaterunsers beginnt, meldet sich plötzlich Gott zu Wort:

Schüler: Vater unser …

Gott: Ja, hier bin ich!

Schüler: Wer?

Gott: Na wer denn, ich! Dein Vater.

Schüler: Aber du bist doch im Himmel

Gott: Und glaubst du, deshalb kann ich dich nicht hören? Ich dachte, du wolltest zu mir beten?

Schüler: Ja … ja … schon! Aber du störst mich ja. Ich komme ja nicht weiter.

Gott: O, entschuldige, du hast es eilig. Also, mach weiter.

Schüler: Vater unser im Himmel.

Gott: Jetzt hast du mich schon wieder gerufen!

Schüler (ärgerlich): Bitte lass mich weiterbeten, sonst werde ich ja nie fertig.

Gott: Okay!

Schüler: Geheiligt werde dein Name!

Gott: Das ist eine schöne Bitte!

Schüler: So? Ich verstehe eigentlich gar nicht, was das heißt.

Gott: Aber das ist doch ganz einfach: Du sollst meinen Namen ehren, du sollst mir, deinem Gott, die Ehre geben.

Schüler: Ach so!

Gott: Na, jetzt bist du ziemlich kleinlaut, weil du so selten an mich denkst.

Schüler: Gott, es ist nicht leicht, dir die Ehre zu geben. Und in die Kirche gehe ich auch nicht sehr gerne.

Gott: Das wundert mich nicht, wenn du betest, ohne zu denken.

Schüler: Also ich mache jetzt weiter, wenn es dir recht ist: Dein Reich komme!

Gott: Willst du wirklich, dass mein Reich kommt?

Schüler: Ja! Das meine ich ehrlich! Dann wäre endlich Frieden in der Welt, und die Menschen hätten alle zu essen. Und es würde keinen Hass mehr geben und überhaupt wäre alles besser, weil wir Menschen dann mehr Liebe hätten … und …

Gott: Ich sehe, du meinst es ehrlich. Aber was machst eigentlich du selbst, damit mein Reich bald kommt?

Schüler: Na, eher wenig. Du kennst ja meine Probleme, vor allem, dass ich gerne streite und meinen Willen durchsetze …

Gott: Du darfst weiterbeten.

Schüler: Dein Wille geschehe wie im Himmel so auf Erden …

Gott: Hallo! He du! Meinst du das ernst?

Schüler: Natürlich.

Gott: Warum warst du dann so zornig, als du um gute Schularbeitsnoten gebetet hast, und dann doch eine Fünf bekommen hast? Hast du gerade gesagt: »Mein Wille geschehe oder dein Wille geschehe?«

Schüler: Du machst es mir nicht leicht. Ich bete und bete und du tust nichts.

Gott: Nun einmal langsam! Und das Sehr gut in Geographie? Und dass du einen neuen Freund gefunden hast, und dass deine Mutter gestern so lieb zu dir war … ist das etwa nichts?

Schüler: Aber darum habe ich doch nicht gebetet!

Gott: Du sagtest doch gerade, dass *mein* Wille geschehen soll.

Schüler: Du lässt mich also um etwas beten und schenkst mir ganz etwas anderes dafür?

Gott: So ist es.

Schüler: Könnte es nicht doch sein, dass du ein bisschen kompliziert bist?!

Gott: O nein. Ich weiß eben besser als du, was gut ist für dich!

Schüler: Lieber Gott. Ich versuche jetzt weiterzubeten, okay?

Gott: Okay!

Schüler: Unser tägliches Brot gib uns heute … – Also eigentlich möchte ich lieber einen neuen Computer!

Gott: Muss ich dir das wirklich erklären?

Schüler: Nein, ich glaube, das verstehe ich: Brot, meint alles Gute, das wir zum Leben brauchen. – Also auch das neue Handy?

Gott: Wenn du so etwas wirklich brauchst, dann gehört das auch zu deinem täglichen Brot.

Schüler: Wenn das so ist, bete ich gleich mit Freude weiter, denn einen Computer brauch ich wirklich! Bekomm ich den sehr bald?

Gott: Also hör mal, lieber Freund! Gerade haben wir über »*meinen* Willen« diskutiert, und jetzt willst du mich schon wieder mit deinem Gebet erpressen? Hab einfach Vertrauen und mach weiter!

Schüler: Und vergib uns unsere Schuld …

Gott: Jetzt stockst du! Und rot geworden bist du auch …

Schüler: Lieber Gott, ich glaube, über meine Fehler brauchen wir beide hier nicht so öffentlich debattieren. Ich schäme mich.

Gott: Da hast du Recht. Übrigens: du wirst es nicht glauben, ich kenne deine Sünden besser als du selbst.

Schüler: Pst, nicht so laut. Darüber spreche ich mit dir noch einmal extra bei der Beichte. Vergibst du auch wirklich alles?

Gott: Alles!

Schüler: Wirklich alles?

Gott: Willst du noch mehr Beweise dafür haben als meinen gekreuzigten Sohn, der aus Liebe zu dir am Kreuz gestorben ist?

Schüler: Schon gut. Entschuldige, ich glaube ja an deine Vergebung.

Gott: Willst du nicht zu Ende beten?

Schüler: … wie auch wir vergeben unseren Schuldigern.

Gott: Ich kenn da einen in der Parallelklasse, den du überhaupt nicht leiden kannst, seit er dich einen »falschen Hund« genannt hat.

Schüler: Du meinst, ich soll mich mit diesem Idioten versöhnen?

Gott: Du hast es mir gerade versprochen.

Schüler: Warum nimmst du alles so wörtlich? Das ist ja anstrengend.

Gott: Die letzte Bitte wird dir wieder besser gefallen.

Schüler: Ach ja, einen Satz hat das Vaterunser ja noch: Und führe uns nicht in Versuchung, sondern erlöse uns von dem Bösen …

Gott: Weißt du eigentlich, dass ich dich sehr lieb habe?

Schüler: Bitte werde nicht zu aufdringlich. Ich mag dich ja auch. Aber manche Gebote von dir sind schon hart und schwer.

Gott: Wie kommst du auf die Idee, dass meine Gebote hart sind? Sie sind sinnvoll, denn wenn die Menschen sich daran halten würden, dann hättest du alles, worum du vorher gebetet hast: Frieden, Freiheit und Liebe. Meine Gebote sind dafür da, dass es euch gut geht.

Schüler: Aber viele Menschen haben das nicht verstanden.

Gott: Das ist ja das Traurige! Aber bitte: wenigstens du: Nimm meine Liebe an und lass dich doch von mir erlösen!

Schüler: Stimmt es auch, dass du uns ein ewiges Leben bereiten willst?

Gott: Ja, natürlich!

Schüler: Gilt das auch für meine Großmutter, die im vorigen Jahr gestorben ist?

Gott: Deine Großmutter weiß inzwischen schon sehr gut, was ich meine!

Schüler: Eigentlich, lieber Gott, war das eine ganz interessante Unterhaltung. Bist du immer so informativ?

Gott: Ja, schon seit Ewigkeit. Ich hatte schon immer eine Schwäche für die Menschen und versuche schon immer, ihnen nah zu sein. Aber ihr Menschen lasst mich ja fast nie zu Wort kommen.

Schüler: War das ein Vorwurf?

Gott: Nein, aber eine Einladung.

Schüler: Okay. Ich melde mich bald wieder. Danke sehr.

Gott: Nichts zu danken.

Schüler: Ach ja, und: Amen.

12. Das Herz öffnen

Kinder lernen sprechen, Kinder lernen laufen, Kinder lernen aufs Klo zu gehen, – und wir Erwachsenen müssen beten lernen. Die Fähigkeit, mit der Welt hinter dieser Welt, wo nach unserer christlichen Erfahrung ein liebendes Du auf uns wartet, kommunizieren zu können, entscheidet über eine wichtige Dimension unseres Lebensglücks. Direkt gegen das Gebet ist wohl niemand. Aber im öffentlichen Raum kommt es kaum vor. Erst durch den Islam ist das Gebet, das in aller Öffentlichkeit – und manchmal auch gleichsam demonstrativ vollzogen wird – ein Thema geworden. Wir säkularisierten Europäer sind eher befremdet, wenn wir merken, dass jemand »vor aller Augen« betet. In Amerika gehört es sogar zum öffentlichen »Geschäft« der Politiker, *»to say a prayer«*, und programmatische Ansprachen mit einem *»God bless the United States«* abzuschließen. Bei uns in Europa ist Frömmigkeit ins rein Private abgedrängt, leider, sodass wir uns meist schämen, in der Öffentlichkeit außerhalb des geschützten kirchlichen Raumes als betende Menschen wahrgenommen zu werden. Warum wir so verschämt sind in diesem Bereich, ist mir ziemlich unverständlich, denn auch sonst ist man heute ja recht »cool«, manchmal sogar im deutschesten Übersetzungssinn dieses erfolgreichsten englischen Begriffsimportes der letzten Jahre: »unverfroren«. Durch Kleidung, Haarschnitt, Tattoos und Piercings zeigen die jungen Leute sehr gerne, wes Geistes Kind sie sind, welche Gesinnung sie haben. Meist sind sie freilich nicht so »cool« gekleidet wie wir Ordensleute, die wir unsere Hingabe an Gott schon jahrhundertelang auch durch ein jesuslanges Gewand öffentlich machen. Öffentlich beten ist bei uns nicht Mode. Selbst als Priester kostet es einem Überwindung – jetzt spreche ich natürlich nur von mir –

wenn man zum Essen eingeladen ist und dann eigentlich mit einem Tischgebet beginnen möchte, während sich aber alle anderen schon auf das Essen gestürzt haben. Das Kreuzzeichen fällt dann bei mir meist ein bisschen reduziert und verheimlicht aus …

Für das persönliche Gebet gibt es gewaltige innere Widerstände zu überwinden. Nach meiner Erfahrung sind es vor allem diejenigen, die sehr frisch sind in ihrer Beziehung zu Gott, die keine Schwierigkeiten haben mit dem Beten. Im Gegenteil: Wenn einer sich frisch in Gott verliebt, dann brechen hier gleichsam Dämme. Psychologisch ist mir das leicht verständlich, denn die emotionale Liebe möchte einfach mit allen Sinnen die Nähe des Geliebten, und da gehört das Sprechen eben dazu. Bei jungen Leuten, die sich frisch verlieben, steigt daher die Rechnung für das Mobiltelefon meist dramatisch, wobei es kaum um einen Austausch von Sachinformationen geht, sondern einfach um ein Hören der geliebten Stimme, um ein Sich-Vergewissern, von jemandem geliebt zu werden. So ist das auch mit Gott. Wer die Gnade erhält, frisch einzusteigen in diese Beziehung, die so anders, so kraftgebend, so beglückend ist, der kann meist gar nicht genug bekommen. Heute denke ich mir oft: wenn ich doch noch so glühend beten könnte wie damals mit siebzehn Jahren, als alles anfing. Die erste Liebe – zu Gott – ist etwas, das man nie vergessen sollte, wo man auch die Empfindungen, Bilder, Gerüche und all das Faszinierende in seinen Erinnerungen gleichsam »abspeichern« sollte. In der Apokalypse, dem letzten Buch der Bibel, sagt Gott der lau gewordenen Gemeinde in Ephesus: »Ich werfe dir vor, dass du deine erste Liebe verlassen hast. Bedenke, aus welcher Höhe du gefallen bist.« (Offenbarung 2,4 f.)

Für mich ist das »Zurückkehren zur ersten Liebe« etwas sehr Wichtiges geworden. Denn ich darf eines nicht verschweigen: Das Leben in der Nähe von Gott ist nicht nur berauschendes

Glück, es kann manchmal auch sehr anstrengend, sehr herausfordernd sein, und es kann sogar in Phasen führen, in denen man das Gefühl hat, dass man sich durch eine wasserlose Wüste kämpft. Vielleicht passt die Analogie zur menschlichen Partnerschaft wirklich ganz gut, um das zu erklären, was wohl jeder betende Mensch erlebt: am Anfang Euphorie, Begeisterung, ein magnetisierendes Angezogensein. Und dann eben der Alltag. Ehepaare leben sich »zusammen«, und mit Gott lebt man sich auch irgendwie zusammen, zumindest phasenweise kommt einem seine Nähe nicht mehr so unbedingt berauschend und beglückend vor, wie das früher einmal gewesen sein mag. Alte Ehepaare erkennt man daran, dass sie miteinander schweigen können, dass sich eine Art nonverbaler Kommunikation entwickelt hat, dass eine kleine Geste schon Nähe besagt, weil man sich zusammengewöhnt hat, weil man einander kennt, weil die Sensation der gegenseitigen Anziehung – das lateinische Wort dafür ist übrigens »Attraktion« – zum wirklichen Zusammensein geworden ist. Bei alt gewordenen Paaren ist das dann genauso wie bei Menschen, die im Glauben alt geworden sind: das kann gut oder schlecht sein. Schlecht, wenn das Zusammensein zu einem beziehungslosen Nebeneinander geworden ist. Gut, wenn die zwei gleichsam in einem »Wir« aufgegangen sind, wo man nicht dauernd der Versicherung bedarf »Ich werde geliebt«, sondern wo das Zusammensein eben ein Mit-, In- und Füreinander ist. Es ist eine Gnade, solche Menschen zu kennen, die in Wirklichkeit nicht zwei, sondern eins sind. Man kann davon viel für seine Beziehung zu Gott lernen. Vor Kurzem war ich bei einem solchen älteren Ehepaar eingeladen. Er hatte gerade durch eine Diät ein paar überflüssige und gesundheitsbedrohliche Kilo abgenommen. Lachend haben sie mir erzählt, wie er die Diät selbst während eines Ferienaufenthaltes durchhalten konnte: Wenn der Kellner *ihn* gefragt hat: »Darf es noch etwas sein«, hat *sie* geantwortet: »Nein, mein Mann dankt!«

Auch wenn man mit dem lieben Gott zusammengewachsen ist wie ein Mönch, muss man sich immer wieder überwinden, seine Nähe zu suchen. Um täglich zu essen, muss ich mich eigentlich nie überwinden; aber um täglich zu beten schon. Irgendwie ist es in den uralten religiösen Vorstellungen der Menschen fixiert, dass Gott »oben« ist. Natürlich ist das nur eine Metapher, »oben« ist die unabsehbare Weite, das vormals so unergründlich Ganz-Andere. Klar, dass man von daher Gott die Eigenschaft zugesprochen hat »im Himmel« zu sein. Ich kenne einen Jugendlichen, der sehr religiös erzogen worden war. Mit der Pubertät kam er dann in eine extreme Glaubenskrise und wollte sogar das Wort »Gott« nicht mehr verwenden; inzwischen ist bei ihm wieder alles okay. Interessant ist, dass er in dieser Zeit der Rebellion gegen das Gottesbild, das ihm durch Erziehung vermittelt worden war, nicht aufgehört hat zu beten. Er hat dann Gott angesprochen mit: »Du da oben!« Diese Vorstellung, dass Gott »oben« ist, ist natürlich Nonsens im philosophischen Sinn, weil Gott nicht geographisch verortet ist, er ist schlechthin überall. Vielleicht hängt diese Idee aber auch damit zusammen, dass es nun einmal zuerst einer Anstrengung bedarf, um mit ihm in Kontakt zu treten. Bergsteigen ist anstrengend. Wenn der Priester bei der Liturgie ruft »Erhebet die Herzen – *Sursum corda*« erhebt er seine Hände nach oben, weist die Richtung, gibt das Ziel vor. Der Ruf ist ja im Lateinischen ein knapper Befehl *»Sursum corda!«* und bedeutet so viel wie: Tut doch bitte etwas, sitzt nicht so konzentrationslos da, bewegt euren Geist zu Gott. Offensichtlich wissen wir Gläubigen, dass uns vieles nach unten zieht, darum muss man sich darüber klar sein: Die schöne Aussicht auf dem Berggipfel, die faszinierende Weite, die sieht man eben nur, wenn man sich der Mühe unterzogen hat, seine Gedanken »nach oben« zu drängen. Und auch wenn man belohnt ist, weiß man doch: der nächste Aufstieg wird wieder schwierig.

Warum also lohnt sich die Mühe? Ich kann zumindest für mich behaupten, dass beten glücklich macht, oder besser: glücklicher. Wohl schon deshalb, weil ich durch das Beten geistig offener geworden bin. Im Gebet öffnen wir uns ja zu einer Dimension, die den Namen Gott trägt. Und wenn Gott wirklich Gott ist, dann muss er definitionsgemäß ganz anders sein. Man drückt diese Andersheit Gottes seit den alten griechischen Philosophen so aus, dass man einfach endliche Eigenschaften verneint: Aus der Endlichkeit wird die Un-Endlichkeit, aus der Sterblichkeit die Un-Sterblichkeit, aus der Begrenztheit die Un-Begrenztheit usw. Gott durchdringt einerseits Raum und Zeit und zugleich übersteigt er sie, das nennen die Theologen dann die Transzendenz (trans-ce[n]dere = übersteigen). Die Begegnung mit ihm ist also die Begegnung mit dem Größtmöglich-Anderen, ja dem Gänzlich-Anderen. Diese Weite brauche ich einfach, damit ich nicht in mir, in meinen Anschauungen, in meiner Lebensenge gefangen bleibe. Und ist nicht das Beten auch das »humanste« Tun, das es überhaupt gibt? Vermutlich sind wir Menschen ja die einzigen Wesen im Weltraum – von den Engeln einmal abgesehen – die mit einer solchen Reichweite des Geistes ausgestattet sind, dass wir erkennen, dass es ein letztes, ewiges, göttliches Gegenüber zu dieser geschaffenen Welt gibt. Beten-Können ist gleichsam ein Privileg des Menschen, es unterscheidet uns von allen anderen Geschöpfen. Das war auch eines der Argumente, die ich als Kind von meiner Großmutter zu hören bekam, wenn sie mich zum Tischgebet zu motivieren versuchte: »Menschen beten vor dem Essen, nur Schweine stürzen sich ohne Gebet auf das Essen!«, lautete ihr unschlagbares Argument. Punkt, aus, so ist es. So argumentieren Omas nun einmal. Unschlagbar, denn wer will schon gerne ein Schwein sein? Schweine füttern in den Bauernhöfen, die es damals in meinem kleinen Heimatdorf noch gab, war ein Vergnügen: wenn sich diese Riesenkaliber von gerüsseltem Fleisch grunzend und schmatzend auf das

Futter stürzten und hemmungslos herumschlabberten. Nein, da haben wir Menschen schon einen anderen Horizont, nicht nur beim Essen. Jedenfalls habe ich das Gefühl, dass ich durch das Gebet innerlich geweitet werde, der Blickwinkel weitet sich auf eine jenseitige Welt hin, die Betonwände der Endlichkeit werden transparent und damit auch erträglich.

Ein weiterer Grund, warum ich gerne bete, ist die Tatsache, dass es ganz einfach spannend ist, jawohl, spannend. Als Kind empfand ich das Beten irgendwann als urlangweilig. Heute würden die Kids sagen »uncool«. Mein kleiner Neffe bekam mit fünf Jahren einen erschütternden Weinkrampf, wenn man ihm sagte, dass er nicht »cool« sei … Und genau als das habe ich das Gebet als Jugendlicher empfunden: als ganz und gar nicht cool. Weil es langweilig ist. Das kommt aber vor allem daher, weil man nicht richtig betet. Viele Leute betreiben das Gebet so, als würden sie ein Telefonbuch durchlesen. Nun wissen doch die meisten, dass bei einem Telefonbuch die ellenlangen Namen und Zahlen, die dort stehen, gar nicht deshalb dort stehen, um heruntergeplappert zu werden, sondern deshalb, damit man durch sie Kommunikation betreiben kann: Name suchen, Nummer wählen, und dann geht das Gespräch los. Um mit Gott in Kontakt zu treten, brauche ich – zumindest am Anfang – auch Worte, deshalb sollte ich die wichtigsten Gebete können. Jetzt erlaube ich mir einmal den lieben Gott zu deuten: Kann man sich vorstellen, dass der Freude daran hat, wenn wir ihn hier einfach niederplappern? Wir Mönche verbringen täglich mehrere Stunden beim gemeinsamen Gebet, in meinem Kloster Heiligenkreuz sind es – summa summarum – wohl über dreieinhalb Stunden jeden Tag. Dazu kommt noch das private und persönliche Gebet im stillen Kämmerlein. Dabei kann es gar nicht das Ziel sein, die ganze Zeit so auf Gott einzureden, oder schlimmer gesagt »einzubeten«, dass ich jedes Wort, das ich da im Psalmengebet sage, auch ganz konzentriert und ganz bewusst sage. Beten ist keine Redeübung. Mitdenken ist wichtig, aber Mitfühlen ist wichtiger! Es geht beim Gebet, um es in der Sprache der Bibel zu sagen, um unser »Herz«.

Beten hat etwas mit dem Herzen zu tun. »*Sursum corda* – Empor mit den Herzen!« Der Begriff klingt kitschig, vielleicht ja einfach nur, weil er sich im Deutschen auf Schmerz reimt und die Wortkombination »Herz-Schmerz« zum Inbegriff von schmachtender Inbrunst geworden ist. In der Sprache der Juden, und damit der Bibel, ist das Herz der innerste Sitz unserer Affekte, der Ausdruck für Liebe. Die Orientalen, zu denen auch die Verfasser des Alten Testamentes gehören, waren geniale Psychologen. Aber das orientalische Denken mag keine abstrakten Begriffe, um Gefühle auszudrücken: Liebe, Gelassenheit, Milde, Zorn, Wut, Trauer, Angst ... dafür verwendet das Alte Testament sehr gerne Körperorgane: Leber, Galle, Niere. Eingeweide und Herz bezeichnen einfach Affekte. Das ist in unsere Sprache eingegangen: »Mir ist etwas über die Leber gelaufen« bedeutet, dass mich etwas ärgert oder bedrückt. »Mir geht die Galle über« bedeutet, dass ich einen cholerischen Anfall habe. Die »Niere« steht für das Innerste des Menschen, darum wird der Mensch »auf Herz und Nieren« geprüft. Von diesen Bildworten ist wohl das griechische *splanchna* im Neuen Testament das Originellste. *Splanchna* heißt wörtlich »Eingeweide«, »Innereien«. Es geht auf das hebräische *»rachamim«* zurück, womit überhaupt alles bezeichnet wird, was sich im Bauch, besonders auch im Mutterschoß, befindet. Im vorchristlichen Sprachgebrauch werden diese Innereien, noch als Sitz für alle möglichen Gefühle angesehen, etwa für Zorn, Angst und niedere Begierde. Ganz anders dann im Neuen Testament, denn dort bezeichnen die »Eingeweide« nur mehr die liebevolle »Barmherzigkeit«. Die *splanchna* sind die Fähigkeit zu einer Liebe, die sich ganz dem anderen hinschenkt, – und damit werden sie zu einer Eigenschaft Gottes. Die Eingeweide stehen für die positiven Emotionen. Schon im vorchristlichen Griechisch gab es das Zeitwort *splanchízomai*, was so gut wie gar nicht in unsere deutsche Sprache zu übersetzen ist. Wörtlich heißt es »eingeweiden«, bestenfalls müsste man es mit der Phrase »aus den Eingeweiden heraus fühlen« übersetzen. Dieses für uns sonderbare Verb wird nun in den Evangelien zum Ausdruck für »sich erbarmen«, für »barmherzig sein«. Im Lukasevangelium erzählt Jesus zum Beispiel die Parabel vom barmherzigen Samariter, wo ein Samariter – die Samariter galten den Juden als abtrünnige Häretiker – sich als Einziger eines Mannes erbarmt, der unter die Räuber gefallen ist. Alle anderen Rechtgläubigen, ein Priester und ein Levit, waren an dem Unglücklichen achtlos vorübergegangen, weil sie Wichtigeres zu tun hatten. Wörtlich heißt es im Lukasevangelium, dass der Samariter, als er den Mann sah, »sich eingeweidete«, also »Erbarmen empfand«. Und dutzende weitere Bibelstellen könnten hier angeführt werden.

Warum sind die »Eingeweide« zur Bezeichnung für die liebende Barmherzigkeit geworden? Vielleicht einfach aufgrund der alltäglichen Erfahrung, die jeder von uns macht: vom Bauch geht nach einem guten Essen ein angenehmes Gefühl der Behaglichkeit aus; diese Wohligkeit strömt sich in uns aus und macht uns zufrieden, milde und großzügig. Wann ist man je harmoniebedürftiger als nach einem guten Essen! Daher ist nach dem (guten) Essen auch die beste Zeit für die Kinder, um von den Eltern eine etwas prekäre Erlaubnis zu erhalten, das gute Gefühl im Bauch macht eben ganz »barmherzig«. (Auch Mönche haben nach dem Mittagessen eine größere Chance, vom Abt außergewöhnliche Zugeständnisse zu erhalten.) Tatsächlich bezeichnen die »Eingeweide« im Sprachgebrauch des Neuen Testamentes die gütige Grundstimmung und dieses Barmherzigsein aus Milde heraus wird zu einer der wichtigsten Eigenschaften Gottes. Wo zum Beispiel das Lukasevangelium die Menschwerdung des Sohnes Gottes thematisiert, redet es wörtlich davon, dass durch die »Eingeweide des Erbarmens« Gottes das aufstrahlende Licht aus der Höhe uns Menschen hier auf Erden besucht (Lukasevangelium 1,78). Diese Hintergründe finde ich faszinierend und Grund genug, von den Theologiestudenten zu verlangen, dass sie ordentlich Griechisch und Latein studieren, um solche Zusammenhänge besser zu verstehen. Die »Eingeweide« als Bildwort für »Barmherzigkeit« sind jedoch nicht in unseren deutschen Sprachschatz eingegangen, denn die Redewendung »aus dem Bauch heraus handeln« hat so rein gar nichts mit der biblischen Barmherzigkeit zu tun, sondern steht einfach für intuitives Handeln. Schade. Jedoch gibt es ein Bildwort aus den menschlichen Innereien, das von der Bibel weg sosehr in unseren Sprachschatz übergegangen ist, dass es nicht mehr daraus wegzudenken ist: das Herz.

Das Herz ist in der Bibel das Symbol für das stärkste der menschlichen Gefühle, die Liebe. Auf Hebräisch heißt Herz übrigens *»leb«*; darum bezeichnet man einen herzförmigen Kuchen, den man seiner Verehrten als ziemlich deutliches Zeichen der Zuneigung schenkt als »Leb-Kuchen«, also »Herz-Kuchen«. Wenn man die Bibel aufschlägt, so wird man dauernd über »das Herz« stolpern, denn dort im Herzen ist die innerste Mitte des ganzen Menschen. Wie der Mensch im Herzen ist, das entscheidet über sein Glück und Unglück: das Herz kann hell und aufjauchzend sein, aber auch verfinstert und verhärtet. Vor allem ist es der Punkt im Menschen, wo Gott ihn gleichsam berührt, es ist die Schnittstelle zwischen Menschlichem und Göttlichem, der Ort der Anknüpfung und des Austausches. Beim Propheten Jeremia etwa heißt es, dass Gott seine Gebote »in unser Herz schreiben will« (Jeremia 31,33). Und die wichtigste Forderung des Alten Testamentes, die sich Jesus ganz zu eigen macht, besteht darin, Gott aus ganzem Herzen zu lieben, mit allen Kräften, und den Nächsten zu lieben wie sich selbst (Markusevangelium 12,30f). Das ist für unser Thema Gebet sehr wichtig, denn beim Gebet geht es darum, das Herz für Gott zu öffnen. Immer vorausgesetzt, dass Gott schon immer von sich her Interesse hat, uns nahe zu sein, ja uns zu berühren, ist diese »Disposition«, also diese Haltung der Bereitschaft auf Gott hin, sehr wichtig dafür, ob das Gebet innerlich wärmt oder ob wir dabei kalt und hart bleiben. Gebet ist eine Sache des Herzens. Wie schön, dass das Herz von der Bibel weg zum Zeichen der Liebe, ja vor allem des Verliebtseins geworden ist. Wir sollten dieses Symbol wieder zurückdenken auf unser Verhältnis zu Gott hin: Gott ist zwar unsichtbar, aber wir können ihn nicht weniger »herzlich« lieben als wir das mit sichtbaren Menschen tun. Mein Kloster liegt mitten in der idyllischen Hügellandschaft des Wienerwaldes, nur wenige Kilometer vor den Toren der Millionenstadt Wien. Am Wochenende gehört der Wienerwald dann wirklich den Wienern und sie strömen zuhauf heraus, um in den Wäldern und Wiesen rund um das Stift spazieren zu gehen. Familien mit Kindern und Kinderwägen, die rüstigen und wanderlustigen Pensionisten und natürlich auch die jungen Verliebten. Gleich außerhalb des Klosters führt ein Waldweg in den nahegelegenen Flecken Preinsfeld. Als junger Mönch bin ich dort öfters spazieren gegangen und musste schmunzeln: In jede Buche war damals ganz frisch ein Herz mit denselben Initialen geschnitzt, und zwar über hunderte Meter entlang des Weges. Ich habe mir darüber so meine Gedanken gemacht: wie »herzlich« muss doch diese junge Liebe gewesen sein, wenn Baum neben Baum mit der Ehre beglückt wird, das Verliebtsein zu bezeugen. Aber dann habe ich mir auch gedacht, dass diese Masse von Herzen vielleicht gar nicht sosehr Liebe bezeugt als Liebe ersehnt. Es ist ja schwer vorzustellen, dass dieser Verliebte (ich nehme mal stark an, dass ein Mann der Herzerlschnitzer war, denn nach meiner Erfahrung drücken Frauen doch auf subtilere Weise ihre Gefühle aus) diese dutzenden Herzen in Anwesenheit seiner Geliebten in die Baumrinden geschnitzt hat. Eher also ein unerfüllt Verliebter, ein unerhört Sehnender, – oder vielleicht sogar ein Verlassener? Egal. Meine Gedanken sind da auch auf Gott gegangen. Ich war damals ja frisch ins Kloster eingetreten und entsprechend fasziniert von den ersten Erfahrungen im Gebet. Hunderte Jahre vor Christus schon betete ein jüdischer Frommer mit den Worten: »Meine Seele verzehrt sich in Sehnsucht nach dem Tempel des Herrn. Mein Herz und mein Leib jauchzen ihm zu, ihm, dem lebendigen Gott.« (Psalm 84,3) Liegt nicht der Kern des guten Gebetes darin, vom innersten Herzen weg eine Sehnsucht danach zu haben, von Gott angenommen, berührt und geliebt zu werden? Ein anderer Psalmvers lautet: »Meine Seele dürstet nach Gott, nach dem lebendigen Gott. Wann darf ich kommen und Gottes Antlitz schauen?« (Psalm 42,3) Ich habe jedenfalls für mich gelernt: Ohne Aktivierung meines »Herzens« kann ich nicht gut beten. Jedes Gebet ist eine Bitte an Gott, mein Herz zu berühren und das zu erfüllen, was in uns so leer und unabgeschlossen ist.

Wenn wir Mönche stundenlang im Rezitieren der Psalmen und im Singen des gregorianischen Chorals beten, dann hat der heilige Benedikt dafür eine Anweisung, die vielleicht auch für normale Leute außerhalb einer so extremen Lebensform, wie wir sie führen, interessant ist. Benedikt gibt in seiner Regel, die sich seit eineinhalb Jahrtausenden als Konzept für ein Management der Seele bewährt hat, die Anweisung, dass »unser Herz mit unserer Stimme übereinstimmen soll« (Benediktsregel 19,7). So lauten die herkömmlichen Übersetzungen dieser Stelle. Im Lateinischen ist dort allerdings nicht von *cor,* »Herz«, die Rede, sondern von *mens,* »Geist«. *Mens* steht gleichsam für »Wahrnehmung« insgesamt, also nicht nur für Fühlen und Empfinden, nicht nur für Denken und Reflektieren. Unser gesamtes Empfinden soll mit dem übereinstimmen, was wir da mit unserem Mund tun. Tatsächlich geht es mir bei unserem täglichen Gebet, das zu festgesetzten Zeiten stattfindet und zu dem ich eile, auch wenn ich gar keine Lust dazu habe, so, dass ich oft sehr weit weg bin von einem erhebenden Gedanken. In der Früh bin ich müde, zu Mittag bin ich durch die Schreibarbeit oder die Vorlesungen ausgepowert, am Abend bin ich irgendwie wie ein Luftballon, dem die Oberflächenspannung abhanden gekommen ist. Worte sind doch wichtig, denn wenn ich nicht mit meinen Mitbrüdern dastehen würde, und wir gemäß der heiligen Ordnung des Klosters einfach mit dem Beten anfangen würden, dann würde gar nichts geschehen: wenn ich nicht meine Stimme einsetzen würde, um mit den uralten Texten der Psalmen Gott anzureden und anzusingen, dann würde auch mein Herz kalt und leer bleiben. Ich für mich interpretiere Benedikt so, dass er das Beten als etwas Spannendes meint, als eine Action. Konkret heißt das: Ich habe immer die Chance, mich in das Verstehen der Texte »einzuklinken«, die ich da gerade mit den Lippen bete; zugleich aber weiß ich, dass es darauf nicht ankommt, ich darf darauf vertrauen, dass Gott etwas mit meinem Herzen macht. Und sodann darf ich auch ruhig einmal mit meinen Gedanken einfach abheben, ich darf sie fliegen lassen. Film im Kopf. Ehrlich: mir kommen beim Chorgebet die besten Ideen, es fallen mir so viele Dinge ein, Menschen, Geschichten, Zusammenhänge … Es ist immer anders: manchmal bin ich ganz konzentriert, dann wieder völlig zerstreut. Es ist aber immer spannend. Wenn ich zu beten beginne, weiß ich nie, wohin der geistige Weg führt, aber eines geschieht immer: dass ich etwas erlebe in meinem Herzen, das ich sonst nicht erleben könnte.

13. Kleine Bet-Werbung

Das Beten-Können ist für mich sosehr das Fundament meines Lebens geworden, dass ich mich gerne belächeln lasse, wenn ich hier mit dem Eifer eines Markthändlers versuche, Werbung dafür zu machen. Was für eine verrückte Welt, in der ausgerechnet das Allerwichtigste die meiste »Promotion« braucht, weil es so zart, so unscheinbar geworden ist und sich das Unwichtige so schrill und verheißungsvoll bewirbt.

In meiner Dorfkirche gab es eine Gruppe von alten Frauen, die sich zusammengetan hatten, um jeden Freitag den Rosenkranz zu beten. Der Rosenkranz ist sozusagen das katholischste aller katholischen Gebete, denn es handelt sich um ein Gebet, das sich an die Gottesmutter Maria richtet. Bis die 68er-Revolution in der Kirche Fuß gefasst hatte, war der Rosenkranz für einen Katholiken das selbstverständlichste Gebet von allen. Man betet fünf Mal eine Abfolge der beiden Grundgebete, nämlich zehn Mal das Gegrüßet seist Du Maria, unterbrochen durch ein Vaterunser und einen Lobpreis auf den dreifaltigen Gott. Ich hoffe, dass auch Nicht-Katholiken sich vorstellen können, dass dieses ständige Wiederholen derselben Gebete eine ziemlich monotone Gebetsleier ergibt. Um auch wirklich die genaue Zahl von fünfzig Ave Maria zu beten, haben sich Gebetsschnüre entwickelt, die man durch die Finger gleiten lässt; auch diese nennt man »Rosenkranz«. Sie sind übrigens bei Jugendlichen immer mal wieder ganz in: Mir sind schon oft halbstarke Typen mit einem Rosenkranz um den Hals über den Weg gelaufen. Außer wenn es sich um tiefgläubige Kroaten handelt, kann man aber meist davon ausgehen, dass sie den Rosenkranz nur als Modeaccessoire tragen. Ebenso findet man ihn oft als eine Art Talisman an Autorückspiegeln – wo man ihn ja doch schwer beten kann. Denn eigentlich gehört der Rosenkranz in die Hand. Die Finger gleiten bei jedem Gebet eine Perle weiter, sodass man ein Zählmaß für das Gebet hat. Weil es einfach Zeit braucht, bis unser gottfernes Herz sich Gott annähert, habe ich dieses Maß, das einem durch die Zahl der Gebete beim Rosenkranz vorgegeben ist, immer als eine große Chance betrachtet. Aber es ist auch anstrengend, denn ein »ganzer« Rosenkranz (man kann nämlich auch nur einen Teil beten, also nicht alle fünfzig Ave Maria) dauert gestoppte 22 Minuten. Zumindest in dem Tempo, in dem ich ihn jetzt bete.

Diese Frauen hatten sich also verschworen, jeden Freitag Abend den Rosenkranz zu beten. Wie ich genau dazugekommen bin, weiß ich eigentlich nicht mehr, jedenfalls hat mich als 16-jährigen Jugendlichen sicher nicht das Gebet in die Kirche gezogen. Gottes Wege sind wunderbar, und ich möchte das alles hier gar nicht ausführen, denn Gott hat mich in einer verschlungenen Art und Weise geführt, über die ich auch nach Jahren noch staunen – und schmunzeln – muss. Da kniete ich also zwischen diesen Frauen in der halbfinsteren Kirche und um mich herum schlug ein monotoner Singsang von Immer-Demselben zusammen. Öd. Zum Davonlaufen. Warum ich nicht davongelaufen bin? Im hohen Mittelalter haben die klugen Scholastiker einen Lehrsatz entwickelt, mit dem sie die geheimnisvolle Handlungsweise Gottes analysieren wollten. Es lautet: *Deus agitur per causas secundas.* Auf Deutsch: Gott handelt durch Zweitursachen. Der unendliche Gott verwendet endliche Mittel. So ist Gott! Das kann ich bezeugen. Er schreibt auf krummen Zeilen gerade, er hat seine eigenen Mittel, um an sich zu ziehen. Jede Woche bin ich zum Rosenkranz gegangen, ich erinnere mich noch, wie mutig ich mir vorgekommen bin, sogar zu knien. Und rundherum dieses Gemurmel »Gegrüßet seist Du Maria, voll der Gnade, der Herr ist mit dir, du bist gebenedeit unter den Frauen und gebenedeit ist die Frucht deines Leibes Jesus, Heilige Maria,

Mutter Gottes, bitte für uns Sünder, jetzt und in der Stunde unseres Todes. Amen. – Gegrüßet seist Du …« Ohne Ende. Wenn das Herz nicht mit dem Mund übereinstimmt, dann ist das grauenhaft. Wie eine Folter, wo einem Gequälten jede Sekunde Wasser auf den Kopf getröpfelt wird, unentrinnbar, immer wieder: »Gegrüßet seist Du …« Aber irgendwann war alles anders. Änderungen unserer Wahrnehmung der Wirklichkeit kommen oft auf leisen Sohlen. Die unaufhörliche Brandung der immer gleichen Gebetsworte war plötzlich nicht mehr öd, sondern beruhigend, heimelig, schön. Dabei spielte auch der Ärger über meine eigene Blödheit wegen des »Schuldi« eine Rolle. Aus reiner Eitelkeit wollte ich die Worte auch bedenken und verstehen, die ich schon so viele Jahre idiotischerweise missverstanden hatte … Gott ist gut – er handelt durch Zweitursachen.

Meine ersten guten Gefühle im Gebet sind gekoppelt mit einem guten Gefühl der Gemeinschaft. Dieses Murmeln der Frauen, dieses rhythmische Auf- und Ab-Gewiege der Gebetsworte in meiner kleinen Dorfkirche hat bis heute mein Bild von Kirche geprägt: »Wer glaubt ist nie allein«, hat Papst Benedikt XVI. gesagt, ein tolles Wort, denn wo man mit Gott verbunden wird, kommuniziert man zugleich mit all jenen, mit denen Gott verbunden ist. Darum ist das Gebet in Gemeinschaft eine umwerfende Erfahrung. Die Single-Gesellschaft ist ja keine Errungenschaft, sondern ein Krankheitssymptom. Single-Sein ist ja höchstens auf Zeit schön. Phasen, wo jemand allein sein und niemanden sehen will oder einmal nur ganz er (oder sie) selbst sein will, hat jeder. Trotzdem sehnt sich in Wirklichkeit doch jeder nach Gemeinschaft, nach einem liebenden Du, nach einem bergenden Wir. Die Öffnung auf andere hin ist für mich ein weiterer Grund, warum ich das Gebet als Weg zum Glück anpreisen muss: Die gemeinsame Wellenlänge auf Gott hin ist ein psychotherapeutisch greifbarer Effekt gläubigen Gebetes. Über Kirche kann man viel Negatives sagen, sie hat ihre Defizite. Aber einen positiven Aspekt muss man laut in die Welt hinausschreien: Sie ist schon zweitausend Jahre lang der Versuch Gottes, Menschen verschiedenster Rassen, Nationen, Altersstufen, Männer und Frauen, Menschen unterschiedlichster Mentalitäten und oft widersprüchlicher Charaktere miteinander zu verbinden. In unseren Kirchen ereignet sich dauernd das Wunder von Gemeinschaft: Huber und Meier, jung und alt, gescheit und einfach, Susi und Hansi, fromm und suchend, extrovertiert und melancholisch … sie alle sind beieinander, friedlich, ja sogar mit einem gewissen Gefühl der echten Verbundenheit. Die Bibel berichtet das schon – und zwar ziemlich pathetisch – vom Geburtstag der Kirche, wo sie einen ganzen Haufen unterschiedlicher Menschen auflistet: »Parther, Meder und Elamiter, Bewohner von Mesopotamien, Judäa und Kappadozien, von Pontus und der Provinz Asien, von Phrygien und Pamphylien, von Ägypten und dem Gebiet Libyens nach Zyrene hin, Römer, Juden und Proselyten, Kreter und Araber …« (Apostelgeschichte 2,9–11) Das ist die Erzählung von Pfingsten, wo die Jünger Christi zu predigen und zu taufen beginnen, wo also gleichsam diese Gemeinschaft namens Kirche ihren Geburtstag feiert: so viele Verschiedene in einer Gemeinschaft beisammen, weil Gott seine Kirche als einen »Global Player« wollte. Das griechische Wort für »global« ist, das schreibe ich natürlich mit einem sophistischen Grinsen, eigentlich »katholisch«, also »alles-umfassend« oder »all-umfassend«. Gemeinschaft von so vielen Verschiedenen kann nur gelingen, wenn es eine Konzentration auf den gibt, der in sich *alles* ist und alles umfasst, der also »all-umfassend« im all-umfassendsten Sinn des Wortes ist: Gott. Und dieses Einschwingen in das große Ganze namens Gott, der alles durchdringt und alles umfasst, das geschieht beim Gebet.

Wer betet, ist nie allein, auch menschlich nicht. Um beten zu lernen, soll man daher mit anderen beten. Für mich war es eine umwerfende Erfahrung »Brüder und Schwestern« zu haben. Den Ausdruck »Brüder und Schwestern« verwenden wir in der Kirche ziemlich selbstverständlich, es ist natürlich ein übertragener Begriff: die Menschen, mit denen ich da bete und feiere sind bei Gott nicht meine leiblichen Geschwister. Manchmal sind sie mir aber näher als meine leibliche Schwester und mein leiblicher Bruder. Geschwister, leibliche, sind etwas Tolles. Aber ob die »Chemie stimmt«, das kann man sich nicht aussuchen. Manchmal können die leiblichen Verwandten sogar das Gegenteil von dem sein, was wir in der Kirche mit »Bruder und Schwester« meinen. Darum ist »Geschwisterlichkeit« auch nicht von vornherein ein Sehnsuchtswort, wenn man bedenkt, dass die erste Form von Geschwisterlichkeit, von der etwa die Bibel berichtet, die von Kain und Abel ist. Kain hat aus Eifersucht seinen Bruder Abel erschlagen, tolle Geschwisterlichkeit! Geschwisterlich werden wir die Kirche dort erfahren, wo es die gemeinsame Hinorientierung auf Gott gibt. Ich selbst kann von mir behaupten, dass mich das Gebet offen macht hin auf andere, es macht mich gemeinschaftsbereit und vielfach auch gemeinschaftsfähig. Es beglückt mich, weil ich mich mit Menschen innerlich auf ein gemeinsames Ziel und in einem gemeinsamen Lieben hin verbunden weiß.

14. Wenn Gott sich meldet

Jedes Gebet, egal in welcher Religion, ist der Versuch, mit Gott Kontakt aufzunehmen. Nun gibt uns Christen der Glaube die Zuversicht, dass Gott selbst mit uns Kontakt aufnehmen wollte – und will! Weil ich das selbst so tief erfahren habe – zuerst als ich im Glauben zu Gott gefunden habe, dann als er mich gerufen hat, Priester zu werden und dann nochmals, als er mich als Mönch in einem konkreten Kloster haben wollte – sind mir die Stellen der Bibel sehr teuer, wo davon die Rede ist, dass Gott den Menschen direkt anspricht. Ich muss hier ein wenig Bibelkunde betreiben, denn diese Sache ist überaus entscheidend. Wenn man nämlich die Bibel liest, die in sich ja eine Sammlung von 72 äußerst unterschiedlichen Schriften ist, 45 im Alten Testament und 27 im Neuen Testament (das griechische *bíblia* heißt wörtlich »Bücher« im Plural), kann man feststellen, dass sich wie ein roter Faden das Phänomen der Überraschung hindurchzieht. Wir kennen die Situation aus unseren Kinderzeiten, als wir uns gerne hinter eine Mauerecke oder Tür gestellt haben, um dann mit einem »Buh« hervorzuspringen und uns kindlich über das Erschrecken der Erwachsenen zu freuen. Ob Gott auch so eine kindliche Freude daran hat, dass Menschen, denen er begegnet, zunächst einmal regelrecht erschrecken? Ich will meinem Gott nichts unterstellen, aber eine Absicht könnte er damit schon verbinden: Er kommt so unerwartet und spontan, dass man niemals auf die Idee kommen könnte, dass das bloß ein Hirngespinst ist, bloß eine Finte unserer Psychologie.

Also zur Bibel: Schon das Alte Testament berichtet unzählige Male, wie das ist, wenn der Mensch mit Gott in Kontakt kommt. Nämlich nie so, dass der Mensch sich wahnsinnig gesehnt hätte,

Gott zu begegnen. Nie gibt es einen meditativen Vorlauf, eine mentale Vorbereitung, sondern Gott kommt plötzlich, gleichsam senkrecht von oben. Er ruft ganz ungefragt und unerwartet in die Lebensgeschichte von Menschen hinein. Egal, ob es sich um *Abraham* handelt, der als Greis noch von Gott auserwählt wird, der Stammvater eines ganzen Volkes zu werden (Genesis 17,5), oder um einen jungen Menschen im Hier und Jetzt. Allgemein bekannt dürfte ja die Geschichte von Moses sein, der von Gott von den Weiden seines Schwiegervaters Jitro – er war mit zwei seiner Töchter verheiratet und hatte sich zum Ziegenhüten in die Wüste zurückgezogen – weggeholt wird. Der namenlose Gott überrascht Moses und ruft ihn ohne Vorwarnung aus einem brennenden Dornbusch an: »Mose, Mose!« Und wo sich Gott dem Menschen genähert hat, da gibt er sich auch diesen Namen: »Ich bin der ich bin da« (Exodus 3,14), was die Ausdeutung des hebräischen Gottesnamens »Jahwe« ist. Man lese selbst die Bibel, es zahlt sich aus, denn dort geht es ja nie um Geschichten, die um der bloßen Geschichte willen aufgeschrieben sind, sondern um Geschichten, die uns etwas sagen wollen.

Das Element der Überraschung kommt besonders eindrucksvoll in der Berufungsgeschichte des jungen Propheten Samuel zum Ausdruck. Übrigens hat die Schilderungsdichte im 3. Kapitel des 1. Samuelbuches das Niveau von Weltliteratur: Dreimal wird der junge Samuel, der im Tempel von Schilo Dienst tut, mitten in der Nacht von einer geheimnisvollen Stimme bei seinem Namen gerufen: »Samuel, Samuel«. Eindrucksvoll schildert der unbekannte biblische Autor, wie es dem Knaben keinen Augenblick lang in den Sinn kommt, dass dieser Ruf ein Ruf Gottes sein könnte. Er meint vielmehr, der alte Priester Eli habe ihn gerufen und weckt diesen armen Gottesmann, mit dem der Leser im Lauf der Schilderung wegen der permanent gestörten Nachtruhe Mitleid bekommt, vier Mal aus dem Schlaf. Eli antwortet drei Mal: »Ich habe Dich nicht gerufen!«. Erst am

Schluss dämmert es dem greisen Eli: Gottes Anruf ist es, unter dem Samuel steht. Als die Stimme zum vierten Mal ertönt, wird Samuel antworten: »Rede Herr, Dein Diener hört!« Wie hätte man dieses Nicht-Warten, Nicht-Herbeibeten, Nicht-Herbeiwünschen Gottes dramatischer schildern können?

In der Bibel reagieren die von Gottes Offenbarung getroffenen Menschen immer überrascht und nicht selten sogar abwehrend. Jeremia wehrt sich gegen Gottes Ruf: »Ach Herr Jahwe, ich weiß nicht zu reden, ich bin zu jung!« (Jeremia 1,5); und Jesaja, der von der Vision des Thronsaales Gottes überwältigt wird, ruft aus: »Wehe mir, ich bin verloren!« (Jesaja 6,5) Die Liste der biblischen Figuren, die auf das göttliche Angerufen-Werden mit blanker Irritation reagieren, ließe sich lange fortsetzen: sie reicht über den wegen seines Ausflugs in das Innere eines Fisches bekannten Jona, der vor dem göttlichen Anruf sogar davonläuft, bis hin zum Erschrecken Mariens beim Gruß des Engels. Wir Katholiken haben eine besondere emotionale Schwäche für Maria, die wir übrigens mit den orthodoxen Christen, die zur Mutter unseres Herrn sogar noch charmanter sind, teilen. Dass Maria großartig ist, zeigt sich genau in dem Augenblick, wo sie aufschrickt, als Gott mittels eines Engels bei ihr eintritt: »Sie erschrak«. Mag sein, dass alle Religionen Gott suchen; mag sein, dass alle Religionen auch viel Wahres und Heiliges von Gott erkennen können. Aber ist nicht gerade das das Faszinierende am jüdisch-christlichen Glauben, dass wir glauben dürfen, dass Gott *nach uns* sucht? Östliches Meditieren mag himmlische Gefühle und innere Harmonie und vielleicht sogar einen Touch Himmel vermitteln. Maria hat sich aber genauso wenig in sich selbst versenkt wie Abraham, Mose, Samuel, Jesaja, Jeremia und wie sie alle heißen: die überrumpelten, überraschten und oft sogar überforderten Zeugen der Bibel zeigen, dass Gott von sich aus in unsere Welt einbrechen möchte.

Darum ist für mich Technik und Kunstfertigkeit im Gebet

nicht das Entscheidende: weil die Verbindung mit Gott ja nie deshalb entsteht, weil *ich* etwas tue, sondern deshalb, weil *Gott* etwas tut. Von meiner Seite aus brauche ich nur diese kurze Konzentration, dieses Wort der Liebe, diese innere Hinwendung an das Du, das schon immer da ist. Und dann fließt es ohnehin.

Nachdem so viele Illusionen unserer Erdfixiertheit wie Seifenblasen zerplatzt sind, reden jetzt alle davon, dass wir in eine neue Phase der »Sinnsuche« kommen. Das Wort »Suche« stört mich, denn es wird darauf hinauslaufen, dass viele Gurus, Lebenscoaches und Mentaltrainer – nichts gegen die Ehrenhaften unter ihnen! – sehr viel Geld verdienen werden mit den Menschen, denen die Eisscholle eines platten Materialismus unter dem Allerwertesten weggeschmolzen ist, und die nun verzweifelt nach Land suchen. Alles bleibt auf derselben Schiene: Zuerst wurden materielle Glücklichmacher wie Immobilien, schnelles Geld, großer Urlaub und fette Karriere verkauft; jetzt sind es vielleicht die immateriellen Glücklichmacher. Wo einem versprochen wurde, dass man den Lebenssinn durch materielle Beglückung findet, wird man jetzt versprechen, das Lebensglück durch immaterielle Beglückung zu finden. Aber das »Finden« ist nicht das, was wir Christen anzubieten haben. Ich bezeuge, dass der, der glaubt, nicht zuerst ein Findender ist, sondern ein Gefundener; die Suche hat erst dort ein Ende, wo einer von Gott wirklich gefunden wird. Darum behüte Gott mich und meine Mitschwestern und Mitbrüder in der Kirche davor, dass wir den Eindruck von Quacksalbern geben, die das Heilmittel für die leeren und suchenden Herzen gleichsam selbst verabreichen könnten. Gott muss das machen – und Gott wird das auch machen. Wir als Kirche sind nicht die Medizin, wir sind nicht die Behandlung, wir sind bestenfalls die Krankenstation. Manchmal müssen wir die Menschen warnen, müssen Diagnosen stellen, müssen sie bereit machen, sich behandeln zu lassen … manches davon ist unangenehm. Der Arzt aber ist immer Gott selbst. Die

Mentalität der Zeit ist gegen uns Kirchenleute, denn wir sind eine Machergesellschaft geworden. Wir zahlen lieber für teure Seminare, wo uns weisgemacht wird, dass wir mit genau dieser oder jener Atemübung, mit genau dieser oder jener Konzentrationsübung genau dieses oder jenes neue Niveau erreichen. Ich bin da sehr skeptisch, denn bei mir war es anders. Nicht, dass ich gegen Konzentration und eine gewisse Disposition für das Gebet bin, aber die Verbindung mit Gott hängt nicht von der Perfektion irgendwelcher seelischen Purzelbäume ab. Beten ist für mich immer nur: Gott die Chance zu geben, mich anzusprechen. Gebet ist deshalb nie ein »Ich muss aus der Endlichkeit ausbrechen«, sondern immer ein »Ich bin da und bitte Gott, in meine Endlichkeit einzubrechen«. Das macht locker, das macht frei von jedem spirituellen Leistungszwang. Und darin steckt zugleich ein höchstmöglicher Anspruch. Wir wollen im Gebet ja eben nicht bloß auf dem Umweg irgendwelcher psychologischer Erfahrungen *uns selbst* begegnen; wir wollen Gott. Nicht mehr und nicht weniger. Wir wollen ihn bei uns, um uns. Angelus Silesius (1624–1677), der schlesische Arzt, Konvertit und Priester mit der genialen Fähigkeit, tiefste mystische Einsichten in kurzen zweizeiligen Versen auszudrücken, formuliert es so: »Ich bitte dich, mein Gott, zwar oft um deine Gaben, doch wisse, dass ich dich viel lieber selbst will haben. Drum gib mir, was du willst, es sei auch ew'ges Leben! Gibst du mir dich nicht selbst, so hast du nichts gegeben.« (Cherubinischer Wandersmann, 4. Buch, 30. Strophe)

Die Abhängigkeit von Leib und Seele ist für unser christliches Menschenverständnis selbstverständlich. Nach dem heiligen Thomas ist der Mensch, so könnte man sagen, ein beseelter Leib oder eine leibhafte Seele. Dass beides zusammengehört, das ist für das Beten nicht bedeutungslos, denn die Verbindung mit Gott ist sicher in erster Linie ein geistiges Tun, aber sie betrifft uns auch körperlich, insofern wir nun einmal Menschen sind, die einen Leib mit vielen sinnlichen Wahrnehmungen und Empfindungen haben. Für mich persönlich waren deshalb immer die »sinnenfälligen« Hilfen sehr wertvoll, um besser und intensiver beten zu können. Ist nicht die Seele im Frühling, wenn die Sonne mit ihrer milden Wärme die öde Winterdepression wegläche lt, automatisch leichter bei Gott? Weckt nicht der herrliche Kirchengesang automatisch ein Wissen um die Nähe der Himmelssphären? Bei manchen Kadenzen aus Mozarts Krönungsmesse hat man doch das Gefühl, dass man abhebt; so wie man bei einigen Passagen des Dies Irae Angst empfindet, gleichsam in die Unterwelt hinuntergestampft zu werden. Was wären wir ohne unsere Sinne! Ich betrachte es als eine große Gnade, in einem Kloster wie Heiligenkreuz leben zu dürfen, das nicht nur altehrwürdig ist, sondern in dem ich jeden Tag aufs Neue durch diese prachtvollen Proportionen der hochstrebenden Abteikirche gleichsam mit in die Höhe gerissen werde. Was die Augen sehen, beeinflusst zutiefst meine Seele. Und das gilt auch für die Liturgie, denn die Schönheit der Bewegungen, die Konzentration in den Handlungen, vermittelt etwas vom Glanz der Ewigkeit. Das ist weit mehr als Inszenierung und Dramaturgie. Wenn wir Mönche Liturgie feiern, dann haben wir viel Zeit, dann sind wir innerlich konstruktiv angespannt. Der kräuselnde Rauch des Weihrauchs steigt empor, versichtbart plötzlich die unsichtbare Luft, gibt dem Raum Höhe und Weite. Wir Mönche wissen jedenfalls, was auch jeder andere berücksichtigen sollte: Man braucht zum Beten sinnenfällige Hilfen: was fürs Auge, was für die Ohren, was für die Nase, was für die Hände (z. B. den Rosenkranz), was für das gesamte leibliche Wahrnehmen. Es ist nicht egal, wie ich beim Beten sitze, ob ich herumlungere oder eine gewisse gelassene Anspannung habe.

Im 8. Jahrhundert erschütterte ein erbitterter Streit das christliche Griechenland und die östliche Hemisphäre der Christenheit: der Ikonoklasmus, der Bilderstreit. Unter kräftiger politischer Einmischung der jeweiligen Kaiser in Konstantinopel war man sich uneins in der Frage, ob »Göttliches« durch Bilder dargestellt und in Bildern verehrt werden darf. Das Wort »Ikone« bedeutet im Griechischen übrigens einfach »Bild«; es handelte sich dabei um einen Streit um das Grundsätzliche, nämlich ob das Bilderverbot des Alten Testamentes für Christen aufgehoben sei. Oder von philosophischer Seite: Ob Bilder, die ja bloß materielle Elemente sind, als Heiliges und Göttliches verehrt werden dürfen. Das Problem scheint uns heute sehr fern, doch damals hat es die Christenheit wirklich todernst betroffen. Für uns im Westen ist ein Bild eine Information. Doch eine Ikone ist für einen östlichen Christen sehr viel mehr, ja sogar etwas ganz Anderes: Es ist ein Gegenstand der Verehrung. Während der westliche Papst Gregor der Große († 604), also jener Papst, dem wir für seine liturgischen Bemühungen in Gesang und Kunst sehr dankbar sein müssen und von dem der Begriff »gregorianischer Choral« hergeleitet wird, im 6. Jahrhundert schreibt, dass die Bilder in den Kirchen dazu da sind, »damit die des Lesens Unkundigen wenigstens durch den Anblick der Wände lesen, was sie in Büchern nicht zu lesen vermögen«, so verfolgt die östliche Ikone keinen solchen pädagogischen Zweck. Die Ikonen des Ostens sind keine Informationsplakate, sondern im hervorragenden Sinn des Wortes »Kultbilder«. *Kult* kommt vom lateinischen *»colere«*, »verehren«. In den Ikonen wird das Dargestellte selbst verehrt, in ihnen tritt der Betrachter in Kontakt mit dem Heiligen selbst. Wenn man eine orthodoxe Kirche betritt, wird einem sofort klar, dass hier ein anderer sinnlicher Zugang zu Gott vorliegt: wenn die Gläubigen vor den Ikonen stehen, dort Kerzen entzünden, die Bilder küssen und tiefgeneigt beten.

Noch heute ist es für Menschen aus der Orthodoxie daher nicht nachzuvollziehen, dass wir Westler uns Ikonen mit Darstellungen von Christus, der Gottesmutter, der Engel und der

Heiligen einfach als Dekoration an die Wände unserer Wohnungen hängen. Das Wort »Dekoration« ist immer eine Aburteilung eines Kunstwerkes, und ich erinnere mich noch, wie ich Ahnungsloser einmal einen modernen Künstler mit den Worten, für die ich mich heute noch schäme, zu loben versucht habe: »Ich bin von ihren Bildern begeistert, die sind unglaublich dekorativ.« Ich fürchte, dass dieser Künstler, der mit seinen abstrakten bunten Kollagen vielleicht sehr Hintergründiges aussagen wollte, nach diesem »Kompliment« einige Sitzungen beim Psychotherapeuten notwendig hatte … Es tut mir sehr leid, aber ich hatte damals keine Ahnung, dass »Dekoration« eine solch grausame Herabwürdigung eines Kunstwerkes darstellt. Die heutige oberflächliche Verwendung von Ikonen geht für orthodox geprägte Menschen schon in die Nähe der Blasphemie. Eine Ikone ist ein Kultgegenstand und nicht bloß behübschender Wandschmuck. In und durch die Ikone ehren wir die jenseitige Welt, zu der die Ikone gleichsam ein Fenster bildet. Der Hintergrund der Ikonen ist Gold, das ist die Farbe der undurchdringlichen Transzendenz, der göttlichen Jenseitigkeit. Eine Farbe, die keine Farbe ist, sondern reiner reflektierender Glanz, undurchdringlich, leuchtend und schön. Und von dorther schaut der Heilige in die Welt des orthodoxen Gläubigen herein, und der schaut hinaus. Ein Tor zum Himmel.

Ich glaube, dass es für uns sehr hilfreich ist, uns durch äußere Zeichen an das Gebet erinnern zu lassen. In früheren Zeiten gab es in vielen katholischen Häusern den so genannten Herrgottswinkel: in der Ecke über dem Küchentisch war ein Kreuz, daneben oft auch Bilder von Jesus und Maria. Als Pfarrer bin ich einmal im Jahr beim so genannten Sternsingen nach Neujahr in jedes Haus gekommen. Ich muss gestehen, dass mir manchmal gegraust hat. Habe ich schon gesagt, dass »Kultur« von »Kult« kommt und »Kult« von *»colere«*, also »verehren«? Wo man nichts Jenseitiges mehr hat, das man verehrt, da entsteht ein

Götzendienst des schlechten Geschmacks. Zu meiner Zeit als Pfarrer war es gerade Mode, kleine, selbstgebastelte Hexen dort aufzuhängen, wo früher der Herrgottswinkel war. Heute findet man meist irgendwelchen Dekorationskitsch. Manches kann ja ganz hübsch sein, aber meist ist es nur ein ödes Arrangement von Blümchen, Bildchen, Kerzchen, Kügelchen und anderem Brimborium. Nicht, dass es nicht auch religiösen Kitsch gibt, klar. Aber jede noch so zuckersüße Madonnenstatue und jedes noch so auf Dekoration hin verharmloste Kreuz an der Wand ist mir tausendmal lieber als dieses Nebeneinander von dekorativer Inhaltslosigkeit. Jedes noch so peinliche religiöse Bild hat ja doch immer noch Inhalt, und erhebt damit immer noch den Anspruch, eine Aussage zu machen und die Seele einzuladen, in die Tiefe zu gehen. Der säkulare Kitsch hingegen ist nur Bebilderung unserer Oberflächlichkeit und damit Dekoration im schlimmsten Sinne des Wortes.

Ich möchte hier dafür plädieren, dass wir, um mit unserem Geist zu Gott vorzudringen, durchaus sinnliche Hilfen in Anspruch nehmen: Andachtsbilder, Heiligenstatuen, oder einfach die Architektur, Bemalung und Ausstattung unserer Kirchenräume. Mir geht es halt so: In einer schönen Kirche kann ich besser beten. Und für den privaten Bereich muss ich einfach gestehen, dass ich mir leichter tue mit meiner Beziehung zu Gott, wenn ich durch Bilder an ihn erinnert werde. Es ist einfach eine Hilfe für mich, dass über meinem Bett seit einiger Zeit eine wunderschöne Kopie jener riesigen Kreuzesikone hängt, die sich über dem Hauptaltar unserer Klosterkirche befindet. Auf diesem goldglänzenden Bild, das sehr der berühmten Kreuzesikone des heiligen Franziskus ähnelt, ist Christus eindrucksvoll dargestellt als zugleich Gekreuzigter und Auferstandener. Besser gesagt: vor dem Hintergrund des Kreuzes steigt Christus gerade aus dem Grab, breitet weit seine Hände aus, als wollte er jeden Menschen umarmen. Ein gewisser Meister Wilhelm hat dieses Kreuz im 12. Jahrhundert gemalt, dessen Original im Dom von Sarzana in Norditalien hängt. Dabei hat er dezent die Wunden an Händen, Füßen und in der Brust angedeutet, am wichtigsten waren dem Künstler aber die offenen Augen des Gekreuzigten, die mit einem Ausdruck der Milde dem Betrachter eine eindeutige Botschaft vermitteln: Ich lebe! Und die ausgebreiteten Arme: Ich will, dass alle mit mir leben! Das Besondere an diesem unserem Kreuz im Zentrum der Klosterkirche ist, dass es nicht Leiden und Tod, sondern Leben und Sieg darstellt. Oder theologisch richtiger gesagt: Aus Leiden und Tod kommt Sieg und Leben. Genial! Jedes Jahr, wenn wir zu Ostern die Auferstehung Christi feiern, gibt es einen Augenblick, auf den sich die ganze Klostergemeinschaft kindlich freut, und mit uns die vielen hundert Gläubigen, die bei uns das höchste Fest christlichen Glaubens feiern. Während der gesamten Fastenzeit, also der 40-tägigen Vorbereitungszeit auf Ostern hin, ist die Kreuzesikone in unserer Kirche mit einem blutroten Tuch verhüllt. Dass gerade die Verhüllung das Verhüllte besonders interessant macht, ist eine uralte Erfahrung aus der christlichen Liturgie, die durch den bulgarischen Künstler Christo und seine Frau Jeanne-Claude in jüngerer Vergangenheit sehr erfolgreich popularisiert wurden. In der Osternacht nun feiern wir die Auferstehung Christi aus der Finsternis des Grabes, indem wir zuerst in der dunklen Kirche eine lange Abfolge von Lesungen aus dem Alten Testament hören. Die beginnende Geschichte Gottes mit den Menschen, die Leitung, die Gott seinem geliebten Volk Israel schenkt, alles hingedacht auf sein persönliches Anwesendwerden in seinem Sohn. Wir sitzen in der kalten und finsteren Kirche mit brennenden Kerzen, die uns daran erinnern, dass all die Dunkelheit der Welt ja schon besiegt ist. Die Eiseskälte spürt man in der dreistündigen Feier kaum, weil einen eine andere Wärme durchstrahlt; an den Kerzen kann man sich auch ein wenig die klammen Finger wärmen. Und dann kommt dieser

Augenblick nach den Lesungen, wenn der Abt den uralten Lobgesang des Gloria anstimmt: »Ehre sei Gott in der Höhe!« Warum geben wir Gott die Ehre? Die Antwort wird durch die Action gegeben, die wir Mönche schon so kindlich herbeigesehnt haben. Es ist das Dramatischste, was unsere Mönchsliturgie zu bieten hat: Die Orgel rauscht auf und die Ministranten scheppern mit kleinen Glocken und verbreiten eine enthusiastische Spannung. Dann treten zwei Assistenten herbei und ziehen an den Schnüren, die das blutrote Tuch vor dem Kreuzesbild befestigen. Langsam sinkt das Tuch nach unten. Zuerst sieht man den oberen Teil des Kreuzes, dort ist Pfingsten dargestellt mit der Ausgießung des heiligen Geistes. Das Tuch gleitet sanft nach unten, jetzt erscheint das Haupt Christi, weit aufgerissene Augen schauen uns an, der Mund ist von einem Lächeln umspielt. Und dann gibt das herabschwebende rote Tuch schließlich den ganzen Christus frei, in der Kirche geht das Licht an, und weil es so lange finster war, hat man das Gefühl, regelrecht geblendet zu werden. Ich habe in der Liturgie meist das Privileg, dass ich ganz nahe dabeistehen darf, wenn der Auferstehungs-Christus enthüllt wird. Über dem Altar schwebt plötzlich diese Gestalt des Triumphators, ausgebreitete Arme und offene Augen sind eine einzige Einladung in das Herz des Betrachters hinein. Die Miniaturkopie dieses Kreuzes hängt nun auch in meinem Schlafzimmer über dem Bett. Mir ist es eine Hilfe, mich jeden Tag vor dem Schlafengehen, diesem Blick des Auferstandenen auszusetzen. Darin begegne ich dem großen Trost und der wunderbaren Verheißung, die Gott mir zusagt.

Den Kindern und Jugendlichen habe ich als Seelsorger gerne Bilder von Jesus geschenkt, und zwar solche, wo er den Betrachter mit offenen Augen anblickt. Wenig erstaunlich ist, dass die Schulkinder, wenn ich sie zwischen verschiedenen Bildern wählen ließ, gerne zu solchen gegriffen haben, die wir Erwachsenen eher als kitschig empfinden. Das soll mir recht sein, denn hier geht es ja nicht um Kunst um der Kunst willen, sondern darum, »An-dacht« zu vermitteln, also das An-denken an das Göttliche zu ermöglichen. Und nochmals: Bei den Jugendlichen ist mir jedes kitschig-religiös-christliche Bild über dem Bett lieber als die Poster von irgendwelchen drogenkaputten, von der Musikindustrie hochgepushten »Idolen«. (Idol heißt übrigens Götze.)

Als junger Pfarrer betreute ich jahrelang eine Jugendgruppe in einer höheren technischen Lehranstalt. Die Burschen dort sind mir dann nach dem Schulabschluss aus den Augen entschwunden und, siehe da, später der Reihe nach wieder aufgetaucht. Alle als prächtige junge Männer: gläubig, lebensfähig, als reife Persönlichkeiten, mit wunderbaren Freundinnen. Einer hat mir erzählt, wie er es geschafft hat, in dem Internatsmilieu, das so rein gar nicht religionsfreundlich war, ein betender Mensch zu bleiben. Er hatte sich einfach an der Decke über seinem Bett ein Poster gemalt, auf dem stand: »Nicht vergessen: Beten!« Sobald er im Bett lag, schwebte da über ihm die selbsterteilte Mahnung, unübersehbar. Und so hat er es eben geschafft, mit Gott in Verbindung zu bleiben, was sich, glaube ich, auf seine Entwicklung sehr positiv ausgewirkt hat. Also nochmals: Die Kommunikation zwischen uns und Gott darf sich ruhig der Hilfe unserer Sinne bedienen, Gott hat da nichts dagegen, weil er uns ja so geschaffen hat: mit Augen, Ohren und noch ein paar anderen äußerlichen Sensoren. Und wenn uns Farbe und Holz, wie bei den Ikonen, helfen, das Tor in den Himmel hinein offen zu halten, dann sollten wir diese Hilfe gerne annehmen.

15. Himmel auf Erden

Als Kind habe ich die Gottesdienste in der Kirche, zu denen mich meine Eltern mitgenommen haben, manchmal als sehr langweilig erlebt. Und dann war da diese Strenge und Erhabenheit, die von den Erwachsenen ausgegangen ist. Ich muss damals ein ziemlich ungeduldiges – früher sagte man wohl »schlimmes« – Kind gewesen sein, und ich erinnere mich noch gut, wie ich den Pfarrer bei den Schulmessen dadurch geärgert habe, indem ich dauernd mit den anderen getratscht habe, herumgerutscht bin und sonst wie gestört habe. Ich denke, dass viele Menschen mit »Gottesdienst« Langeweile verbinden. Als Pfarrer habe ich oft das Gefühl gehabt, dass manche dort die Zeit absitzen in einer Steife und Kühle, als würde man gerade einen protokollarischen Staatsakt durchstehen.

Als Kind hätte ich mir jedenfalls nie gedacht, dass für mich der Gottesdienst einmal der Ort wird, wo ich am meisten innere Freude und inneres Angerührtsein empfinde. Das ist natürlich nur möglich, wenn man versteht, worum es in der Liturgie der Kirche geht. Liturgie heißt Gottesdienst, und das ist nach unserem Verständnis durchaus doppelsinnig, nämlich normalerweise im Sinn eines *»genitivus objectivus«*: Wir dienen Gott, wir tun etwas für Gott. Das haben wir mit allen Religionen gemeinsam. Es gibt eine Art religiösen Urinstinkt, der allen Menschen das Gefühl gibt, dass sie etwas für diese jenseitigen Mächte und Kräfte tun sollen. Dahinter steckt oft sogar das Gefühl, dass wir Gott etwas schuldig sind. Kult und Liturgie unter dem Antrieb der Angst, damit man es sich nicht mit ihm verscherzt. Der Blick auf die Götterkulte der Griechen und Römer etwa zeigt, dass sie vor diesen unberechenbaren Göttern vor allem schreckliche Angst hatten. Alle Opfer und alle Frömmigkeit waren nur dazu da, die Götter bei Laune zu halten, denn die waren – um es einmal so zu sagen »wankelmütig« – man kann es auch negativer formulieren: Sie waren hinterlistig. Ich finde es unfair, auch historisch gesehen unfair, dass die Verbreitung des christlichen Glaubens so sehr in Misskredit gekommen ist nach dem Motto: Wie schön wäre die Welt, wenn es nur nie diese böse Mission gegeben hätte. Der Film *Mission* mit Robert de Niro von 1986, der von den Jesuitenreduktionen in Lateinamerika handelt und deren Scheitern in großen Bildern erzählt, endet damit, dass die christianisierten Sklaven wieder in den Urwald zurückkehren und den Lendenschurz dem in den Urwaldsümpfen versinkenden Kreuz vorziehen. Religion als Entfremdung, Kultur als Entfremdung. Eben: Zurück zur Natur! Die Vorlage zu dem Drehbuch von *Mission* war das 1942 verfasste Bühnendrama *Das heilige Experiment* des österreichischen Schriftstellers und Katholiken Fritz Hochwälder. Dieses etwas hölzern geschriebene Drama habe ich schon als Jugendlicher mit einer gewissen Beklemmung gelesen; nicht nur, wegen der Niedertracht, zu der Christen fähig sind, wenn sie Kompromisse mit der »Welt« machen, sondern auch wegen der Unabwendbarkeit des Bösen, das um des scheinbar Guten willen getan werden muss.

Der melancholische Schluss von *Mission* erinnert jedenfalls an Jean-Jacques Rousseaus »Rétournons à la nature!« – Zurück zur Natur! Mir soll es recht sein, wenn man diese Parole heute aufgreift und das ökologische Anliegen meint. Für Rousseau waren ja Zivilisation, Kultur und Religion insgesamt eine Entfremdung vom Ursprünglichen, ein Abstieg und nicht ein Aufstieg. Wenn ich in Paris bin, dann versuche ich immer, nicht nur die Kathedrale Notre Dame oder die Sühnekirche Sacré Cœur zu besuchen, sondern auch das ach-so-heidnische Panthéon. Während oben im Querschiff der nie eingeweihten, aber zu Ehren der heiligen Genoveva erbauten Kirche das Foucaultsche Pendel mit eindrucksvoller Monotonie hin und her schwingt, gehe ich immer in die Krypta, weil ich das Bedürfnis habe, vor den Gräbern und Sarkophagen der Großen, die uns die Liebe zu Gott sosehr vermiest haben, zu beten: Voltaire, der mit seinem »Écrasez l'infâme« – etwa: Zermalmt die Niederträchtige! – die Kirche meinte und die Gräuel der Französischen Revolution heraufbeschworen hat. Da bete ich natürlich besonders intensiv, wer sollte es mir verdenken, dass Gott doch auch ihn in seinen Himmel nimmt. Mit ein bisschen mehr Gelassenheit bete ich bei Marie Curie, Alexandre Dumas, Victor Hugo und natürlich auch vor dem monumentalen Sarkophag von Jean-Jacques Rousseau. »Herr, gib ihnen die ewige Ruhe, besonders jenen, die nicht an dich geglaubt und gegen dich gekämpft haben. Und verzeihe deinen damaligen Dienern, die ihnen Anlass zu diesem Kampf gegen Glauben und Kirche gegeben haben.« Nein, im Bezug auf die Religion hat Rousseau nicht Recht gehabt. Es war gut, dass der Mensch in seinen skurrilen mythischen Vorstellungen, die er sich von der jenseitigen Welt zusammenphantasiert hat, durch den »Logos« des Christentums befreit worden ist. Auch wenn die Mittel zu dessen Verbreitung oft grauenhaft falsch und böse waren, wie im Fall der Missionierung Lateinamerikas. Aber persönlich muss ich gestehen, dass ich äußerst dankbar dafür bin, dass ich nicht mehr Wotan und Donar, Gaia und Freyja oder sonst was aus dem Olymp der Germanen verehren muss; ich bin glücklich darüber, dass vor Jahrhunderten Missionare wie die Bischöfe Rupert und Virgil den Mut gehabt haben, in unser Land die Botschaft von einem Gott zu bringen, der nicht rachsüchtig Blitze schleudert, sondern dessen Symbol die Liebe ist, mit der er am Kreuz in den Tod gegangen ist … Und ich bin dankbar, weil ich jeden Tag gut einschlafen kann, ohne fürchten zu müssen, dass mir irgendwelche blut- und opferdurstigen Kriegsgottheiten oder Wetterdämonen oder Schicksalsmächte unberechenbarerweise das Leben vermiesen. Wie schön, dass ich nicht in der Nacht aufstehen muss, um mit goldener Sichel Misteln zu schneiden; und es ist mir auch so was von egal sein kann, in welcher Konstellation gerade der Mars zur Venus steht. Ich bin froh, dass der Logos den Mythos verdrängt hat; die Verbreitung des christlichen Glaubens war es, die zur Verdrängung des Aberglaubens durch das vernünftige Denken führte. Das Panthéon war ursprünglich als Kirche für Sainte Geneviève erbaut worden. Noch heute ist die heilige Genoveva Stadtpatronin von Paris. Genoveva war eine einfache Magd, die aus ihrem bloßen Glauben heraus die ängstlichen Männer von Paris dazu bewegt haben soll, sich den herannahenden Hunnen zu stellen. Genoveva siegte, so die lehrreiche Legende: Die Hunnen verzogen sich und wichen ausgerechnet nach Orléans aus. So plünderten sie genau jene Stadt, in welche die Pariser hätten fliehen wollen. Schade, dass die Revolution die Einweihung der Kirche zu Ehren dieser mutigen Frau verhindert hat. Ob die »Geistes-Helden« Frankreichs, die jetzt in den Kellergewölben begraben sind und deren Pathos langsam Schimmel angesetzt hat, auch so mutig gewesen wären wie die einfache Geneviève, deren Kraft allein aus dem Glauben kam? Wir wissen es nicht. Aber dass der Glaube an Gott auch einfache kleine Menschen zu Helden machen kann, das wissen wir.

Der schwächste Film, den ich in den letzten Jahren gesehen habe, bzw. als Jugendseelsorger sehen musste, ich betone: *musste*, war der Film *Troja* mit Brad Pitt. Ich habe gelitten! Denn man hat den Kampf um Troja aus der Ilias und der Odyssee zu einem götterlosen Hollywood-Sandalenschinken zusammengekürzt. Die antiken Mythen leben geradezu vom Unberechenbaren der Götter; sie spielen immer auf zwei Ebenen, die miteinander zwar interagieren, aber niemals logisch. Da hilft der Gott Apoll Hektor, um dann gleich wieder von der Göttin Athene abgelenkt zu werden, was dem Hektor im Kampf das Leben kostet. Hinter den Kulissen streiten, zanken und raufen die Götter miteinander, und die Auswirkungen auf die Irdischen sind immer unvorhersehbar. Unterhalb des Olymps müssen sich die Menschlein wie Schachfiguren im unberechenbaren Streit der Schicksalsgötter fühlen. Und daraus resultiert natürlich eine tiefgründige Unsicherheit, ja Angst. Der Götterkult lebt von der Angst, sich mit den richtigen Kräften und Mächten im Jenseits gut zu stellen. Wo die zweite Ebene weggelassen wird, entsteht ein simpler Sandalenfilm wie *Troja*, die irdische Handlung bleibt banal.

Es wäre naiv zu glauben, dass zweitausend Jahre Christentum ausgereicht haben, um diese Urangst restlos auszuräumen. In der Motivation, warum Menschen beten, warum sie zum Gottesdienst gehen und fromme Handlungen vollbringen, steckt wohl bei allen immer ein bisschen von diesem Urgefühl: Ich darf es mir nicht mit Gott verscherzen … Dafür spricht ja auch das Argument, das man oft hört: Es müsste den Leuten wieder schlechter gehen, dann würden sie schon mehr in die Kirche gehen. Mein Kommentar dazu ist, dass es schrecklich wäre, wenn Gott Böses über uns zulassen müsste, damit er mehr geliebt und angebetet wird. Es spricht sehr gegen uns und ist ein Zeichen einer inneren Leere unserer Seelen, wenn wir meinen, dass nur Krieg, Not oder Tod uns die Hinwendung zu Gott lehren. Doch es ist natürlich eine Tatsache, dass der Mensch, solange er erdgesättigt und problemfrei durch den Tag zieht, dazu neigt, in seinem Denken oberflächlich zu werden. Natürlich lehrt die Not beten, natürlich wird durch eine Verunsicherung im Leben plötzlich die Selbstverständlichkeit des Lebensgenusses in Frage gestellt. Und manchmal ist das auch durchaus gut so. Aber seien Sie versichert, dass wir Priester uns nicht wünschen, dass es uns nicht mehr so gut geht, weil wir gleichsam begierig darauf sind, dass die Menschen wieder an das Letzte und Wichtigste denken. Menschen, die zum Nachdenken bereit sind, werden auch dann Gott nicht vergessen, wenn äußerlich Wohlstand herrscht und sie persönlich mit sich selbst und der Welt zufrieden sind.

Man denkt zu gering vom gemeinsamen Gottesdienst, wenn man meint, dass er nur dann notwendig sei, wenn einen der Schuh drückt. Ähnliches kann man ja im Evangelium lesen, dort drängen sich die Menschen um Jesus wie heute die jungen Fans bei einem Rockkonzert. Wobei die Eintrittskarten zu Jesus viel billiger waren; um von ihm beschenkt zu werden, genügten das offene Herz, die hellhörigen Ohren und dann der Glaube. Viele Kranke wurden so geheilt. Wie gesagt: Not lehrt beten, Not lehrt das Drängeln zu Gott hin. Jesus hat es durchaus akzeptiert, wenn jemand nur aus der Motivation zu ihm gekommen war, um Hilfe zu erhalten. Besser so als gar nicht. Aber es gibt eben auch die Schilderungen, wo er an die Dankbarkeit erinnert, etwa dort wo Jesus zehn Aussätzige heilt (Lukasevangelium 17,17 ff), und von diesen kehrt ein Einziger zurück, um zu danken, und das ist noch dazu ein Fremder. Um genau zu sein, steht im Lukasevangelium nichts davon, dass der Geheilte Gott dankt, sondern, dass er Gott »ehrt«. Denn es geht beim Gottesdienst immer um viel mehr als die Dankbarkeit für eine einzelne Gebetserhörung.

Halten wir noch einmal fest, dass der Gottesdienst wirklich etwas ist, das wir Menschen für Gott tun, in Richtung auf Gott zu, ein Dienst an Gott. Aus theologischer Perspektive wird man dazu sagen müssen, dass Gott so etwas nicht braucht. Objektiv gesehen ist Gott bedürfnislos, in sich selig und vollkommen. Was sollen wir ihm mit unserem Gottesdienst schon geben? Als ich jung ins Kloster eingetreten war, galt sofort meine ganze Begeisterung der Liturgie, der feierlichen Liturgie, der Ästhetik des Gottesdienstes, durch die sich eine andere Welt öffnet. Durch die liturgischen Formen und Verhaltensrituale wird ja die Seele hingedrängt zu Gott, man streift dadurch das Banale des Alltags ab. Liturgie ist ein heiliges Schauspiel. Ich liebte immer schon den Weihrauch und wurde dann auch eingeteilt, bei meiner ersten Fronleichnamsprozession im Kloster das duftende

Weihrauchfass zu tragen. Mit Hingabe schwenkte ich das silberne Gefäß und ließ duftende Wolken aufsteigen, als wir bei strahlendem Wetter durch die Straßen zogen. Es war für mich ein erhebendes Erlebnis, auf das eine kleine Ernüchterung folgte. Man muss dazu wissen, dass es in der Kirche die Generation der 68er gibt, denen gerade die kultische Erhabenheit ein Dorn im Auge war. Ich würde einmal spitz formulieren, dass diese Generation die Liturgie auf das Niveau bringen wollte, das uns bis heute in der Architektur jener Zeit erhalten geblieben ist: in den Plattenbauten der Vororte etwa – nüchtern, kühl, rational. Jedenfalls kam nach der Liturgie ein älterer Mitbruder auf mich zu, von dem ich noch nicht wusste, dass er einer der damals noch häufigeren Vertreter dieser Geisteshaltung war. Ich war noch ganz »abgehoben« von der feierlichen Prozession und der frommen Stimmung, und er grunzte: »So viel Weihrauch! Ob der liebe Gott daran seine Freude hat?« Das war natürlich nicht als Frage gemeint, sondern reine Missbilligung.

Ob Gott an unserem Kult auf Erden seine Freude hat? Also hier muss man nüchtern sagen: Normalerweise gibt es keine schlechten Fragen, sondern nur schlechte Antworten, aber diese Frage ist nun wirklich in sich sinnlos. »Hat der Kreis seine Freude daran, dass er rund ist?« Es ist das Wesen Gottes, zumindest des Gottes, an den wir Christen glauben, dass er unsere Freude will. Gott braucht weder unsere Kirchenlieder noch unsere oft exotischen liturgischen Gewänder; er braucht weder Weihrauch noch Kirchenbauten. Aber er will es brauchen, weil wir es brauchen. Er will sich daran freuen, weil es für uns Hilfsmittel sind – das nennen wir dann übrigens »Sakramentalien« – damit wir ihm näherkommen. Und zwar nicht nur psychologisch von unserer Seite aus, sondern auch von seiner Seite aus. Gottesdienst ist, und jetzt bin ich beim Entscheidenden, nicht nur unser Dienst an Gott. Wer sind wir denn, dass wir Gott etwas geben könnten, das er nicht schon hätte oder brauchte!

Gottesdienst ist vor allem im Sinne eines *Genetivus subjectivus* zu verstehen: Gott ist Subjekt, also der Handlungsträger unserer Feiern, die wir ihm zu Ehren veranstalten.

Dass Gott in der gottesdienstlichen Feier wirkt, kann ich natürlich nicht beweisen. Ich will es auch gar nicht. Gott sorgt schon selbst für die Erfahrung, dass er sich nähert und dass er innerlich berührt – wenn man ihn lässt! Wer einen Beweis will, der soll sich selbst einmal auf die Feier eines Gottesdienstes einlassen, mit Verstand und mit Herz. Also mit den Dimensionen des Denkens und des Fühlens. Natürlich gibt es auch gruppendynamische Prozesse, die eine Rolle spielen. Auf *YouTube* kann man sich unter anderem den »Körperzellenrock« anschauen, wo zu dem ziemlich befremdlichen Text »Jede Zelle meines Körpers ist glücklich« Senioren und solche, die es bald werden, gruppendynamisch synchrone Bewegungen aufführen. Nichts dagegen, wir kennen das Schunkeln auch von anderen Formen der Geselligkeit, und Gemeinschaftsgefühl entsteht auch bei einem Rockkonzert. Wir lassen es gerne gelten, dass bei solchen Veranstaltungen psychologisch ein Gefühl der Gemeinschaft entsteht, dass man sich nach minutenlangem Herumgetue auch wirklich entspannter und entlasteter fühlt. Und solche Wir-Erfahrungen durch Musik, Tanz oder Sportveranstaltungen sind ja etwas Gutes. Der Unterschied ist eben, dass hier eine rein natürliche Wirkung vorliegt. Im normalen Gottesdienst der Kirche legen wir zwar auch auf das Sinnliche wert, und ich gebe auch zu, dass das Orgelbrausen aufbaut und hellhörig macht, dass getragene Feierlichkeit innerlich entkrampfend wirkt und dass das gemeinsame Singen, Stehen, Knien und Antworten ein Gemeinschaftsgefühl erzeugt. Aber bloß natürlich ist zu wenig.

Die Gottesdienste habe ich immer als ein Angerührtwerden aus einer anderen Welt erlebt. Wenn man als Mönch viele Stunden am Tag in der Kirche verbringt, nimmt man seine Stimmungen mit. Und man durchlebt eine ganze Klaviatur von

Gefühlen während einer Heiligen Messe. Übrigens: Auch ein Priester kann zornig sein, schläfrig oder einfach einmal »besonders gut drauf«. In den Gottesdienst nimmt jeder sich selbst mit. Aber dann geschieht eben die Berührung von außen. Alles was dazu notwendig ist, ist ein bisschen Konzentration. Der heilige Benedikt beginnt seine Regel, die er am Anfang des 6. Jahrhunderts, also vor 1500 Jahren, verfasst hat, mit der Einladung: »*Ausculta o fili!* – Höre, mein Sohn!« Und er bringt dann gleich im ersten Vers ein tolles Bildwort, wenn er vom »Ohr des Herzens« spricht. Der kleine Prinz von Antoine de Saint-Exupéry sagt, dass man nur mit dem Herzen gut sieht. Benedikt sagt, dass wir mit dem Herzen gut hören müssen. Gottesdienst ist also die Bereitschaft, Stimmungen und Eindrücke zu empfangen, die aus einer anderen Welt herüberwehen. Als Priester leide ich immer darunter, wenn ich das Gefühl habe, dass die Gläubigen beim Gottesdienst nur einen Kultakt absitzen, ohne diese innere Bereitschaft, seismographisch auf die Berührung Gottes zu reagieren. Oft habe ich den Eindruck, dass die Leute, vor allem die hartgesottenen Kirchgänger, wie im Stand-By-Betrieb die Liturgie ableisten. Alles automatisiert.

Von einem Mitbruder in Heiligenkreuz wird erzählt, dass er die Geistesabwesenheit seiner Gläubigen aufbrechen wollte, weil er sich ärgerte, dass die Gemeinde gedankenlos und automatisiert die Antworten gab. So betete er in den Fürbitten zuerst für den Papst. Antwort: »Wir bitten dich, erhöre uns!« Für die Familien: »Wir bitten dich, erhöre uns!« Für die Kranken und Leidenden: »Wir bitten dich, erhöre uns!« Für den Weißen Riesen, damit ihm Gott seine Waschkraft erhalten möge. »Wir bitten dich, erhöre uns!« kam die kräftige und selbstverständliche Antwort. Darauf seufzte er ins Mikrofon: »Nützt alles nichts!« Und wieder schallte es zurück: »Wir bitten dich, erhöre uns!« Das ist eine wahre Begebenheit in unserer Heiligenkreuzer Hausgeschichte. Nicht hundertprozentig bezeugen kann ich dagegen, ob folgende Anekdote wahr ist: Ein Pfarrer hantierte am Mikrofon herum, und da alles Herumklopfen nichts nützte, stöhnte er halblaut hinein: »Ist das Ding denn an?«, worauf es aus den Kirchenbänken zurückschallte: »Und mit deinem Geiste!«. Ob diese Geschichte wirklich wahr ist, weiß ich eben nicht. Aber sie ist möglich. Leider. Jedenfalls erfordert der Gottesdienst Konzentration, Hinneigen des Ohres des Herzens, Öffnen der inneren Augen der Seele. Und dann geschieht mehr, als es menschliche Inszenierung bewirken könnte. Gottesdienst ist ja immer mehr als perfekte Show und gewiefte Stimmungsmache, denn da gibt es ein Außen, das sich plötzlich in der Seele, in den Stimmungen und Erfahrungen zu Wort meldet. Da kommt etwas, das vorher nicht da war. Theologisch gesprochen: In jedem Gottesdienst durchdringt Gott die Schallmauer zwischen Transzendenz und Immanenz. Unser Hindenken, Hinhören und Hinbeten auf ihn wird beantwortet. Es geschieht mehr als machbar ist. Und darin strahlt immer eines auf: Freude.

Gottesdienst ist für mich immer eine Erfahrung der Freude, des Erhobenseins. Und das gilt auch für die Gottesdienste, in denen eigentlich etwas Ernstes gefeiert wird, etwa am Karfreitag, wo wir der grausamen Hinrichtung Jesu Christi gedenken. Schon allein, dass hier etwas von einer anderen Welt hereinweht, ist Grund genug zur Freude. Und auf jeden Fall werden wir durch den Kult Gottes vor der Verkultung des eigenen Ich gerettet. Wo wir uns nicht von Gott berühren lassen, bleiben wir einsam in unserer Endlichkeit zurück. Weil also Gott uns dient, darum jubeln wir ihm in der Liturgie zurück. Aus dem Alten Testament haben wir den Freudenruf »Halleluja« übernommen, das ist im Hebräischen ein Imperativ Plural, der von *halal* kommt. *Halal* heißt preisen, verherrlichen, laut jubeln. Und *jah* ist die Kurzform des Gottesnamens »Jahwe«. Das Halleluja ertönt immer vor dem Evangelium, also vor der »Guten Nachricht«, in der Christus selbst zu uns spricht. Dazu stehen die Gläubigen auf, richten sich also in die Vertikale, und freuen sich von Herzen, dass sie aus ihrer Endlichkeit himmelwärts aufragen. Der Gottesdienst sollte die Gläubigen zumindest mit einer kleinen Halleluja-Stimmung entlassen. Gibt es jemanden, der genauso müde, innerlich abgestorben und lebensgelangweilt aus der Kirche geht, wenn er sich drinnen bemüht hat, offen mitzufeiern? Also mir ist das noch nicht passiert; ich habe immer das Gefühl, dass Gott mir beim Gottesdienst den großen Dienst erweist, wieder Kraft und Freude zu tanken.

16. Oscar, Papst und Popstars

Die Jahre 2007 und 2008 waren für uns im Stift Heiligenkreuz sehr außergewöhnliche Jahre. Wir sind ja ein normales Kloster, ein österreichisches Stift eben, das – durch wunderbare Fügungen – schon seit der Gründung ohne Unterbrechung besteht. Eine gute Entwicklung zeigte sich schon durch menschlich und religiös große Äbte, die unser Stift im ganzen 20. Jahrhundert auszeichneten. Ein Abt ist der »Obere«, also der Leiter eines Klosters. Das Wort kommt vom hebräischen *Abba*, was so viel wie Vater bedeutet. Nach der Benediktsregel sehen wir Mönche in unserem Abt, den wir frei aus der Mitte der Brüder wählen, denjenigen, durch den Christus selbst das Kloster leitet. Daher ist ein Abt etwas ganz anderes als der Chef einer Firma. Zwar hat er die letzte Entscheidungsautorität, aber die übt er gerade nicht wie ein »Boss« im Personalmanagement aus, sondern aus einer großen religiösen Sensibilität. Geht ja auch gar nicht anders, denn jeder von uns Mönchen ist freiwillig hier, und – Gelübde hin, Gelübde her – kann auch jederzeit gehen. Wer könnte mich gegen meinen Willen zwingen zu bleiben? Mit der immerwährenden Freiwilligkeit, die trotz der Bindung erhalten bleibt, ist es bei uns Mönchen ähnlich wie in der Ehe, wo man sich zwar vor Gott die Treue bis zum Tod verspricht, aber es kann ja doch auch schiefgehen, es hängt alles am freien Wollen. Wer aus dem Kloster austritt, der wird nicht von irgendwelchen Schergen der Kirche zurückgeholt. Unser Pater Pirmin drückt dies bei seinen Erklärungen des klösterlichen Lebens so aus, dass »bei uns der Schlüssel immer innen in der Tür steckt«. Dem Abt schulden wir Mönche Gehorsam, weil wir glauben dürfen, dass Christus durch ihn das Kloster leitet. So stehen wir auf den Schultern von Riesen: Es waren erstaunliche

Persönlichkeiten, die Heiligenkreuz in den letzten Jahrzehnten als Äbte geleitet haben: Der eine demütig und tugendhaft, der andere anpackend und praktisch, dann wieder einer, der in seiner Demut und Hingabe an Gott ein hundertprozentiges Vorbild für die Brüder war. Ich denke, dass der Segen, der über uns hereingebrochen ist, etwas mit der weisen Leitung zu tun hat, die uns geschenkt wurde, gerade auch durch den derzeitigen Abt. Im Jahre 1999 haben wir Abt Gregor Henckel Donnersmarck – das ihm zustehende Adelsprädikat »von« verwendet er nicht – zum Abt gewählt. Wenn es etwas Großes gibt, das ich an dieser Führungspersönlichkeit bewundere, dann ist das seine Fähigkeit, einerseits eine eigene entschiedene Meinung zu vertreten, und doch gleichzeitig bereit zu sein, eine bessere Idee zu akzeptieren, – auch wenn diese seinen eigenen Vorstellungen vorerst widerspricht. Unser Abt hat Ideen, Vorstellungen und Ziele. Und doch muss man keine Angst haben, mit ihm zu reden, manchmal auch zu argumentieren. Er hat die Gabe, ohne jede Verärgerung oder Beleidigtheit auf die andere, bessere Lösung umzuschwenken; und wenn er etwas akzeptiert hat, dann vertritt er das, als wäre es immer schon seine eigene Vorstellung gewesen.

Nur Gott weiß, warum die Dinge bei uns in Heiligenkreuz so geschehen, wie sie geschehen. In den letzten Jahren gab es jedenfalls einen Zustrom von jungen Berufungen zu uns ins Kloster; bei vielen habe ich aus der Nähe miterlebt, wie sie zuerst einfach nur als neugierige jugendliche Gäste, manchmal freilich schon als Suchende zu uns gekommen sind. Bei vielen mussten wir älteren Priester mitleiden, wenn sie im Herzen den Ruf Gottes ins Kloster zu spüren begannen und die Entscheidung anstand. Die Entscheidung, alles loszulassen, die bisherigen Lebenspläne aufzugeben und Mönch zu werden, gleicht ja meist einem mühseligen Geburtsprozess. Bei mir selbst war er kurz und schmerzhaft, heute dauert er meist länger und ist deshalb nicht weniger schmerzhaft. Jedenfalls bin ich bei vielen »danebengestanden«. Warum die heutigen jungen Väter mit solcher Begeisterung bei der Geburt ihres Kindes dabei sein wollen, ist mir rätselhaft, da muss eine ganz große Liebe zu ihrer Frau sie hindrängen. Ich stelle mir das schrecklich vor, weil man ja wohl hilflos im Kreissaal danebenstehen muss; die Ärzte können wenigstens was tun, aber als Vater ist man zum stummen Zuschauen verurteilt. So bin ich mir jedenfalls oft vorgekommen, wenn die jungen Leute um die Geburt ihres »Ja, ich nehme den Ruf Gottes an und gehe ins Kloster« gerungen haben. Die jungen Väter erzählen mir, dass es keinen schöneren Augenblick gibt, als bei der geliebten Frau und dem kleinen Baby zu sein, wenn alles vorüber ist. Ja, das gilt auch im geistlichen Bereich. Wenn einer »durch« ist, dann ist die Freude groß. Die rührendste Feier im Kloster ist die der Einkleidung, wenn die jungen Kandidaten mit dem weißen Ordenskleid, dem Habit, bekleidet werden. Da fühlt man sich als alter Mönch auch so ein bisschen wie ein frischgebackener Vater, der sein neugeborenes Baby in Händen hält. Gott hat meinem Kloster jedenfalls in den letzten Jahren erstaunlich viele Berufungen zugeführt, – sicher nur deshalb, weil er von uns viel Zeugnis und Arbeit für eine Welt erwartet, in der die Menschen gerade dabei sind, an ihrer inneren Dunkelheit zu ersticken.

Dank der Leitung eines harmonieschaffenden Abtes und dem religiösen Eifer der eindrucksvollen Schar junger Mitbrüder und dem guten Zeugnis, das unsere alten und kranken Mitbrüder geben, habe ich das Gefühl, das Heiligenkreuz so etwas wie ein »gesunder Ort« ist. Kein Grund, stolz zu sein, denn so viel Klugheit müssen Sie mir schon zutrauen, dass ich hier auch einige Seiten darüber schreiben könnte, was bei uns alles nicht stimmt. Und noch mehr könnte ich den Leser damit frustrieren, wenn ich ihm schildern würde, was bei mir persönlich alles nicht stimmt. Gott lässt seinen Himmel zwar schon hier auf uns herableuchten, den Himmel auf Erden gibt es aber nirgends, sicher auch nicht in Heiligenkreuz. Trotzdem hat uns Gott einiges zugemutet, das auch uns hat staunen lassen. Da kam zunächst im Frühjahr 2007 die Meldung, dass Florian Henckel von Donnersmarck den Oscar für seinen Film »Das Leben der Anderen« gewonnen hat. Florian ist der Neffe des Abtes, ein akribischer Mensch mit hochfliegenden Ideen und einem an das Wunderbare grenzenden Geschick, das Unmögliche möglich zu machen. Ich habe ihn erstmals zu Silvester 1998 kennen gelernt, als er mit ein paar wenigen Jugendlichen an Silvester-Jugendtagen teilnahm. Er hat sich bleibend um das Kloster verdient gemacht, indem er seinen Onkel, den Abt, der wie gesagt auch offen ist für Ideen, die nicht unbedingt auf seiner Linie liegen, überzeugen konnte, dass es wichtig für die jungen Mönche im Kloster ist, einen ordentlichen Sportraum einzurichten. Was wären wir heute ohne diese Möglichkeit zum Sport! Inzwischen ist Fitness in vielen Klöstern und Priesterseminaren wieder selbstverständlich geworden. Florian kam dann immer wieder, um sich im Kloster zurückzuziehen, und um zu trainieren. Einen besseren »Personal Trainer« hätte ich mir nicht vorstellen können. Beim gemeinsamen Training erzählte er mir von seinen Filmstudien in München, Moskau und Los Angeles. Dabei bewunderte ich zwar seine Ideen und staunte über seine Akribie, hatte aber so rein gar nicht den Eindruck, dass er einmal Karriere machen würde. Außer einem netten Kurzfilm über einen Hund hatte Florian ja auch noch rein gar nichts geschafft. Ein Irrtum, denn wo Kreativität und eine Art genialischer Besessenheit zusammenkommen, gewürzt mit ein bisschen göttlicher Gnade und der ablenkungsfreien Stille einer Klosterzelle, da entsteht Unvorstellbares. 2002 schrieb Florian in völliger Zurückgezogenheit innerhalb weniger Wochen das Drehbuch zu *Das Leben der Anderen*. Ich erinnere mich noch genau: Als ich am 25. Februar 2007 vor dem Morgengebet um 4.30 Uhr den

Computer einschaltete, um aus dem Internet Neuigkeiten über die Oscarnacht in Los Angeles zu finden, hat es mich fast umgeworfen! »The Oscar goes to Germany: The Life of Others«. Ich war beim Morgengebet dann sehr unkonzentriert und aufgeregt und freute mich wie ein kleines Kind. Der Medienrummel nach der Oscarbekanntgabe war groß; unser Herr Abt war natürlich mächtig stolz auf seinen Neffen. Der Öffentlichkeit hat er sich aber nicht als »stolzer Onkel« dargestellt, sondern um darauf hinzuweisen, dass Klöster in sich Orte der Kreativität sind, weil es hier die Kraft der Stille gibt. Ich war bei den unzähligen Interviews dabei, die unser Abt geben musste, dabei hat er vom mittelalterlichen Kreuzgang aus immer wieder auf jenes Fenster hinaufgezeigt, hinter dem sich die kahle Klosterzelle von Florian befand, in der das Drehbuch entstanden war. Es muss auch erwähnt werden, dass mehrere Mitbrüder Inspirationen beigesteuert haben, vor allem unser Kantor Pater Simeon, der ein Musikgenie ist. Er hatte Florian ein paar Tipps für die Filmmusik gegeben, da die Bekehrung des fanatischen Stasi-Spitzels gerade unter dem Eindruck der Schönheit von Musik zustande kommt. Die Musik ist der Knackpunkt, Tränen fließen, ein Böser wird zum Guten … Und einer netten Nebenfigur hat er meinen Namen gegeben, stellvertretend für die Freundschaft zu vielen Mönchen von Heiligenkreuz. Abgesehen davon, dass es in dem Film, in dem vordergründig nichts Christliches vorkommt, hintergründig um das zentrale christliche Thema der Bekehrung geht, hätte man damals noch nicht ahnen können, dass wenig später durch Pater Simeon ein Musikprojekt gelingen würde, das den Choral von uns Mönchen zu einem internationalen Überraschungserfolg werden ließ.

Kaum hatten wir den Oscar-Rummel verdaut, kam die Meldung, dass Papst Benedikt XVI. bei seinem Besuch in Österreich, der vorrangig dem Jubiläum des Marienwallfahrtsortes Mariazell galt, auch einen Abstecher nach Heiligenkreuz machen wollte. Ich gestehe, dass mir, als diese Nachricht, die für den Abt und uns Mönche ebenso überraschend kam wie für die österreichischen Bischöfe, die bereits ein Besuchskonzept entwickelt hatten, das Herz regelrecht in die Hose rutschte. Mein erster Gedanke war sehr sehr unangenehm, was man nur versteht, wenn man bestimmte gruppenpsychologische Effekte in der Kirche kennt. Mein erster Gedanke war: »Hilfe, wie werden wir mit der Eifersucht zurechtkommen können?« Denn der Papst bedeutet für uns Katholiken als Nachfolger des heiligen Petrus und Stellvertreter Christi auf Erden etwas so Einzigartiges, dass ihm keine andere Leitungsfunktion vergleichbar ist. Wir hatten Generalsekretäre der UNO bei uns zu Besuch, Heiligenkreuz hat den Dalai Lama als Gast begrüßt, Präsidenten und Prominente besuchen uns alle Zeiten ... Aber dass der Papst kommen wollte, war schlicht umwerfend. Dass das auch eine brenzlige Situation ist, in der man hochmütig werden kann, haben wir alle sofort kapiert. Und vom ersten Augenblick an haben wir zu beten begonnen, dass der Papstbesuch gut geht: nicht bloß im Sinne eines perfekten Ablaufes und einer effizienten Organisation, sondern als das Größere, dass Gott in seiner Vorsehung damit zeigen wollte. Ich hoffe, dass ich mich nicht täusche, aber ich denke, dass durch den Oscar von Florian die Botschaft in die Welt hinausging: »Schaut her, Klöster sind Orte der Kreativität. Gerade im Rückzug in die Stille liegt eine Quelle kreativer Kraft.« Und ich hoffe, dass durch den Papstbesuch von Heiligenkreuz die Botschaft ausging, die der Papst auch in seiner Ansprache sehr deutlich formuliert hat: »Klöster sind Orte der Kraft!« Und sie sind Orte einer Sinnweisung für alle Suchenden. Wenn Mönche täglich stundenlang zweckfrei Gott anbeten, loben, preisen, ihm Zeit, Ehre und letztlich alles schenken, so richten sie automatisch die Augen der Menschen hin auf dieses unsichtbare Ziel, das heute für so viele aus dem Blick geraten ist. Die Ansprache des Papstes war toll; in Benedikt XVI. bündeln sich

Genie und Bescheidenheit. Was für eine Fähigkeit, die Sache auf den Punkt zu bringen, ohne dabei anmaßend oder autoritär zu wirken! Er sagt die Dinge so, dass sie von sich her einleuchten.

Die Medienarbeit vor dem Papstbesuch war gigantisch, und nie hätte ich mir vorstellen können, dass der Medienrummel sogar noch zunehmen könnte. Gott hüte mich davor, den kurzen einstündigen Besuch des Papstes – immerhin der erste Besuch eines Papstes in unserer Geschichte seit 1133 – zum Mittelpunkt der Weltgeschichte hochzustilisieren. Ebensowenig ist Heiligenkreuz der Nabel der Welt, schon klar. Aber war das »natürlich«, was wir da am 9. September 2007 erleben durften? Ein strahlender Papst steigt aus dem Auto; ein lehrender Papst bringt das Wesen des klösterlichen Lebens auf den Punkt; ein lächelnder Papst versinkt ostentativ mit geschlossenen Augen in Meditation, als die Schola das »Nos autem – Wir müssen uns rühmen im Kreuze Christi« anstimmt; ein glücklicher Papst grüßt die zehntausende Pilger vom Klostererker aus; ein völlig gelöster Papst lässt sich von uns Mönchen für ein Gruppenfoto umringen, bejubeln und beklatschen ... Nein, für mich war das nicht »natürlich«, ich hatte sehr deutlich das Gefühl, dass es hier gar nicht um uns gegangen ist, sondern um eine »Promotion«, die der liebe Gott mit uns machen wollte. Hoffentlich ist das jetzt nicht hochmütig, aber ich hatte das Gefühl, dass der liebe Gott unsere gesunde Gemeinschaft, wo sich jeder um Liebe müht, im besten Sinne des Wortes verwenden wollte, um die Welt ein bisschen darauf aufmerksam zu machen, wie schön es ist, ihn zu lieben. Nachdem der Papst abgefahren war, fielen mir Menschen um den Hals: »Pater Karl, ich habe die Nähe Gottes erfahren.« Dass das nicht bloß hysterische Reaktionen und euphorischer Überschwang nach einem Mega-Event waren, entnehme ich der Flut von E-Mails, die dann noch Tage später eingegangen sind. »Wie ich euch Mönche gesehen habe, wie ihr innerlich strahlt, da habe ich mich gefragt, wie das mit Gott ist, der euch so glücklich macht«, so und ähnlich haben mir Menschen gemailt, die bisher nicht sehr gläubig waren. Ob meine These stimmt, dass der liebe Gott uns trotz unserer Fehler ein bisschen brauchen will, um auf das Glück aufmerksam zu machen, das in der Verbundenheit mit ihm liegt … – ich weiß es nicht.

Nach dem Papstbesuch meinten wir eigentlich, dass wir nun wieder in das Nicht-Beachtet-Werden zurücksinken dürfen. »Dürfen« deshalb, weil ein so großes Interesse der Medien in einem Kloster innere Unruhe verursachen kann. Im Kloster ist zwar trotz Papstbesuch nie der eingespielte Rhythmus von Gebet und Arbeit aufgegeben worden, äußerlich ist also alles absolut »ruhig« geblieben. Trotzdem schafft es eine innere Unruhe, wenn plötzlich Fernsehteams während des Chorgebetes filmen wollen, wenn allzu viele Interview-Anfragen erfüllt werden müssen. Trotz aller Professionalität, die wir, glaube ich, zum Schutz der klösterlichen Ruhe im Umgang mit den Medien entwickelt haben, darf ein gewisses Maß nicht überschritten werden. Als großer Segen hat sich hier meiner Meinung nach die klösterliche Homepage erwiesen, denn das ist ein stummes Medium, wo der Webmaster – ohne die Klostergemeinschaft dem Stress des realen Beobachtet-werdens auszusetzen – auf einfache Weise durch Bild und Wort viel vom inneren Klosterleben nach außen kommunizieren kann. Für unsere Lebensform ist das wirklich ein Segen, denn sie erlaubt uns, in der virtuellen Welt anwesend zu sein, ohne in unserer ruhigen Konzentration auf Gott hin gestört zu werden.

Doch bevor ich zu dem dritten herausragenden Ereignis komme, zum Erfolg der CD *Chant – Music for Paradise* muss ich zum eigentlichen Thema zurückkehren. Was ist eigentlich ein Kloster? Eine Gemeinschaft von Menschen, die ihren letzten Lebenssinn in Gott suchen. Wir sind eine Weggemeinschaft, unterschiedlich in den Charakteren, ähnlich in der Erfüllung einer vorgegebenen Lebensordnung, eins in der Zielrichtung.

Hier ist vieles sehr schön – irdisch schön und himmlisch schön: Die faszinierende alte Klosteranlage, das gemeinsame Chorgebet, die beruhigenden Weisen des gregorianischen Chorals, die frischen Wälder und die sanften Wiesen rings um die Abtei, die Erfahrung von Geborgenheit in einer Gemeinschaft usw. Aber eigentlich weiß man erst, warum man im Kloster ist, wenn man das Sterben eines Mitbruders erlebt hat. Sterben ist immer eindrucksvoll, der Tod macht immer irgendwie betroffen, auch wenn man nicht direkt zu den Trauernden gehört. Der Unfalltod von Prinzessin Diana hatte 1997 die suggestive Kraft, eine Art globaler Trauerhysterie auszulösen. Es liegt in der Natur des Menschen, der gerne lebt, von Sterben und Tod betroffen zu sein. Sogar die Bestattungsmitarbeiter auf dem riesigen Wiener Zentralfriedhof, dem größten Friedhof Europas, die ja im Stundentakt Beerdigungen vorzunehmen haben, zeigen in ihrem Geschäft noch so etwas wie pietätvolle Betroffenheit. Dass die ernste Miene natürlich mehr aufgesetzte Höflichkeit gegenüber den Hinterbliebenen als innere Anteilnahme ist, versteht sich in diesem abstumpfenden Beruf von selbst. Aber ich finde es gut, dass es diese Reservate der Pietät noch gibt und die unselige Haltung der »Coolness« zumindest um unseren Umgang mit dem Tod noch einen weiten Bogen macht. Wie sehr der Tod einen Menschen treffen kann, durfte ich selbst einmal erleben, als ich in Wien in einem Frauenkloster zu Besuch war. Ich leitete dort eine Jugendrunde, die sich regelmäßig zu Glaubensgesprächen traf; die Oberin war eine »starke Frau« in jedem Sinn. Äußerlich und innerlich, eine resolute Erscheinung mit einem entschlossenen Charakter. Eben eine richtige Oberin. Als ich an der Klostertür läutete, stand sie vor mir. Ein General, der huldvoll dem Botschafter einer befreundeten Armee Audienz gewährt. Doch dann war alles anders, denn plötzlich fiel sie mir schluchzend um den Hals: eine so ehrwürdige, lebenserfahrene, »gestandene« Frau, fast dreimal so alt wie ich. Damals war ich ja ein junges Priesterlein. »Entschuldigen Sie, Pater Karl, aber meine Mutter ist heute gestorben.« Und dann sagte sie noch etwas, das ich mein Leben nicht mehr vergessen habe: »Wissen Sie, erst jetzt, wo ich Vater und Mutter verloren habe, weiß ich, warum ich im Kloster bin.«

In den letzten fünf Jahren sind über zwanzig junge Männer in unser Kloster eingetreten. Schon der heilige Benedikt hat in seiner Regel vor tausendfünfhundert Jahren das Wort vom *»fervor novitii«* geprägt, also vom »Eifer des Neulings«. In einer normalen Firma ist das ja ähnlich: wenn jemand neu kommt, wenn er noch ein unbeschriebenes Blatt ist für die anderen, strengt er sich meistens besonders an. Er möchte ja einen guten Eindruck machen. Im Kloster kommt noch das Übernatürliche dazu, denn wer sich zu der Entscheidung durchgerungen hat, sein Leben ganz in dieser menschlich unvorstellbaren Lebensform als Mönch zu leben, der ist irgendwie aufgeladen mit Begeisterung. So sind unsere jungen Mitbrüder, wobei ich mit »jung« auch jene meine, die erst nach einem Studium oder beruflichen Erfahrungen ins Kloster kommen. Wirklich Mönch ist man aber eben erst, wenn man dem Tod gleichsam ins Auge geschaut hat. Wenn man ihn nicht nur in der grauen Theorie kennt, sondern in der Realität. In unserer mittelalterlichen Klosteranlage befindet sich ein sehr eigentümlicher Raum: die barocke Totenkapelle. Ursprünglich, also im Mittelalter, war dieser Raum das so genannte »Parlatorium«, jener Raum, in dem man sich zum *parlare*, zum »sprechen« traf, denn ansonst herrschte im Kloster auch während der Arbeit heiliges Schweigen. Ob das Schweigen früher wirklich so streng genommen wurde, wissen wir nicht genau; Tatsache ist aber, dass man in der Barockzeit eine neue Verwendung für den mittelalterlichen Raum suchte und ihn zur Aufbahrungskapelle für die verstorbenen Mönche umfunktionierte. Der Barockkünstler Giovanni Giuliani (1664–1744), der sich nach dem Tod seiner Frau selbst als Laienbruder mit dem

Stift Heiligenkreuz verband und ein gesegnetes Alter erreichte, sodass er uns eine große Fülle von seinen Kunstwerken hinterlassen konnte, hat diesen Raum völlig neu designt: In der Mitte der Totenkapelle steht ein schwarzer Katafalk, also die Attrappe eines Sarges. Wenn ein Mitbruder stirbt, stellen wir den richtigen Sarg dort auf und halten davor betend die Totenwache. Was in unserer Totenkapelle aber auf den ersten Blick wirklich skurril aussieht, das sind die vier mannshohen geschnitzten Kerzenleuchter in Form von tanzenden Skeletten. Der »Totentanz« war im Spätmittelalter und in der Barockzeit, wo das Sterben durch Seuchen, Kriege und Krankheiten alltäglich war, ein beliebtes Bildmotiv. Er sollte an die Gewalt des Todes über den Menschen erinnern. Als ich die Totenkapelle das erste Mal gesehen habe, war ich genauso befremdet wie heute die Touristen, die jährlich zu Zehntausenden die mittelalterliche Klosteranlage besichtigen: Skelette mit leeren Augen und elegantem Hüftschwung als Kandelaber rund um einen Sarg. So stirbt man im Kloster?

Der Schlüssel zum Verständnis dieser makaberen Dekoration ist aber die Kerze, die die tanzenden Knochenmänner tragen. Die Angst machenden Gestalten haben eine Aufgabe: Sie tragen das Licht. Giuliani hat sie um den Toten aufgestellt, weil über ihren Totenschädeln das Licht aufragt, als wollte er uns sagen: Der Tod macht uns zwar Angst, er tanzt uns auf der Nase herum, aber aus dem Tod kommt die Auferstehung. Für uns Christen ist die Kerze das Symbol für Christus, der den Tod besiegt hat. In der Auferstehungsnacht zu Ostern wird eine Kerze feierlich mit den Buchstaben Alpha (Anfang) und Omega (Ende) beschrieben und mit fünf goldenen Kugeln verziert, die für die fünf verklärten Wunden Christi stehen. Die Osterkerze ist ein feierliches »Christus-ist-auferstanden«-Symbol. Daher wird auch bei der Taufe dem Täufling eine Kerze ins Leben mitgegeben, daher wird jeder Gottesdienst mit brennenden Kerzen am Altar gefeiert. Mir sind die tanzenden Skelette im Lauf der Zeit immer sympathischer geworden, weil sie so schön drastisch und klar unsere Angst vor dem Tod verspotten. Wenn ich Jugendliche durch das Kloster führe, dann nehme ich mir bei der Totenkapelle immer Zeit, um ihnen den Glauben an die Auferstehung zu erklären. Die Jugendlichen erleben heute ja hundertfach durch Fernsehen und Computerspiele den virtuellen Tod, aber der reale bleibt völlig ausgeblendet.

Fünf Jahre hindurch war in unserem Kloster Gott sei Dank niemand gestorben. Und dann hat Gott im Februar 2008 innerhalb von nur sechzehn Tagen gleich drei Mitbrüder abberufen, Schlag auf Schlag. Damit keine Missverständnisse entstehen, muss ich nochmals ganz deutlich sagen: Der Glaube an ein Leben nach dem Tod ist das Gegenteil von Todessehnsucht. Todesbereitschaft ja, Todessehnsucht nein! Auch wir Mönche wollen lange leben, langes Leben ist ein Gottesgeschenk. Auch wir tun alles, um möglichst lange unser irdisches Leben zu erhalten, das ist eine christliche Pflicht. Zwei Mitbrüdern ist das lange Leben in besonderer Weise geschenkt worden: Pater Cornelius und Pater Adolf waren beide hoch über neunzig und schon längere Zeit auf unserer klösterlichen Krankenstation betreut worden. Wir bemühen uns, die Alten, Schwachen und Kranken in der Gemeinschaft zu halten, sie gehören ja dazu. Professionelles Pflegepersonal packt hier an, aber auch die jungen Mitbrüder helfen im Krankentrakt mit, und wo es notwendig ist, verbringen sie die Nacht mit der Wache am Bett des Kranken. Ich hatte das Sterben schon oft erlebt, aber der Eindruck auf die jungen Mitbrüder war enorm: Zuerst ging unser Pater Adolf mit 97 zu Gott heim, dann eine Woche später unser 99-jähriger Pater Cornelius, und dann auch noch unser erst 67-jähriger Mitbruder Pater Sighard. Letzterer überraschend, er stand noch voll im priesterlichen Dienst als Pfarrer.

Schon im ersten Jahr meines Klosterlebens war mir eine lateinische Fürbitte bei unseren Gebeten aufgefallen, die mir merkwürdig vorkam. Da wurde der liebe Gott immer laut angerufen mit der Bitte: *»A subetanea morte nos serva!«* Ich musste mich verhört haben, oder sollte ich so schlecht Latein können? Denn wenn ich richtig übersetzte hieß das ja: »Lieber Gott, bewahre uns vor einem plötzlichen Tod.« Bisher hatte ich das doch ganz anders gehört und ganz anders gedacht. Die schönste Art zu Sterben ist doch einfach, tot umzufallen, ohne dass man etwas mitbekommt. So erspart man sich die Todesangst, so erspart man sich die Schmerzen, so bringt man das Unvermeidliche eben so unbewusst wie nur möglich hinter sich. Ich hatte mich weder verhört noch falsch übersetzt: »Befreie uns von einem plötzlichen Tode!« Gemeint ist nicht, dass wir möglichst viel leiden wollen, wir sind keine Masochisten; sondern gemeint ist, dass wir gerne die Chance hätten, mit dem Leben gut abzuschließen. Naja, zugegeben: Wir Mönche können es uns leisten, den Tod nicht zu verdrängen, weil wir ihn nur als Tor auf ein größeres Dahinter betrachten. Wenn es mit einem Mitbruder zu Ende geht, läutet der Krankenbruder mit einer Glocke, die weit über das Kloster hin schallt. Jeder lässt dann alles liegen und stehen und eilt in das Krankenzimmer. Dort knien wir um das Bett des Sterbenden nieder und der Abt stimmt die Sterbegebete an. Christus wird angerufen, die Heiligen werden angerufen, so als sollte gleichsam der Himmel schon herabgezogen werden auf die Erde. In den Spitälern, wo ich als Seelsorger Kranke und manchmal auch Sterbende besucht habe, habe ich leider oft das Gegenteil erlebt. Ich möchte nicht in den letzten Stunden des Lebens abgeschoben auf einem Krankenhausflur sein, wo das Unvermeidliche peinlich hinter einem Paravent versteckt wird … Gott sei Dank hat sich in den letzten Jahren die Hospiz-Bewegung des Problems des anonymen und abgeschobenen Sterbens angenommen. Hier findet ein Umdenken statt. Trotzdem wissen viele Menschen nicht, wie sie mit dem Sterben von lieben Menschen umgehen sollen. Dabei ist es doch so einfach: Nähe und Gebet genügt. So sind wir also im Februar zuerst bei Pater Adolf gekniet, dann bei Pater Cornelius. Dann kam die Nachricht, dass Pater Sighard bei einem Routineaufenthalt im Spital gestorben ist … Den Zeitpunkt des Todes bestimmt Gott. Die beiden alten Mitbrüder sind während der Sterbegebete gestorben, die wir kniend um ihr Bett herum beteten. Wenn der Tod nahe ist, betet der Abt: »Mache dich auf den Weg, christliche Seele, im Namen Gottes, des allmächtigen Vaters, der dich erschaffen hat …« Das ist der Weg, um dessentwillen wir eigentlich im Kloster sind. Die Totenkapelle ist darum direkt neben jenem Kapitelsaal gebaut, wo die jungen Mönche eingekleidet werden.

Der Tod von Pater Cornelius hat uns besonders getroffen, zum einen weil er bis zuletzt geistig rüstig war und trotz seiner 99 Jahre noch am Gemeinschaftsleben teilgenommen hat. Seine Schwerhörigkeit war Stoff für viele Anekdoten, die in die Klostergeschichte eingehen werden. Zum anderen aber auch, weil wir ihn verehrten, da er unter den Nazis in der Todeszelle gesessen hatte. Wie andere Mitbrüder damals auch, hatte er sich in der schrecklichen Zeit nach dem Anschluss durch den Naziterror nicht beirren lassen. Trotz mehrmaliger Anzeigen und Verhöre wollte er seinen seelsorglichen Dienst unbedingt fortsetzen und hat gegen die strengen Verbote Jugendliche zu Pfadfinderstunden und zur Glaubensunterweisung zusammengeholt. Das Naziregime reagierte unerbittlich und brutal mit Verhaftung. Er saß im berüchtigten Gestapo-Quartier am Morizinplatz in Wien ein und erwartete seine Aburteilung, vermutlich zur Todesstrafe. Überlebt hat er nur, weil der Krieg im Frühjahr 1945 rasch zu Ende ging; damals erwarteten eine ganze Reihe von Verurteilten, auch einige Priester, die Hinrichtung, – und überlebten nur, weil man das Schafott bereits wegen der aus dem Osten heranrückenden Russen in den Westen abtransportiert hatte … Das alles hatte Pater Cornelius als junger Priester überstanden und durfte dann noch so viele Jahre als Seelsorger und schließlich in unserer Mitte leben. Ich kniete an jenem Faschingsdienstag Vormittag direkt neben dem Herrn Abt am Fußende des Sterbebettes, Pater Cornelius war gerade heimgegangen und der Abt betete: »Ich empfehle dich dem allmächtigen Gott. Ihm, dessen Geschöpf du bist, vertraue ich dich an. Kehre heim zu deinem Schöpfer, der dich aus dem Staub der Erde gebildet hat ...« Mir fiel die Szene ein, die uns alle sechs Monate zuvor so berührt hatte: Als Papst Benedikt XVI. in der Abteikirche beim Rollstuhl von Pater Cornelius stehen blieb. »Das ist Pater Cornelius, unser Senior, mit 99 Jahren unser ältester Mönch«, stellte der Abt ihn vor, und der Papst erteilte ihm den Segen. Hätte Pater Cornelius 1945 in seiner Todeszelle gedacht, dass er einmal als fast Hundertjähriger in seinem eigenen Kloster von einem Papst gesegnet werden wird?

Dann kam die Totenliturgie für die Verstorbenen, jede Woche ein Begräbnis. Es gibt keine feierlichere Liturgie als die, in der wir das Ziel feiern. Der Verstorbene wird in der Totenkapelle aufgebahrt, wo wir unter dem flackernden Licht der tanzenden Kandelaberskelette Gebetswache halten. Am Begräbnistag selbst tragen wir den Leichnam in einem feierlichen Zug in die Abteikirche, wo die Messe für den Toten gefeiert wird. Dann geht es hinaus auf den Klosterfriedhof, der Sarg wird in die Erde gesenkt und alle Mönche knien am offenen Grab nieder und singen: »*Domine, miserere super peccatore!* Herr, habe Erbarmen mit diesem Sünder.« Ich halte diese uralten Gebete, wo um Verzeihung für die Sünden der Verstorbenen gebetet wird, für weit realistischer und lebensnaher als das, was ich bei Begräbnissen oft schon erlebt habe: dass man Verstorbene gleichsam heilig spricht und sie vom Sterben weg in den Himmel hochlobt. Der Grundsatz, dass man über Tote nur Gutes sagen soll, ist schon in Ordnung. Solche Pietät braucht es, aber zugleich sollten wir ernst nehmen, dass es eine letzte Gerechtigkeit gibt und dass das letzte Zurecht-Machen eines Menschen in den Händen Gottes liegt. Die Begräbnisliturgie bei uns im Kloster ist lang und intensiv. Ein fremder Priester meinte nach einem der Begräbnisse, bei dem es noch dazu sehr kalt war, etwas neckisch: »Also Ihr feiert das ja wirklich ausgiebig, wenn Ihr einen Mitbruder drüben habt!« Ein guter Kommentar! Ja, unser Glaube sagt uns, dass es wirklich einen Grund zum Feiern gibt, wenn wir einen »drüben« haben, wenn ein Lebensweg an seinem Ziel angekommen ist.

Es gibt noch einen weiteren Punkt, der mir das Gefühl gibt, dass Gott durch uns ein wenig Promotion für eine Lebenseinstellung macht, die das Letzte wieder ins Auge fasst: die Geschichte mit der CD *Chant – Music for Paradise.* Tatsache ist, dass niemand von uns beabsichtigt oder gar geplant hat, eine Aufnahme von gregorianischen Chorälen zu produzieren, die innerhalb kürzester Zeit zu einem Welterfolg werden sollte und Heiligenkreuz weltweit bekannt machen sollte. »Wunder« ist sicher ein Wort, dass um vieles zu hoch gegriffen ist, und das ich nicht verwenden möchte. Aber »Vorsehung« scheint mir doch angebracht. Natürlich macht Universal Music als eine der größten Musik-Firmen der Welt ein perfektes Marketing, doch der Hinweis auf die Verkaufsstrategien erklärt noch nicht, dass innerhalb von nur acht Monaten fast eine Million CDs verkauft worden sind. Eine CD, auf der »nichts anderes« zu hören ist als unser tägliches Gebet. Mit *Chant* geht die Art und Weise in die Welt hinaus, wie wir Mönche mit Gott sprechen, ihm täglich zusingen, dass er groß und wunderbar ist. Dieses Gebet hat eine Richtung, dieser Gesang reicht hinüber in den Himmel, zielt auf das »Paradies«.

Am 29. Februar 2008 morgens schickte ich eine entschuldigende E-Mail nach London. Tags zuvor hatte ein Freund aus dem Medienbusiness in London, der schon seit Jahren immer wieder Wochen der Stille bei uns im Kloster verbringt, mir eine Mail geschickt: »Schnell, schnell Karl« und dazu einen Link auf jene Homepage von Universal Music, auf der ein weltweiter Wettbewerb ausgeschrieben war, um die Ordensleute mit den *»most beautiful sacred voices«* zu finden. Ich habe meinem Freund aus London, der übrigens mittlerweile nach Österreich gezogen ist, um mit seiner Frau und drei reizenden Kindern etwas näher bei Heiligenkreuz zu wohnen, sofort zurückgeschrieben, dass das doch keinen Sinn habe: Was können Engländer schon an österreichischen Mönchen und ihren Gebeten interessiert sein! Als einem, der zwar gerne singt, aber sonst von Musik keine Ahnung hatte, sagte mir der Firmenname »Universal Music« auch so rein gar nichts. Die Homepage mit dem Wettbewerb machte mir zudem einen dürftigen Eindruck, ich hatte eher das Gefühl, dass hinter der Sache ein kleiner walisischer Gesangsverein steckte und nicht der größte Musikproduzent der Welt. Man braucht als Mönch ja auch nicht alles wissen! Meine mönchische Ignoranz hat sich jedenfalls durchaus als Vorteil erwiesen, denn hätte ich das Label gekannt, hätte ich an diesem 29. Februar niemals meine E-Mail geschrieben. Schon aus reiner Schüchternheit nicht! Ich begann mit einer Entschuldigung: »Sorry, we are not in the UK, but in Austria …« Und viel mehr Mühe wollte ich mir mit dieser ohnehin aussichtslosen Sache auch nicht machen, darum schickte ich nur ein paar Links: »Have a look at …« Schauen sie sich doch die Bilder von unserem Kloster an, hören sie sich die Hörproben unseres Chorals auf unserer Homepage an. Und da gibt es auf *YouTube* noch einen Clip, den unser talentierter junger Frater Martin gemacht hat, wo man uns auch singen hört und ein bisschen was von uns sieht … Das war es, E-Mail abgeschickt um 10.14 Uhr. Pflicht gegenüber meinem drängelnden Freund erfüllt.

Noch am selben Nachmittag kam der Anruf aus London, ein langes Gespräch mit Anna Barry, unserer späteren Produzentin. Und am Abend war die Entscheidung schon gefallen, – wobei es freilich noch Wochen brauchte, bis sich der Nebel der

Naivität in meinem Kopf lüftete und ich langsam realisierte, was das für ein Mega-Projekt werden könnte. Dann kam die große Frage: Was soll auf der CD sein, welche Gesänge? Unter dem Eindruck der drei Todesfälle, die uns allen so klar gezeigt hatten, wohin unser Weg führt, war die Entscheidung von Kantor Pater Simeon klar und eindeutig: die Gesänge der Totenliturgie! Die Texte sind ernst, aber die über tausend Jahre alten Melodien der anonymen Komponisten dieser Gesänge jauchzen himmelwärts, sind fröhliche Marschlieder Richtung Paradies. Darum war auch der Titel schnell gefunden: *Chant – Music for Paradise*, Aufbruch ins Paradies. Auch das Cover sollte ausdrücken, dass wir eine Richtung haben, in die wir gehen. Die Idee des Fotografen finde ich genial: Fünf Mönche auf sphärischem Goldgrund gespiegelt, alle unterwegs in dieselbe Richtung. Und doch keine uniforme Marschtruppe, keine verbissene Eliteeinheit im gedrillten Sturm auf ein Ziel, sondern alles ist locker und entspannt. Und die fünf schauen alle unterschiedlich und in verschiedene Richtungen. Besser kann man ja gar nicht darstellen, was Gemeinschaft in einem Orden ausmacht: ein Ziel und ein Sinn, ein Herz und eine Seele, und trotzdem keine Uniformität, jeder darf individuell er selbst bleiben. Nur in zwei Punkten haben wir Mönche um eine Ergänzung des Coverbildes gebeten: dass zum einen das »t« von »Chant« als Kreuz stilisiert wird, unaufdringlich, aber wahrnehmbar. Sicher möchte Gott mit der Schönheit des Chorals alle Menschen beschenken, unabhängig von ihrem religiösen Bekenntnis; doch sind diese Melodien der Ausdruck christlichen Gottvertrauens und uralte Formen christlicher Spiritualität. Zum zweiten war es uns ein Anliegen, dass die fünf Cover-Mönche nicht nur in raumlosen himmlischen Sphären schweben, sondern dass der konkrete Ort sichtbar wird. Darum ist auf dem Coverbild auch die Silhouette von Heiligenkreuz zu sehen, denn die Verbindung von Himmel und Erde braucht ja immer eine konkrete Verortung.

Niemals hätte ich mir nach dem Medienrummel des Papstbesuches gedacht, dass noch eine Steigerung möglich ist. Sie war möglich, und zwar nicht nur um das Doppelte oder Dreifache, sondern ich schätze um das Zehnfache. Uns war es immer wichtig, dass mit der CD auch der Glanz der Schönheit, der in unserer Lebensform liegt, in die Welt hinausgeht. Die Bibel spricht von »Dunkel und Todesschatten« (Lukasevangelium 1,79), wenn sie von einem Leben ohne bewusste Gottesbeziehung spricht. Der Erfolg der CD ereignete sich nun gerade nicht in den üblichen Bahnen, in denen kirchliche Musik bekannt wird. Wenige Tage nach der Veröffentlichung in England kam die Presseaussendung, dass »The Monks of Stift Heiligenkreuz« in die Top-Ten der englischen Pop-Charts gestürmt sind. Für unser kleines Österreich, das Gott sei Dank ein wenig am Rande der Glitzer- und Glamourwelt der Celebrity-Süchtigen liegt, war das schon eine Sensation, denn bisher hatten nur so unsägliche Größen wie Falko und DJ Ötzi die englischen Top-Ten erreicht. In England schleppte man mich von Radio zu Radio, von Fernsehsendung zu Fernsehsendung, von Interview zu Interview. Mir ist dabei aufgefallen, dass die englische Gesellschaft eine der am stärksten säkularisierten der Welt ist, in der man sich aber doch eine gewisse Grundverehrung gegenüber dem Religiösen bewahrt hat. Als Ersatzkult für die entfallene Heiligenverehrung haben sie wohl die Devotion gegenüber den Royals und den Prominenten entwickelt. Mir ist dort jedenfalls erst anhand der überaus befremdlichen »Verehrung«, mit der ich als Pressesprecher eines erfolgreichen Mönchschores bedacht wurde, bewusst geworden, dass so etwas wie die kollektive Trauermanie nach dem Tod von Prinzessin Diana nur in einem solchen kulturellen Umfeld möglich ist.

Die Popularität schwemmte viele Journalistinnen und Journalisten nach Heiligenkreuz. Wir – auch einige Mitbrüder halfen bei den Interviews – hatten uns fest vorgenommen, diesen

Job immer auch als Dienst zu tun: als seelsorglichen Dienst an den Interviewern. Dafür braucht man Zeit, aber es zahlt sich aus. Ich habe keine Journalistin und keinen Journalisten kennen gelernt, der mir unsympathisch gewesen wäre, viele sind Suchende, und vor allem: je weniger religiös sie waren, desto begeisterter waren sie. Kirchliche Medienanfragen hat es natürlich auch gegeben. Der kirchliche Journalist fragt: »Was machen Sie mit dem Geld von der CD?« Der weltliche Journalist fragt zuerst: »Welche Religion haben Sie eigentlich?« Und dann: »Was empfinden Sie, wenn Sie mit Gott sprechen? Wie würden Sie die Nähe zu Gott beschreiben?« Das sind Fragen, die in das Innerste gehen und nicht an der Kruste der Oberflächlichkeit herumkratzen. Ich fürchte seither auch, dass ich weiß, warum es dem christlichen Glauben so schlecht geht: Weil die kirchliche Medienarbeit eine Katastrophe ist. Wir beziehen das Wort Jesu »Die Ernte ist reif, bittet den Herrn der Ernte, dass er Arbeiter in seine Ernte sendet« immer auf Priesterberufe. Das ist okay. Ich bete auch weiterhin, ja noch intensiver, dass wir viele gute Priester haben. Aber ich meine, dass wir darunter auch verstehen sollten, dass wir gute »Künder« brauchen, *»burning persons«*, im Journalismus und in allen Bereichen der Medien, die unsere frohe Botschaft vom liebenden Gott von den Dächern schreien. Denn eines stimmt wirklich: Die Ernte ist groß. Meine Überzeugung ist also, dass uns in Heiligenkreuz all diese Dinge gar nicht deshalb geschenkt worden sind, weil wir so toll sind, sondern weil wir in diesen sich ausdehnenden Wüsten der Sinnlosigkeit eine einigermaßen funktionierende Oase sind und der liebe Gott durch uns viele Menschen aufmerksam machen wollte, wo sie graben müssen, um lebensspendende Quellen zu finden.

17. Gibt es Engel?

Gott hat uns Menschen nicht als Engel geschaffen, er wollte uns nicht nur als rein geistige Wesen, sondern er hat uns mit einem Leib geschaffen. Unser Leib ist Materie, er besteht aus Irdischem und ist vergänglich. Der Mensch ist ein ganzes Wesen, aber in sich differenziert in ein unsterbliches Element, das nennen wir Seele, und in ein vergängliches und materielles Element, das nennen wir Leib. Es gibt eine wunderbare theologische Definition des Menschen, die von einer der niveauvollsten Kirchenversammlungen stammt, die je stattgefunden hat: auf dem 4. Konzil im Lateran 1215 unter dem mächtigen Papst Innozenz III. wurde der Glaube bekräftigt, dass Gott die Wirklichkeit in zwei unterschiedlichen Kategorien geschaffen hat: zum einen das Geistige und zum anderen das Körperliche, heute würden wir sagen: Materielle. Es gibt das unsichtbare Wirkliche und das sichtbare Wirkliche. Und der Mensch ist gleichsam, so definierten die Bischöfe damals, ein Mix aus beidem, das Ineinander dieser beiden Dimensionen. Uns Menschen ist von beiden etwas gemein. Wir sind das Miteinander von unsichtbarem und unsterblichem Geist und sichtbarem und sterblichem Leib. Der Leib ist vergänglich, begrenzt, sterblich. Den Geist nennen wir Seele und von ihr glauben wir, dass sie unsterblich ist. Glücklich werden wir nur, wenn diese Einheit von Seele und Leib stimmig ist, wenn es eine Harmonie zwischen beiden gibt.

Ein Wort zur »Seele«: Die Welt ist schon verrückt, manches dreht sich in eine falsche Richtung. Noch vor wenigen Jahrzehnten musste man wohl den Eindruck haben, dass das Wort »Seele« zum christlichen Glauben gehört wie das Amen zum Gebet. Von »Seele« redeten vor allem die Pfarrer, die man ja auch »Seel-Sorger« nannte; in der Kirche betete man für »die armen Seelen«. Heute noch trägt der Gebetstag für die Toten am 2. November diesen Namen. Große Kreuze bei den Eingängen der katholischen Kirche mahnten mit der Aufschrift »Rette deine Seele!«, und wenn ein Pfarrer einen anderen fragte, wie viele Gläubige denn in seiner Gemeinde zu betreuen seien, lautete die Frage einfach: »Wie viele Seelen hat denn deine Pfarre?« Doch ach, nach den 68er Jahren startete man einen regelrechten Kreuzzug gegen die »Seele«. Nein, nicht die Ungläubigen, sondern die Theologen veranstalteten eine Art Treibjagd auf den Begriff »Seele«. »Seele« sei nicht biblisch! Unter »Seele« dürfe man sich nichts vom Leib Getrenntes vorstellen! Die Glaubensvorstellung, wonach beim Tod der Leib stirbt, die Seele aber in der Begegnung mit Gott geläutert wird, sei aufzugeben. Man müsse endlich weg von diesen Vorstellungen, die nicht aus der Bibel, sondern von Plato stammten. Die Propaganda gegen die »Seele« war innerkirchlich durchaus »erfolgreich«: Im offiziellen katholischen Messbuch kommt das Wort »Seele« nicht mehr vor; mit der Unsicherheit, ob der Mensch denn nun eine Seele habe oder nicht und wenn ja, was sie denn dann überhaupt sei, wackelte natürlich auch das Gebet für die Verstorbenen. Warum soll man für jemand beten, wenn er ohnehin ganz tot ist und Gott ihn vielleicht irgendwann irgendwie wieder auferweckt? Solche Ideen hatten ja biblizistische Gruppen wie etwa die Zeugen Jehovas immer schon vertreten. Für die ist aber immer auch jede Philosophie, also jedes natürliche Denken, »vom Teufel«. Während wir Katholiken überzeugt sind, dass auch unser Verstand vom lieben Gott geschaffen worden ist; er ist zwar durch die Erbsünde getrübt, aber nicht verdorben. Warum sollten daher Aristoteles und Plato, Descartes und Pascal, Kant und Hegel, Wittgenstein und Heidegger, Adorno und Habermas usw. nicht auch Wahres und Richtiges denken können?

Das Anliegen, das zu dem Ausrottungs-Versuch der Theologen von allem, was mit »Seele« zu tun hat, führte, war natürlich teilweise berechtigt. Es gab schon Zeiten, zu denen sich Christen die Seele wirklich allzu »platonisch« vorgestellt haben: so als wäre sie das Eigentliche und Einzige, was den Menschen zum Menschen macht. Weil die Seele so hui war, war auf einmal der Leib nur mehr pfui. Gute Seele, böser Leib – wo steht das wirklich in der Bibel? Man konnte den Eindruck gewinnen, als sei die Seele so hundertprozentig automatisch unsterblich, dass man eigentlich gar nicht mehr verstehen konnte, warum wir die Auferstehung Christi noch brauchen, wenn doch nach dem Tod ohnehin alles weitergeht. Und auch der Fahrplan, den man für die Seele nach dem Tod konzipiert hat, war zu präzise: so und so viele Jahre Fegefeuer für die Seele; Abkürzung des Fegefeuers, wenn man soundsoviel betet ... Also so ging das wirklich nicht.

Mit den Pogromen gegen die Seele hat man jedoch das Kind mit dem Bade ausgeschüttet. Und Gott beweist einen gewissen Humor, wenn er sich an seinen Theologen »rächt«, die bei der Jagd nach dem Fuchs, also einem vereinseitigten Verständnis von Seele, auch gleich die Treiber erschossen haben. Wo wir nämlich im christlichen Bereich nicht mehr von »Seele« reden wollen, da ist die »Seele« überall in der Esoterik und in den östlichen Formen der Religiosität aufgetaucht. Und hat sich dort noch mehr – platonisch – selbständig gemacht, als sie es je in der schlechtesten Form katholischer Theologie war. Mir ist ein Auftritt bei einer Fernsehsendung in Erinnerung, wo ich über die beruhigende Wirkung des gregorianischen Chorals auf die Seele reden durfte. Das habe ich sehr »dezent« getan, indem ich darauf hingewiesen habe, dass diese Form des Gesanges die Seele mit Gott verbindet, weil hier etwas aus dem Raum der Ewigkeit herüber klingt. Verschämt war ich geradezu in meinen theologischen Aussagen im Vergleich zu dem, was nach mir kam: Da trat nämlich eine junge Dame auf; sie war mir schon zuvor wegen ihrer leicht exotischen, schmetterlingsbunten Turnbekleidung aufgefallen. Sie turnte nun den Zuschauern einige Dehnungs-, Atem- und

Konzentrationsübungen vor und erklärte dabei genau, für welchen Bereich der Seele nun exakt welche Übung zuständig ist ... Mit absoluter Sicherheit wusste diese junge Psycho-Turnerin über die geographischen Regionen der Seele und ihre Beeinflussung Bescheid. Ich war baff!

Freilich: unter »Seele« versteht man dieses und jenes. Die Seele, die die Psychologen meinen – *»psyche«* ist ja das griechische Wort für »Seele« –, ist nicht das, was wir meinen, wenn wir für die »Seelen« der Verstorbenen beten. Und Thomas von Aquin (†1274) hat mit seiner Lehre von der naturhaften Einheit von Leib und Seele eine andere Vorstellungswelt als etwa John Eccles und Karl Popper, die – gegen eine rein materialistische Deutung des Menschen – ein gewisses Gegenüber von Geist und materieller Dimension des Menschen für plausibel halten. Jedenfalls ist das Wort »Seele«, das die Theologen mit einem verbissenen Fußtritt aus der Glaubenssprache hinauswerfen wollten, wieder durchs Hinterfenster der Esoterik und des postmodernen Aberglaubens in unsere Lebenswohnung zurückgesprungen. Dass »Seele« in der Vorstellungswelt da ist, das zeigt ja schon ein Blick auf den Schluss von *Terminator II*. Man muss den Österreicher Arnold Schwarzenegger nicht lieben, es genügt schon, ihn zu bewundern. Wir Österreicher neigen erstaunlicherweise dazu, große und erfolgreiche Landsleute erst nach ihrem Tod zu verehren, – dann aber ordentlich, sofern wir noch wissen, in welchem Armengrab sie verscharrt worden sind (Mozart!). Vermutlich bin ich einer der wenigen, der es schon jetzt wagt, öffentlich so etwas wie Respekt, ja sogar Bewunderung für den steirischen Sportler, der es zum Gouverneur des schönsten und größten amerikanischen Bundesstaates gebracht hat, einzugestehen. Einen Arnold-Fanclub werde ich als katholischer Priester natürlich nicht gründen, da mir sein Agieren mit der Todesstrafe unverständlich und seine Einstellung zum Schutz des ungeborenen Lebens zu undeutlich ist. Das soll mich aber nicht daran hindern, jemanden zu schätzen, der in seinem Leben immer den richtigen nächsten Schritt gemacht hat, der als US-Politiker endlich den Klima- und Umweltschutz hochhält und mit schauspielerischem Geschick Millionen Menschen das Gefühl von Sicherheit und Zukunftshoffnung zu geben versteht. Jedenfalls finde ich einige Schwarzenegger-Filme großartig – andere allerdings grauenhaft. *Terminator II* gehört in die erste Bewertungskategorie: eindrucksvoll, nicht nur wegen der oscarprämierten Special-Effects, sondern auch wegen der genialen Handlung. Am Schluss versinkt der böse Terminator mit der hinterhältigen Eigenschaft, sich plastisch in alle Formen und Materialien verwandeln zu können, in einem Hochofen mit flüssigem Metall: zischend löst sich die fesche Monster-Maschine auf, und dann kommt es: Eine geisterhafte Fratze zischt und brodelt herum, elendiglich zum ewigen Untergang verurteilt. Kurz darauf lässt sich auch Arnold, der edle Terminator, im Feuerpool versenken, damit die Menschen nicht mehr anhand der technischen Überreste aus der Zukunft auf krumme Gedanken kommen … (Freilich hat es Arnie dann doch geschafft, in dem schlechten Film *Terminator III* wiederzukommen – leider). Die böse Seele jedenfalls wird im Untergang zur leidensverzerrten Fratze: Seelenvorstellung à la Hollywood.

Wie soll man über das Geistige sprechen? Einerseits fühlen wir instinktiv, dass all unser Glück von diesen Dimensionen abhängt. Ist unsere Seele nicht okay, stimmt doch alles andere auch nicht. Wir brauchen nun mal Begriffe, um uns auszutauschen, andererseits wissen wir, gerade auch wenn es um den Glauben geht, dass ein Wort nie hundertprozentig die Sache, die es meint, ausdrücken kann. Noch dazu, wenn die »Sache« etwas so Geheimnisvolles wie diese innere Dimension ist, aus der heraus wir lieben, fühlen, denken, begehren, trauern, streben usw. – eben die »Seele«. Für mich hat Kardinal Ratzinger, der verehrte Theologe, den die Kardinäle 2005 Gott sei Dank zum Papst gewählt haben, damit seine genialen theologischen Schriften von noch mehr Menschen beachtet, gelesen und hoffentlich auch verstanden werden, die Richtung gewiesen, die wir im Begreifen von »Seele« gehen sollen: Seele ist kein Ding, keine Sache, kein luftiges Etwas, das in unseren Leib eingegossen wird wie in einen Luftballon. Wenn in der uralten Erzählung im Kapitel 2 des Buches Genesis der Bibel recht anschaulich geschildert wird, wie Gott höchstpersönlich den Leib des Menschen »Adam« aus Ackerboden (hebräisch *adamah*) formt und stylt und ihm dann den Lebensatem einbläst, sodass er zum Leben (hebräisch *eva*) kommt, so meint das etwas anderes als Plato darunter verstehen würde. Das Wort für Lebensatem ist *nephesch*, es wird im Griechischen mit *psyche*, im Lateinischen mit *anima* übersetzt, also mit »Seele«. Ursprünglich heißt es aber einfach Kehle, also das, wodurch wir Atmen und so eben Leben haben. Denn wer atmet, der lebt. Und wer aufgehört hat zu atmen, der ist tot. So nimmt es der Mensch vor 3000 Jahren wahr, als diese Erzählung der Bibel niedergeschrieben wurde. Wir müssen das so verstehen, dass Gott uns in eine Beziehung zu sich setzt. Vom ersten Augenblick, in dem wir zu existieren beginnen im Leib unserer Mutter, ist jeder von uns direkt vom Schöpfergott angerufen.

Die »Seele« ist die Beziehung zu seiner Unendlichkeit, in die Gott uns von Anfang an stellt. Wenn heute die jungen Leute ausdrücken wollen, dass sie jemanden haben, den sie lieben und von dem sie geliebt werden, dann sagen sie: »Ich bin in einer Beziehung«. Dass Gott uns eine »Seele« gibt, bedeutet, dass wir vom ersten Augenblick an von Gott geliebt werden, mit ihm »in einer Beziehung stehen«, die Gott nie abbrechen wird. Seine Beziehung zu uns ist unsterblich. So ungefähr hat es Ratzinger interpretiert, mit der großen Absicht, den Begriff »Seele« zu retten. Tatsächlich braucht der bei uns in der Kirche einen strengen Artenschutz, um nicht gänzlich auszusterben. Schafft man einen altbewährten Begriff ab, der schon intuitiv so vieles Richtige (neben manchem Falschen) beinhaltet, dann schafft man sich immer nur neue Probleme. Man muss mit komplizierten Umschreibungen das erklären, wofür früher ein Wort genügt hat.

Noch eine weitere Wirklichkeit haben wir Theologen in den letzten Jahren ihrer Benennung beraubt. Auch hier geht es um etwas Geistiges, das aus dem Materiellen hinaus in das Göttliche verweist, und das wir als »Engel« bezeichnen. Gibt es Engel? Ja, Engel gibt es! Ob es in dem unvorstellbar großen Kosmos noch andere biologische Formen von Leben gibt, entzieht sich unserer Kenntnis. Ob es aber außer uns Menschen noch *intelligentes, geistiges* Leben gibt, diese Frage beantwortet der christliche Glaube mit einem klaren: Ja! Gott hat eine unsichtbare Welt der personalen Geister geschaffen, die den Namen »Engel« tragen. Für den christlichen Glauben war immer klar, dass es Engel gibt. Freilich hatten es diese seltsamen Wesen, von denen die Bibel nur in aquarellartigen Bildern spricht, in den letzten Jahren nicht leicht bei uns Gläubigen. Wir wollten nicht als naiv gelten, und uns vorwerfen lassen, dass wir noch an den kleinen Schutzengel glauben, von dem früher über jedem Kinderbett diese eindrucksvollen Bildchen angebracht waren, auf denen zu sehen war, wie ein guter Engel – natürlich mit Flügeln ausgerüstet – behutsam die kleinen Kinder vor dem Absturz in den Abgrund beschützt. Eine ganze Generation, die als Kinder noch selbstverständlich jeden Abend gebetet hatte: »Schutzengel mein, lass mich dir empfohlen sein,/ steh in jeder Not mir bei,/ halte mich von Sünden frei./ Führe mich an deiner Hand/ in das himmlische Vaterland!«, schämte sich plötzlich solcher Kindlichkeit.

Da wurden nämlich von liberalen Bibelexperten gewaltig schwere Geschütze gegen diese zarten Wesen aufgefahren! Und es nützte den Engeln wenig, dass sie fast auf jeder Seite der Heiligen Schrift vorkommen, und dann sogar oft in prominenter und entscheidender Funktion: So bringt etwa die Sendung des

Erzengels Gabriel zu Maria die gesamte Erlösungsgeschichte ins Rollen (Lukasevangelium 1,26). Der Engelsgruß ist eines der beliebtesten spätmittelalterlichen Bildmotive gewesen, weil man an der Haltung Mariens, die von Gott her angesprochen wird, etwas Grundsätzliches im Verhältnis von Gott und Mensch herauslesen konnte. Es nützte den armen Engeln auch wenig, dass sich Christus höchstpersönlich auf sie bezieht, wenn er z. B. ankündigt, dass uns diese beim Endgericht in Spreu und Weizen scheiden werden (Matthäusevangelium 13,49). Obwohl »Engel« eine Selbstverständlichkeit in der biblischen und liturgischen Glaubensvorstellung sind, und obwohl diese Wesen durch zwei Jahrtausende das Interesse christlicher Künstler phantasievoll beflügelt haben – und diese umgekehrt auch von den Künstlern im wörtlichen Sinn »befügelt« wurden –, wurden sie doch in den letzten Jahren von so manchem Theologen zum Abschuss freigegeben. Wir schützen Wale und Pandabären, und das ist okay! Aber was ist mit den Engeln? Wer kümmert sich um diese gefährdete Wesensart, die heute immer noch einige theologische Großwildjäger hemmungslos eliminieren möchten?

Dabei galt es einigen aufgeklärten Liberalen als ausgemacht, dass Engel ein Produkt der religiösen Phantasie sind, die immer dort auftauchen, wo ein geschlossenes, monotheistisches Gottesbild vorliegt: Um sich den einen und alleinigen Gott besonders unberührbar und weltabgehoben vorstellen zu können, braucht die fromme Vorstellung so etwas wie Mittlerwesen, um eine Verbindung zwischen Gott und Welt denken zu können. Das Wort »Engel« kommt ja tatsächlich vom Griechischen und heißt nichts anderes als »Bote« und »Gesandter«. In allen Religionen des Orients wimmelt es von Engeln und ähnlichen Wesen, und vor allem die großen Monotheismen, also Judentum und Islam, haben eine ausgeprägte Engellehre entwickelt. Die alttestamentlichen Schriften bemühen sich, die »Götter« der Heiden in Form von »Engeln« dem einzigen Gott Jahwe unterzuordnen. Sie nennen Gott daher »Jahwe Sebaoth«, das heißt »Gott der Engelsheere« So konnten die Liberalen behaupten, dass der Engelglauben ein Rest antiker Mythologie sei, von dem sich ein modernisiertes Christentum endlich verabschieden müsse. Die Folge war, dass von uns Priestern in den letzten Jahren über dieses vermeintliche Randstück naiver Religiosität verschämt geschwiegen wurde. Unter Theologiestudenten kursierte der Witz, wie man denn die Bibel nun neu zu verstehen habe. In der Szene, wo der Erzengel Gabriel Maria die Botschaft von der Menschwerdung Gottes bringt, hat er dann nicht mehr zu sagen: »Fürchte dich nicht Maria, denn du hast bei Gott Gnade gefunden, du wirst ein Kind gebären ...«, sondern: »Fürchte dich nicht, ich bin nur eine theologische Imagination, du bist eine anthropotypische Symbolfigur und ich verkünde dir eine existentielle Selbsterfahrung ...«

Doch geistige Wirklichkeiten sind geschichtsmächtig. Das gilt schon für die Seele des Menschen: Die Seele des Menschen bewegt den Leib. So ist es auch mit den wahrgenommenen Wirklichkeiten, die man schon vorchristlich und außerchristlich als »Engel« bezeichnet hat; das sind die Boten aus einer geheimnisvollen jenseitigen Welt. Und wo wir – entgegen der biblischen Sprache und der Vorstellungswelt unseres Glaubens – diese Wirklichkeiten aus unserer Wahrnehmung herausschlagen wollten, da ist es wiederum gekommen, wie es kommen musste: Wo der Glaube verstummt, reden andere umso lauter! Wieder wirkte der Mechanismus, den ich schon bei der »Seele« beobachten zu können meinte: Wo der Glaube vor die Tür gesetzt wird, springt der Aberglaube zum Fenster herein. Das erinnert mich an die Zeichentrickfilmserie *Familie Feuerstein*, alias *The Flintstones*, wo jede Episode, untermalt von einem Ohrwurm an komischer Filmmusik, damit endet, dass Fred Feuerstein die Katze vor die Tür zu setzen versucht, die jedoch husch-husch wieder durch das Fenster ins Haus springt, während sich Fred selbst ausgesperrt hat und mit einem verzweifelten »Wiiilmaaa!« nach seiner Frau ruft. Ich fürchte, dass sich die christliche Theologie im Umgang mit den Engeln auch selbst vor die Tür gesetzt hat. Denn je mehr wir die Engel in der kirchlichen Verkündigung ignoriert haben, desto mehr hat sich die außerchristliche Religiosität ihrer bemächtigt. Ich glaube, dass die Engel selten zuvor in der Menschheitsgeschichte so populär waren wie in der heutigen Postmoderne. Man kann die Probe aufs Exempel machen, indem man im Internet den Begriff »Engel« in eine der vielen Buchsuchmaschinen eingibt: Hunderte Buchtitel und Hörbuchtitel werden einem da präsentiert. Freilich: die meisten aus dem diffusen Milieu von New Age und Esoterik. Die Katze hat das postmoderne Haus bezogen und kommt ganz gut ohne die Theologen aus, die draußen stehen und nicht wissen, was um sie herum geschieht. Weil es eben mittlerweile eine irrationale Neugierde gibt, ob und wie denn die Wechselwirkung zwischen dem Endlichen und dem Unendlichen, dem Berechenbaren und dem Unberechenbaren funktioniert.

Weil die Überzeugung, dass es Engel gibt, also nicht auszurotten ist, und sie sogar nach den Engelspogromen der modernen Theologie in eine schillernde postmoderne Esoterik auferstanden ist, meine ich, dass es sich lohnen würde, einen Blick auf die »artgerechte Haltung« zu werfen, die der kirchliche Glaube diesen geheimnisvollen und scheuen Wesen zuteil werden lässt. Es zahlt sich aus, die prägnanten Artikel des Katechismus zu lesen, in denen der christliche Glaube über die Engel komprimiert dargestellt ist. Achtung: Wer nur an der Frage interessiert ist: »Was sind denn Engel nun eigentlich genau?«, dessen Neugierde wird auch durch die Glaubenslehre der Kirche nicht befriedigt werden. Nicht, weil man darüber nicht auch philosophieren und theologisieren kann – das haben die Theologen im Mittelalter ausreichend und inbrünstig getan –, sondern weil doch klar ist, dass Gott die Engel nicht geschaffen hat, damit wir

Menschen irgendwelche metaphysische Sonderwesen bestaunen können. Gott wollte mit den Engeln nicht einen Zoo an sonderbaren Geistern zur Lustbarkeit von uns Menschen einrichten, sondern er hat sie geschaffen, um sein eigenes Wirken in unsere Welt hinein zu intensivieren und zu konkretisieren. Wichtiger als die Frage »Was sind Engel?« sind daher die Fragen »Was tun Engel?« und »Wie wirken sie?«. Der heilige Augustinus formuliert: »Engel bezeichnet nicht so sehr eine Wesenseigenschaft als eine Aufgabe!« Gott will *angelô*, auf Griechisch heißt das einfach »senden«. Der Unendliche will sein Heil in endlich fassbarer Weise in unsere Welt »hineinsenden«.

Wir sollten daher, so meine ich, unsere Neugierde zügeln. Der christliche Glaube beschreibt die Engel als »geschaffene Geister«, aber das ist eigentlich nur ein anderes Wort für »geheimnisvoll«. Ein Engel ist eine Kraft, ein Einfluss, eine Einwirkung, die in Gott ihren Ursprung hat und aus dem Raum des Göttlichen kommt, das ist mit dem Adjektiv »geschaffen« gemeint. Viel weiter sollten wir nicht fragen, denn es gibt eben Geistiges, das mehr in seiner Wirkung als in seiner Wesenheit wahrgenommen wird. Wenn ich gefragt werde: Was *ist* Glück, was *ist* Geborgenheit, was *ist* Sinn, was *ist* Freundschaft …? dann gibt es darauf ja auch keine glatten mathematischen Definitionen, sondern nur Umschreibung. Glück, Geborgenheit, Sinn, Freundschaft usw. ist nichts, was wir handlich definieren können. Die Frage nach geistigen Wirkungen kann ich nicht beantworten wie ein Kreuzworträtsel. Gott sei Dank, denn ein Kreuzworträtsel ist ja in dem Augenblick, in dem es aufgelöst worden ist, nur noch Müll, es taugt nur noch für den Papierkorb. Bestimmte Erfahrungen kann man eben nie glatt auflösen, darum bleiben sie ja auch so spannend und machen das Leben erst lebenswert. Warum müssen wir uns denn etwas vorstellen wollen unter diesen nichtmateriellen Boten Gottes? Die christliche Glaubensdefinition, dass sie »geschaffene Geistwesen« sind, will sie ja eben dadurch unserem detektivischen Forschungsdrang entziehen. Weil sie den Menschen zumutet, ganz selbstverständlich zu kapieren, dass Engel etwas völlig anderes sind als die drolligen Putten von Bernini oder die erhabenen Lichtgestalten in der romanischen Krypta von Marienberg im Vinschgau, lässt die Theologie auch den Künstlern freie Hand. Engel sind und bleiben Geister, Mächte, Gewalten …

Viel interessanter finde ich daher die Frage, wie die Engel wirken. Wenn man einer brenzligen Gefahr entgangen ist, sagt man bei uns in Österreich ganz selbstverständlich: »Ich habe einen Schutzengel gehabt.« Das ist aus unserer uralten katholischen Tradition in den selbstverständlichen Sprachschatz übergegangen. Und spricht für einen guten Instinkt. Fragt man die Leute, so wissen fast alle von einem »Schutzengelerlebnis« zu berichten: Eine alte Bäuerin aus einem Nachbardorf hier im Wienerwald erzählte einmal bei einer Glaubensgesprächsrunde, wie ihr der Schutzengel begegnet sei. In einer stürmischen Nacht – so etwas gibt es auch in der Wirklichkeit, nicht nur in Gruselfilmen – war aus dem Stall permanent das Poltern eines losgerissenen Fensterflügels zu hören. Der Wind drückte das Holzfenster auf und zu, das Klappern und Krachen war unangenehm und schlafstörend. So erhob sich die alte Frau aus dem Bett, zog sich schnell einen Mantel über und ging aus dem Haus Richtung Stall. Unterwegs ärgerte sie sich, weil sie die Taschenlampe vergessen hatte und es stockfinster war. Weil es stürmisch war, wurde der guten Frau auch durch das ständige Pfeifen des Windes und das Klappern im Stall einigermaßen unheimlich. Wie sie sich so mit einem gerüttelten Maß an Heldenhaftigkeit vortastete, bekam sie plötzlich einen heftigen Stoß von vorne. Sie taumelte zurück und schon saß sie auf dem Boden. »Wer da?« – Niemand weit und breit. Das war dann doch zu mysteriös, sodass sie schleunigst den Rückzug in die warme Stube antrat und die Tür zur Sicherheit doppelt versperrte. Die Geschichte erzähle ich viel schlechter als die Bäuerin, denn ich habe viele Details nicht mehr in Erinnerung. Es geht ja auch nur um die Auflösung des Rätsels und die Interpretation, die die gute Frau all dem gegeben hat. Am nächsten Morgen, bei Tageslicht, stellte sich zwar nicht heraus, wer ihr den Stoß, der sie so rätselhaft zu Boden gehen ließ, gegeben hatte; sehr wohl aber, was passiert wäre, wenn sie weitergegangen wäre: Der Deckel zu der tiefen Jauchengrube war nämlich merkwürdigerweise offen. Wäre sie weitergegangen, wäre sie in den tiefen Schacht und in die Jauche gefallen und hätte sterben können. Ihr Resümee: »Ich bin meinem Schutzengel für diesen Stoß sehr dankbar!« Viele solcher Geschichten habe ich als Priester gehört, und ich fände es unfair, wenn man hier alles auf ein rationales »nur« hinterfragen würde. Vielleicht war es »nur« ein Windstoß, vielleicht war es »nur« ein versteckter Einbrecher, »nur« eine Einbildung …? Dass sie auf den Hintern gefallen ist, durch welche Ursache auch immer, das war real. Und was immer die Ursache war: Gott handelt immer durch Zweitursachen, ob das nun ein Windstoß oder ein Engelsstoß ist.

Engel helfen uns, das Glück zu finden. Aber Achtung: für uns Christen lassen sich die Engel nicht von Gott trennen. Mir tut es weh, wenn mir Jugendliche sagen, dass sie lieber an den Teufel glauben als an Gott. Teufel, dass sind die negativ gepolten geistigen Mächte, die man ja auch nicht beweisen muss, sondern die sich tagtäglich in den bösen Tatsachen von Gewalt, Terror, Fanatismus, Macht- und Geldgier, Mobbing und Intrige, gar-nicht-geilem Geiz usw. usw. zeigen. Mir tut es aber auch weh, wenn esoterische Engelsverehrer so tun, als könnte man ausschließlich mit den Engeln ein gutes Lebensgeschäft machen. Für uns Christen gibt es nur einen Gott und Herrn, der uns durch seinen Sohn erlöst hat. Seine Liebe hat uns Gott nicht durch Engel bewiesen, sondern durch seinen Sohn, der für uns Mensch geworden ist, gekreuzigt wurde und auferstand. Die frühe Kirche hat das verstanden. Damals in der Antike lebte man in einer Welt, die von der Vorstellung von Göttern, Dämonen und Engeln nur so wimmelte. An jeder Ecke ein Tempel mit einer Götterstatue; schon die Kinder wurden mit Amuletten umhängt oder mit Glückssymbolen tätowiert, um die bösen Geister abzuwehren, weil man sich zu einer Zeit, wo man an einem Schnupfen jederzeit sterben konnte, ja von unberechenbaren Mächten und Gewalten bedroht sah. Mit diesen Kräften musste man sich gutstellen. Aberglaube lebt immer vom Versuch, sich mit dem Mysteriösen zu arrangieren. In diese bedrückende Atmosphäre brachte die junge Kirche das Evangelium, eigentlich muss man es »Eu-Angelion« aussprechen. Die Vorsilbe *eu* bedeutet im Griechischen »gut«; *angelion* ist die Kunde. Die gute, frohmachende Kunde des Christentums bestand nun auch darin, dass man sich vor all diesen Göttern, Engeln, Dämonen, Kräften, Thronen, Fürsten, Gewalten und welche Namen man sonst noch dafür hatte, nicht mehr zu fürchten brauchte. Es waren keine »Deals« mehr notwendig, um sich mit denen da draußen gutzustellen, weil es nur einen Herrn gibt, nämlich Jesus Christus. Alle »Engel, Gewalten und Mächte [sind] Christus unterworfen« (1. Petrusbrief 3,22). Die Engel sind für uns Christen also nichts *neben* Gottes Erlösungswerk, sie sind vielmehr Funktionen *in* seinem guten Wirken für uns. Gott will unser Bestes, und die Engel sind dafür im Einsatz.

Heute vermuten die Bibelwissenschaftler, dass in der Mitte des 1. Jahrhunderts die kleinasiatische Stadt Kolossä (heute eine Kleinstadt 170 km östlich von Ephesus) von einem Erdbeben erschüttert worden sein könnte. Die jungen Christen dort gerieten in Panik und begannen wieder Mond, Sterne, Engel und andere Mächte als »Götter« zu verehren und abergläubisch zu werden. Der Apostel Paulus schreibt den wieder abergläubisch gewordenen Kolossäern, dass alles, aber auch wirklich alles, Christus untertan ist. Und im Kolosserbrief 2,16 warnt Paulus davor, eine Art »Freitag-der-Dreizehnte«-Angst zu entwickeln. Genützt hat das wenig, denn ich kenne noch heute Leute, die an bestimmten Tagen nur ungern aus dem Haus gehen. Ich halte von Christen, die sich vor schwarzen Katzen fürchten, die die Straße queren oder die Angstausbrüche bekommen, wenn sie mal irrtümlich unter einer Leiter durchgegangen sind, – genauso wenig wie der Apostel Paulus damals. Übrigens: Mit einer gewissen Süffisanz zitieren wir Theologen unseren Kollegen aus der Philosophie auch gerne die folgende Weisung des Paulus: »Seht zu, dass euch niemand einfange durch Philosophie und Fabeleien, gegründet auf die Lehre von Menschen und auf die Mächte der Welt und nicht auf Christus.« (Kolosserbrief 2,8) Gemeint ist hier natürlich nicht das, was wir heute unter Philosophie verstehen, also das suchende Nachdenken über das Letzte, sondern die heiße Luft, mit denen esoterische Dampfplauderer damals den Menschen das Blaue vom Himmel herunter zu erzählen versucht haben.

Ich glaube, dass wir damit rechnen dürfen, dass uns Gott etwas so Sinnvolles wie Engel zur Seite gestellt hat: weil er weiß, dass wir konkrete geistige Leitung brauchen, um vor körperlichem und geistigem Schaden bewahrt zu bleiben und das große Ziel zu erreichen. Mit den Engeln haben wir gemeinsam, dass sie ebenfalls von Gott geschaffen sind. Eines haben wir aber mit den Engeln gar nicht gemeinsam, das ist unser Leib. Es ist nämlich ganz eindeutig: Wir sind keine Engel. In moralischer Hinsicht füge ich hinzu: Leider! Ansonsten sage ich ein lautes: Gott sei Dank! Wir bestehen aus Seele und aus Leib; das *missing link* zwischen dem Immateriellen und dem Materiellen, dem Geistigen und Körperlichen, dem Ewigen und Zeitlichen sind wir selbst. Wenn ein katholischer Priester etwas über den Leib schreibt, so wird der Leser vermutlich erwarten, dass jetzt gleich loslamentiert und losgeschimpft wird: Pfui der böse Leib. Das durchschnittliche Wissen über den christlichen Glauben ist heute von Ignoranz geprägt und darum zutiefst vorurteilsverseucht. Nur weil wir Christen unseren Leib nicht zum Ober-Hyper-Mega-Götzen machen, sind wir doch nicht leibfeindlich! Nur weil wir diesen Körper nicht wie verrückt verkulten, bewellnessen, mit aller Raffinesse mästen, um ihn dann im Egokult umso lustvoller niederzufasten, und nur weil wir ihm nicht alles irgendwie, irgendwo, mit irgendwem sexuell erlauben wollen, heißt das noch lange nicht, dass wir Christen ihn nicht toll finden. Jawohl – der Leib ist ein wunderbares Geschenk von unserem göttlichen Konstrukteur. Der Autor der Adam-und-Eva-Erzählung aus dem Buch Genesis hat das so toll gefunden, dass er Gott höchstpersönlich den Körper des Adam modellieren lässt; und dass Eva der Seite des Adam entnommen ist – also dem Leibeszentrum – bedeutet ja nur, dass sie genau und hundertprozentig gleichwertig ist. In der damaligen patriarchalischen Gesellschaft übrigens eine mutige Aussage. Wir Christen sind keine Platoniker, die sich bei Gott beschweren, dass er ihre ach-so-hehre Seele in einen ach-so-armseligen Leib »verbannt« hat. Im Gegenteil, im Psalmengebet bedanken wir uns bei ihm, dass er sich mit uns solche Mühe gemacht macht: »Ich danke dir, dass du mich so wunderbar gestaltet hast. Ich weiß: Staunenswert sind deine Werke …« (Psalm 139,14) Freilich kommt mir dieses Wort persönlich immer dann schwer über die Lippen, wenn ich meinen schon wieder gewachsenen Bauch im Spiegel betrachte … Aber im Grundsätzlichen stimmt es schon: Wunderbar sind wir geschaffen, weil wir nicht bloß Geist, aber auch nicht bloß Leib sind.

18. Fit for God

Wir Menschen sind Geist und Leib, und darum gehört zu unserem Glück auch, dass wir es mit unserem Leib erleben! Gott hat uns in eine Welt gestellt, die wir vermittels der Sinne unseres Körpers wahrnehmen können, und zwar nur so. Unser Leib ist also das Instrument der Wahrnehmung von Wirklichkeit. Ob sich die Engel im Himmel ärgern, weil sie nie wissen werden, wirklich nie, wie gut der Rotwein schmeckt, den wir Mönche in unserem 1142 gegründeten uralten Weingut in Gumpoldskirchen herstellen? Okay, die Engel schauen Gottes Angesicht, so lehrt es der Glaube, und damit sind sie wohl ganz zufrieden. Aber das Stückchen Zufriedenheit, das wir erleben dürfen, wenn wir am Abend nach einem guten Essen mit guten Freunden, vielleicht sogar bei einem Schnäpschen einem milden Sonnenuntergang im Wienerwald zuschauen dürfen …, also das können sie halt einfach nicht erleben, weil sie keine körperlichen Sinne haben. Lassen wir es dahingestellt, ob den »armen« Engeln nicht doch etwas abgeht, uns ist es jedenfalls geschenkt: dieses materielle Etwas, das begonnen hat, als unsere Eltern eins waren in der liebenden Hingabe und mit dem unser Ich hier in der Geschichte dieser Welt anwesend geworden ist. Der Leib bindet uns an Raum und Zeit, denn er hat einen Anfang und ein Ende, er wächst und verfällt, er ermöglicht uns, uns mit anderen auszutauschen, er bestärkt uns mit guten Gefühlen und belastet uns mit Krankheit. Wir können es uns nicht aussuchen: wir haben diesen Leib, unser Ich ist gebunden an dieses »Instrument«, in dem es sich durch das Leben bewegen muss.

Hat unser Leib etwas mit unserem Lebensglück zu tun? Auf österreichisch kann die Antwort nur lauten: *No na!* Also: Selbstverständlich! So glauben wir doch, dass Gott die Welt gut geschaffen hat, und da gehört der Mensch als Ganzes dazu. Das Heil, das Gott schenkt, ist nie nur »geistig«, ist nie nur eine spirituelle Anhauchung, sondern ist handgreiflicher irdischer Sinn und irdisches Glück. Schon im Alten Testament gibt es die Einsicht, dass alles am Menschen von Gott geschaffen ist, dass er insgesamt eine Idee, ja ein Werk Gottes ist. Die christliche Theologie mag im Laufe der Geschichte den Leib manchmal zu pessimistisch betrachtet haben, aber schon die biblische Schilderung, wo Gott den Körper des Adam modelliert, hat sie daran gehindert, in eine gnostische Leibfeindlichkeit abzugleiten. Das Gegenteil ist der Fall: Die Kirchenväter haben die Würde des Leibes immer verteidigt. Wir sind keine Geistseelen, die »irrtümlich« oder »schuldhaft« aus ihrem rein geistigen Paradies hinausgeworfen wurden, verbannt aus ihrem rein unirdischen Schwebezustand in eine böse materielle Lebensform. Wie sollten wir Christen denn unseren Leib, der uns in eine konkrete Lebensgeschichte in den Lauf der Weltgeschichte hineinsetzt, verachten, wenn doch nach unserem Glauben Gott selbst Mensch geworden ist? Das Johannesevangelium verwendet an der berühmten Stelle seines hochphilosophischen Vorwortes den Ausdruck, dass »das Wort Fleisch geworden ist«. Der Text ist natürlich vielen unverständlich, auch hier zahlt es sich aus, ein bisschen Griechisch zu können, denn was im Deutschen als »Wort« übersetzt ist, das heißt im Griechischen *logos*, davon kommt unser Wort »Logik« und darin steckt auch schon für die Griechen ein Beigeschmack von dem, was wir heute »Sinn« nennen würden. Mehr oder weniger alle Systeme der griechischen Philosophie verwendeten das Wort *logos*, alle in einer etwas abgewandelten Bedeutung. Immer aber war der Logos die Verbindung zwischen »Gott« (bzw. dem abstrakten »Göttlichen«) und dem »Kosmos«, also der endlichen Welt. Also: von Gott her geht durch den Logos der Kosmos hervor; oder: von Gott her empfängt die Welt ihren »Logos«, also ihren Sinn. Und nun formuliert Johannes den Prolog zu seinem Evangelium: »Im Anfang war der Logos und der Logos war bei Gott und der Logos war Gott, alles ist durch den Logos geworden ...« Und dann in Vers 14: »Und der Logos ist Fleisch geworden.«

Für uns Christen die zentralste Glaubensaussage: »Der Logos ist Fleisch geworden«. Wir feiern das zu Weihnachten: Göttlicher Weltsinn liegt in Gestalt eines Kindes in der Krippe, streckt uns die Arme lächelnd aus, und macht in die Windeln. Wir glauben an die Fleischwerdung des Logos, also des ewigen Sohnes Gottes. In Tirol kursiert die Erzählung, dass man einen Professor der berühmten theologischen Fakultät der Jesuiten in Innsbruck – diese Fakultät war früher eine echte Kaderschmiede der gescheitesten Köpfe der Theologie (Hugo Rahner, Joseph Jungmann, Karl Rahner, Emerich Coreth ...) – über Weihnachten zur Aushilfe in eines der umliegenden Täler gerufen hat. Der hochgelehrte Professor predigte mit Hingabe und Leidenschaft über die Fleischwerdung des Logos. Danach stand ein altes Weiblein in der Sakristei, um sich zu bedanken: »Herr Pater, großartig haben sie gepredigt. Endlich haben sie *diesem Logos da* ordentlich die Meinung gesagt!« – Ich hoffe, dass ich auf mehr Verständnis stoße, denn hier liegt das Fundament des Christentums. Dass das Göttliche irgendwie in der Welt anwesend wird, das mögen auch andere Religionen denken: durch seine alles durchdringende Allgegenwart, die man in Meditationen erspüren kann; durch seine Mitteilungen (Worte!), die es weisen Menschen irgendwie mitteilt und die diese dann weitergeben. Doch bei Johannes heißt es: »Der Logos ist Fleisch geworden«. Es heißt nicht: »Mensch« geworden, sondern »Fleisch« geworden. Wer schon einmal auf einem orientalischen Basar war, der weiß, wie prekär es ist, dort Fleisch zu kaufen. In der Hitze verdirbt das Fleisch sehr schnell. Wegen der rasch einsetzenden Verwesung wird in heißen Ländern auch mit dem Begräbnis nicht lange gewartet. Also: »Fleisch« steht hier dafür, dass Gott

Mensch geworden ist – und zwar in einem vergänglichen Leib, in einem sterblichen Leib.

Gott selbst hat in seiner Menschwerdung das mit uns geteilt, was wir einen »hinfälligen Leib« nennen. Übrigens nehmen wir Christen – und hier meine ich wirklich alle Konfessionen, auch die, die aus der Reformation stammen – die Mutter Jesu ernst. Ohne Maria keine »Verleiblichung« Gottes. In dem Prozess, wie er uns sein Heil bringen wollte, hat sie von Gott einen wichtigen Platz zugewiesen bekommen. Ich frage also: Warum sollte eine Religion, die an einen leibhaftig Mensch gewordenen Gott glaubt, diesen Leib nicht hochschätzen? In der katholischen Kirche (noch mehr in der orthodoxen) ereignet sich die Vermittlung des göttlichen Heiles doch gerade in den sinnlichen Zeichen: Feierliche Bewegungen, duftiger Weihrauch, Blick fangende Bilder, erhebende Klänge ... so sollen wir glücklich gemacht werden durch ein Fest der Sinne. Dass wir Christen nicht leibfeindlich sind, mag man aber auch daran erkennen, dass es das erste Gebot der christlichen Liebe ist, unseren notleidenden Schwestern und Brüdern beizustehen. Wir können nicht vom geistigen Himmel predigen und dabei den irdischen Magen leer lassen. Die Würde, die der Glaube dem Leib gibt, kommt vielleicht nirgendwo schöner und sinnfälliger zum Ausdruck als im katholischen Begräbnisritus, wo wirklich ein »pompe funèbre«, eine düstere Feierlichkeit um den dahingegangenen Leib gemacht wird.

Nein, wir sind keine Leibfeinde. Als ich jung in das Kloster eingetreten war, habe ich eine Zeit lang gebraucht, um das zu verstehen. Wenn man frisch eintritt, will man es ja auch ganz radikal – da neigt man dann zu strengstem Fasten, zu ziemlich extremen Übungen (ich habe sogar einmal ausprobiert, nicht auf einer Matratze, sondern auf einem Holzbrett zu schlafen ...). Diese Torheiten sind lange vorbei und sie waren wirklich Torheiten: Denn den Leib zu vernachlässigen, ja zu zerstören, ist nicht christlich. Und niemand zitiere mir hier christliche Heilige, denn dem antworte ich mit dem klugen Satz der heiligen Theologen: *»Sancti sunt admirandi, non imitandi!«* – Die Heiligen sind zu bewundern, aber nicht in allem nachzuahmen. Wegen der Gefahr, durch religiösen Übereifer in eine Falle geführt zu werden, sagt der heilige Benedikt auch, dass man als Mönch alle asketischen Übungen nur unter Anleitung eines geistlichen Lehrers tun darf. Ich erinnere mich, dass ich damals – selbstverständlich – kein Rasierwasser verwendet habe, ja ich hatte mich sogar bei meinem Beichtvater beschwert, dass ein anderer junger Mönch doch furchtbarerweise dauernd von einer Duftwolke teuren Aftershaves umgeben sei; ich fand das furchtbar unklösterlich und unchristlich. Die Antwort meines Beichtvaters war sehr deutlich und lautete ungefähr so: »Gott zu gehören bedeutet nicht, sich selbst zu vernachlässigen. Gott zu gehören bedeutet nicht, sich gehen zu lassen, schlampig zu werden und zu verwahrlosen. Gott zu gehören, bedeutet, mit seinem Leib Gott zu gehören und diesen für Gott zu erhalten. Daher ist Rasierwasser nicht nur erlaubt, sondern empfohlen.« Die Antwort hat mir eigentlich gefallen und seither verwende ich – sehr billiges – Rasierwasser. Doch bei mir begann das eigentliche Problem mit meinem Leib und seiner Pflege erst viel später. Heute glaube ich, dass es sehr, sehr wichtig ist, mit sich selber gut und richtig umzugehen, um glücklich zu werden.

Hier beginnt meine Geschichte mit dem Sport, und es ist eine sehr autobiographische Geschichte, aber vielleicht kann sie ja helfen, denn mir selber hat es sehr geholfen, mich ganz annehmen zu können und etwas »runder« in meiner Lebenseinstellung zu werden. Als Kind war ich leider in anderer Hinsicht »rund«, nämlich dicklich und daher nicht sehr sportlich. Das Herumhüpfen, Herumlaufen, noch dazu hinter einem Ball, wo alle anderen schneller waren und weniger schwitzten, war nie so meine Sache. Sehr zum Leidwesen meines Vaters, der in seiner

Jugend ein toller Fußballspieler gewesen sein soll und als gefeierter Tormann wohl meine Mutter beeindruckt hat. Bei uns in Österreich sagen die Jugendlichen, wenn sie etwas nicht mögen: »Das ist nicht meines.« Also Sport war für mich als Acht-, Neun-, Zehnjährigen nie meines. Meine Mutter erzählt noch voll Stolz bei Familientreffen, wie sie mich von meinen Büchern wegzerren musste, damit ich Eislaufen und dann sogar Schifahren lernte. Na immerhin bin ich dann ein begeisterter Schifahrer geworden, meine Schwester, die gleichzeitig mit mir anfing, allerdings fünf Jahre jünger ist, war mindestens ebenso begeistert, sodass sie zig-fache Landesmeisterin in den verschiedensten Abfahrtsdisziplinen wurde und heute als engagierte Sportlehrerin tätig ist. Mir gefiel das Schifahren vor allem, weil man auch als Dicker die Piste runterkommt, und dank des größeren Eigenkapitals an Schi belastender Leibesfülle, sogar schneller als die anderen. (PS: Ich liebe Schifahren! Was für eine Gnade, in Österreich leben zu dürfen!) Dann kam Gott sei Dank die Pubertät, und mein Schöpfer gab sich alle Mühe, die bisher horizontal gelagerte Leibesfülle in die Vertikale zu ziehen. Ich wurde sehr groß und sehr dünn. Meine Sportlichkeit hat das aber nicht gesteigert, da ich es ja mittlerweile liebte, mich in Bücher einzugraben und mir außerdem durch die Blamage eines Eigentores jeder Spaß an Fußball oder sonstigem gruppendynamischen Herumgehopse vergällt war. Und falls ich damals, bei meinem Ordenseintritt, überhaupt je auch nur eine Sekunde an Sport gedacht haben sollte – ich erinnere mich nicht mehr – dann habe ich sicher gedacht, dass sportliche Betätigung zu einem Mönch nicht passt.

Wir haben einen Mitbruder, der es lange Zeit mit Winston Churchill hielt: »No sports«. Wenn er, übrigens ein blitzgescheiter Kopf, Mitbrüder im Jogginganzug vom Training kommen sah, dann setzte es beim Vorbeigehen immer den gleichen Standard-Kommentar: »Ihr trainiert das Falsche.« Natürlich meinte er das lustig, denn wo steht denn geschrieben, dass wir »nur« die Seele trainieren sollen? Mittlerweile sieht man ihn aber auch immer öfter auf dem Heimtrainer im klösterlichen Fitnessraum, und vor einem Jahr hat er sich sogar ein Rad gekauft. Auch wenn es im Christentum keine grundsätzliche Leibfeindlichkeit gibt, so findet man doch unter Gläubigen verbreitet die Meinung, dass es »unfromm« sei, Sport zu betreiben. Das war genau das, was ich auch einmal dachte. Und man kann diese Haltung dann noch mit allerlei theologischen Argumenten ideologisch absichern. Hand aufs Herz: dasselbe spielt sich ja auch draußen bei allen anderen ab. Diejenigen die sagen, sie brauchen keinen Sport und hundert Argumente dafür anfführen, ja die Sporttreibenden manchmal mit Verächtlichkeit betrachten, sind in Wirklichkeit nur unsicher. Sie täten gerne etwas, aber sie tun es nicht. Niemand kann mir weismachen, dass er nicht gerne sportlich wäre; das wäre gegen die Sehnsuchtsnatur des Menschen. Aber sie tun nichts dafür. Und die Frommen verbrämen ihre Ablehnung dann auch noch mit theologischen – nein ideologischen – Argumenten. Alles Ausreden! Warum nicht anfangen zu trainieren? Vielleicht, weil sie sich nicht trauen, oder vielleicht, weil sie einfach nicht wissen, wie sie es anfangen sollen.

Darum haben die Fernsehverkaufsredner auch solchen Erfolg mit ihrem Sportgerätekrimskrams, wenn sie ihre futuristischen Trainingsgeräte, die meistens nur untauglich zusammengeschraubte Eisenstangen sind, als schnellen Weg zur perfekten Fitness anpreisen. Jeder Vernünftige weiß doch sofort, dass hier etwas versprochen wird, das gegen alle Regeln der Physiologie des menschlichen Körpers ist. Doch der Wunsch, sportlich zu sein oder zumindest sportlich auszuschauen, macht offensichtlich so leicht verführbar, dass sich die Leute wider besseres Wissen jeden Nonsens aufschwatzen lassen: Drei Minuten Bauchtraining am Tag mit dem angepriesenen skurrilen Gerät sollen einen so aussehen lassen wie die verführerische

Barbiepuppe, die aber in Wirklichkeit seit ihrem sechzehnten Lebensjahr nichts anderes gemacht hat, als täglich stundenlang herumzuturnen und die sich vielleicht sogar auch operativ hat verschönern lassen. Fünf Minuten schweißfreies Herumquetschen an irgendwelchen Hebeln sollen einem die Brustmuskulatur des Vorturnboys geben, der sich vielleicht schon jahrelang mit Anabolika vollpumpt ... Schon die Tatsache, dass Menschen auf diesen plumpen Betrug hereinfallen, bezeugt die Sehnsucht, den eigenen Leib in Schuss zu halten. Den Frommen muss man daher sagen: Ihr seid nicht frommer, weil ihr keinen Sport treibt, sondern weniger fromm, denn ihr missachtet ein Geschenk, das Gott euch gemacht hat: euren Leib. Und den Sportlichen muss man sagen: Es würde euch nicht schaden, auch ein bisschen frömmer zu werden. Wenn ihr nur dafür lebt, euren Leib fit zu halten, dann trainiert ihr wirklich das Falsche, denn der hält nun wirklich definitiv nicht ewig. Dass wir diesen Leib aber als Instrument unserer Seele in Schuss halten, das passt, denn es ist ein Beitrag zu unserer Zufriedenheit mit diesem Leben. Ich würde mir wünschen, dass die Frommen sportlicher und die Sportlichen frömmer würden.

Sport ist nicht deshalb schlecht, weil er eine relativ neue Erfindung – und Notwendigkeit – für uns Menschen ist. Unsere Vorfahren haben über die Jahrhunderte selbstverständlich gar kein Bedürfnis gehabt, sich freiwillig anstrengenden körperlichen Betätigungen auszusetzen, weil sie ohnehin Tag und Nacht schwer gearbeitet haben. Solange das Arbeiten eine Tätigkeit des Menschen mit Leib und Seele war, solange brauchte man ja nicht das Herumlaufen und Herumhüpfen »neben« der Arbeit. Sport »neben« der beruflichen Tätigkeit ist ein Luxusprodukt der Industrialisierung des 19. Jahrhunderts. Offensichtlich konnten es sich nur die Griechen der Antike leisten, den Wettkampf in den Olympischen oder Delphischen Spielen zu einem eigenständigen Ideal hochzustilisieren. Wohl auch nur deshalb, weil sie zum einen köperverliebt waren und höhergestellte Kreise offensichtlich so wenig zu arbeiten hatten, dass sie sich den Luxus des Herumdiskutierens und Herumphilosophierens leisten konnten. Oder eben den Luxus des Sportelns. Es ist bezeichnend, dass die olympischen Spiele über Jahrhunderte von der Bildfläche der Geschichte verschwinden und erst Anfang des 20. Jahrhunderts, genauer 1894 von Pierre de Coubertin, reanimiert werden. Ich möchte gar nicht wissen, was die alten Griechen zu den hochgezüchteten Sportarten sagen würden, wie wir sie heute bei Sportereignissen erleben, wo nur noch Hightech-Ausrüstungsmaterial, ausgetüftelte Ernährungspläne, psychologische Betreuungskunst und raffinierte Trainingstechniken über Erfolg oder Misserfolg entscheiden. Mir scheint der Hochleistungssport an ein Ende zu kommen. Ich finde vieles daran geschmacklos. Besonders die Ächtung von gedopten Sportlern, weil es ja nicht der einzelne Sportler ist, der hier moralisch versagt, sondern das ganze System des Leistungsdruckes unmenschlich und am Rande der Unmoral ist. Umso wichtiger wäre es, dass wir unter Sport nicht das verstehen, was sich auf unseren Fernsehbildschirmen abspielt, sondern das, was wir selbst tun. Also nicht: »Ich lasse Sport treiben«, sondern »Ich treibe Sport«.

Und hier finde ich nun, dass Sport und Christsein zusammengehören wie Essen und Trinken, wie Himmel und Erde, oder eben: wie Leib und Seele! Plato hatte den Menschen nur von seiner geistigen Wirklichkeit her definiert und die frühe christliche Theologie hat daran einiges sympathisch gefunden. Aber das Entscheidende trifft Plato nicht, nämlich die Einheit von Leib und Seele, von Materie und Geist, über die ich schon gesprochen habe. Der Mensch ist eine Komposition von beidem, und nur wenn beides im Gleichklang ist, dann ist er dort, wo er hingehört. Der Platoniker verachtete den Leib; berüchtigt ist das Schlagwort »Soma – Sema«. *Soma* bedeutet griechisch

»Leib«. *Sema* heißt »Grab«. Der »Leib ist Grab« sollte aussagen, dass der Leib die Seele gefangen hält wie ein Grab. Für Plato war der Tod die Befreiung der Seele, mit dem Tod wird sie den sterblichen und belastenden Leib los und kann sich endlich zum Eigentlichen, zum Göttlichen aufschwingen, in das »Reich der Ähnlichkeit« zurückkehren. Bei vielen Religiösen gibt es daher die Idee: Ich muss durch geistige Übungen raus aus dem Kerker meines Leibes. Eine Vorstellung, die das Christentum überholt hat, denn bei uns ist es nicht die Seele, die nach dem Tod endlich befreit ist, sondern der ganze Mensch, der von den Toten auferstehen wird. Christus ist als Ganzer auferstanden, das Grab ist leer. Darum haben die Kirchenväter nicht bloß die »Auferstehung« gepredigt, sondern die »Auferstehung des Fleisches«. »Der Logos ist Fleisch« geworden und im »Fleisch« gestorben, um unser »Fleisch«, also das Vergängliche und Verwesliche an uns, zu verewigen.

In der Liturgie des Karsamstags, also jenes heiligen Sabbats, an dem Christus tot im Grab gelegen hat und Gott zum zweiten Mal ausruht vom Werk seiner Schöpfung, singen wir Mönche: *»Exaudi orationem meam, ad te omnis caro veniet«*. Das ist die lateinische Übersetzung von Psalm 65,2, die nicht ganz dem hebräischen Original entspricht. Auch in die Totengebete ist sie eingegangen und wird als Vers des »Requiem«, des Eingangsliedes zur Totenmesse, gesungen. Es heißt übersetzt: »Erhöre mein Gebet, zu dir – Gott – kommt alles Fleisch«. Das ist die schönste Verheißung, die uns der christliche Glaube gibt: Wir werden nach dem Tod nicht düstere Nebelschwaden von leiblosen Seelen sein, die in einem freudlosen Hades herumschweben, sondern wir werden mit Seele und Leib auferstehen. Ich bitte, dass wir nicht darüber spekulieren, wie dieser Leib dann aussehen wird, davon steht nämlich nichts in der Bibel, außer, dass er »verklärt« sein wird. Das Wort »verklärt« muss man hier einfach übersetzen mit »real aber ganz anders«. Ein Theologe im Mittelalter, der in der Phase der »Scholastik« den Glauben für die Schule (*schola*) so genau und klug wie möglich zu analysieren versuchte, hat dazu folgende seltsame These aufgestellt: Die vollkommenste geometrische Form sei die Kugel, da sie die kleinste Oberfläche bei größtem Volumen habe. Weil im Himmel alle Körper vollkommen sein werden, werden wir also bei der Auferstehung einen kugelförmigen Körper erhalten. Tja, das kommt heraus, wenn man sich Dinge vorstellen will, die man sich nicht vorstellen kann ... Also keine Sorge: In der Ewigkeit werden wir sicher nicht zu Christbaumkugeln verklärt.

Übrigens: So wie Maria als Mutter Gottes am Anfang der Menschwerdung wichtig war, weil sie dem Logos seine irdische, menschliche Existenz gab, indem sie das Jesuskind geboren hat, ist sie ebenso wichtig, damit wir verstehen, was Gott mit unserem Leib am Ende vorhat. Sein Plan ist, dass wir mit Seele und Leib zur Herrlichkeit auferstehen. Bei Maria ist das nach unserem Glauben schon Realität. Wir sehen in ihr schon den Menschen, wie er ganz in Gott vollendet ist, mit Leib und mit Seele. Nicht nur »etwas« von ihr ist dort, sondern sie ganz. Sie soll uns gleichsam Appetit machen, dass auch für uns dort einmal ein wunderbarer Platz bereitet ist, für all das, was wir sind, für unsere Seele aber auch für unseren Leib, mit dem wir uns jetzt durch die Geschichte quälen. Wir müssen uns noch ordentlich mühen und herummanövrieren, um auch einmal wie sie bei Gott ankommen zu können. Darum schauen wir Katholiken – und noch mehr die Orthodoxen – sehnsüchtig zu Maria; die Marienverehrung ist der Appetizer, den uns der liebe Gott reicht, um schon mal auf Erden unseren Gaumen wässrig zu machen für das himmlische Hochzeitsmahl.

Wir leben nur dann sinnvoll, wenn Leib und Seele eins sind, und Sport kann dabei helfen, dies zu erreichen. Wenn wir die Wechselwirkung nicht ins rechte Maß bringen, werden wir Lebensqualität verlieren, dann leidet entweder die Seele oder

der Leib. Spätestens ab vierzig – plus minus, je nach geistiger Sensibilität – erschrickt man, wenn man bemerkt, dass es körperlich mit einem bergab geht. Mir ist das auch so gegangen, meine Midlife-Crisis brach schon früher aus, da ich mit 37 Jahren vom Herrn Abt wieder in das Kloster zurückgerufen wurde. Die acht Jahre davor wirkte ich als Pfarrer in einer der umliegenden Wienerwaldgemeinden, und nach meinem subjektiven Empfinden war das die schönste Zeit meines Lebens, weil man als Priester sehr unmittelbar die Sinnhaftigkeit seines Tuns in der Dankbarkeit der Gläubigen bestätigt bekommt. Allerdings habe ich in dieser Zeit auch einen Komplex entwickelt, als ich über die Sommermonate immer wieder Priesterstudenten aus den östlichen Nachbarländern – es war ja wenige Jahre nach dem Mauerfall – aufgenommen habe, damit diese in Österreich Deutsch lernen konnten. Diese jungen Männer waren ebenso begeistert für Gott wie ich, unterschieden sich aber in einem sehr stark von mir: Sie waren alle sportlich. Während ich bei den Jungscharlagern schon die Stiege zu der Alpenhütte, in der wir untergebracht waren, nur schnaufend und keuchend hochkam, schnappten sich die Seminaristen die größeren Ministranten, um mit ihnen zehn Kilometer joggen zu gehen, und zwar bergauf. Ich wurde depressiv – beginnende Midlife-Crisis eben! Seit damals habe ich dann viel über das lateinische Sprichwort nachgedacht: *»Orandum est ut sit mens sana in corpore sano.«* – Wir müssen beten, dass ein gesunder Geist in einem gesunden Körper wohnt. Auch deshalb, weil mir diese Priesterstudenten aus Tschechien, aus der Slowakei und Ungarn um einiges ausgeglichener vorkamen als ich mir selbst.

Mit 37 Jahren zurück im Kloster, wo man noch weniger Bewegung hat als in der pastoralen Seelsorge, begann ich ernsthaft nach einem Ausgleich zu suchen. Man empfahl mir einen Heimtrainer, also ein Heimfahrrad. Auf ein echtes Fahrrad zu steigen und draußen herumzufahren – es gibt viele Mitbrüder, die das hier im Wienerwald tun –, war mir immer zu viel Zeitaufwand, zu kompliziert, zu wetterabhängig … Also war die Frage: Wo stellt man im Kloster ein Heimfahrrad auf? Hier gibt es Räume für alles Mögliche: einen mittelalterlichen Kapitelsaal für die großen Versammlungen, viele Abstellräume für die notwendigen Reinigungsgeräte und Putzinstrumentarien, einen Rekreationssaal für die abendlichen Mitbrüder-Gespräche, eine Wäschekammer, einen kleinen Fernsehraum – mit anderen Worten: einer ungeeigneter als der andere für mein Heimfahrrad. Ich versuchte es mit einer Abstellkammer: Da saß ich nun in dem schlauchartigen Raum und radelte und radelte. Vor meiner Nase eine weiße Wand. Nach zehn keuchenden Minuten schaute ich auf die Uhr: eindeutig kaputt, denn nach der Uhr wäre ich erst zwei Minuten gefahren. Ich behielt meinen Blick auf der Uhr. Es ist unvorstellbar, wie langsam Zeit vergehen kann.

Die Griechen haben zwei Worte für Zeit: *chrónos* und *kairós*. *Chronos* ist die dahinfließende Zeit, davon abgeleitet sind z. B. die Worte »Chronologie«, »chronisch« und »Chronik«. Wer »chronisch« krank ist, der ist dauerhaft krank. Die Griechen stellten sich Chronos als Gott vor, nämlich als Vater von Zeus. Sie fürchteten ihn, denn sie glaubten, dass Chronos all seine Kinder verschlinge. So unersättlich, wie der träge Fluss der Zeit nun einmal ist. Chronos herrscht in jedem Wartesaal eines Zahnarztes. Hingegen bedeutet *kairós*, das andere griechische Wort für Zeit, »den günstigen Augenblick«. Unter Kairos stellten sich die Griechen einen jungen Gott vor, der hyperaktiv ist und dauernd läuft und herumflitzt. Dabei trägt er das Füllhorn des Glücks. Es ist aber nicht leicht, ihm dieses Glück zu entreißen, denn dazu muss man ihn erst erwischen. Das gelingt am besten mittels seiner originellen Frisur, denn Kairos trägt vorne eine lange Haarmähne. An der kann man ihn packen. Davon kommt übrigens unsere Redewendung »eine Gelegenheit am Schopf packen«. In der Abstellkammer auf dem Heimtrainer flitzte aber leider kein Kairos vorbei, auch nicht, als ich es mit Rosenkranz beten, mit Meditation und mit Bücherlesen versuchte. Spöttisch grinste mir Chronos ins Gesicht: Zehn Minuten Radeln kommt einem wie eine halbe Ewigkeit vor. Mir war klar: so werde ich nie fit. Ich erzähle das, weil ich Mut machen möchte zu Sport und Fitness und weiß, dass es für Menschen, die in der Jugend wenig oder keinen Sport gemacht haben, sehr schwierig ist, die Schwellenangst hin zur Bewegung zu überwinden. Auf dem Heimtrainer kommt es darauf an, dass man mindestens eine Dreiviertelstunde bei leichtem Widerstand radelt, das ist das so genannte Cardio-Training, das das Herz in Schwung bringt und nebenbei auch Fett verbrennt. Man hält es aber nach meiner Erfahrung nur dann so lange aus, wenn man irgendwie abgelenkt ist von der Monotonie der Bewegung, also mit Musik oder mit Fernsehen. Musik ist für mich toll, aber auch noch zu monoton, also landete ich mit dem Heimtrainer damals letztendlich im Fernsehzimmer des Klosters.

Wir Mönche in Heiligenkreuz sehen nicht fern, keiner hat ein TV-Gerät auf dem Zimmer. Es fehlt uns auch nicht. Bei Führungen von Kindern und Jugendlichen betone ich das immer sehr, denn dass wir keine Frauen haben, beeindruckt Zwölf-, Dreizehnjährige weit weniger als die Tatsache, dass wir abstinent von der flimmernden Ablenkungskiste leben. Ein Fernseher ist ja ein Zeit-Absorptionsapparat und eine Kreativitäts-Vernichtungsmaschine. Und das Fernsehen stiehlt auch die Zeit für Gott und die Zeit für das Lesen guter Bücher. Trotzdem gibt es einen kleinen Raum mitten im Kloster, wo ein Fernsehapparat steht, dort kann man sich am Abend die Nachrichten anschauen. Dorthin, in diesen kleinen Raum, schleppte ich also das Heimfahrrad. Doch wann sollte ich nun trainieren? Nach dem letzten Gebet, dem Kompletorium, mit dem der Zyklus der Gebete also »komplett« abgeschlossen ist, herrscht im Kloster laut Benediktsregel strenges Stillschweigen. Da ist es nicht üblich, dass jemand vor dem Fernseher sitzt – oder gar radelt – und natürlich wollte ich den jungen Mitbrüdern kein schlechtes Vorbild geben. So blieb also nur der späte Nachmittag, wo auf den beiden österreichischen Programmen – ich muss noch erwähnen, dass unser Mönchs-Fernseher natürlich keine Satellitenprogramme empfangen kann – nichts sehr Aufregendes lief: Auf dem einen Kanal lief ein Kinderprogramm, auf dem anderen damals *Baywatch*. Ich ahnte schon, dass das nicht gut gehen konnte, trotzdem war es den Versuch wert: Das Kinderprogramm war unerträglich, und *Baywatch* auch, aber immerhin war es eine Motivation für jemanden, der fit werden will, weil in der Serie ja nur und ausschließlich die allerfittesten Models agieren. Was geschah? Dass am späten Nachmittag im Fernsehraum Licht war, erregte die Neugierde der Mitbrüder. Und so steckten sie der Reihe nach die Nase herein. Zuerst steckte unser lieber alter Pater Raynald seinen großen Rauschebart in das Fernsehzimmer: Seine Überraschung, dass er hier am helllichten Nachmittag einen schnaufenden Mitbruder mit kurzer Hose und verschwitztem T-Shirt auf einem Rad herumstrampelnd antraf, äußerte er mit einem »Wau, wau, wau! Ja, was machst du denn da?« – »Sport!« – »Und was schaust du dir an?« – »Einen Film über richtiges Schwimmen im Meer!« Schon hatte sich der Blick von Pater Raynald auf den Bildschirm geheftet, wo gerade Pamela Anderson über den Strand wackelte. »Wau, wau, wau!« war der Kommentar von Pater Raynald. Die Sache war mir sehr peinlich, und das steigerte sich in den nächsten Tagen, denn sogar der Prior und der Abt schauten, warum am hellen Tag der Fernseher läuft. Und jedes Mal – aber wirklich jedes Mal! – schaffte es eines dieser Top-Models aus *Baywatch* sich gerade dann eindrücklich in Szene zu setzen, wenn jemand hereinkam. Jedenfalls hat es mir der Herr Abt dann verboten. Als Begründung nannte er, dass man es der Gemeinschaft nicht zumuten könne, dass der Raum mit meinem Schweißgeruch verpestet wird …

Ich habe es dann wenige Zeit später doch geschafft, einen kleinen Raum für den Heimtrainer zu erobern, zuerst in der benachbarten Hochschule und dann im Kloster selbst. Später wurde er mit Hilfe von Florian Henckel von Donnersmarck, der sich immer wieder hierher in das Kloster seines Onkels zurückgezogen hat, zu einem kleinen »Fitness-Center« ausgebaut. Seine Überzeugungskraft war es, die dem Herrn Abt die Erlaubnis dafür leichter gemacht hat. Florian hat sich deshalb einen bleibenden Ehrenplatz in der Hausgeschichte verdient, für uns ist das mehr wert als die Auszeichnung durch den Oscar für *Das Leben der Anderen*. Florian wies mich damals ein und nahm mir auch meine »Angst« vor dem Sport, denn in ein Fitness-Studio wäre ich als Mönch nie gegangen, dazu war ich viel zu schüchtern und zu tollpatschig. Außerdem hatte ich damals noch alle gängigen Vorurteile gegen den Sport. Unser klösterlicher Fitnessraum hat sich intern als echter Hit entpuppt: Die Theologiestudenten, Gäste und Klosterinteressenten, vor allem aber die jungen Mitbrüder können dort in kürzester Zeit durch die körperliche Anstrengung einen psychischen und physischen Ausgleich bekommen. Natürlich gibt es nach wie vor einige wenige Mitbrüder, die skeptisch sind. Aber es muss ja auch nicht jeder trainieren, davon steht schließlich nichts in der Benediktsregel.

Zur Lebenswirklichkeit vieler Mönche gehören Fitness und Training heute einfach dazu. Denn wer von fünf Uhr früh an beim Chorgebet steht, dann den ganzen Tag vor dem Computer oder vor Büchern sitzt, der braucht einfach einmal die Erfahrung, seinen eigenen Körper durch einen Muskelkater zu spüren! Inzwischen bieten wir als Angebot der Jugendseelsorge des Stiftes auch jährlich zwei Mal eine »Geistliche Sportwoche« für interessierte junge Männer an, wo wir ein intensives geistliches Programm halten: Anbetung, Rosenkranz, Heilige Messe, zugleich aber auch täglich gut und professionell trainieren: Also

Training für Seele und Leib! Das funktioniert hervorragend. Die Sportwoche zieht Männer an, die sonst nie auf die Idee kommen würden, eine Woche in einem Kloster zu verbringen. So werden die Sportlichen eben »frömmer«. Da kann es schon einmal vorkommen, dass ein junger Mann bei der Sportwoche vom Gebet und von dem, was er da Neues über Gott hört, so mitgerissen wird, dass er den Wunsch hat, zur Beichte zu gehen, um mit Gott eine neue Beziehung anzufangen. Und bei der Beichte bemerkt er plötzlich, dass er ja noch gar nicht getauft ist. Bei der letzten Sportwoche ist das gleich bei zwei 18-Jährigen passiert, die in der nächsten Osternacht die Taufe empfangen wollen. Mir ist es aber nicht nur wegen dieser gnadenhaften Erfolge ein Anliegen, den Sport zu propagieren, sondern weil ich selbst dadurch sehr beschenkt worden bin. So wie ich das jetzt an jungen Priestern oder Seminaristen bemerke, die sich fit halten: Sie sind auch seelisch stabilere Menschen. Ich würde mir wünschen, dass mehr Priester und Ordensleute Sport betreiben und überhaupt alle Gläubigen. Nicht aus Fitness-Wahn. Der Sport erspart viele Neurosen.

Außerdem glaube ich, dass mir durch die regelmäßige körperliche Anstrengung einige Zusammenhänge zwischen Seele und Leib klarer geworden sind. So meine ich, dass unsere Zisterzienserväter im Mittelalter vor allem deshalb so mystisch tief und glühend fromm waren, weil sie auch hart körperlich gearbeitet haben. Unser Orden, der nach dem 1098 gegründeten Kloster »Cistercium« südlich von Dijon benannt ist, hat als höchstes Ideal die eigene Handarbeit der Mönche. Die Zisterzienser wollten »im Schweiße ihres Angesichtes« arbeiten, körperlich arbeiten, und sich nicht von Leibeigenen und Bediensteten, wie die Klöster von Cluny sie hatten, erhalten lassen. Zurück zum *labora* der Benediktsregel, das die Benediktiner von Cluny zugunsten des *ora* allzusehr vernachlässigt hatten. Ja, auch im *ora et labora* steckt ja diese Synthese und Synergie von geistigem Tun und leiblichem Tun. Jeder Sportler kennt die Erfahrung, dass er nach dem Training zwar körperlich ausgepowert, geistig jedoch völlig fit ist. Auch wenn dies nichts Übernatürliches, sondern nur die natürliche Folge der Endorphinausschüttung im Gehirn ist, so ist dies doch eine wunderbare Erfahrung von Glück. Nie bete ich frömmer, als wenn ich direkt vom Training zur Vesper gehe. Ich fühle mich innerlich wach, ausgeglichen und glücklich. Wie leicht erhebt sich da die Seele zu Gott. Und ich vermute, dass dies auch ein wenig das Geheimnis unserer heiligen Väter war. Wenn mit den Vätern unseres Ordens eine neue ekstatische Glut in der Spiritualität des Mittelalters anbricht, so vielleicht deshalb, weil sie nicht den ganzen Tag träge vor dem Schreibpult gesessen waren, sondern von der körperlich herausfordernden Feld- und Waldarbeit zum Gebet geeilt sind.

Es ist wie immer eine Frage des Maßes und eine Frage der Motivation. Alles, was entgleitet und zum Selbstzweck wird, ist problematisch. Die Perspektive, die wir im Kloster haben, wenn wir sporteln, ist nicht »Fit for fun«, sondern »Fit for God«. Es ist übrigens erstaunlich, wie viel »Sport« in der Bibel vorkommt. Ehrlicherweise muss ich natürlich zugeben, dass sich kein Schriftwort finden lässt, weder im Alten noch im Neuen Testament, wo uns der liebe Gott ausdrücklich auffordert: »Liebe Leute, haltet euch fit, treibt Sport, geht trainieren!« Nein, so explizit steht es nirgends. Im Alten Testament wird aber der durchtrainierte Arm, der »starke Arm« zum Symbol für die Macht Gottes. Circa dreißig Mal findet sich dort das Bild, dass Gott sein Volk mit »starkem, hocherhobenem Arm« aus der Gefangenschaft in Ägypten herausführt. Und es ist sicher keine Blasphemie, wenn Gott mit Worten gelobt und gepriesen wird, die ihn mit einem durchtrainierten Sportler vergleichen: »Dein Arm ist voll Kraft, deine Hand ist stark, deine Rechte hocherhoben.« (Psalm 89,14) Das Bild eines posierenden Siegers wird zur Metapher für die überzeitliche Allmacht Gottes. Auf der anderen Seite zeigt etwa die berühmte Schilderung von David, dass körperliche Kraft und physische Überlegenheit nicht alles sind. Der kleine David tritt gegen den erfahrenen Krieger Goliath an, der für die damalige Zeit offensichtlich ein so imposanter Koloss war wie heute die amerikanischen Wrestling-Stars. Der körperlich-schwache David siegt, weil er in seinem Vertrauen auf Gott stark ist. Im Buch der Richter im Alten Testament zielt eine Erzählung auf eine ähnliche Belehrung ab, die wir uns zu Herzen nehmen sollten. Gideon, Volksführer in Israel, hat demnach ein mächtiges Heer im Kampf gegen die feindlichen Philister gesammelt. Doch Gott erteilt dem Gideon eine interessante Lektion: Er muss die Krieger antreten lassen zum Wassertrinken und muss alle heimschicken, die das Wasser aus dem Fluss normal mit der Hand zum Mund geführt haben. Nur die paar wenigen exotischen Typen, die das Wasser mit der Zunge aufgeleckt haben, die dürfen im Heer Gideons bleiben. Mit dieser kleinen Truppe zieht Gideon nun in den Kampf – und siegt (Buch der Richter 7). Die Moral von der Geschichte ist, dass sich der Mensch nicht auf seine eigene Kraft verlassen kann. Wie bei David ist das Gottvertrauen stärker als der Umfang des Bizeps oder die Zahl der Truppen.

Liebte Jesus Sport? Zur Zeit Jesu war Sport als persönliches Training gar kein Thema, da Sport ja erst als notwendiger Nebeneffekt unserer hochtechnisierten Kultur entstand, in der körperliche Tätigkeiten weitgehend entfielen, weil sie durch Maschinen ersetzt wurden. Jesus ist zu Fuß herumgezogen, er hat in den dreißig Jahren seines verborgenen Lebens in Nazareth ebenso mit einem menschlichen Herzen geliebt, wie er mit menschlichen Händen gearbeitet hat. Im Matthäusevangelium wird als Beruf seines Nährvaters Josef angegeben, er sei *teknon* gewesen. Dieses griechische Wort bedeutet wohl so viel wie »Bauhandwerker«; über die lateinische Übersetzung mit *faber* wird daraus ein »Zimmermann« oder ein noch feinerer »Tischler«, sodass der heilige Josef ab der Barockzeit mit den Attributen Säge und Hobel dargestellt wird. Was immer die Arbeit der Männer zu Hause bei Jesus in Nazareth war: Sicher war es schwere körperliche Arbeit.

Der eigentliche Sportlehrer für Christen aber ist Paulus, der zuerst Christenverfolger und dann selber Apostel für Christus bis zum Martyrium war. Paulus, zuvor Saulus, stammte aus der hellenistisch geprägten Stadt Tarsus in der heutigen Türkei. In Tarsus wurde, wie damals in jeder antiken Stadt, der Sport ganz groß geschrieben. Es gab Trainingsplätze, Sporthallen, mindestens eine Arena und ein Stadion. Sport war die typische Freizeitbeschäftigung der körperfanatischen alten Griechen. Gesportelt wurde vorwiegend in den »Gymnasien«: Jede hellenistische Stadt verfügte über ein »Gymnasion«; die »Gymnasial-Vereine« waren die wichtigsten Motoren des städtischen Lebens. Ähnlich unseren heutigen Sportvereinen, die in einer engen Symbiose mit Wirtschaft und Politik stehen, weil Sport eine Sache des öffentlichen Lebens war und ist. Dabei beschränkten sich die Aktivitäten der Gymnasial-Vereine nicht nur auf den sportlichen Bereich. Sie umfassten auch den Bereich der Kunst, des Theaters, der Bildung, der Erziehung und der Geselligkeit. In ihre Zuständigkeit fiel damals auch die Ausrichtung von Wettkämpfen und Festen. Es war von daher praktisch unmöglich, dass jemand, der in der Stadt lebte oder mit der Stadtbevölkerung in Kontakt stand, nicht auch eine Vorstellung vom Gymnasium und der Welt des sportlichen und musischen Wettstreits hatte. Paulus wuchs damit auf, er kannte die Sportbegeisterung der Griechen.

Freilich können wir mit großer Sicherheit annehmen, dass Paulus selbst nie einen Wettkampf in einem Gymnasium gesehen hat, denn für die gesetzestreuen Juden waren die Gymnasien aus einem religiösen Grund inakzeptabel: Dort wurde nämlich nackt gekämpft und gesportelt. Tatsächlich kommt das Wort Gymnasium vom griechischen Eigenschaftswort *gymnos* und das heißt »nackt«. Als etwa im 2. Jahrhundert vor Christus auch in der heiligen Stadt Jerusalem ein Gymnasium gebaut wird, empören sich die Gesetzestreuen darüber. Die Aufregung ist umso größer, als es der Hohepriester Jason selbst war, der dieses Gymnasium, vermutlich eine Ringkampfschule, hatte bauen lassen (4. Makkabäerbuch 11,24). Umso erstaunlicher ist es, wenn der Rabbiner Paulus immer wieder positiv Bilder aus dem Sport verwendet, um die frühen Christen zu motivieren: Nach Paulus sollen die Christen an den Wettkampf denken. Dort läuft der Sportler, um einen irdischen Siegeskranz zu gewinnen. Wir Christen aber sollen »laufen« – also uns anstrengen –, um »einen unvergänglichen Siegeskranz zu gewinnen« (1. Korintherbrief 9,27).

Ein Wort noch zum Wettkampfsport, vor allem zum Mannschaftssport wie Fußball, Basketball oder Handball, für den ich wohlüberlegterweise große Sympathien hege. In unserem Kloster gibt es eine Basketballmannschaft, die jeden Samstag spielt. Eine Zeit lang hatten wir auch eine Fußballmannschaft unserer Studenten, und wenn man sich in der Kirche ein wenig umschaut, wird man doch erstaunt sein, dass es gar nicht so wenige Priester gibt, die gut Fußballspielen können. Es gibt sogar eigene Priesterfußballmeisterschaften. Nun bin ich für diese Laufsportarten mit meinen 1,92 Metern Körpergröße einfach zu mächtig und zu plump. Das Basketballspielen habe ich eine Zeit lang jeden Samstag mitgemacht, bis einige Mitbrüder durch meine herumschlenkernden Arme oder trampelnden Beine regelrecht »beschädigt« wurden. Und die Luft ist mir auch sehr schnell ausgegangen. Man muss aber etwas nicht selbst gut können, um es zu schätzen. Mannschaftssport verdient es, glaube ich, aus vielen Gründen geschätzt zu werden. Schon deshalb, weil hier Aggressionsabbau betrieben wird. Schon deshalb, weil hier Selbstmotivation auf ein Ziel hin geschieht: Ich will siegen. Und alles Streben und alles Verlieren ist doch nur Spiel. Besonders wichtig finde ich, dass der Wettkampf uns den Willen zum Sieg lehrt. Ein Fußballteam, das antritt, ohne siegen zu wollen, wäre eine

Perversion in sich. Und das Ziel des Sieges hat etwas mit unserer christlichen Lebensausrichtung zu tun: Was der Sport für das irdische Leben ist, das ist der Glaube für das überirdische Leben. Im Sport geht es um den Sieg im Wettkampf auf Erden, in der Religion geht es um den Sieg für ein Ziel, das jenseits dieser Welt liegt!

Außerdem stärkt der sportliche Wettkampf das Vertrauen auf das Übernatürliche, auf das Unvorhergesehene, auf eine Art »göttliche Regie«. Denn was will der Fußballer beim Match? Er will alles geben, er will siegen, er will den Triumph, und er gibt dafür alles! Gleichzeitig weiß er aber sehr genau, dass das Entscheidende nicht von seinem Können abhängt, sondern von einer Art himmlischen Regie. Dass der Ball ins Netz reingeht, ist immer irgendwie »ein Wunder«. Entspricht das nicht genau der christlichen Botschaft? Als Glaubender weiß ich, dass ich alles geben muss an Liebe, an Hingabe, an Selbstüberwindung zum Guten; und ich weiß doch zugleich, dass es letztlich nicht nur von mir abhängt, ob mein Leben gelingt, sondern allein von Gott, von seiner Gnade und manchmal von seinen Wundern, die er in meinem Leben wirkt. Wir alle schielen ja manchmal auf das kleine Wunder. Wir hoffen heimlich auf das Mirakel, das uns vom hässlichen Frosch in den strahlenden Märchenprinzen verwandelt. Warum sonst würden so viele Leute regelmäßig ihre Lotto-Scheine abgeben?

Interessant ist, dass viele Wettkampfsportler gläubige Menschen sind und dies manchmal auch ungeniert zeigen. Man denke an all die Fußballer, die sich vor dem Match bekreuzigen. Den Glauben brauchen die Sportler ja auch in Phasen, wo sie bittere Niederlagen erleben. Der Spitzensportler weiß ja, dass er heute auf einer Welle des Triumphes schwimmen und morgen schon von denselben Medien, die ihn gerade noch hochgelobt haben, in den Dreck hinunterkritisiert werden kann. Er erlebt Augenblicke, in denen er »wie durch eine finstere Schlucht«

wandern muss, wie es im Psalm 23 heißt. Der Jubel von Fans ist eine Welle, die nicht wirklich trägt – heute ist ein Spitzensportler hui, morgen vielleicht schon pfui. Er teilt damit sogar das Schicksal von Jesus, bei dem das Hosanna schnell in das »Ans Kreuz!« umgeschlagen ist. So sind die Menschen. Besser: So sind wir, wir Menschen!

Fitness und Sport sollten ein integrativer Bestandteil unseres Lebens werden. Wenn es uns körperlich besser geht, wird es uns auch seelisch besser gehen. Wenn ich trainiere, dann ist meine Motivation freilich nicht: Ich halte mich fit, um noch möglichst viel irdischen Fun zu haben, sondern: Ich halte mich fit, um geistig möglichst weit zu werden und noch viel Gutes für Gott und die Welt tun zu können. Nicht Kult des Leibes, sondern Kultur des Leibes ist das Ziel. Diesen Weg zum Glück lehrt der christliche Glaube. Und weil das Training des Leibes auch den Willen stärkt, darum will Paulus, dass wir mit aller Kraft »den guten Kampf kämpfen« und »dem Siegeskranz des Himmels« nachjagen. Dieser Apostel und Sportfan ruft mehrmals in seinen Briefen zum Training der Seele auf; und Paulus ist eigentlich der Erfinder des Mottos *»No pain – no gain!«,* das im Kraftsport so populär geworden ist. Die deutsche Variante lautet: »Ohne Fleiß, kein Preis!« Was motiviert einen Sportler, schier endlos Zirkeltraining und Situps und all das schweißtreibende Zeug zu machen? Doch nur die Aussicht auf Erfolg! Paulus muss damals freilich schon den ersten Christen ins Gewissen reden: »Schämt Euch! Die Sportler sind viel zielstrebiger beim Training ihres Körpers als ihr mit dem Training eurer Seele!« Das ist bis heute so geblieben: Wer auf uns Gläubige schaut, wird sich manchmal denken: »Eine zache Partie«! Das ist Österreichisch und müsste auf Deutsch wohl mit »Schlappe Brüder« wiedergegeben werden. Muss das so sein? Unser Eifer für das Überirdische könnte ein bisschen mehr sportliche Anstrengung gut vertragen.

19. Leib und Seele – und Wellness

Sport ist nur ein Aspekt einer umfassenden Kultur, die sich unter dem Namen »Wellness« etabliert hat. Nochmals: Im christlichen Sinne ist es gut, etwas für seine »irdische Form«, also den Leib zu tun. Aber wie ist das mit der so genannten »Wellness«? Jetzt betrete ich einen sehr schmalen Grat, denn die Unterscheidung zwischen dem, was uns die zahllosen Propheten des Wellness-, Fitness- und Schlemmerwahnes als letzte Sinnerfüllung aufschwatzen, und dem, was einer kerngesunden frohen Lebenseinstellung zu Erholung, Sport und Essen entspricht, ist gar nicht so leicht. Oder? Vielleicht ist es im Grunde ja doch ganz einfach: Selbstbetrug geschieht dann, wenn man sich ein X für ein Y vormacht. Ich erinnere mich noch daran, als ich den Begriff Wellness zum ersten Mal hörte – das ist gerade mal zehn Jahre her. Was für eine sonderbare Wortkombination, dachte ich, in der das englische Adverb *well* gegen jede Sprachregel zum Substantiv gemacht wird. Das Wort wurde 1959 in den USA von dem Arzt und Gesundheitsstatistiker Halbert Dunn geschaffen. Es ist ein Kunstwort, das sich aus »well-being« und »fit-ness« zusammensetzt. Dunn verstand unter »well-ness« körperliche Ertüchtigung und empfahl es als vorbeugende Maßnahme gegen Krankheiten, um die Kosten des Gesundheitswesens zu senken. Die so genannte »Wellness« hat einen Siegeszug angetreten, der seinesgleichen sucht. Wie schon das Wort sagt, geht es hier nicht um das Gut-Sein, also um »Good-ness«, sondern um das »Gut-Fühlen«, darum ist das Wort mit dem Adverb *well* und nicht mit *good* gebildet. *I am well* ist etwas anderes als *I am good*.

Wellness hat etwas mit dem subjektiven Empfinden zu tun, es geht um das, was mir guttut, an Orten, wo ich mich gut fühle und schließlich auch um die Frage, bei wem ich mir eine gute Lebenseinstellung hole. Wellness hat immer den ganzen Menschen im Auge, denn der Mensch fühlt sich ja nur dann wirklich wohl, wenn Körper, Seele und Geist miteinander im Einklang sind. Ein Problem sehe ich darin, dass sich Wellness schon beinahe als Religionsersatz gebärdet. Ausspannen, Stress-Managment, Fitness, gesunde Ernährung, inneres Loslassen usw. sind schon in Ordnung, aber sie können die Beziehung zum lieben Gott nicht ersetzen. Es alarmiert mich, dass man eine quasi-religiöse Sprache entwickelt hat: Wellness-Tempel, Wellness-Oase, Wellness-Paradies; unlängst habe ich von so genannten Sakral-Therapien gelesen. Manche Thermen werden sogar schon wie östliche Tempel gestylt, mit Buddhastatuen und chinesischen Schriftzeichen hier und dort, und selbst Saunen nach der Art von Mönch-Chorgestühlen soll es geben ...

Und dann gibt es ja auch den Boom des Fastens. Noch nie war das Fasten so populär und noch nie war die Motivation dazu so wenig religiös. Der Religiöse fastet, um im geistlichen Sinn unbeschwerter zu werden, der Schwerpunkt seiner Motivation liegt in einem überweltlichen Ziel und in der Nähe zu Gott. Heute habe ich das Gefühl, dass aus reiner Egozentrik gefastet wird, allein im Blick auf das eigene Schlankwerden, Besseraussehen, Sich-Besser-Fühlen. Das kann auch für den Gläubigen ein Motiv sein, aber eben doch nur ein zweitrangiges. Der schärfste Kritiker dieser Verschiebung von echter Religiosität zu einer Pseudo-Wellness-Spiritualität ist der deutsche Psychologe Manfred Lütz; er schafft es mit seinem urig katholisch-rheinländischen Humor den »Diät-Sadismus«, »Gesundheitswahn« und »Fitness-Irrsinn« der heutigen Fit-for-Fun-Gesellschaft so humorvoll zu geißeln, dass man darüber auch als Priester noch lachen kann, obwohl es eigentlich traurig ist. Denn Wellness ist okay, wenn es einem hilft, psychische und physische Belastungen abzuarbeiten.

Auch dass man einfach Zeit »für sich selbst braucht«, ist in Ordnung. Sehr beeindruckt hat mich eine Passage im geistlichen Tagebuch von Papst Johannes XXIII. Dieser rundlich-gütige »Papa buono«, der von 1958 bis 1963 die Kirche leitete und das 2. Vatikanische Konzil einberief, gewann mit seiner Herzensgüte die Menschen, weil er immer Seelsorger war und auch als Papst blieb. Zuvor war Giuseppe Roncalli Patriarch von Venedig und nahm als solcher einmal an »Exerzitien« für die Priester seiner Diözese teil. Exerzitien sind Tage der Stille, wo man schweigend und betend die Beziehung zu Gott zu intensivieren versucht. Er schreibt in sein Tagebuch, dass er als Bischof nie wieder gemeinsam mit seinen Priestern an Exerzitien teilnehmen wird. Warum? Weil die Priester natürlich die Gelegenheit nützen wollten, um mit ihrem Bischof zu sprechen, ihm ihre Sorgen und Probleme zu erzählen. Aber auch ein Bischof hat ein Recht auf Tage der Stille und des Nicht-für-andere-Daseins. Sonst brennen schon rein psychologisch die Batterien aus.

Heute ist der Sport als »Zeit für mich« auch eine Quelle, um abzuschalten und einfach mal loszulassen. Keine Frage, dass das für Leib und Seele gesund ist. Doch Wellness sollte nicht zum Götzen werden. Und diese Gefahr sehe ich überall dort, wo das Ego sich gegenüber der Transzendenz abkapselt und nur mehr sich selbst »be-wellnesst«. Also, wo das Mittel zum Zweck, das Instrument zum Inhalt geworden ist. Und dort sind wir dann auch schon betrogen oder betrügen uns selbst: Das Wohlfühlen im Hier und Jetzt ist toll, aber es ist nicht alles. Das Irdische ist ja für uns nie in sich selbst schlecht, sondern nur dann, wenn es sich aufbläht und so tut, als könnte es das ganze Glück sein. Das ist aber nur Gott in seiner unendlichen ewigen Liebe. Beachtenswert finde ich daher, dass einige Orden Wellness und Glaube miteinander kombinieren: Sie bieten Entspannung und Erholung einerseits und Gebet und Verinnerlichung andrerseits an. Ich denke, dass die Orden sogar die Aufgabe haben, diese

Angebote zu forcieren und auszubauen, um die Menschen nicht in eine Falle laufen zu lassen.

Dieselbe Gratwanderung gilt auch für das Essen. Essen macht glücklich. Unter meinen Mitbrüdern bin ich dafür bekannt, dass ich sehr gerne esse (wobei ich auch ein höheres Lebendgewicht zu erhalten habe als die meisten anderen ...). Es ist auch bekannt, dass ich bei Buffets gerne unter den Ersten bin. Tatsächlich bin ich gar nicht unglücklich darüber, dass meine Charakterschwäche mittlerweile so bekannt ist, dass ich ohne Gewissensbisse nach dem Motto leben kann: »Ist der Ruf einmal ruiniert, lebt sich's völlig ungeniert.« Ich esse nämlich wirklich gerne. Manchmal werde ich vom lieben Gott freilich liebevoll dafür bestraft, wie vor Kurzem bei der Primizfeier eines meiner ehemaligen Studenten in Salzburg, bei der ich der Festprediger sein durfte. Ein stämmiger Salzburger Neupriester, der an unserer Hochschule studiert hatte, feierte mit aller folkloristischen Pracht, derer die Alpenmenschen fähig sind, seine erste heilige Messe, seine Primiz. Da ich bestimmte kulinarische Vorlieben auch manchmal in Vorlesungen erwähnt hatte, war meinen Studenten allgemein bekannt, dass mein Lieblingsessen Backhendel sind. Backhendel spielen in meinem Leben schon deshalb eine große Rolle, weil es sie zum Mittagessen gab, als ich als 17-Jähriger zum ersten Mal in Heiligenkreuz zu Gast war. Vielleicht hat mich das schon damals unterbewusst für das Klosterleben eingenommen ... In Salzburg hielt ich also die Predigt und marschierte dann mit dem Festzug in Richtung eines der teuersten Gasthäuser des berühmten Fremdenverkehrsortes, wo das Festmahl bereitet war. Und dann erhielt ich meine Strafe. Der Neupriester hatte es nämlich gut gemeint und dem Gastwirt extra aufgetragen, mir, dem Festprediger, mein Lieblingsessen zu kochen. Als ich nun mit dem Festzug das Foyer des Gasthofes betrat, stand der rundliche Hotelier breitbeinig vor mir, strahlte mich an und rief laut vor allen Leuten: »Jo mei, Sie müssen das

Backhendel sein!« – Das kommt davon, wenn man das Essen zu wichtig nimmt. Die christliche Spiritualität kannte daher schon immer die Askese, die Selbstbeherrschung, das Fasten; Völlerei galt von jeher als »Todsünde«. Aber auch hier hat sich eine Verschiebung ergeben.

Um mit dem Leib richtig umzugehen, muss ich auch den Verzicht lernen. Es ist gut, dass Fasten wieder populär geworden ist, denn Fasten ist heilsam. Es hat schon rein körperlich und psychologisch positive Wirkungen, und noch besser wäre es, wenn wir uns die ureigenste Motivation für das Fasten wieder zu eigen machen könnten. In allen Religionen liegt das Ziel des Fastens in einem Ausbrechen aus dem eigenen Ich: Jesus hat selbst gefastet – er ließ sich dazu vom Heiligen Geist in die Wüste führen –, um für den Willen des göttlichen Vaters bereit zu sein. Buddha hat gefastet, weil er nach der Erleuchtung gesucht hat. Und im Islam ist das Fasten eine der wichtigsten Pflichten des Muslims, wobei auch dort klar ist: Der Fastenmonat soll nicht nur helfen, sich von körperlichen Bedürfnissen zu lösen, sondern auch dabei, frei zu werden für das Studium des Koran, für den Besuch von Freunden und Verwandten zum gemeinsamen Beten und Essen nach Sonnenuntergang, für Werke der Nächstenliebe. Fasten ist dort wie hier bei uns kein Selbstzweck, sondern der Versuch, mit dem Instrument des leiblichen Verzichtes die Seele in ihrer Offenheit auf Sinn und Ziel hin zu beeinflussen. Jesus erteilt dem Teufel während seines Fastens in der Wüste einen strengen Verweis, wenn er sagt: »Nicht allein vom Brot lebt der Mensch, sondern von jedem Wort aus Gottes Mund!« Er will nicht, dass ich bewusstlos dahinlebe für das »Brot allein«, denn das entwürdigt mich und reduziert mich auf das Niveau eines triebbefriedigenden Tieres. Wenn ich nur mehr tierisch am Boden schnüffle und schnüffle, wo ich als Nächstes meine Triebe – nicht nur die Gaumenlust – befriedigen kann, dann habe ich die Fähigkeit meiner Seele verraten.

Ich gehe auch gerne ab und zu in ein »Running Sushi«-Restaurant, also jene asiatischen Restaurants, die seit einiger Zeit in allen Einkaufszentren zu finden sind, wo einem das »Essen am laufenden Band« serviert wird. Die Kellner sind durch ein Förderband ersetzt; man ist so platziert, dass man direkt neben dem Laufband sitzt, wo dann ohne Unterlass kleinportionierte Köstlichkeiten an einem vorbeilaufen. Ich finde es herrlich, dass man sich von dem abwechslungsreichen Angebot alles nehmen kann, was das Herz begehrt. Ich finde es auch wunderbar, dass man so viel essen kann, wie man will und einmal wirklich satt wird. Und trotzdem habe ich jedes Mal danach ein ungutes Gefühl, denn beim »Running Sushi« ist man automatisch die ganze Zeit von seiner Gier blockiert: Angesichts der vorbeilaufenden Köstlichkeiten kann ich ja gar nicht anders, als permanent auf das Laufband zu schielen und schon wieder das Nächste auszuwählen. Ich werde mir dort jedes Mal bewusst, wie fixiert ich auf meine Triebbefriedigung bin, was sich ja auch darin zeigt, dass man dabei kein Gespräch führen kann. Man kann reden, aber man kann sich nicht austauschen. Eine Kommunikation funktioniert deshalb nicht, weil da zwei Gierende ihre Augen, ihre Gedanken und ihren Schwerpunkt ganz woanders haben: auf den gnadenlos vorbeirollenden Tellerchen mit den Muscheln, Tintenfischringen, Shrimps und Sushi. Da gibt es nicht das gepflegte Gespräch zwischen den einzelnen Gängen, das Miteinander von zweien, die aneinander Anteil nehmen und sich füreinander interessieren, sondern nur das Nebeneinander von zwei des gegenseitigen Interesses unfähigen Tieren, weil schon wieder der nächste Futternapf am Laufband vorbeiklappert. Nochmals: Ab und zu ist das okay. Aber wehe uns, wenn die Running-Sushi-Mentalität zu sehr von uns Besitz ergreift. Darum brauchen wir das Fasten, die bewusste Reduktion, um geistig wieder einen klaren Blick für das Wichtige und für den Anderen zu bekommen. Wir wissen ja instinktiv: Die permanente Übersättigung macht innerlich eben gerade nicht satt, sondern führt im Gegenteil zur Bulimie der Seele.

Essen hat etwas mit richtiger Lebenseinstellung zu tun. Eines der christlichen Worte, die vom Aussterben bedroht sind, ist das Wort »sündigen«. Man hat dieses Wort mit Inhalten gekreuzt, die überhaupt nichts mehr mit der ursprünglichen religiösen Bedeutung zu tun haben. Für uns heißt »sündigen« nämlich: mit Gott brechen. Von sich aus die Beziehung zu Gott aufgeben. Als Priester bin ich oft nach Hochzeiten und Taufen und anderen Feiern zu festlichen Essen eingeladen. Nie höre ich das Wort »sündigen« öfter als in diesem artfremden Kontext: Wenn kokett auf eine Speise verzichtet wird: »Nein danke, ich will nicht weiter sündigen.« Oder wenn einer nach dem Essen den Gürtel ein Loch weiter schnallt mit der Bemerkung: »Heute habe ich aber ordentlich gesündigt.« Einmal habe ich vor der berühmten Konditorei Aida am Wiener Stephansplatz zwei Damen schmachtend vor dem Schaufenster stehen sehen, bis die eine sagte: »Komm, gehen wir sündigen!« Dieses »Sündigen« hat meistens am allerwenigsten mit dem wirklichen »Sündigen« zu tun.

Gott will, dass wir gut essen. Im Gebetsbuch des Alten Testamentes gibt es mehrere Stellen, wo die Freude an der Nahrung, an gutem Essen und an gutem Trinken durchbricht und als gültige Glaubensregel auch für uns Heutige gilt: »Der Wein erfreut des Menschen Herz!« (Psalm 104,15) Schon deshalb hat das Essen, das maßvolle freilich, für uns nichts mit »sündigen« zu tun – weil wir alles als Gottesgeschenk sehen. Dass Jesus sein erstes Wunder bei einer Hochzeit wirkt, wo er Wasser in Wein verwandelt und damit den Absturz der Stimmung der Hochzeitsgesellschaft in die Tristesse verhindert, muss ebenso erwähnt werden wie die Tatsache, dass er uns sein heiligstes Sakrament, das Gedenken an seine Lebenshingabe am Kreuz, in Gestalt eines Mahles, der Eucharistie, schenkt. Schließlich verheißt uns die Bibel die ewige Gemeinschaft mit Gott unter dem Bild eines himmlischen Hochzeitsmahles. Darum ist essen – ich meine hier gut essen und feierlich essen – sicher grundsätzlich nichts Schlechtes. Es kommt wie überall auf das Maß an. Theresa von Avila (1515–1582), die sympathische, weil so grundvernünftige spanische Mystikerin, hat den berühmten Ausspruch getan: »Wenn Rebhuhn, dann Rebhuhn. Wenn Fasten, dann Fasten.« Auch wenn Theresa nicht eine der tollsten Mystikerinnen gewesen wäre, die in ihren Schriften Einblicke in die zärtliche Verbindung der Seele mit Gott erlaubt, so hätte sie es schon allein wegen dieses einen Ausspruches verdient, von Papst Paul VI. 1970 als erste Frau mit dem Titel »Kirchenlehrerin« ausgezeichnet zu werden. Wer die rechte Motivation hat, den Blick über den Rand des endlichen Genusses hinaus, der wird ohnehin nicht den Fehler begehen, ein Radikal-Asket oder ein Exzessiv-Genießer zu werden.

Ich empfehle also das Fasten, aber aus der rechten Motivation heraus. Psychologisch wirkt eine Fastenkur zum Zweck des Abnehmens schon automatisch »egozentrierend«, denn ich muss mich ja auf mich selbst, auf meinen Lebensstil und das, was ich tue und wie ich es tue konzentrieren. Jeder, der schon einmal erfolgreich abgenommen hat, wird bezeugen, wie positiv man dadurch innerlich verändert wird; das Erfolgsgefühl baut einen auf; man fühlt sich frischer und lebensmutiger. Klar, die Motivation zum Fasten setzt eine gewisse Ich-Stärke voraus und baut diese Ich-Stärke ihrerseits wieder auf. Das ist an sich gut, jedoch haben die geistlichen Lehrer auch immer vor einem Stil des Fastens gewarnt, der nur den Kick eines Ego-Erfolgserlebnisses als Resultat hat. Nur den fetten Leib zu stylen und sich dann selbstverliebt im Spiegel zu bewundern, ist aus religiöser Sicht zu wenig. Natürlich: Gratulation allen, denen es gelingt, abzunehmen, von Herzen sei gratuliert! Aber Achtung, dass dadurch die Seele nicht noch fester in die Betongruft des eigenen Ego eingesperrt wird! Nach der Benediktsregel muss der Mönch seinem geistlichen Leiter unterbreiten, was er sich als Fastenübung vornimmt (Benediktsregel 49,8). Fasten darf nicht nur ein »Ich-faste-mich-schlank« sein, es muss den Zweck haben, sich für das zu öffnen, was nicht unseren Magen satt macht, sondern unsere Seele froh und glücklich.

Und so wie falsches Fasten nicht innerlich weitet, sondern verengen kann, so natürlich auch das Essen. Wir Katholiken lieben gutes Essen und wir lieben festliches Essen. Wäre ein Münchener Oktoberfest in Hannover möglich? Ich bezweifle es. Essen und Trinken gehört bei uns zur Religion wie die Seele zum Leib, wie die Kirche zum Gasthaus. Wir wissen durch Paulus, dass in der Urkirche an die sakramentale Feier der Eucharistie immer auch ein gemeinsames Essen der Gemeinde anschloss. Leider kam es schon damals zu Missständen, da die Reichen ihre mitgebrachten Leckereien nicht mit den ärmeren Mitchristen teilen wollten ... (1. Korintherbrief 11). Man nannte dieses Sättigungsmahl, das natürlich nur so lange funktionierte, so lange die Gemeinden zahlenmäßig klein und überschaubar waren, »Agape«. *Agape* ist das griechische Wort für Liebe, lateinisch *caritas*. An einer wichtigen Stelle der Bibel wird Gott seinem Wesen nach sogar als *agape* definiert: »Gott ist die Agape, die Liebe!« (1. Johannesbrief 4,8.16) In den letzten Jahren hat man sich in vielen katholischen Gemeinden auf diesen urkirchlichen Brauch besonnen und nach der Eucharistiefeier, zumindest bei Festgottesdiensten eine »Agape« angeboten.

So ganz urkirchlich ist das allerdings in den seltensten Fällen, denn in der Regel handelt es sich um den Verzehr von Streichkäsebrötchen, weil die am einfachsten und schnellsten vorzubereiten sind. Viel urkirchlicher sind da schon die kulturgeschichtlichen Auswirkungen, die die ursprüngliche Einheit von »Eucharistie« und »Agape« gezeitigt hat. Neben jeder Dorfkirche gibt es mit hoher Wahrscheinlichkeit ein Gasthaus, und in manchen ländlichen Gemeinden in Österreich hat es sich noch gehalten, dass nach dem Gottesdienst (Nahrung für die Seele) alles in die ringsumliegenden Wirtshäuser strömt. Wanderern in katholischen Gebieten sollte dies bekannt sein, denn so finden sie in fremden Dörfern mit ziemlicher Sicherheit schnell etwas zu essen: »Siehst du, wo ein Haus des Herrn, ist das Wirtshaus nicht mehr fern.« Und schließlich verdient auch das gute Sonn- oder Feiertagsessen, das ebenfalls religiösen Ursprungs ist, eine Würdigung: An dem Tag, an dem unsere Seele mit Gott kommuniziert, soll auch unser Leib sich erfreuen dürfen. Was gibt es Schöneres als ein festliches Familienessen in entspannter Atmosphäre, wenn durch den vorangegangenen Gottesdienst unsere Seele schon befreit worden ist, sich in die Weite des Göttlichen hinauszuwagen? Wenn man diese Weite gespürt hat, kann man erst richtig lustvoll den Blick auf den Teller senken und sich über das freuen, was uns der liebe Gott schon in diesem Leben Köstliches schenken will. Oder nochmals mit den Worten der genialen Kirchenlehrerin: Wenn Rebhuhn, dann Rebhuhn; wenn Fasten, dann Fasten.

Wehe aber, wenn das Essen Religionsersatz wird. Mir fällt auf, dass es noch nie so viele Kochsendungen im Fernsehen gegeben hat wie im Moment, und vermutlich konnte man noch nie so schnell durch ein einigermaßen originelles Kochbuch berühmt werden wie heute. Ich war einmal in einem berühmten Haubenlokal eingeladen und staunte über die geradezu liturgische Ästhetik und kultische Eleganz, mit der dort die Nahrungsaufnahme zelebriert wird: ein perfekt durchgestyltes Ritual, in dem die Kellner als Ministranten, die einzelnen Gänge als Erscheinungsformen glückverheißenden Heiles präsentiert werden und am Schluss auch noch der Haubenkoch, den man in den Medien bezeichnenderweise »Haubenpapst« nennt, erschien, um die Huldigung der mit Lust und Sattheit Beglückten entgegenzunehmen. Das Essen war wirklich exzellent, aber man sollte keinen Kult draus machen. Kult kommt von Verehrung, und die gebührt letztlich nur dem, der einem das Glück schenkt, welches nicht wegverdaut werden kann. Bei uns Mönchen ist der Rhythmus von Fasten und Festessen selbstverständlich: Am Montag, Mittwoch und Freitag gibt es einfaches Essen, dafür gibt sich unsere Küche sonntags und besonders an Feiertagen wirklich Mühe. Auch das Essen ist bei uns ein Ritual, wir sehen darin einen Appetizer auf das himmlische Hochzeitsmahl, aber eben nur einen Appetizer. Darum beten wir natürlich vor dem Essen, und der Segen, den der Abt erteilt, lautet: »Zum himmlischen Hochzeitsmahl führe uns der König der ewigen Herrlichkeit.« – Damit wir nur ja nicht auf den Gedanken kommen könnten, dass das »schon alles« ist. Größeres, Schöneres und Schmackhafteres wartet auf uns. Der Gaumen ist noch nicht der Himmel, aber er ist uns vom lieben Gott geschenkt worden, damit wir schon mal ein bisschen reinschmecken können.

20. Licht an!

In Österreich haben wir nicht viele wirklich berühmte Popsänger. Einer davon war Falco, mit ihm musste ich mich beschäftigen, weil er – wie die Mönche von Stift Heiligenkreuz – irgendwann vor Zeiten in den Top Ten der englischen Pop-Charts war. Falco, mit bürgerlichem Namen eigentlich Hans Hölzel, war eine Kunstfigur, zu der er sich selbst stilisiert hat. Interessanterweise wählte er zu Anfang seiner Karriere das Pseudonym Falco *Gottehrer*, den zweiten Teil ließ er dann bald weg. Als unser Album *Chant – Music for Paradise* in London vorgestellt wurde und ich eine Unmenge von Interviews geben musste, wurde ich von Universal-Music-Mitarbeitern betreut, die sich früher auch um Falco gekümmert hatten. Er sei absolut »crazy« gewesen; als man ihn mit einem offenen Rolls-Royce vom Hotel abholen ließ, weigerte er sich einzusteigen: Er wollte keinen schwarzen, sondern einen weißen Rolls-Royce. Sein Tod war ebenso tragisch, wie sein Leben spleenig war. Er starb 1998 bei einem Autounfall in seiner Wahlheimat, der Dominikanischen Republik, sein Auto wurde am helllichten Tag von einem Autobus gerammt. Der Crash kam unter mysteriösen Umständen zustande, Falco war stark alkoholisiert und hatte große Mengen an Kokain sowie Marihuana im Blut. Egal. Gott sei seiner Seele gnädig, denn er wurde wohl viel verletzt, und hat auch selbst einige Menschen verletzt. Interessant finde ich seinen letzten »Hit«, der erst drei Wochen nach seinem Tod veröffentlicht wurde. Er heißt *Out of the dark, into the light*, also »Heraus aus der Finsternis, hinein in das Licht« Der Text ist eher depressiv, als wäre er voller Todesahnungen; manche haben darin sogar die Beschwörung eines dämonischen Todesengels gesehen, den er fürchtete, vielleicht sogar herbeisehnte:

Ich krieg von dir niemals genug. Du bist in jedem Atemzug. Alles dreht sich nur um dich. Warum ausgerechnet ich? Zähl die Stunden, die Sekunden. Doch die Zeit scheint still zu stehn. Hab mich geschunden, gewunden. Lass mich gehn! Was willst du noch? Willst du meine Tage zählen? Warum musst du mich mit meiner Sehnsucht quälen? Deine Hölle brennt in mir, du bist mein Überlebenselixier. Ich bin zerrissen. Wann kommst du meine Wunden küssen?

Out of the dark. Hörst du die Stimme, die dir sagt: Into the light. I give up and close my eyes. Out of the dark! Hörst du die Stimme, die dir sagt: Into the light. I give up and you waste your tears to the night!

Ich bin bereit, denn es ist Zeit für unseren Pakt über die Ewigkeit. Du bist schon da, ganz nah, ich kann dich spüren, lass mich verführen, lass mich entführen heute Nacht zum letzten Mal, ergeben deiner Macht. Reich mir die Hand, mein Leben, nenn mir den Preis. Ich schenk dir Gestern, Heut und Morgen, dann schließt sich der Kreis, kein Weg zurück. Das weiße Licht kommt näher, Stück für Stück. Will mich ergeben. – Muss ich denn sterben, um zu leben?

Out of the dark! Hörst du die Stimme, die dir sagt: Into the light. I give up and close my eyes. Out of the dark! Hörst du die Stimme, die dir sagt: Into the light. I give up and you waste your tears.

Was Falco wohl wirklich meinte? Der Text ist so vielschichtig und undurchsichtig wie seine Seele. Ich finde den Text in seiner Vieldeutigkeit genial. Den Augenzeugen fiel an seinem entstellten Leichnam auf, dass sich der Gesichtsausdruck vom Augenblick des Todes erhalten hatte und so gleichsam der Angstschrei seiner Seele festgehalten wurde: Weit aufgerissene Augen, die Pupillen vor Angst enorm groß, der Mund offen. Sein ganzes Leben war ein solcher Angstschrei gewesen, hier ist er nicht der Einzige. Aber einer, in dessen Leben diese Mischung aus Glanz und Finsternis gleichsam »Kult« geworden ist.

Viele Menschen leben in einer geistigen Finsternis und fragen, wie sie da rauskommen und hinein in das Licht. Für viele ist das Leben trüb und öd; sie fragen sich, wie sie das Leben bewältigen sollen. Oder ist das nur mein Eindruck, den ich als weltfremder Mönch im Kloster gewinne? Dass es in meinem Leben viel heller ist als bei vielen Menschen draußen? Warum habe ich das Gefühl, dass vielen Seelen der Glanz einer echten Lebensfreude fehlt? Wenn ich die Grundstimmung, die mir in vielen Gesprächen begegnet, charakterisieren müsste, so würde ich von einer Art nebeliger Dämmerung sprechen, in der sich viele Menschen befinden. Stress und Überbelastung drücken die meisten psychisch nieder. Den Amerikanern sagt man ja nach, dass es für sie ebenso normal geworden ist, zum Psychotherapeuten zu gehen, wie es ihrer Mentalität entspricht, offen über ihre Einkommen zu reden. Vielleicht werden wir Europäer in Zukunft auch diesbezüglich »amerikanisiert«. Jungen Menschen jedenfalls, die mich fragen, was sie studieren sollen, um möglichst vielen Menschen zu helfen, rate ich fast schon standardisiert: »Werde Priester. Werde Ordensfrau. Und wenn Du keine Berufung hast: Werde Psychologe, werde Psychotherapeut, denn ich habe das Gefühl, dass hier immer mehr Menschen Hilfe brauchen werden.« Die Seele hält es eben auf Dauer nicht aus, wenn eine Beziehung zu einem geliebten Menschen zu einem Lotto-Spiel wird, weil man sich weder beim anderen noch bei sich selbst darauf verlassen kann, dass das Wort »Ich liebe dich« wirklich ernst gemeint ist und mehr meint, als dass man nett zueinander ist. Intakte Ehen und Familien sind mittlerweile zur Mangelware geworden, und das Patchwork der Beziehungen verwandelt auch die Seele in einen Fleckerlteppich, wo nur notdürftig zusammengeflickt ist, was doch ein großes und rundes Ganzes sein sollte. Ökologisch Sensible leiden unter der fortschreitenden Umweltzerstörung, politisch Interessierte unter den immer unüberschaubareren Szenarien. Wie oft habe ich die Worte gehört: »Herr Pfarrer, ich fürchte mich vor dem Leben.«

Doch ich möchte hier nicht weiterlamentieren, denn das geschieht ja fast bei jeder Predigt. Das Aufdecken von dem, was nicht stimmt – und was uns nach unserem Verständnis nicht passt – das können wir Pfarrer gut. Die Kirche geißelt gerne die Missstände. Aber zu sagen, was falsch ist, ist eines; das Richtige anzubieten, ist ein anderes. Was schlecht läuft, das müssen wir nennen – das hat übrigens auch Jesus getan, der gar nicht so ein Softie war, wie ihn uns die Flower-Power-Religionspädagogik der letzten Jahre versucht hat weiszumachen. Jesus wäre friedlich im Bett gestorben, wenn er nicht dauernd angeklagt hätte, was religiös, sozial und moralisch schiefgelaufen ist. Nirgendwo fordert er dazu auf, dass wir »nur lieb« sein sollen. Er ist derjenige, der den falsch Denkenden und Handelnden entgegenruft: »Schlangenbrut, Natterngezücht, falsche Propheten, Lügner und übertünchte Gräber seid ihr!« Wer glaubt, ich übertreibe hier, der lese einmal die Evangelien. Und dass unser Herr mit seinem Gürtel die Händler und Geldwechsler aus dem Tempel gepeitscht hat, das macht ihn mir als Choleriker erst so richtig sympathisch. Der »heilige Zorn« ist für uns Christen eine »Tugend«, gleichwie es eine Tugend ist, wenn ein Ehemann eifersüchtig ist, wenn ein anderer seiner Frau schöne Augen macht. Was wäre das für eine Liebe, die sich nicht ereifern kann? Da uns die Sache Gottes und das Heil der Menschen nicht egal und wir nicht phlegmatisch mit den Achseln zucken wollen, wenn wir sehen, dass so vieles in unserer Gesellschaft den Bach runtergeht, die Selbstmordquote in die Höhe schnellt, die Ehen und Beziehungen im Rekordtempo zerbröseln und die Jugendlichen immer selbstverständlicher zu Drogen greifen, darum werden wir immer mit Pathos sagen müssen, was nach unserer Meinung schiefläuft. Vor allem aber müssen wir laut sagen – und noch lauter vorleben – was richtig ist.

Es nützt nichts, gegen die Finsternis zu schimpfen, man muss ein Licht anzünden. Und das Licht analysiert die Finsternis nicht, es vertreibt sie. Wenn wir nur hilflos beobachten, dass so vieles schiefläuft in der Welt, erliegen wir leicht der Versuchung, nur den anderen die Schuld zu geben. Weg mit dieser Mentalität, die uns einreden möchte, dass wir nichts verändern können! So eine frustrierte Selbstblockade trübt unsere Stimmung nur noch mehr. Jeder ist fähig, etwas gegen die Finsternis zu tun, jedem mutet Gott zu, zu einem Licht zu werden, das die Welt etwas heller macht. Ein Licht genügt, um den Bann zu brechen. Jammern nützt nichts, wir müssen brennen, damit es heller wird. Als ich Pfarrer war, sind oft Menschen zu mir gekommen, die mir die Ohren vollgejammert haben. »Das funktioniert nicht, hier müsste man jenes tun ... Dort läuft etwas falsch, da wäre es notwendig, dass ... Diese Mitarbeiter haben jene Fehler, sie sollten jenes tun ...« Wie oft höre ich in der Kirche diese Summierung von Optativen: »Man müsste, man könnte, man sollte ...« Aber diese Anhäufung von Wünschen bezieht sich interessanterweise immer auf die anderen. Nicht, dass das keine Idealisten wären, die hier mit ihren Vorstellungen kommen. Im Gegenteil: Meist sind es tatsächlich diejenigen, welche die Lage richtig beurteilen und die Mängel klar analysieren können. Aber was nützt das? Das ist so ähnlich wie der Ehemann, ein Techniker, der in einer Ehekrise bei mir war und mir eine dreiseitige Liste vorgelegt hat, die er mit seiner Frau durchsprechen wollte: in einer schlaflosen Nacht hatte er alle Defizite seiner Ehe schriftlich analysiert und detailreich aufgeschlüsselt. »Gratuliere, dass du so gut denken kannst, aber welchen Schritt wirst *du* konkret als nächsten setzen, damit *du* deiner Frau zeigst, dass *du* sie von Herzen liebst? Was wirst *du* tun, um eure Ehe in Ordnung zu bringen?«

Einmal war ich bei meinem Abt, um mich über einen großen Mangel im Kloster zu beschweren, dass wir nämlich niemanden haben, der für die Betreuung von Jugendlichen zuständig ist.

Der Herr Abt hörte mich geduldig an, als ich ihm alles ausmalte: »Man müsste, man könnte, man sollte …« Also die übliche Kaskade von Ideen und Wunschvorstellungen, die für kirchliche Amtsträger so strapaziös sein kann. Der Abt hörte mich interessiert an, stimmte mir zu und sagte: »Ich glaube, du hast Recht. Aber ich habe niemanden, der das derzeit machen kann, außer dir. Also: wenn es so wichtig ist, darfst du es machen.« Und er ernannte mich zum Jugendseelsorger des Stiftes, eine Aufgabe, die es bisher noch in keinem Kloster gegeben hat; eine Aufgabe, die mir seither einige Arbeit bereitet hat, aber, ehrlich gesagt, noch mehr Freude. Ich glaube, dass es nur so geht: dass wir uns selbst entzünden an den Idealen, die wir von anderen fordern, und dass wir bereit sind, auch selbst nicht nur in den Ideen, sondern auch in den Taten zu brennen. Also nicht: »Die sollten-könnten-müssten es machen!« Sondern: »Ich bin bereit, mein Möglichstes zu tun!« Und vor allem müssen wir Gläubigen insgesamt deutlicher zeigen, dass wir nicht nur ein Klageverein gegen die Finsternis sind, sondern selber ein brennendes Lichtermeer gegen die Dunkelheit in der Welt. Jedenfalls habe ich die kluge Antwort meines Abtes als Pfarrer und Gemeindeleiter oft einsetzen können, wenn jemand nur analysiert und kritisiert hat: Die Kläger und Lamentierer selbst in die Pflicht nehmen. »Wenn Ihnen das und das fehlt in der Pfarre: Können Sie mir dabei nicht helfen …? Wenn Ihnen zu wenig Angebote für die Kinder sind, wollen Sie nicht eine Kindergruppe gründen …?«

Es muss durch jeden von uns heller werden in der Welt. Wir werden nur glücklich, wenn wir brennen. Der heilige Bernhard sagt: »Mehr brennen als leuchten.« Das Leuchten ist die Wirkung des Brennens. Nur der wird andere mit seinem Glück anstrahlen, der selbst innerlich brennt. Die Symbolik des Lichts und des Leuchtens ist für uns Gläubige von großer Bedeutung. Was wäre ein Gottesdienst ohne Kerzen? Was wäre Weihnachten ohne Lichtermeer? Was wäre Ostern ohne Osterkerze? In früheren Zeiten hat man ganz selbstverständlich die Kirchen nach Osten ausgerichtet gebaut, da früher die Heilige Messe immer am Morgen gefeiert wurde, so ist sie mit dem Aufgang der Sonne und dem Einstrahlen des Lichtes zusammengefallen. Mohammed (570–632) hat dieses richtungsgeleitete Beten vermutlich der christlichen Liturgie abgeschaut, wenn er die Muslime zum Gebet Richtung Mekka verpflichtet. Im Mittelalter hat man damit begonnen, die Hostie, in der nach unserem Glauben Christus bei der Eucharistiefeier selbst persönlich gegenwärtig wird, hochzuheben. Die runde weiße Hostie wird somit in der Liturgie zur aufgehenden Sonne. Auch unsere Abteikirche in Heiligenkreuz wurde nach Osten ausgerichtet gebaut. Der ältere Teil von 1187 wurde rund hundert Jahre später durch eine hohe gotische Halle, deren Wände sich ganz in lichtdurchlässige Glasfenster auflösen, erweitert. Im Sommer ist es wirklich eindrucksvoll, den Sonnenaufgang aus dem Osten mitzuerleben, wenn die Glasscheiben langsam ihr Dunkel verlieren und hinüberwechseln in ein buntes Farbenspiel, das an die Herrlichkeit des Himmels erinnern soll. Gott zu begegnen, bedeutet dem Licht zu begegnen.

Seit unser Kloster durch die CD *Chant – Music for Paradise* bekannt geworden ist, erleben wir ein gesteigertes mediales Interesse. Ich erinnere mich noch, wie nervös ich vor dem Papstbesuch war, als ich meine ersten Fernsehinterviews zu geben hatte. Das hat sich mittlerweile geändert, denn über Monate hindurch waren fast täglich Journalisten aus aller Welt hier, oder fragten uns via Telefon aus Südafrika, Australien, USA, Kolumbien oder sonst woher aus. Wenn die Nervosität weg ist, kann man sich auf das Wesentliche konzentrieren. Auf Bitten unserer Plattenfirma war ich als Beauftragter des Stiftes für die Öffentlichkeitsarbeit in fast allen europäischen Großstädten: London, Paris, Madrid, Berlin, Köln, Mainz, Zürich, Rom, Amsterdam, Brüssel, Dublin usw., um in TV- oder Radio-Shows aufzutreten und stundenlang Interviews zu geben. Ein befreundeter Manager, der für die Öffentlichkeitsarbeit eines österreichischen Großunternehmens zuständig ist – er hat erst vor wenigen Jahren zum katholischen Glauben gefunden und sich von einem eifrigen Franziskanerpater die Firmung spenden lassen – hat mir gute Tipps gegeben. »Pater Karl, bleib immer substantiell.« – »Denk immer daran, dass die Leute Gott suchen.« – »Nimm dir Zeit für die Journalisten, du bist kein Informationsapparat, sondern du bist Priester.« Ja, das stimmt, Journalisten sind auch nur Menschen, und oft sogar verwundete, verletzte, gedemütigte, gemobbte – immer aber Suchende. So habe ich also vor allen Interviews für die oder den gebetet, der mir gegenübersaß. Natürlich waren manche Termine so gelegt, dass ein Interview auf das andere folgte, ohne dass wirklich Zeit für Privates und Tieferes war. Mit einigem Stolz denke ich an den Tag in Madrid, wo ich wegen eines Flugzeugdefektes erst um 2.30 Uhr im Hotel ankam und dann von frühmorgens bis spätabends einen Marathon von Fernsehauftritten, Radio- und Zeitungsinterviews sowie Fotoshootings absolvierte. Stolz war ich deshalb, weil es während dieses Tages Phasen gab, in denen ich dachte, dass ich das vor Müdigkeit nicht überleben würde. Man muss ja immer gut drauf sein für die Journalisten …

Seither habe ich Mitleid mit den Stars, denn nach einem solchen Tag, wo man immerzu von allen hofiert wird und alle so nett zu einem sind, bleibt ein bitterer Geschmack von Leere. Nicht, weil man plötzlich am Abend, wenn man in sein Hotelzimmer zurückkommt, nicht mehr im Mittelpunkt steht. Nein, sondern weil man im Unterbewusstsein spürt, dass man für die Medien und ihre Macher nur eine Ware ist, ein Produkt, eine Story, durch die sie ihr Geld verdienen. Und nicht mehr. Seither bete ich auch für die Stars, von denen ich einige erlebt habe, die schon in einer ziemlich kaputten Egomanie gefangen sind und ihren Selbstwert nur mehr durch ihre Wirkung auf andere definieren. Ich durfte großen Menschen begegnen und berühmten Entertainern gegenübersitzen – es war schon allein interessant, so schlagfertige und gewandte Moderatoren wie Thomas Gottschalk und Markus Lanz kennen zu lernen. Bemerkenswert war auch die Erfahrung, zwanzig Stunden vor Beginn aus einer Jahresrückblicksshow mit Johannes B. Kerner ausgeladen zu werden. Es hätten einfach zu viele deutsche Stars zugesagt, sodass für uns österreichische Mönche kein Platz mehr sei. Da in dieser Show eine Autorin promotet wurde, die vom Massenerfolg ihres pornographischen Buches lebt, dankte ich nachher Gott, dass er uns diese Begegnung erspart hat.

Während all dieser Pressetermine bin ich sehr viel Finsternis begegnet und vielen suchenden Menschen. Auch Menschen, die mit einem Gläubigen, noch dazu einem Priester, vorerst nichts anzufangen wussten. Ich erinnere mich an ein Gespräch mit einem berühmten Radio-Mann, der mir zuerst ein bisschen angeberisch von seinen Interviews mit Michael Jackson, Madonna, Mick Jagger und solchen Kalibern erzählte. Unser Gespräch war hölzern. Warum eine CD? Wie kam das Projekt zustande? – Also das Übliche, das in Geduld abzuhandeln war. Dann sprach ich von Gott, mit dem wir beim Singen eigentlich sprechen. Und da sprang das Interesse in ihm hoch wie eine Welle im Meer: Ob ich sicher sei, dass es Gott gebe, was ich denn fühle, wenn ich bete, wie man das lernen könne, mit Gott zu sprechen … Endlich, dachte ich mir, sind wir in der Substanz. Meine Betreuerin von der Plattenfirma musste dann dazwischengehen, weil er die Zeit um das Dreifache überzogen hatte. Er wollte immer noch mehr wissen.

Ich bin vielen Suchenden begegnet, die in der Finsternis sitzen und sich nach Licht sehnen. Die Blasen einer scheinbar endlos steigerbaren Lebensgenussmaximierung platzen eine nach der anderen. Der Apostel Paulus schreibt an die Römer den Satz: »Die Nacht ist vorgerückt, der Tag ist nah!« Und er setzt fort: »Darum lasst uns ablegen die Werke der Finsternis und anlegen die Waffen des Lichts. Lasst uns ehrenhaft leben wie am Tag, ohne maßloses Essen und Trinken, ohne Unzucht und Ausschweifung, ohne Streit und Eifersucht. Legt als neues Gewand den Herrn Jesus Christus an, und sorgt nicht so für euren Leib, dass die Begierden erwachen.« (Römerbrief 13,11-14) Diese Stelle des Römerbriefes hat einmal vor 1700 Jahren einen Menschen verändert und durch ihn die ganze Welt: Aurelius Augustinus (†430), der bedeutendste Theologe des ersten Jahrtausends ist uns schon einmal begegnet. Er ist einer der berühmtesten Zeugen dafür, dass der, der zu Gott findet, zum Glück findet.

Mit Augustinus fühlte ich mich schon seit meiner Pubertät verbunden, in der ich – etwas spleenig und nicht gerade typisch für einen 16-Jährigen – fast alle Bücher von Konrad Lorenz, und dann einiges von Meister Eckehard und Augustinus las. Mir war vielleicht damals irgendwie finster. Aber jeder junge Mensch ist ja auf der Suche, er möchte sich das Leben erobern. Die intensive Lebenseroberungslust des Aurelius Augustinus ist uns durch seine Lebensbeschreibung, seine *Confessiones*, bekannt, die eine Reflexion seiner geistigen Entwicklung sind. Augustinus war kein wirklich Schlimmer, also niemand, dem sein Leben schon fast entglitten war, ehe er das Ruder herumriss; eher ein Karrierist, der nicht nur nach dem Leben gierte, sondern auch nach der letzten Weisheit, und dem klar war, dass diese nur in der Religion liegt. Von ihm stammt der millionenfach zitierte Ausspruch: »Du hast uns auf dich hin geschaffen, und ruhelos ist unser Herz, bis es ruhet in Dir!« (Confessiones 1,1,1.) Er geht als Professor von Nordafrika, wo er mit seinem Vater Patricius und seiner frommen christlichen Mutter Monika aufgewachsen ist, nach Rom und schließlich nach Mailand. In Italien erlebt er die dunklen Seiten der politischen Macht; es ist ein untergehendes Imperium, das innerlich hohl geworden ist und in dem sich alles nur noch um Machterhalt ohne ethische Ideale dreht. Er persönlich erlebt eine religiöse Finsternis, denn er tappt von einer Philosophie in die andere, von einer Sekte in die nächste. Immer auf der Suche nach der Weisheit letztem Schluss. Augustinus erlebt aber noch eine andere Finsternis, denn ein Mensch, der hohe Ideale hat, hat auch an sich selbst hohe Ansprüche. Solche Menschen kennen wir alle: Das sind jene, die hoch, höher und am höchsten hinauswollen. Klingt gut, endet aber meistens peinlich. Das sind die, die die Latte für sich selbst so hoch legen, dass sie den Sprung darüber gar nicht schaffen können. Ihnen bleibt dann nichts anderes übrig, als unter dem selbstgesteckten Maß untendurchzulaufen – und an sich selbst zu verzweifeln.

Augustinus war seit seinem 19. Lebensjahr ein Fan von Ciceros *Hortensius*, in dem das höchste Glück darin gesehen wird, nach der Weisheit zu suchen, also »Philosophie« zu betreiben. Ich könnte mir vorstellen, dass Augustinus, wenn er in unserer Zeit gelebt hätte, vor seiner Bekehrung zunächst ein begeisterter Schüler des Dalai Lama und ein postmoderner Fan östlicher Weisheitssuche geworden wäre. Der *Hortensius* ist tatsächlich eine Art New-Age-Programmschrift der Spätantike; es geht dort ja um eine Glücksgewinnung mittels des »Durchschauens« des Weltgeistes. Genauso abgehoben und abgefahren wie es unsere New-Age-Gurus lehren: Das höchste Ideal ist stoische Ruhe und abgeklärte Selbstbeherrschung. Übrigens gibt es in Henryk Sienkiewicz' *Quo Vadis* einen Berater von Kaiser Nero mit Namen Petronius. Dieser Petronius wird von dem polnischen Literaturnobelpreisträger genial als zynischer und weltabgeklärter Stoiker gezeichnet. Doch Augustinus durfte das Ideal der Stoiker, sich selbst ganz im Griff zu haben, nie kennen lernen, denn dem standen sein Temperament und sein Charakter entgegen. Er war ein brodelnder Vulkan, nicht nur in seinem nimmer-ruhenden Verstand. Augustinus lebte zehn Jahre mit einer Frau im Konkubinat – kein oberflächliches Irgendwiemit-Irgendwem-Zusammensein, sondern eine durchaus ernste Beziehung, aber nicht standesgemäß und nicht legitimiert, so sagen die Historiker. Wie sehr sich Augustinus seiner Unfähigkeit, das Richtige zu tun, geschämt hat, zeigt sich schon daran, dass er den Namen seiner Geliebten nicht hinterlassen hat. In keiner seiner Schriften gibt es eine Spur, wer diese geheimnisvolle Frau war, die ihm immerhin einen Sohn geschenkt hatte. Diesem hatte er den Namen »Adeodatus« gegeben, das heißt wörtlich: »von Gott gegeben« – aber kein Hinweis auf seine Frau. Augustinus hat hier wohl etwas übertrieben mit seiner Scham …

Ich empfehle allen die Lektüre der *Confessiones*, wobei man nicht zu befürchten braucht, dass es sich hier um »Bekenntnisse« in dem Stil handelt, mit dem uns oft Autobiographien von Politikern, Stars oder sonstigen öffentlichen Persönlichkeiten »beglücken«: wo Skandale breitgetreten werden, mehr oder weniger subtil abgerechnet wird und man manchmal das Gefühl hat, dass die Indiskretionen solcher Selbstergüsse eher in die Stille des Beichtstuhles gehören als in die Öffentlichkeit. Aber meist handelt es sich dabei ja um säkulare Ersatzhandlungen für die Beichte. Mit dem Unterschied, dass Gott dem Reumütigen immer vergibt; die Öffentlichkeit nie. Man kann höchstens deren Sympathie erringen, aber die ist kurzfristig, vergänglich und letztlich belanglos. Augustinus hat unsere Sympathie, auch wenn er nicht »beichtet«, sondern in den *Confessiones* einfach seine geistliche Entwicklung schildert. Der Grundton der *Confessiones* ist eigentlich ein Gespräch mit Gott, es ist weniger eine Lebensschilderung als eine Lebensbesprechung mit dem Gott, dem er zuruft, dass er ihn »so spät geliebt« habe: »*Sero te amavi*« (Confessiones 10,27). Nochmals zu den Versuchen der rituellen Selbstrechtfertigung oder Selbstentschuldigung, die wir heute in solchen Politiker- und Berühmtheitenbiographien erleben: Sie entlasten den, der hier bekennt (und meist auch kräftig beschönigt!) schon deshalb nicht, weil es niemanden gibt, der die Schuld wegnehmen kann. Da ist niemand, der die Macht hätte zu vergeben; da ist auch meist niemand, der den Willen hat zu vergeben. Mir ist das im Heiligen Jahr 2000 bewusst geworden, als der damalige Papst Johannes Paul II. der Kirche eine »Reinigung des Gedächtnisses« verordnete, damit diese unbelasteter in das 3. Jahrtausend ziehen kann. Immerhin rechnen wir die Zeit »nach Christi Geburt« und daher war das Millennium für uns Gläubige ein Christusfest, ein Jubiläum, ein Grund, Gott für seine Geschichtsmacht zu danken, der seine frohe Botschaft nun schon seit 2000 Jahren durch die Welt ziehen lässt – trotz der Fehler des »Bodenpersonals«.

Am Beginn der Fastenzeit, am 12. März 2000, kam es also zu dem historischen Ereignis eines Schuldbekenntnisses. Zwar hatten die Päpste der Vergangenheit immer wieder Fehler der Kirche eingestanden und öffentlich beklagt. Historisch berühmt ist etwa das Schuldbekenntnis von Papst Hadrian V., das dieser auf dem Nürnberger Reichstag 1522 verlesen ließ, auf dem Höhepunkt der Reformation, in dem dieser deutsche Papst die Fehler der Kirche an Haupt und Gliedern eingestand – zugleich aber ein energisches Vorgehen gegen Luther forderte. Noch nie aber war es im Rahmen einer Papstliturgie zu einer Buße über die Sünden im Laufe der Kirchengeschichte gekommen. Das war das Einzigartige des 12. März 2000, der ein Tag der »Reinigung des Gedächtnisses« werden sollte. Jeweils ein hoher Vertreter des Vatikans brachte in Form eines Gebetes an Gott jeweils ein Thema zur Sprache. Kardinal Joseph Ratzinger etwa bekannte als Präfekt der Glaubenskongregation die Anwendung von Gewalt im Dienst des Glaubens und der Moral: »Lass jeden von uns erkennen, dass auch Menschen der Kirche – auch wenn sie zu Recht nur die Wahrheit schützen wollten – im Namen des Glaubens und der Moral mitunter Methoden der Gewalt angewandt haben, die dem Evangelium nicht entsprechen.« Papst Johannes Paul II. antwortete wieder mit einem Gebet: mit einer flehenden Bitte zum Gott der Barmherzigkeit. Stück für Stück wurde auf Gott hin ausgesprochen, was Christen im Laufe der Zeit gegen den Willen Gottes, gegen die von Christus gewollte Liebe, gegen das Heil der Menschen falsch gemacht hatten. In dieses Bekenntnis waren Kreuzzüge, Antijudaismus, Hexenverbrennungen und Ketzerverfolgung und all die widerlichen Dinge eingeschlossen, zu denen Christusgläubige im Laufe der 2000 Jahre Kirchengeschichte fähig gewesen waren und die schwere Verfehlungen des Glaubens an den liebenden Gott sind. Wie schön und wie richtig empfand ich es, dass diese Bekenntnisse an Gott selbst gerichtet waren! Die Bitte um Vergebung war an den Einzigen adressiert, der wirklich verzeihen kann: Gott. Die Welt kann nicht vergeben, sie reagiert bestenfalls mit Zynismus und Hohn: Na endlich! So lange hat es gebraucht! Wir haben es immer schon gewusst ...! Symptomatisch war, dass der Kirchenbegiftungsspezialist Karlheinz Deschner die Stimmung sofort kanalisierte, indem er mit einem Büchlein unter dem zynischen Titel »Kleiner Denkzettel zum Großen Bußakt« nachstieß. Das empfand ich als so niederträchtig; als wenn man auf eine aufrichtige Entschuldigung mit einem Schlag in den Bauch reagiert. Aber es ist natürlich kokett darüber zu klagen, denn diese Reaktion liegt eigentlich in der Logik der Sache: Wer in der weltlichen Welt hätte denn die Kompetenz zu vergeben? Wer von den Menschen hat denn schon die Vollmacht zur Absolution? Am Schluss der Liturgie umarmte der Papst ein Kreuz und küsste es. Die Kirche der Sünder weiß, wer allein ihre Sünden vergeben kann. Sie ist klug genug zu wissen, dass es eine Illusion ist, auf eine Absolution durch die Welt zu warten.

Augustinus schreibt seine *Confessiones* nicht, um öffentlich zu beichten, sondern um öffentlich zu begeistern. Er möchte mitreißen mit seiner Schilderung des Suchens in den Zustand des

Gefundenhabens, der ihm geschenkt wurde. Unter dem Einfluss des Ambrosius von Mailand, dessen Predigten ihn, den intellektuellen Nordafrikaner, und seine Freunde zutiefst beeindruckt hatten, war innerlich seine Hinwendung zum Christentum vollzogen worden. Ambrosius, der eine imposante scharfkantige Persönlichkeit war und als Bischof nicht einmal vor Konflikten mit dem Kaiser zurückscheute, hatte Augustinus gezeigt, dass christlicher Glaube nicht etwas für leichtgläubige Menschen mit wenig Bildung ist, sondern dass zum Verständnis des Glaubens eine Portion Bildung und Verstand gehört. Augustinus gerät nun in eine innere Krise, ja in eine Art Verzweiflung über sich selbst, da er »den Sprung« nicht wagt. Zu sehr hat er zuvor als Sklave seiner selbst gelebt, seinen Trieben ausgeliefert, als dass er es sich nun zutrauen könnte, die hohen sittlichen Ideale der Christen zu erfüllen. Damals, Ende des vierten Jahrhunderts, bedeutete der Empfang der Taufe noch eine totale Entscheidung zu einem reinen Leben. Es gab noch keine Massenkirche, in der lustig drauflosgesündigt werden konnte, noch keine Kirche der Lauen, sondern nur eine Kirche der Überzeugten. In der frühen Kirche war das Bußsakrament auch noch nicht in der Weise entwickelt, dass man wiederholt die Sündenvergebung erlangen konnte. Nur bei Hauptsünden wie Mord, Ehebruch und Glaubensabfall gab es ein so genanntes Bußverfahren, das sehr streng war. Also: Christ werden bedeutete für Augustinus, ein für alle Mal mit dem Lebensstil zu brechen, dem er sich über Jahre hingegeben hatte. Augustinus misstraute vor allem seiner eigenen Fähigkeit, so leben zu können, wie es der Glaube fordert.

Augustinus erlebt die Finsternis einer inneren Geburt. Er will, doch er kann nicht. Er möchte sich Gott öffnen, aber es ist die Angst vor sich selbst, die ihn zurückhält, als etwas »von oben her« geschieht. Er hat das Eingreifen des Himmels selbst beschrieben: Er ist gerade im Garten seines Landhauses in Mailand, als ihn die Nachricht erreicht, dass ein weiterer seiner

Freunde sich bei Ambrosius zur Taufe angemeldet hat. Damals lieben es die Römer, sich die Zukunft durch einen abergläubischen Brauch voraussagen zu lassen: Sie schlagen einfach das dicke Werk von Vergils *Äneis* mit seinen etwa 10.000 Versen auf. In diesem Monumentalepos schildert Vergil die Anfänge Roms und schafft damit einen Gründungsmythos für die Ewige Stadt, deren Ursprünge er von den Trojanern ableitet. Aber das ist Nebensache. Vermutlich haben die Römer unter der Länge und Breite dieses Gründungsmythos schon ebenso gelitten wie die heutigen Lateinschüler, denn sie verwendeten den Schmöker lieber zur Wahrsagerei als zum Lesen. Bei diesem Orakelspiel wurde der Finger an eine x-beliebige Stelle gehalten und der Hexameter, auf den der Finger zufällig gelegt wird, als Schicksalsspruch gedeutet. Die *»Sortes Vergilianae«*, also »Vergils Schicksalsbefragung« waren eine Art Kartenlegen. Dieses Gesellschaftsspiel ist verbreitet und Augustinus bekannt, als er im Garten von Mailand in seiner düsteren Stimmung nicht mehr weiterweiß. In diesem Augenblick ruft ein Kind, oder zumindest eine Kinderstimme, von der anderen Seite der Gartenmauer *»Tolle lege!«* Das ist Latein und heißt übersetzt: »Nimm, lies!« Augustinus überlegt, in welchem Kinderspiel denn solche Worte vorkommen, als sein Blick auf die Paulusbriefe fällt, die im Garten vor ihm liegen. Wie gesagt: Gesucht hatte er schon, innerlich war er schon begeistert für das Christentum, aber der Sprung war noch nicht getan. Jetzt bezieht er das mysteriöse »Nimm, lies!« aus dem Kindesmund auf sich selbst. Er schlägt die Paulusbriefe auf, legt den Finger hinein und liest. Es ist eine Stelle der Bibel, die genau seine innere Situation zu beschreiben scheint. Im Ringen von Finsternis und Licht gibt es eine eindeutige Weisung: »Die Nacht ist vorgerückt, der Tag ist nahe. Darum lasst uns ablegen die Werke der Finsternis und anlegen die Waffen des Lichts. Lasst uns ehrenhaft leben wie am Tag, ohne maßloses Essen und Trinken, ohne Unzucht und Ausschweifung, ohne Streit und

Eifersucht. Zieht als neues Gewand den Herrn Jesus Christus an, und sorgt nicht so für euren Leib, dass die Begierden erwachen.« (Römerbrief 13,12 ff.) Das Wort trifft Augustinus mit voller Wucht und löst alle Angst und Selbstzweifel. Es ist nicht sosehr die Aufforderung, all die unmoralischen Dinge aufzugeben, ohne die er nicht leben zu können meinte, sondern die große Verheißung: »Zieht als neues Gewand Jesus Christus an!« Augustinus wird in diesem Moment klar, dass die Zugehörigkeit zu Gott auch etwas an ihm selbst verändern wird: Er muss es nicht aus eigener Kraft leisten, wie ein Christ zu leben, sondern er wird mit einer übernatürlichen Kraft bekleidet. Augustinus wird dann als Getaufter, als Bischof und Lehrer zum machtvollen Künder der »Gnade«. Endlich empfängt Augustinus durch Ambrosius die Taufe, durch seine Schriften wird er zum genialen Vordenker des Christentums, und vor allem zum Verteidiger der Gnade: Gnade steht gegen Selbsterlösung. Ins Heil komme ich nicht allein durch mein eigenes Tun, sondern es gibt Gott, der mich führt. Manchmal werde ich auch von ihm eine Art »Fußtritt« brauchen, so wie er Augustinus bei seinem eigentümlichen Erlebnis im Garten von Mailand geschenkt worden ist.

Was macht uns glücklich? Letztlich der Sprung in die Gnade. Ich liebe das Wort Gnade, denn in ihm ist das Schönste beinhaltet, das es für uns Menschen überhaupt gibt: dass Gott sich freundschaftlich und liebevoll mit uns Menschen einlässt. Für mich bedeutet es, dass die Erde kein großer Ameisenhaufen ist, wo wir Menschen austauschbar und anonym wie die Ameisen herumkrabbeln, um ein paar Jahre herumzutun, und dann im Nichts zu versinken, sondern, dass eine aus dem Ewigen kommende Liebe jeden Einzelnen von uns wertschätzt. Leider ist das Wort »Gnade« im weltlichen Bereich weniger positiv besetzt, ja man hört es eigentlich nur dann, wenn jemand einen Tyrannen oder Verbrecher um »Gnade!« anfleht. Kein Wunder, dass der Begriff, der uns im Glauben so teuer ist, im alltäglichen Leben nicht, oder wenn dann nur miesepeterig vorkommt. »Tu nicht so gnädig!«, mahne ich jemanden, der mich von oben herab behandelt. »Gnädig sein« steht für Arroganz. Noch schlimmer ist es dem alten deutschen Wort »Huld« ergangen. Wenn jemand »huldvoll« ist, dann ist er herablassend und arrogant. Aber so ist es ja vielen positiven Begriffen aus der Theologie gegangen. Man hat sie in den weltlichen Bereich exportiert und dort sind sie zu Unwörtern geworden. Trotzdem: Gelobt sei Gott für seine Gnade und Huld, denn darunter verstehe ich, dass er mich nicht mutterseelenallein auf dieser winzig kleinen Insel namens Leben ausgesetzt hat. Gnade heißt, dass Gott dabei ist. Mit seiner Macht und Liebe. Gnade heißt für mich: Hinter allem steht Gott, alles ist sein Geschenk. »Denn seine Gnade währet ewig« heißt es in Psalm 136 litaneiartig immer wieder. Das griechische Wort für Gnade heißt übrigens *cháris*, das kommt von *chára* und das heißt Freude. Wenn Gott mit seiner Gnade dabei ist, dann macht uns das Freude.

Gottes Gnade ist immer staunenswert, sie ist immer »*Amazing Grace*«, wie das schönste Lied über die Gnade heißt: »*Amazing Grace*: Unglaubliche Gnade, welch süßer Klang, die einen Schuft wie mich errettete! Ich war einst verloren, aber nun bin ich gefunden, war blind, aber nun sehe ich.« Der »Schuft«, englisch: *wretch*, kommt in den Liedtext, weil der Verfasser der Hymne der englische Sklavenhändler John Henry Newton junior (1725–1807) war. Nachdem er in einem Sturm auf hoher See fast ums Leben gekommen wäre, bekehrt er sich 1748 zum Christentum, gibt den Sklavenhandel auf und spricht sich sogar gegen die Sklaverei aus. Vielleicht gefällt mir *Amazing Grace* deshalb so gut, weil man heraushört – auch wenn die heute verbreitete Melodie erst Jahre nach Newtons Tod komponiert wurde – dass hier jemand wirklich erfahren hat, wozu Gottes Gnade fähig ist. Newton starb als Dekan und Prediger der anglikanischen Kirche. Gnade ist eine göttliche Wohltat, die das

Leben verändert. Das lateinische *grátia* wiederum ist abgeleitet von *gratis*, also umsonst. Gnade ist das, was uns Gott gratis, ohne Vorleistung gibt. Kaum jemand hat dies tiefer erfahren als der genannte Augustinus, der sich gequält hat mit der Suche nach Gott, und der dann als umwerfendes und unverdientes Geschenk von Gott gefunden wurde: »Warum *gratia*? Weil sie *gratis*, umsonst, gegeben wird. Warum wird sie gratis gegeben? Weil nicht deine Leistungen vorausgegangen sind.« (Augustinus Enarratio in Psalmum 30, Sermo 1,6) Erst das deutsche Wort »Gnade« hat dann etwas mit »Herablassung« zu tun. Im Mittelhochdeutschen hieß *»Diu sunne gie ze gnâde«* schlicht und einfach: Die Sonne geht unter. Das deutsche Wort »Gnade« bezeichnet das Herabneigen und Herabsteigen Gottes.

In der Dunkelheit unserer Welt und im Chaos unseres Lebens brauchen wir das Licht der Gnade. Aber woher wissen wir, dass Gott wirklich etwas mit der Welt zu tun haben will? Durch fromme Weise, durch gelehrte Theorien, durch ein heiliges Buch, das er uns übermittelt hat? Die frühe Kirche hat die Geburt Christi als den Einbruch des Lichts Gottes mitten in der Finsternis der Welt gefeiert. Im Johannesevangelium heißt es ja: »Das wahre Licht, das jeden Menschen erleuchtet, kam in die Welt. Und das Licht leuchtet in der Finsternis, und die Finsternis hat es nicht erfasst.« (Johannesevangelium 1,9,5) Und im Benedictus heißt es, dass uns »das aufstrahlende Licht aus der Höhe«, das *»lux oriens ex alto«* besuchen wird (Lukasevangelium 1,78). Deshalb ist es klar, dass es bei der Geburt Christi in Bethlehem recht lichtvoll zugeht: Ein Licht umstrahlt die Hirten und Herden. Übrigens müsste man einen posthumen Literaturnobelpreis für den Evangelisten Lukas fordern. Von allen vier Evangelien hat er die Schilderungsweise gefunden, die am meisten die Phantasie inspiriert hat. Besonders folgenreich war die »romantische« Erzählung des Lukas über der Geburt Christi in Bethlehem: Ohne sie hätten wir keine Weihnachtslieder (die Engel singen über der Krippe), keine Weihnachtssterne (der führt die Weisen zur Krippe), keine Weihnachtslichter (der Himmel ist hell erleuchtet über der Krippe), keine Weihnachtsgeschenke (die Hirten bringen Gaben zur Krippe) und überhaupt: Das ganze Weihnachtsfest könnten wir uns wahrscheinlich abschminken, wenn Lukas unsere Phantasie nicht so sehr befruchtet hätte. Das Einzige, was er uns nicht hinterlassen hat, ist eine genaue Datumsangabe, wann Christus geboren wurde. Im Johannesevangelium wird Jesus von sich sagen: »Ich bin das Licht, das in die Welt gekommen ist, damit jeder, der an mich glaubt, nicht in der Finsternis bleibt.« (Johannesevangelium 12,46) Und weil es also auch bei der Geburt Christi vordergründig so lichtvoll zugeht, hat sich eine regelrechte Lichtromantik über Weihnachten gebreitet.

Die Weihnachtsbräuche sind übrigens eine schöne ökumenische Synthese, denn der Lichtbrauch des Adventkranzes, durch den es Woche für Woche Kerze um Kerze heller wird auf Weihnachten hin, ist von dem protestantischen Hamburger Theologen Johann H. Wichern (1808–1881) erfunden worden. Bezeichnenderweise so rein gar nicht, um Romantik zu verbreiten. Wichern, der Erzieher von Waisenkindern war, wollte den Kindern nur pädagogisch geschickt anhand eines Holzkranzes mit neunzehn roten und vier großen weißen Kerzen zeigen, wie viele Tage es noch bis Weihnachten sind. Auch der Brauch des Christbaumes verbreitete sich in den österreichischen Landen erst, als 1816 die protestantische Henriette von Nassau-Weilburg ihren Gatten, den katholischen Erzherzog Karl, mit einem lichtübersäten Nadelbaum überraschen wollte. Die Lichtmystik führt derzeit sogar zur Übertreibung, indem wir den amerikanischen Brauch der weihnachtlichen Lichterketten und der Beleuchtung von Häusern übernehmen. Ich hoffe, dass sich diese Manie bei uns nicht weiter durchsetzt, denn man braucht keine gigantische Energieverschwendung, um »lichtvoll« zu leben. Das kleine demütige Symbol einer einzelnen in der Finsternis entzündeten Kerze, im Hindenken auf die Ewigkeit, kann einem schon das Herz hell und warm machen.

Hell ist es bei uns ja sowieso schon dauernd. In der Großstadt ist es nie mehr wirklich finster. Eine meiner schönsten Erinnerungen aus der Kindheit ist verbunden mit dem Eindruck von Lichtglanz: Am 1. November abends war es üblich, dass meine Eltern mit uns Kindern auf den Friedhof gingen. Auf jedem Grab brannte zu Allerheiligen-Allerseelen ein Licht als Wunsch der Lebenden an die Verstorbenen, dass ihnen ewiges Licht geschenkt wird in jener geheimnisvollen anderen Welt. Aber nicht nur das Geflacker der Kerzlein zwischen den dunklen Grabsteinen und die durchaus friedliche Stille – wie schade, dass junge Leute vor Friedhöfen Angst haben, weil sie ihnen nur mehr in Horrorfilmen begegnen – machten Eindruck. Mein Heimatdorf ist nur dreißig Kilometer von Wien entfernt. Und an jenen Abenden, an denen wir uns im Gedenken an die jenseitige Welt auch einmal Zeit genommen hatten, in die dunkle Nacht hinauszugehen, merkten wir es deutlich: Über der Großstadt war der Himmel heller, die Abstrahlung der Millionenstadt erleuchtete auch das Firmament. Weit weniger romantisch kann man das ja jederzeit erleben, wenn man mit dem Flugzeug bei Dunkelheit über Städte fliegt, die dann wie endlose Lichtermeere unter einem glänzen. Eigentlich ist es schade, dass die Städter permanent in einem Smog von Helligkeit leben. Für die Sicherheit mag das gut sein, ob es das aber auch für die Seele ist? Denn wer noch nie bewusst die Finsternis eingeatmet hat, der wird vielleicht zu wenig dankbar sein für das Geschenk des Lichtes. Oder vielleicht brauchen wir ja deshalb so viel künstliches Licht, weil wir innerlich so wenig haben?

Für die Menschen früherer Zeit war die Nacht nicht mit Romantik verbunden, sie war eine tote und gefährliche Zeit. Man konnte nicht arbeiten, weshalb der Arbeitstag immer schon mit der Morgendämmerung begann, um das Licht optimal auszunützen. Dafür endete der Arbeitstag automatisch mit dem Einbruch der Dunkelheit. Die Nacht war die Zeit der Räuber und Diebe, in der man an Leib und Leben bedroht war und deshalb besser zu Hause blieb. Die frühen Christen vergleichen den Unglauben deshalb immer mit »Nacht« und »Finsternis«, weil die Religiosität der heidnischen Antike etwas Bedrohliches an sich hatte. Die Menschen waren durch den Aberglauben regelrecht versklavt, weil sie sich von unberechenbaren Schicksalsmächten abhängig fühlten. Götter, Dämonen, Mächte, Gestirne und Äonen, – ein rätselhaftes »Dahinter« –, konnten einen jederzeit mit Unglück, Krankheit und Tod strafen. Die Römer versuchten sich mit den mysteriösen Mächten zu »arrangieren«. Das lateinische Wort »Religion« kommt von *relegere,* das heißt ungefähr so viel wie »eine Pflicht durchmachen«. Wenn man den Göttern alle möglichen Opfer brachte, sich genau an Tabus und Ritualien hielt, um es sich nur ja nicht mit »denen da« zu verscherzen, hatte das mit Herzensfrömmigkeit oder gar Liebe nichts zu tun.

In diese religiöse Dunkelheit des Heidentums hinein fiel die christliche Botschaft, dass es nur einen Gott und Herrn gibt, wie ein Licht. Einmal im Monat habe ich die Ehre, spätabends im Wiener Stephansdom predigen zu dürfen. Der Stephansdom ist nicht nur das Wahrzeichen Wiens und der touristische Anziehungspunkt der Donaumetropole, sondern durch den Eifer der dortigen Seelsorger auch ein geistlicher Anziehungspunkt. So kam ein Dompfarrer schon vor Jahrzehnten auf die Idee, die Gottesdienstzeiten den geänderten Lebensverhältnissen der Menschen anzupassen: Wo sich der Tag in die Nacht hinein verschoben hat, da muss die Kirche mitziehen: Jeden Sonntag gibt es um 21 Uhr eine Heilige Messe, und siehe da, der Dom ist randvoll, vor allem mit Studenten und jüngeren Menschen. Wer in Wien predigt, der muss freilich wissen, dass es die Wiener lieben, hart angepackt zu werden. Die Wiener mögen keine »süßen« Predigten, sondern sie lieben es, wenn man es ihnen »ordentlich reinsagt«, und am meisten lieben sie es, wenn man die Schärfe mit Humor würzt, und am allermeisten, wenn man den Humor mit Schärfe aufpfeffert. Darum wurde Johann Ulrich Megerle, alias Abraham a Sancta Clara (1644–1709), mit seiner geistreichen Derbheit zum beliebtesten Wiener Prediger, er ist bis heute Legende. Abraham a Sancta Clara soll einmal die Sittenlosigkeit der Wiener mit dem Ausruf gegeißelt haben: »Die Wiener sind es nicht wert, dass man vor ihnen ausspuckt!« Danach war die Aufregung dann doch zu groß, sodass er gemahnt wurde, diese Beschimpfung zurückzunehmen. So verkündete dieses Schlitzohr am nächsten Sonntag mit gespielter Reue: »Ich nehme alles gänzlich zurück, was ich vorige Woche gesagt habe. Das Gegenteil ist nämlich wahr: Die Wiener sind es wert, dass man vor ihnen ausspuckt.« Das lieben die Wiener. Jedenfalls darf ich dort einmal im Monat predigen, keine Sorge, übers Ausspucken habe ich noch nie etwas gesagt.

Das eigentliche »Vergnügen« besteht aber in der spätabendlichen Heimfahrt, genauer: im Radiohören. Sonntags gibt es im größten Popmusik-Sender Österreichs, der sich »Hitradio Ö3« nennt, ab 22 Uhr die so genannten Sternstunden. Ich vermute, dass auch andere Sender Ähnliches bieten: Eine schillernde und nicht unsympathische Astrologin, assistiert von einem nett herumblödelnden Ko-Moderator, gibt Auskunft über die Gunst der Sterne. Nie würde ich so spät am Abend noch das Radio einschalten, nie würde ich mir eine Astrologiesendung anhören. Aber was soll ich schon bei der Heimfahrt im Auto machen, – außerdem bereitet es Vergnügen, gemischt mit einer Portion Schrecken: Anruferinnen – der weibliche Teil dominiert, aber es gibt auch Anrufer – wollen wissen, ob ihre Ehe nochmals aus der Krise kommt, ob ein neuer Job in Aussicht ist, was die Sterne dazu sagen, dass sie mit diesem oder jenem eine Beziehung eingehen ... Mein Schrecken war am Anfang sehr groß, denn da wollten Menschen tatsächlich ihre Entscheidung, ob sie eine Beziehung beenden oder beginnen, ob sie kündigen oder in ihrem Beruf bleiben, ob sie eine Reise tun oder sie verschieben, davon abhängig machen, ob sie im Sternzeichen des Löwen, Widder, Hasen oder was-weiß-ich-was geboren wurden und ob ihr Ehemann eine Phase durchmacht, wo sein Stern im dritten Haus des Mars mit der Venus oder sonst was im Clinch liegt. Abstrus. Mit der Zeit wurde mir die Astrologin immer sympathischer, weil sie meistens das geraten hat, was ich der Anruferin ebenfalls empfohlen hätte. Nicht aufgrund von »Sterndeuterei«, sondern aus einem Gefühl für die Sorgen und Nöte, und aus Verantwortung für das Glück der Menschen heraus, die offensichtlich so k.o. sind, dass sie ihre Zukunft von etwas so Irrationalem wie der Astrologie abhängig machen. Für einen vernünftigen Menschen ist es schwer zu verstehen, warum die Konstellation der Gestirne, also dieser toten Materieballen da draußen im Universum, bei unserer Geburt irgendeinen Einfluss auf unser Lebensschicksal haben sollen. Heute ist die Astrologie sicher etwas, das die meisten mit Augenzwinkern betreiben. Mir dreht es aber schon immer den Magen um, wenn mich jemand nach meinem Sternzeichen fragt und dann mit einem wissenden »Aha, deshalb!« alle möglichen Charaktereigenschaften plötzlich zu verstehen vorgibt. Übrigens kehre ich auf der Rückfahrt vom Stephansdom noch ab und zu mit den Ministranten bei MacDonald's ein. Wenn mir dann dort auch noch ein Boulevard-Blatt in die Hände fällt, das den neuesten Mondschein-Phasen-Kalender für mein Liebesleben anpreist, dann ist mein Bedarf an weltlicher Welt wieder für mindestens einen Monat gestillt. Wie schön, dass ich Mönch bin, wie schön, dass ich katholisch bin. Hoch lebe die Vernunft!

In der Antike war die Abhängigkeit von undurchschaubaren Mächten, und seien es die Sterne, nichts, das man hätte belächeln können. Als »Kinder des Lichtes«, so formuliert es Paulus, dürfen wir ruhig auch darauf vertrauen, dass uns unsere gottgeschenkte Vernunft hilft, uns von Lebensängsten zu befreien. Nur von Gott sind wir abhängig, und der steht uns gerne mit seiner Gnade bei – gratis, stets liebevoll begleitend und leitend, bedingungslos – wenn wir ihn darum bitten. Die orthodoxe Kirche feiert übrigens Weihnachten am 6. Jänner, das Fest heißt Griechisch »Epiphania«, und hat etwas mit dem Freiwerden aus dem Aberglauben zu tun. Denn unter *epiphania* verstand man das »Erscheinen« Gottes in dieser Welt, in Gestalt eines Kindes. Das griechische *épi* heißt »obenauf« und *phainein* heißt »aufstrahlen«. Obenauf in dieser Welt erstrahlt der Glanz göttlichen Lichtes in Christus. Der 6. Jänner war früher das eigentliche Weihnachtsfest, der Westen hatte dann im 4. Jahrhundert das Bedürfnis, die Geburt Christi an der Wintersonnenwende zu feiern. Der 21. Dezember ist ja der kürzeste Tag des Jahres, von da an wird die Sonne wieder stärker, die Tage länger. Zur Sonnenwende zwischen dem 17. Dezember und dem Neujahrstag feierten die Römer schon von alters her orgiastisch zu Ehren von Saturn, dem Gott des Ackerbaues, die so genannten »Saturnalien«. Bei den Lustbarkeiten und Festgelagen ging es recht zügellos zu, die Saturnalien waren die heftigsten Orgien, die die Römer kannten. Schon bei diesem heidnischen Winterfest wurden Freunde und Kinder beschenkt; beliebt waren Amulette als Glücksbringer, Honig, Kuchen und Gold. Und schon bei den Römern wurden die Häuser mit Efeu, Stechpalmen- und Mistelzweigen geschmückt.

Ab dem 3. Jahrhundert nach Christus wurde der Sonnengott populär: Die Römer begannen die Sonne unter dem Gottesnamen *»Sol invictus«*, also die »unbesiegte Sonne«, zu verehren, wobei zu beachten ist, dass das lateinische *sol* männlich ist. Für die alten Römer handelte es sich nicht um unsere freundliche »Frau Sonne«, sondern um einen maskulinen und kriegerischen

Gott. Die alten Griechen hatten sich ja schon *»Helios«* als einen erhabenen Krieger vorgestellt, der jeden Tag mit seinem Sonnenwagen über das Firmament fährt. Im 4. Jahrhundert kommt es zudem zu einer kurzen, aber heftigen Krise des Christentums. Nachdem Kaiser Konstantin 313 dem christlichen Glauben die Toleranz gewährt und damit dreihundert Jahre blutiger Verfolgung und Benachteiligung des Christentums beendet, kommt es fünfzig Jahre später zu einem unerwarteten Rückschlag: der getaufte und christlich erzogene Kaiser Julian (361–363) verfällt einer geradezu irrationalen Verehrung des Sonnengottes *»Sol invictus«*. Er fällt vom christlichen Glauben ab und beginnt mit Vehemenz den Gott der Christen zu bekämpfen. Sein erklärtes Ziel ist es, den Glauben an den »Galiläer«, gemeint ist Jesus, zu verspotten und die heidnischen Kulte zu fördern, vor allem den Kult des Sonnengottes. Julian, dem die Geschichte den Beinamen »Apostat« gegeben hat, stirbt nach einer kurzen Regierungszeit unter schändlichen Umständen, vermutlich von einem seiner Offiziere auf dem glücklosen Persienfeldzug ermordet. Für die Christen war dies eine Erleichterung, sodass man sich nicht wundern darf, dass ihre Schriftsteller seinen Tod in den schaurigsten und düstersten Farben ausgemalt haben. Nach Theodoret soll der sterbende Kaiser, von einem Speer tödlich in den Bauch getroffen, seine herausquellenden Gedärme zornentbrannt der Sonne entgegengeschleudert haben mit dem Ruf: »*Tandem vicisti, Galilaee!* – Also hast du doch noch gesiegt, Galiläer«. Ja, der Galiläer, den er zu Lebzeiten verspotten zu müssen meinte, ist nach christlichem Glauben eben kein dahergelaufener Hinterwäldler, sondern der Sohn Gottes. Wohlan: *Se non è vero, è ben trovato!* – Wenn es nicht wahr ist, dann ist es von den christlichen Apologeten gut erfunden.

Wobei für die junge Kirche offensichtlich Handlungsbedarf bestand: Man war sich klar, dass man heidnische Bräuche, die über Jahrhunderte kulturell verwurzelt waren, nicht einfach ersatzlos abschaffen konnte. Aber man konnte sie überformen. Und wer ist mehr geeignet dafür, anstelle des kriegerischen Sol Invictus zur Wintersonnenwende gefeiert zu werden als dessen Gegenteil und Überhöhung: Jesus Christus. Wir wissen weder das Datum, noch die Jahreszeit, noch die Uhrzeit seiner Geburt. Dass man Christi Geburt zur Mitte der Nacht – in der »Mette« – feiert, folgerte man aus einem Wort aus dem Alten Testament, wo es heißt: »Als tiefes Schweigen das All umfing und die Nacht bis zur Mitte gelangt war, da sprang dein allmächtiges Wort vom Himmel, vom königlichen Thron herab als harter Krieger mitten in das dem Verderben geweihte Land.« (Weisheit 18,14 f) Dass es Winter war, schloss man aus der Tatsache, dass Maria und Josef eine Herberge suchten. Und so war das Weihnachtsfest geboren: theologisch als das Herabsteigen des göttlichen Lichtes in die Finsternis dieser Welt. Der wahre Sonnengott ist Christus, der als kleines Kind in der Krippe voll Liebe lächelt und über dessen Haupt die Engel den Frieden auf Erde künden.

Wenn die ganze Welt Weihnachten feiert, dann müssen und sollen wir daran denken, dass es dabei um mehr geht. Der Sieg der wieder länger scheinenden Sonne über die bedrückend langen Winternächte entspricht dem Sieg Christi über die Sinndunkelheit in dieser Welt. Übrigens brauchten die westlichen Pragmatiker dann auch für den 6. Jänner etwas Handgreiflicheres für ihre Phantasie, als den bloß abstrakten Begriff der Griechen, die da in sehr theologischer Spekulation die »Epiphanie« des Göttlichen in Menschengestalt feiern. Hier ließ sich die westliche Vorstellungskraft von der Huldigung inspirieren, welche die »Drei Könige« dem Jesuskind schenkten. Diese werden in der Bibel nur *magoi* genannt, vermutlich persische Sterndeuter, also Astrologen, die jetzt in dem Kind etwas Göttliches verehrten. Dass es drei sind, steht übrigens nicht in der Bibel, das hat man aus der Auflistung der Gaben Gold, Weihrauch und Myrrhe im Matthäusevangelium geschlossen. Im Lauf der Kunstgeschichte hat sich diese Dreizahl als günstig herausgestellt, denn einmal konnte man in ihnen die drei Lebensalter Jugend, Erwachsensein und Greisenalter darstellen; später dann auch die Verschiedenheit der Rassen und Kulturen, die zu Christus, dem aufstrahlenden Licht finden. Dieses Licht ist für alle: für Weiße, Schwarze und Gelbe. Diesem Licht traue ich die Macht zu, alle Finsternis aus meinem Leben und aus dem Leben aller Menschen zu vertreiben.

21. Heilmittel gegen die Traurigkeit

Jeder von uns erlebt Phasen der Traurigkeit, der Depression. Man darf nicht glauben, dass wir Mönche, die wir eigentlich in einer sehr hellen und sinnerfüllten Atmosphäre leben, verschont bleiben von solchen Phasen, wo einfach alles trüb und grau in grau ist. In Österreich gibt es für die Dunkelheit der Seele, die oft gerade ältere Mensch plagt, das Wort »verzagt«. Auch als gläubiger Christ ist man vor solchen Anfällen der »Verzagtheit«, von Traurigkeit und Melancholie, nicht gefeit. Die Frage ist nur: Sollte ich als Christ nicht immer in Halleluja-Stimmung sein? Wenn es so wäre, dann könnte ich kein Christ sein. Ich habe meine Phasen, wo ich himmelhochjauchzend bin, und ich habe meine Zeiten, wo alles grau in grau ist. Immer habe ich meinen Glauben als einen Weg zur Freude empfunden, aber es wäre vermessen zu meinen, man müsse diese Freude hier und jetzt schon immer als Gefühl verkosten dürfen. Auch Jesus war am Ölberg »verzagt« und hat die tiefste Erfahrung einer verzweifelten Verlassenheit am Kreuz ertragen. Der Ruf »Mein Gott, mein Gott, warum hast du mich verlassen« wird uns von den Evangelisten Markus und Matthäus überliefert. Jesus, von dem wir glauben, dass er Gottes Sohn ist – mit dem Vater eins von Ewigkeit – erleidet hier auch innerlich die Erfahrung eines Getrenntseins von Gott. Das ist in der Theologie genau jene Situation, die wir Sünde nennen: Trennung, Abgeschnittensein von Gott.

Ich mag es nicht, wenn sich ein psychisch so fragiler Mensch wie Friedrich Nietzsche zum Schulmeister über das Christentum aufschwingt. Berühmt ist ja sein Vorwurf: »Würden die Christen doch nur erlöster aussehen, dann würde ich auch an ihren Erlöser glauben.« Und: »Bessere Lieder müssten sie mir singen, dass ich an ihren Erlöser glauben lerne. Erlöster müssten mir seine Jünger aussehen.« Das Anliegen der besseren Lieder kann wohl auch heute so mancher Kirchenchrist teilen, der unter den teilweise kühlen Gemeindeliedern des Gesangbuches »Gotteslob« leidet oder mit der oft lauen Inhaltslosigkeit des neuen geistlichen Liedgutes, das seit den 70er Jahren auf unsere Gemeinden gekommen ist, wenig anfangen kann. Meist wird das Nietzsche-Zitat zu Ostern oder im Karneval von sonst intelligenten Predigern eingesetzt, die übersehen, dass es eine Keule gegen den christlichen Glauben sein sollte. Denn Nietzsche war ja vom Scheitern des Projektes Christentum überzeugt; er war in einem Pfarrhaus aufgewachsen. Schon in der Jugend hat er sich durch eine falsche religiöse Erziehung eine schwere Aversion gegen den christlichen Glauben zugezogen, sodass er später zu dessen leidenschaftlichstem Bekämpfer wurde. Seine Ermahnung zur Freude ist nicht freundschaftlich gemeint, sondern ein Todesurteil: Die Religion, die vom Glauben an Tod und Auferstehung her ein Programm der Freude hat, drückt so wenig Freude aus, – und stellt damit ihre eigene Existenzberechtigung in Frage.

Natürlich würde ich mir auch wünschen, dass man uns Gläubigen mehr ansieht, dass Christus als große Freude in dieser Welt ausgerufen wurde. Als nämlich Christus in Bethlehem geboren wurde, rief der Verkündigungsengel den Hirten zu: »Ich verkünde euch eine große Freude, heute ist euch der Retter geboren, Christus der Herr!« Wenn man je an einer Sitzung kirchlicher Gremien teilgenommen hat, wenn man die zerfurchten Falten in der Stirn vieler frustrierter Kirchenverantwortlicher sieht, die Resignation vieler Mitarbeiter, den permanenten Jammer, – so möchte man meinen, dass der Engel etwas anderes gerufen hat, damals vor 2000 Jahren. Bitte schlagen Sie im Evangelium nach, dort steht tatsächlich »Freude«. Wir können beruhigt sein, der Engel hat nicht gerufen: »Ich verkünde Euch ein großes Problem ...«, nein Christus wurde als »Freude« angekündigt. Im konkreten kirchlichen Betrieb kann ich Nietzsche manchmal Recht geben, da würde ich mir auch einen erlösteren, weniger verbissenen und einfach lockereren Umgang miteinander wünschen. Wie schön sind doch Pfarrgemeinderatssitzungen, wo man miteinander lacht; wie christlich ist es doch, wenn man ohne Arglist und Taktik über kirchliche Themen sprechen und schmunzeln kann ... Das würde auch anziehender wirken auf die, die noch auf der Suche sind. Nur glückliche Menschen haben Ausstrahlung und machen andere glücklich, und was gibt es für ein größeres Glück, als von Gott gefunden worden zu sein?

Aber weiter kann ich Nietzsche auch schon nicht zustimmen. Sein »Wir-Christen-müssen-erlöster-aussehen« darf nicht als eine Keule gegen meine eigenen Empfindungen der Traurigkeit, die ich manchmal habe, eingesetzt werden. Es liegt in der Natur des Menschen, ab und zu traurig zu sein. Der theologische Grund liegt darin, dass wir nicht in unmittelbarer geistiger Gemeinschaft mit dem sind, der das höchste und letztlich erfüllende Glück ist, mit Gott. Darum werden wir auch immer auf der Suche nach der Freude sein, wir sind aufgrund des Vakuums in unserer Seele – die Kirche nennt es »Erbsünde« – gleichsam verurteilt, immer nach dem Glück zu suchen, und es doch nur so zu finden, indem wir es uns von Gott selbst schenken lassen. Jedenfalls lese ich nirgendwo aus dem Evangelium heraus, dass wir zur Kultivierung einer Halleluja-Euphorie verpflichtet sind.

In meiner Jugend habe ich, wie gesagt aus einem Spleen heraus, die *Confessiones* des heiligen Augustinus gelesen. Augustinus hat wie berichtet eine spannende Biographie – wie die meisten der Kirchenväter. Dass deren Namen meist nach dem Staub der Jahrhunderte riechen – »Hieronymus«, »Basilius«, »Ambrosius« – ist bedauerlich, denn in den allermeisten Fällen sind sie uns auch durch die historischen Zeugnisse gut zugänglich. Welch spannende Biographien stehen hinter diesen Namen, blutvolle Menschen, die innerlich mit sich selbst und Gott und äußerlich mit anderen gerungen haben. Augustinus gehört noch zu den bekanntesten, zumindest weiß auch der nur oberflächlich theologisch gebildete, dass er trotz des intensiven Einflusses seiner christlichen Mutter Monika viele Jahre gebraucht hat, bis er zum christlichen Glauben und zur Taufe gefunden hat. Ein Intellektueller *par excellence*, der sein Leben lang unter der Überkapazität des Fragens, die sein arbeitendes Gehirn hervorbrachte, gelitten hat und sich nicht anders zu helfen wusste, als viele Predigten und Schriften von sich zu geben. Augustinus war der bedeutendste und einflussreichste Kirchenlehrer des Westens des 1. Jahrtausends. Nach meiner Meinung gibt er in seinen *Confessiones* auch gleich ein Beispiel, dass selbst Heilige nicht immer das Schwarze treffen in ihren Glaubenshaltungen. Es war wenige Monate nach der dramatischen Bekehrung und Taufe des Augustinus im Jahre 387, als die Mutter des Augustinus in Ostia starb. Dort erinnert heute noch eine große Basilika an jene eindrucksvolle Frau, die jahrelang unbeirrt für ihren Sohn gebetet hatte, als dieser vom Christentum noch so gar nichts wissen wollte. Dass sie ihren Sohn nicht nur liebte, sondern geradezu vergötterte, das zeigen schon die Namen, die Monika und ihr Mann Patricius ihrem Kind gegeben hatten: Aurelius Augustinus. Aurelius heißt »goldig«, Augustinus heißt »erhaben«. Dass Augustinus seine Mutter liebte, und zwar nach der Taufe auch deshalb, weil sie ihm nun zur Gefährtin im Glauben und zur gebildeten Gesprächspartnerin geworden war, das bezeugen die *Confessiones*. Es ist daher verständlich, dass Augustinus am Boden zerstört war, als Monika wenige Wochen nach seiner Taufe in besagtem Ostia nach einer plötzlichen Fieberattacke unvorhergesehen stirbt.

Die Passage vom Tod der Monika hat mich als 17-Jährigen, als es mir noch mehr darum ging, klassisches und zugleich verständliches Latein zu lesen, sehr beeindruckt. Das Ringen des großen Denkers, und zwar sowohl das moralische als auch das religiöse, ist mir damals als Teenager zu Herzen gegangen und Augustinus wurde mir sehr sympathisch. Jedoch erinnere ich mich noch, wie diese Sympathie in blankes Unverständnis umkippte in der Passage, in der Augustinus sein Leid und sein Trauern um seine verstorbene Mutter beschreibt. Er macht sich nämlich schwere Vorwürfe, dass er um seine Mutter weint. Über endlose Passagen ringt er mit sich, sodass man den Eindruck gewinnt, dass er nicht sosehr über den Tod seiner Mutter traurig ist, sondern sich eigentlich nur über sich selbst ärgert, weil er traurig ist. Es klingt schon ein wenig neurotisch, wenn Augustinus schreibt, dass er »*dolore dolebam dolorem meum* – mit Trauer seine Trauer betrauert habe.« (Confessiones 9,12)! Ich war betroffen. Warum entschuldigte er sich in diesem Buch vor Gott und den Lesern, ja warum beichtete er es geradezu als Sünde, dass er geweint hat um seine Mutter? Ich hielt persönliche Gewissenserforschung: Ob ich bisher vielleicht etwas nicht oder zu wenig verstanden hätte am christlichen Glauben? Ob der Glaube an die Auferstehung es verbietet oder gar unter Sünde stellt, wenn man um geliebte Menschen, die sterben, trauert? Paulus schreibt ja auch, dass er nicht will, dass wir »trauern wie die, die keine Hoffnung haben«, aber er spricht dort keineswegs ein generelles Trauerverbot aus.

Ich glaube, dass Augustinus mit seinen Selbstvorwürfen wegen der Tränen über seine Mutter ziemlich übertrieben hat. Wir entschuldigen ihn, weil er es eben mit der christlichen Freude ganz ernst nehmen wollte; aber er hat hier in dieser Erfahrung an sich selbst übersehen, dass es das Natürliche *und* das Übernatürliche gibt. Jeder Mensch, auch der gläubige Christ, darf traurig sein und weinen! Denn Jesus selbst hat beim Tod des Lazarus geweint, Jesus kennt alle Emotionen und er lebt sie selbst aus: von der Freude über die Trauer bis zur Verzweiflung. Es ist ein Missverständnis, wenn man meint, dass der Glaube an ewiges Leben und jenseitige Gemeinschaft die Empfindungen der Seele aufheben müsse. Das übernatürliche Licht der Hoffnung strahlt auf, aber es strahlt auf einer anderen Ebene. Es hebt den Schmerz nicht auf, aber es läutert, reinigt und verklärt ihn.

Doch ich möchte hier nicht über die Freude am Jenseits schreiben, sondern über die Traurigkeit des Alltags. Natürlich: wenn ich den großen Lebenssinn noch nicht gefunden habe, wenn ich das große Ziel – ich meine hier: Gott – noch suche, dann wird immer ein grauer Schleier über meinem Leben liegen. Man merkt es dann oft nur nicht, so wie man in der Werbung für Waschmittel erst dann sieht, wie weiß, wie strahlend, und um wie viel frischer die Wäsche geworden ist, wenn man sie mit der alten vergrauten vergleicht. Aber auch wenn man den großen Sinn gefunden hat, wenn man auf hoher See ist, unterwegs in den 70, 80 oder 90 Jahren, die einem auf Erden geschenkt sind, zu dem großen Ziel, auch dann gibt es ja Rückschläge, Depressionen und Zeiten der Traurigkeit. Niemand kann aus seiner Haut heraus, und manch einer, der ein geborener Melancholiker ist, muss mit einer verdunkelten Grundstimmung in seinem Herzen fertigwerden. Die wirklich Depressiven brauchen unbedingt auch psychotherapeutische Hilfe, denn Gott handelt nicht nur übernatürlich, sondern auch natürlich, das heißt mit der Hilfe der weltlichen Ärzte und Psychotherapeuten! Und dann gibt es die große Menge derer, für die die Traurigkeit einfach eine phasenweise Erscheinung ist. So geht es ja doch jedem im Leben – es gibt eben Wetterwechsel. Was tut man also, wenn es in der Seele zu dunkel ist und man die Freude am Leben verliert?

Gott will keine Traurigkeit. Gott ist ein Gott der Freude. Und gerade, wenn uns das Wasser bis zum Hals steht, dürfen wir den Kopf nicht sinken lassen! Ich möchte hier ein paar »Kopf-Hoch-Tipps« weitergeben, die vor mehr als 700 Jahren nicht nur ein großer Theologe, sondern auch ein großer Heiliger gegeben hat. Dass der heilige Thomas von Aquin († 1274) extrem dick war, macht ihn uns aus heutiger Perspektive etwas suspekt. Wir haben ja fixe Typologien in unserem Kopf, und nach unserer Vorstellung muss ein Intellektueller immer den Verdacht erwecken, anorexiegefährdet zu sein. Thomas passt nicht in unsere Typologie eines schlanken, hakennasigen Professors mit stirngerunzeltem Gesicht und Nickelbrille. Von seiner Körperfülle gibt es sagenhafte Berichte, etwa dass er so rund gewesen sei, dass man den Schreibtisch halbkreisförmig habe ausschneiden müssen, damit er arbeiten konnte. Ich vermute bei solchen Überlieferungen viel eher, dass Thomas so etwas wie eine moderne Arbeitsorganisation für seinen Schreibtisch erfunden hatte, damals freilich noch ohne Computertisch. Er war ringsherum umgeben von Arbeitsflächen, um schneller alles bei der Hand zu haben. Das ändert aber nichts daran, dass er fabelhaft dick war und doch der leuchtendste Kopf, den die Kirche je hatte. Thomas ist der große Realist des Mittelalters, der Mann mit dem nüchternen Blick auf die Wirklichkeit. Der Mann, der die Dinge sein lässt, wie sie sind, ohne gleich irgendetwas mystisch-göttlich-geistiges darin zu sehen. Mit Thomas vollzieht sich ein Wandel des Denkens. Denn hatte man bisher mit Plato »von oben« gedacht, so wird Thomas nun mit Aristoteles gleichsam »von unten« denken. Grundlage aller Erkenntnis ist die Wirklichkeit der Dinge, wie sie sich in unserer Wahrnehmung darbieten, wie sie sind. Plato hat alle Weltwirklichkeit schon automatisch als Abspiegelung geheimnisvoller göttlicher Ideen gesehen; mit platonischen Augen konnte man gar nicht zu einer Selbständigkeit der Wirklichkeit der Welt vordenken, weil man so fasziniert nach der himmlischen Geistigkeit schielte, die von einem geheimnisvollen Dahinter diese Spiegelungen produzierte … Thomas ist es gelungen, den Realismus des Aristoteles »zu taufen«.

Der Realist Thomas war aber natürlich kein Praktiker, obwohl er Bettelmönch im Orden des heiligen Dominikus war und als solcher mit beiden Beinen im Leben stehen musste; in seinem Leben ist er gleich mehrmals zu Fuß von Rom nach Paris und zurück gewandert. Er war ein tüfteliger Intellektueller und ein mystisch Frommer, der seine Freude sowohl am Theologisieren als auch am Beten hatte. In seiner Frömmigkeit war Thomas nicht so abgehoben romantisch, wie wir uns seinen Zeitgenossen, den heiligen Franziskus, oft vorstellen. Ich muss gestehen, dass meine Vorstellungen vom Mittelalter lange Zeit durch den Zeffirelli-Film *Bruder Sonne, Schwester Mond* über den heiligen Franziskus aus dem Jahr 1973 beeinflusst waren. Der zeigte immerhin kein »finsteres Mittelalter«, wie es die Liberalen immer sehen wollen, es war aber auch ganz und gar nicht das reale Mittelalter. Franz von Assisi, der 1226 starb, nachdem er eine kirchliche Armutsbewegung ins Leben gerufen hatte, war ein ganz und gar ungewöhnlicher Heiliger, den die Italiener mit Recht *il Santo*, also »den Heiligen« schlechthin nennen. Zeffirelli schildert dort mit großartigen Bildern die Berufung des Franz von Assisi und verlegt dabei aber den soften 68er-Freiheitskampf der Hippies in die Bilderwelt des 12. Jahrhundert. Anhand der geistlichen Evolution des Franziskus schildert er das Flower-Power-Lebensgefühl der Beatles-Generation. Übrigens: Angeblich scheiterte es nur an Terminproblemen, dass die Beatles nicht in dem Film mitspielen, denn Zeffirelli wollte sie tatsächlich als junge Franziskaner auftreten lassen. Man erlebt den heiligen Franziskus als jungen Mann, der von Krieg und sozialen Missständen zu Tränenkrämpfen erschüttert wird, von Leben und Liebe verunsichert unter Gitarrenklängen durch grüne Wiesen und Mohnblumen streift, mit seiner blonden Klara dort picknickt und schließlich seinen Weg zu Gott findet. Die Berufung eines der größten Heiligen der Kirche hat Zeffirelli faszinierend aus dem Geist der Flower-Power-Generation heraus inszeniert.

Der Film *Brother Sun, Sister Moon*, den ich zum ersten Mal in englischer Originalfassung wohl mit vierzehn oder fünfzehn gesehen habe, ist die Antwort eines katholischen, italienischen Regisseurs auf Woodstock. Ich gestehe, dass ich in Tränen zerflossen bin, als der gewaltige Papst Innozenz III. in der Schlussszene mysteriös seine zitternde Faust hoch zum Himmel erhebt, die Stufen seines hohen Thrones heruntersteigt, um sich zum Schock des kirchlichen Establishments vor dem lumpigen »Poverello« niederzuknien. Bei heutigem Nachdenken glaube ich, dass ich damals ein für alle Mal ein Vorbild gefunden habe, freilich nicht in der Gestalt des Franziskus, der mir schon damals mit dem Bubigesicht von Graham Faulkner zu kitschig gezeichnet war, sondern in Innozenz III. Die Schlusssequenz vor dem Papst ist das Beste, denn sie schildert die Kirche, die zwar mit göttlicher »Macht« umkleidet ist, deren »Macht« aber eigentlich darin liegt, dass sie vor den Armen, Kranken, Verachteten und Ausgestoßenen dienend niederkniet. Und die Szene, wo die machtvoll-zitternde Faust des Papstes sich zur Palme entfaltet, um Franziskus mit Fruchtbarkeit zu segnen – »Der Gerechte gedeiht wie die Palme« heißt es in Psalm 92,3 – ist für mich eine der ausdrucksstärksten Filmszenen überhaupt. Aber eben: So war das Mittelalter nicht, in dem Franziskus lebte und in dem Thomas von Aquin 1225, also ein Jahr vor dem Tod des Franziskus, geboren wurde. Schade, dass Zeffirellis Film so vergessen ist, ich empfehle ihn meinen Studenten schon deshalb, damit sie das Lebensgefühl kennen lernen, das die Vorstellungen der kirchlichen Vertreter der 68er-Generation kennzeichnet.

Nein, Thomas von Aquin war kein Franziskus-Hippie-Typ, er war fromm, aber nicht abgehoben. Vor allem war er ein Genie, das Begriffe analysieren und disputieren und in abstrakten Argumenten schwelgen konnte wie kein Zweiter. Im dicken mittleren Teil der *Summa Theologica*, dem größten theologischen Werk, das je verfasst wurde, geht es Thomas um den Menschen.

Der Aufbau dieses Meisterwerkes ist erstaunlich, denn man würde eigentlich erwarten, dass Thomas nach der Reihenfolge Gott – Christus – Mensch vorgeht. Christus ist ja die Verbindung zwischen Gott und Mensch, und da Thomas seine Summe mit Gott beginnt, müsste dann eigentlich Christus und am Schluss der Mensch kommen. Also: Gott – Christus – Mensch. Doch nein, Thomas hat einen auffällig anderen Aufbau gewählt: Die drei Teile gliedern sich in: Gott – Mensch – Christus. Der Mensch wird noch vor Christus behandelt. Dazu kommt noch, dass der zweite Teil der Summa wieder in zwei Teile geteilt ist: Die Prima Secunda (der erste Teil des zweiten Teiles) behandelt den Menschen, der von Gott geschaffen ist. Also das, was allen Menschen von Gott her zukommt, insofern sie seine Geschöpfe sind. Und die Secunda Secundae (der zweite Teil des zweiten Teiles) beschäftigt sich dann mit dem erlösten Menschen, also dem Menschen, der durch Christus von der Sünde erlöst worden ist. In der Mitte steht jedenfalls der Mensch: Von der einen Seite interessant, weil er schon von Natur aus ein Geschöpf Gottes ist; von der anderen Seite interessant, weil ihm und sonst niemandem in diesem Kosmos die Gnade Christi gilt. Welch erstaunlicher Optimismus des Kirchenlehrers! Über den Menschen kann man schon Gutes sagen, noch bevor wir ihn als gläubigen Christen im Licht der Gnade betrachten. Schon von Natur aus ist der Mensch – das heißt also: *jeder* Mensch – von Gott gut geschaffen und daher theologisch interessant. Nicht nur der gläubige Christ. Das Gute wurde dann in ihm verwundet, und zwar durch die Sünde, aber das Gute wurde nicht zerstört. In der Secunda Secundae wird Thomas sagen, dass dieser von der Sünde verwundete Mensch durch die Gnade Christi nun wirklich in sein eigentliches Leben kommt. Durch Christus öffnet sich ihm nicht nur der Himmel, sondern er kann so Mensch sein, dass er so ist, wie Gott ihn ursprünglich haben wollte: heilig und unbegrenzt in der Liebe.

In dem Teil über den natürlichen Menschen finden wir nun etwas, das uns das gutmütige dicke Theologengenie nochmals sympathischer macht. Thomas behandelt in der 38. Frage (*»quaestio«*) die »Heilmittel gegen die Traurigkeit«, die *»remedia contra tristitiam«* (Summa theologica I–II, quaestio 38). Wir dürfen nicht glauben, dass das Mittelalter so finster und dunkel war, wie uns das die Renaissance, die den Ausdruck »Mittel-Alter« – also die Zeit zwischen der ach so hellen Antike und der ach so hellen Wiedergeburt (Renaissance) der Antike – geprägt hat, einreden wollte. Wir dürfen aber auch nicht glauben, dass die Welt im 13. Jahrhundert, als Thomas lebte, der Himmel auf Erden war. Die Menschen hatten dieselben Wehwehchen und waren genau den gleichen Gefühlsschwankungen ausgesetzt wie wir heute. Von Thomas etwa wissen wir, dass er permanent mit der Verteidigung seines neuen Ordens, den Predigerbrüdern, auch Dominikaner genannt, beschäftigt war und dass ihn innerkirchliche Reibereien sehr belasteten. Wie zu allen Zeiten! Die Traurigkeit von innen und die Traurigkeit von außen waren ihm bekannt. Thomas empfiehlt fünf Antidepressiva: die Lebensfreude, das Weinen, die Freundschaft, die Wahrheit und schließlich das Baden und Schlafen.

Das erste Antidepressivum nennt Thomas *»delectatio«*, das heißt eigentlich »Genuss«, wir würden es heute mit »Lebensfreude« übersetzen. Das Wort »delektieren« ist in unsere deutsche Sprache eingegangen und zu einem etwas geschraubten Ausdruck für Lebensgenuss geworden. Wenn wir dieses Wort heute hören, assoziieren wir vielleicht all das, was uns die Gourmet-Päpste heute vorsetzen wollen – und all das andere Genussvolle, das wir in unserer Ego-Welt heute angeboten bekommen. Wir, die wir – noch – in einer der wohlhabendsten und friedvollsten Zeitspannen leben dürfen, die es je in unseren Ländern gegeben hat. Thomas ist natürlich kein Gourmet-Papst. Der Genuss, den er meint, gilt den vielen Dinge, die Gott zu unserer Lebensfreude geschaffen hat. Hier dürfen wir an das Durchatmen in einer herrlichen Berglandschaft ebenso denken wie an ein maßvolles Ausruhen am Strand zum Rauschen der Wellen. Unter das von Thomas gegen die innere Traurigkeit empfohlene Genießen kann man heute durchaus einen Urlaub, aufbauende sportliche Betätigung, das Lesen eines spannenden Buches oder einen guten Kinofilm subsumieren. Sicher meint Thomas aber auch die geistige *delectatio*, also das fromme Hindenken auf Gott, das Ruhig-Werden in Gott. Schon hundert Jahre vor Thomas hatte der Zisterzienserabt Bernhard von Clairvaux († 1153) seinem Schüler, den man als Eugen III. zum Papst gewählt hatte, folgendes Motto ans Herz gelegt: »Gönne dich dir selbst!«

Als Zweites empfiehlt Thomas das Weinen. Das ist natürlich ein Thema, das vor allem die Psychologen interessiert, wir können aber aus eigener Erfahrung sagen, dass Tränen befreien und innere Verspannungen und Krämpfe lösen. Es ist oft eine Gnade, weinen zu können. Gott hat uns nicht dazu geschaffen, dass wir uns in ein Pathos der verhärteten Unanrührbarkeit hüllen, er hat uns nicht mit Herzen aus Stein geschaffen, sondern mit einer ganzen Palette an Emotionen. Wer seine Gefühle immer nur wegsperrt, dem kann es passieren, dass er sich innerlich vergiftet. Als cholerischer Mensch erlebe ich sehr stark, wie die Tränen innere Aggressionen und fixierte Vorstellungen, in die man sich ja maßlos hineinsteigern kann, auflösen. Wie bei einer Gewitterschwüle ist durch den Regen dann plötzlich alles wieder abgekühlt und klar. Es ist kein gutes Zeichen, wenn jemand zu Tränen unfähig ist. Wir dürfen froh sein, dass die Zeit der »harten Männer«, die alles runterschlucken und innerlich versteinern, vorüber ist und es keine Schande ist, in der Öffentlichkeit seine Trauer zu zeigen und dadurch auch schon abzulegen. Hat nicht auch Jesus selbst über Jerusalem geweint? (Lukasevangelium 19,41) Weinen ist Trauerarbeit und Trauerarbeit ist in sich heilsam.

Das dritte Heilmittel gegen die Traurigkeit ist nach Thomas die Freundschaft, die *»amicitia«*. Freundschaft besteht aus einem Gleichklang der Herzen, sie ist für den Gläubigen ein Gottesgeschenk. Wenn ich mein Leben überblicke, werde ich feststellen, dass ich zwar viele Kameraden, Kolleginnen und Kollegen, Bekannte und Kumpel hatte, aber nur wenige Freunde. Ein echter Freund ist für mich einer, vor dem ich sein kann, wie ich bin; wo ich reden kann, was ich denke. Ohne jedes Wort auf die Goldwaage legen zu müssen, ohne die Wirkung meines Redens und Tuns taxieren zu müssen. Solche echten Freunde sind selten, und die Heilige Schrift sagt mit Recht, dass man die guten Freunde nur dann erkennt, wenn es einem schlechtgeht. »Mancher ist Freund je nach der Zeit, am Tag der Not hält er nicht stand.« (Sprichwörter 6,8) Wo man sich mitten im Frust verlassen und einsam vorkommt, da ist der gute Freund oder die gute Freundin unverzichtbar: Menschen, mit denen man auf einer Wellenlänge ist und die einfach für einen da sind. Menschen, denen ich mein Herz ausschütten kann und die schon dadurch heilsam wirken, dass sie sich Zeit nehmen für mich. In der Kirche kennen wir den Ausdruck »geistliche Freundschaft«, und solche Freunde sind vor allem für Zölibatäre unverzichtbar, um die Ehelosigkeit leben zu können, und dabei trotzdem menschlich beziehungsfähig zu werden oder zu bleiben. Geistliche Freunde helfen uns, dass wir nicht innerlich austrocknen. In der Traurigkeit brauchen wir Freunde, denn das Wort, das uns wirklich tröstet und weiterhilft, können wir uns nicht selbst sagen!

Das vierte Heilmittel ist für Thomas die Konfrontation mit der Wahrheit. Die Melancholie und der Frust produzieren einen Nebel des Irrealen, in dem man die Wirklichkeit nicht mehr so sieht wie sie ist. Eine dämonische Blendung entsteht. Daher ist das Heilmittel gegen die Traurigkeit der nüchterne Blick auf die Wahrheit, auf die Realität. Der Traurige neigt zu Superlativen und zu Verallgemeinerungen: »Kein Mensch liebt mich!« oder

»Es ist alles umsonst«. Solche Aussagen stimmen einfach nie, sie sind immer nur Ausdruck einer emotionalen Sackgasse. Wie klug ist der heilige Thomas, wenn er einen nüchternen Realismus als Ausweg aus der Sackgasse der Traurigkeit anführt: Es gibt immer jemanden, der einen liebt! Und hier ist nicht schon automatisch »nur« Gott gemeint. Wo ist ein Mensch der wirklich von niemandem geliebt wird, oder für den alles umsonst ist? Solche negativen Superlative gibt es objektiv gar nicht. Thomas meint, dass man selbst in Distanz gehen soll zu dem, was einem so unlösbar und bedrückend vorkommt. Abstand gewinnen ist einfach wichtig, um aus dem hinunterziehenden Morast des »Alles-ist-schrecklich« herauszukommen.

Im Alten Testament gibt es dazu eine sympathische Erzählung. Die Bibel ist voll von göttlicher Weisheit, und ich möchte deshalb sehr empfehlen, sie öfter zur Hand zu nehmen. Es ist ein Vorurteil, dass die Bibel langweilig ist, im Gegenteil, sie ist über weite Strecken derartig action-geladen, dass der heilige Benedikt in seiner Mönchsregel sogar empfiehlt, einige Bücher des Alten Testamentes besser nicht abends vor dem Schlafengehen zu lesen. Die vielen Erzählungen von Lug und Trug, von Mord und Totschlag, von Begierde und Ehebruch, gegen und durch die hindurch Gott sein Heil in dieser unheilvollen Weltgeschichte aufrichtet, seien nichts für zarte Mönchsseelen. Das 12. Kapitel des 1. Buches der Könige erzählt nun eine Begebenheit, die sich die Politiker gut durchlesen sollten: Nach Salomo wird Rehabeam König und die Leute bitten ihn, die Steuerlast, die sein Vater auferlegt hat, zu mildern. Das raten auch die Ältesten des Volkes dem jungen König. Sie raten ihm wörtlich: »Wenn du dich heute zum Diener dieses Volkes machst, ihnen zu Willen bist, auf sie hörst und freundlich mit ihnen redest, dann werden sie immer deine Diener sein.« Doch das gefällt dem jungen Machtpolitiker nicht. Er fragt seine jungen Berater, und die empfehlen ihm das Gegenteil. Rehabeam ist dumm vor lauter Stolz, denn er folgt dem Rat der gierigen Jungen und verstärkt sogar noch die Steuerbelastung der Bevölkerung: »Mein Vater hat euch mit Peitschen gezüchtigt, ich werde euch mit Skorpionen züchtigen.« Doch das Tollste an der Geschichte ist nicht die süffisant geschilderte Ignoranz des Königs Rehabeam, sondern die Reaktion der Menschen. Das Volk zeigt ihm einfach die kalte Schulter, es lässt den König links liegen mit dem Ruf: »Welchen Anteil haben wir an dir? In deine Zelte Israel!« In heutiger Sprache würde das heißen: »Was geht das uns an? Das geht uns gar nichts an!« Nicht, dass ich hier für innere Emigration aus den gesellschaftlichen Prozessen plädiere. Der Rückzug ins Private angesichts der Unfähigkeit von Politikern (die oft nur ihre Unfähigkeit ist, zu vermitteln) ist für Christen keine Lösung. Nein! Aber das »In deine Zelte Israel!« ist mir in vielen Situationen eine Hilfe geworden, wo ich selbst bedrängt und bedrückt werde von Problemen, die ich nicht lösen kann. Um Abstand zu gewinnen. »In deine Zelte Israel« bedeutet nicht Flucht in die Resignation, sondern dass ich mich von meinen trübseligen Gedanken befreie, indem ich mich zuerst einmal um die Sachen kümmere, die ich auch tatsächlich regeln kann. Es gibt immer »Zelte«, in denen ich zu Hause bin und wo ich wirklich real etwas zum Guten verändern kann. Mir hilft auch die Weisheit, die angeblich der deutsch-amerikanische Theologe Reinhold Niebuhr (1892–1971) formuliert hat. Sie lautet: »Gott gebe mir die Gelassenheit, Dinge hinzunehmen, die ich nicht ändern kann, den Mut, Dinge zu ändern, die ich ändern kann, und die Weisheit, das eine vom anderen zu unterscheiden.«

Am sympathischsten ist uns wohl das fünfte Antidepressivum, das uns Thomas von Aquin verabreicht. Die bisherigen vier waren ja »geistige« Wirklichkeit, nun wird es plötzlich handgreiflich konkret: Thomas empfiehlt bei Traurigkeit das Schlafen und das (heiße) Bad. Dieser mittelalterliche Kirchenlehrer war ein asketischer Bettelmönch, also sicher kein Wellness-Guru! Die gibt es heute sonder Zahl und allerorts entstehen neue Thermen und Tempel der leiblichen Entspannung. Auch im Mittelalter gab es ja – zumindest regional – eine hochentwickelte Badekultur. Thomas kannte als einer, der an einen Gott glaubt, der sowohl die Seele als auch den Leib geschaffen hat, die Wechselwirkung von beidem. Ein heißes Bad ist ein durchaus probates Antidepressivum, das Stress und innere Verspannungen abbauen hilft. Freilich würde ich davor warnen, dieses fünfte Element ohne die vier anderen zu sehen, sonst reduzieren wir Thomas nur auf eine Dimension, die heute ohnehin jedermann propagiert. Denn eine ordentliche Mütze Schlaf entspannt zwar, aber sie löst das Problem noch nicht von selbst. Der Whirlpool schafft vielleicht die Voraussetzungen dafür, dass man sich auch geistig einer realistischeren Sicht der Dinge stellt und so seine innere Dunkelheit überwindet. Den Kirchenchristen heute, die allesamt ein wenig unter dem Wahn leiden, dass sie selbst es sind, die die Kirche, den Glauben, die Menschen und den Rest des Kosmos retten müssen – und dabei übersehen, dass wir als Christen dies genau von Jesus Christus bekennen – wird man sagen müssen, dass es sie durchaus fröhlicher aussehen ließe, wenn sie einmal ordentlich ausschlafen würden als Zeichen des Gottvertrauens. Denn in der Schrift steht: »Den Seinen gibt es der Herr im Schlaf!« (Psalm 127,2) Dass es hierbei auf das Maß und die inneren Motive ankommt, ist klar.

Frustration und Traurigkeit lähmen heute viele Menschen, aber Gott will nicht, dass wir zu Frustrationsneurotikern werden. Deshalb dürfen wir die Tipps des großen Thomas von Aquin dankbar annehmen. Wir brauchen diese Heilmittel wirklich, denn der Kampf gegen unsere Traurigkeit ist zugleich ein Stück Kampf für eine bessere Welt, oder sagen wir es christlich: für das Reich Gottes, das schon auf Erden beginnen will.

22. Martyrium Gemeinschaft

Glücklich werden wir nur in Gemeinschaft. Und hier beginnt das Problem, denn wir Menschen sind ein bunter Haufen: Mann und Frau, Jung und Alt, Gescheit und Einfach, Dick und Dünn. Außerdem gibt es da noch die Verschiedenheit in Mentalitäten, Rassen, kulturelle und ethnische Prägung usw. Die Menschheit gibt es offensichtlich nur in diesem vielschichtigen Konglomerat von unterschiedlichen Menschen. Und mitten drin bin ich. Instinktiv weiß ich, dass ich die anderen brauche, diese so Anders-Anderen, um glücklich zu sein. Die schlimmste Strafe, die ein Rechtsstaat anwendet, ist die Isolation von der Gemeinschaft durch Haft.

Als am 26. Mai 1828 in Nürnberg ein etwa 16-Jähriger unbekannter Herkunft auftauchte, der von sich behauptete, in völliger Einsamkeit bei Wasser und Brot aufgezogen worden zu sein, erregte das weltweites Aufsehen und der rätselhafte Kaspar Hauser ging in die Weltgeschichte und Weltliteratur ein. Zu einer isolierten Existenz sind wir einfach nicht geschaffen, wir sind Beziehungswesen und werden nur glücklich, wenn unsere Beziehungen auch funktionieren. Mit dem Glück ist es offensichtlich so, dass es nur dann wirklich glücklich macht, wenn man es mit geliebten Menschen teilen kann. Wenn ich etwas Schönes erlebt habe, dann möchte ich es mitteilen, möchte es weitergeben. Dann möchte ich mit jemandem darüber reden, dann greife ich zum Mobiltelefon, um es zu teilen. Das gilt auch für religiöse Erfahrungen: Was man von Gott her empfängt an innerem Trost, dass wird nochmals größer, wenn man es mit anderen gemeinsam hat. Die Nacht aller Nächte, die Osternacht, wo wir Christen die Auferstehung Christi in einer langen und mitreißenden Liturgie feiern, muss von der Logik der Feier selbst in ein anschließendes gemeinsames Mahl einmünden, in einen gemeinsamen Austausch. Am Ende unserer Osternacht verteilt der Abt an alle Gläubigen, die die über dreistündige Feier in der bitterkalten Abteikirche tapfer durchgehalten haben und jetzt herausströmen, ein Osterei und lädt sie zum gemeinsamen Ostermahl ein. Was für ein wunderbares Gefühl, dann in dem warmen Stubenraum des Klostergasthofes zusammenzusitzen und miteinander die Freude über die Auferstehung Christi auszutauschen. Dass dann auch der Osterschinken dazugehört, ist aufgrund der schon oft beschworenen Einheit von Leib und Seele unverzichtbar! Wir suchen ja die Momente, in denen wir das Gefühl haben, miteinander in Harmonie zu sein. Wir spüren, dass das Glück nicht nur nicht weniger wird, wenn man es teilt, sondern dass es sich sogar vermehrt.

Als Mönch habe ich ein wenig Insiderwissen über das, was Gemeinschaft ist, und ich weiß auch, was Gemeinschaft nicht ist. Der heilige Benedikt wollte, dass wir Mönche in Gemeinschaft leben. Wir Zisterzienser sind benediktinische Mönche und gehören zur Mönchsart der so genannten »Zönobiten« bzw. »Koinobiten«, das heißt: Wir sind gottgeweihte Menschen, die in Gemeinschaft leben, im Unterschied zu den »Eremiten«, den »Einsiedlern«, die eben in Einsamkeit leben. Hier im Kloster erlebe ich Gelingen und Versagen, darum wage ich, über das Glück des Gemeinschaftslebens zu schreiben. Viele Menschen kommen zu mir und erzählen mir, dass ihre Ehen und Familien zerstritten und gespalten sind; ich höre vom Mobbing, das so mancher an seinem Arbeitsplatz erleidet; und wie oft wurde ich schon gebeten, zwischen Ehepartnern zu vermitteln, wenn an die Stelle der Liebe ein zerstörerischer irrationaler Hass getreten ist. In der Kirche scheint es manchmal um nichts besser zu sein: Zank und Streit, Ehrsucht und Geltungsbedürfnis zerspalten die Gemeinden, üble Nachrede und Neid sind uns leider nicht fremd. Als Ordensmann seufzen mich die einsamen Leute oft an: »Ihr habt es aber schön, dass ihr in einer Gemeinschaft leben könnt!« Dann denke ich: »Wenn die wüssten!« Also nicht, dass es nicht schön wäre, aber das Zusammenleben – auch in einem Kloster – ist immer zugleich Gabe und Aufgabe.

Kann Gemeinschaft gelingen? Ich lebe sicher in einer extrem außergewöhnlichen Form von Gemeinschaft. Prozentual gesehen stellen wir Mönche und Ordensleute ja nur einen Promillebereich der Bevölkerung. Ob für normale Leute etwas Brauchbares oder Inspirierendes in meinen Beobachtungen zur Gemeinschaft ist? Ich weiß es nicht. Was ich aber weiß ist, dass das Miteinander draußen immer schwieriger wird, denn Gemeinschaft hat etwas mit Liebe zu tun; Liebe hat etwas damit zu tun, dass ich mich zurücknehme, also mit Hingabe. Schon in der Apostelgeschichte zeichnet Lukas, der die Entwicklung der jungen Kirche beschreibt, ein Idealbild von den Christen: »Sie hatten alles gemeinsam.« (Apostelgeschichte 4,32) Lukas wurde nicht zufällig als »Maler« dargestellt; etwas später erzählt er schon etwas realistischer, dass es auch in der Urkirche Lug und Betrug untereinander gibt. Aber das Ideal ist unter uns Christen von Anfang an da, gerade in einer Zeit, in der die Kirche durch zahlreiche Wellen der Verfolgung von außen bedrängt wird. Der christliche Schriftsteller Tertullian († ca. 230) hat überliefert, wie die Römer voller Bewunderung auf die Christen schauten: »Seht, wie sie einander lieben!« Vermutlich war das aber gar nicht bewundernd gemeint, denn den Römern waren diese Christen mit ihren Versammlungen, ihren Liebesmählern, ihren abgesonderten Gottesdiensten und ihrer gegenseitigen Hilfsbereitschaft ja suspekt. Vermutlich hatte das so oft zitierte Wort den Unterton von »Seht, wie diese Bande zusammenhält!« Egal! Wenn man heute auf die Kirche – aber auch auf andere Gemeinschaften und Beziehungen – schaut, dann möchte man oft lieber ausrufen: »Seht, wie sie einander kratzen und beißen!«

Wer Gemeinschaft haben will, der muss in sie investieren. Was muss er investieren? Nicht weniger als sich selbst! Ein Sprichwort sagt: »Die einzige Art, einen Freund zu gewinnen, besteht darin, selbst einer zu werden«. Gemeinschaft ist ein Martyrium im doppelten Sinn des Wortes: Martyrium bedeutet auf Griechisch zunächst einmal bloß »Zeugnis«. Gemeinschaft ist ein Zeichen nach außen, das fasziniert und verlockt, sie ist eine Einladung und suggeriert: »Da möchte ich dazugehören!« Und: »So möchte ich auch leben!« Ich denke da an Ehepaare, die miteinander alt geworden sind, die zusammengewachsen sind in guten wie in bösen Tagen, die wirklich »eins« geworden sind, wie die Bibel das als die Absicht Gottes formuliert, der von Anfang an den Menschen als entweder Mann oder Frau geschaffen hat, damit aus den Unterschieden die große Einheit entstehen kann. Ich denke hier auch an so manche Gruppen, die ich erleben durfte, wo gegenseitige Hilfe nicht nur ein Wort ist, sondern eine Selbstverständlichkeit. Wie zerstörerisch kann eine Arbeitssituation sein, in der unter den Kolleginnen und Kollegen nicht Teamgeist, sondern Karrieresucht, Ellbogentechnik, Antipathie und Mobbing dominieren!

Als wir in Heiligenkreuz unsere Jugendvigil ins Leben gerufen haben, war von Anfang an klar: Hier geht es darum, den jungen Leuten, denen oft auch zu Hause die Erfahrung von familiärer Gemeinschaft fehlt, ein Zeugnis zu geben. Daher treten wir Mönche bei diesem Jugendgebet bewusst als Gemeinschaft auf; da gibt es keinen Ego-Mönch, der als Super-Guru und Mega-Entertainer die Gebetsfeier mit den Jugendlichen gestaltet. Klar gibt es Bezugspersonen, das muss auch sein, aber die Kids sollen uns als ein Miteinander und Zueinander erleben: der eine Mitbruder schüttelt die Hände am Eingang der Kirche, andere spielen in der Band, ein Mitbruder begrüßt, ein anderer verabschiedet, einer betet vor, viele Mitbrüder stehen zur Verfügung, wenn die jungen Leute zur Beichte gehen wollen. Wir sind aber in meinem Kloster bei Gott (leider) keine perfekte Gemeinschaft, doch wir bemühen uns darum. Und dieses Sich-Bemühen um Gemeinschaft ist die zweite Bedeutung von »Martyrium«, nämlich im Sinn von Leiden und Blut-Zeugnis.

Nochmals: Ohne Harmonie im Miteinander gibt es kein Lebensglück! Doch wer Gemeinschaft will, der muss in sie investieren. Und manchmal wird das schmerzhaft sein, denn das eigene Ich ist furchtbar wehleidig und liebt es so gar nicht, sich zurückzunehmen. Wir Mönche nach der Regel des heiligen Benedikt haben nun schon über 1500 Jahre Erfahrung, ob und wie Gemeinschaftsleben funktioniert. Keine Firma, kein Verein, kein sonstiger gesellschaftlicher Zusammenschluss kann auf eine so lange Erfahrung im Bemühen um Gemeinschaft zurückblicken. Was uns auszeichnet ist einmal eine grundlegende Einmütigkeit im Ziel und im Ideal: Wir sind alle hier, weil uns Gott gerufen hat und weil wir ihn lieben. Aber Gott ist unsichtbar, was wir ihm natürlich nicht verübeln können, weil er ja Gott ist. Indem er uns ins Kloster ruft, setzt er uns aber konkreten Menschen aus, die wir uns nicht selbst aussuchen können! Ich kann nicht darüber entscheiden, ob ich jemanden als Mitbruder haben will oder nicht: Er ist einfach da. Und niemand legt mit dem Ordenseintritt seine Gefühle ab. Auch bei mir ist es so: Dieser ist mir sympathischer als jener. Von dem einen fühle ich mich angenommen, von dem anderen ignoriert, von einem dritten sogar gemobbt. Wir gehören zwar Gott, aber wie heißt es so schön: »Nichts Menschliches ist uns fremd!« Im Kloster treffen wir auf verschiedene Temperamente, auf unterschiedliche Charaktere, auf abweichende Vorstellungen.

Der heilige Benedikt bringt es in seiner Regel auf den Punkt, wenn er dem Abt folgende Mahnung mitgibt: Der Abt möge immer bedenken, was seine erste Aufgabe ist: *»multorum servire moribus«*, das übersetzt man am besten so: Er muss den Eigenheiten vieler dienen. (Benediktsregel 2,31) Wundert es einen, dass Managementberater heute gerne auf die Benediktsregel zurückgreifen? Kann man das andere Wort Benedikts an den Abt nicht als Leitwort für jedes Personalmanagement nehmen, wenn er formuliert: »Der Abt muss wissen, dass er die Pflege von kranken Seelen auszuüben hat und nicht eine Tyrannei über gesunde« (Benediktsregel 27,6). Jede Gemeinschaft ist ein komplexes Gebilde, auch das Kloster. Und stark ist eine Gemeinschaft nur aus dem Zusammenspiel der Stärken und Schwächen der Einzelnen. Es gibt im Kloster eben gleichsam grundsätzlich das Problem, das den Namen »Mitbruder« trägt, so wie es in jedem Betrieb die Herausforderung namens »Kollege« gibt. Nach meiner persönlichen Erfahrung sind die Kleinigkeiten besonders herausfordernd. Im Kloster gibt es genügend »winzige« Anstöße, die schon zu inneren Verspannungen und äußeren Aggressionen führen können. Da zündet einer die Kerzen in der falschen Reihenfolge an, da singt einer zu tief, da vergisst einer grundsätzlich, das Klo nachzuputzen; und ein anderer schlägt dauernd die Türe zu; der wieder hat Mundgeruch und jener redet hinter meinem Rücken vermutlich schlecht über mich … Ob so etwas auch in der Welt »draußen« vorkommt?

Manche Ärgernisse entstehen nicht absichtlich, sondern sind sozusagen die unvermeidliche Abfallsenergie, die dort entsteht, wo Menschen mit verschiedenen Profilen und Verhaltensformen sich reiben. Reibungsenergie wird zum Zündstoff. In manchen Ordensgemeinschaften entwickelten sich deshalb interessante Entschuldigungsrituale, bei denen es darum ging, öffentlich Abbitte zu leisten. Dabei ging es nicht um bewusste Sünden gegen die Gemeinschaft, sondern um Verhaltensformen, die andere verärgern können. Man nannte diese Versammlungen die »Culpa«, das lateinische *culpa* bedeutet »Schuld«. Dort bekannte man also, dass man Türen zu laut zugeschlagen hat, dass man ein Glas zerbrochen hatte, dass man zu laut auf den Gängen gesprochen hat usw. Ich habe so etwas nie erlebt, weil die »Culpa« in unseren österreichischen Klöstern faktisch seit der Barockzeit nicht praktiziert wurde. Ältere Mitbrüder aus strengeren deutschen oder französischen Klöstern haben erzählt, wie in den 60er und 70er Jahren die Culpa zur Farce verkommen ist, weil sie dem damaligen Lebensgefühl nicht mehr entsprach. Bei diesen Versammlungen war es ja freigestellt, ob man Fehler öffentlich vor der Mitbrüderversammlung bekannte oder nicht. Manches wurde krampfhaft und manches skurril. Mit kindlichem Vergnügen erzählte uns etwa der ins hohe Alter gekommene Pater Alberich-Philipp, der vom leider ausgestorbenen deutschen Kloster Seligenporten zu uns gewechselt war, wie er einmal als junger Mönch mit bewusster Zweideutigkeit die Mitbrüder zum Lachen brachte, indem er pathetisch seine Schuld bekannte: »Ich habe einen Sprung in eine Schüssel gemacht.« Umso erstaunlicher ist es, dass junge, neugegründete Ordensgemeinschaften wieder ähnliche Rituale suchen, bei denen man sich ohne großen emotionalen Aufwand gegenseitig versichert, sich nicht absichtlich auf die Nerven gehen zu wollen. Denn darum geht es ja eigentlich: Zusammenleben birgt so oder so ein Potential von Missverständnissen und Spannungen. Es ist einfach so, dass man dem anderen, auch bei bestem Willen und liebevollster Anstrengung, auf die Nerven gehen kann. Warum? Weil eben nicht automatisch zwischen jedem und jedem »die Chemie stimmt«, wie man heute sagt.

Konrad Lorenz (1903–1989), der österreichische Nobelpreisträger im Bereich der Verhaltensforschung, meinte ja, dass viele Höflichkeitsrituale und Umgangskonventionen ihren ursprünglichen Sinn darin haben, im Voraus Aggressionen abzubauen oder zu blockieren. Der Hund, der sich auf den Rücken wirft und herumwälzt, signalisiert Wehrlosigkeit; er löst damit bei seinem Rivalen eine Beißhemmung aus. Dem gleicht nach Konrad Lorenz etwa unser menschliches Kopfnicken, das Entblößen des Kopfes, das Bereitschaft zur freundlichen Unterordnung signalisiert. Nun bin ich ganz dagegen, die menschliche

Psychologie eins zu eins von tierischer Psychologie abzuleiten. Offensichtlich ist aber, dass Rituale der Höflichkeit das Zusammenleben erleichtern. Wir Mönche verneigen uns etwa auch, wenn wir uns nebeneinandersetzen, still zu unserem Nachbarn rechts und zu unserem Nachbarn links. Das Kopfnicken geschieht ohne große innere Emotionen, es ist einfach ein selbstverständliches, immer praktiziertes Ritual, das aber doch in sich sehr wertvoll ist. Es besagt ja: Ich nehme dich wahr! Ich verneige mich vor dir! Ja, es besagt letztlich sogar: Schön, dass du da bist, – auch wenn wir das innerlich gar nicht so tief empfinden müssen.

Rituale des Wohlwollens und der Wertschätzung oder zumindest der Friedensbereitschaft sind für jede Form von Zusammenleben wichtig. Mir fällt zum Beispiel auf, dass das Händeschütteln ausstirbt. Wenn man früher zu einer Gesellschaft gestoßen ist, hat man sich noch ganz selbstverständlich bemüht, zumindest den wichtigsten Leuten die Hand zu schütteln. Heute ist das nicht mehr selbstverständlich. Schade! Denn es ist eine Form der Kontaktaufnahme, die körperhaft ist, die Distanz überwindet und Nähe erzeugt, ohne dass man dem anderen ungebührlich zu nahe kommt. Bei einem Maturatreffen, zu dem ich zu spät kam, begrüßte ich meine ehemaligen Schulkolleginnen und Kollegen, die schon alle bei Tisch saßen, indem ich der Reihe nach alle durchging, ihnen die Hände schüttelte und versuchte, mit jeder und jedem ein fröhliches Wort zu wechseln. Doch bald tönte es lustig: »Jetzt setzt dich schon endlich nieder; bei uns musst du nicht den Pfarrer machen und uns betreuen.« Also ich hätte auch allen gerne die Hand geschüttelt, wenn ich nicht Priester geworden wäre, aber offensichtlich sind Gesten und Höflichkeitsformen, die früher auch in der weltlichen Welt üblich waren, heute exotische religiöse Ausdrucksformen. Das Händeschütteln wurde ja auch in unsere Gottesdienste importiert, denn die Messordnung, die nach dem 2. Vatikanischen

Konzil entwickelt wurde, sieht »ein Zeichen des Friedens und der Versöhnung« vor. Die Idee war, dass jene, die sich im Gottesdienst mit Gott verbinden, nicht einfach wie Holzpuppen beziehungslos nebeneinandersitzen sollten. Der Apostel Paulus vergleicht die Gläubigen mit einem unsichtbaren Leib, in dem alle miteinander zusammenhängen. Leider ist der so genannte Friedensgruß oft ein sehr oberflächliches Shake-Hands geworden. Auch bei uns Gläubigen kann man es erleben, dass man sich dabei nicht einmal in die Augen schaut. Dabei sind die Augen das Tor zur Seele. Ähnlich wie Prominente, die einen Parcours von so vielen Händen zu schütteln haben, dass ihre Augen immer schon woanders sind, wenn man ihnen die Hände gibt. Schade, denn dann ist zwar noch das Zeichen da, aber der Inhalt des Gestus ist doch sehr dürftig. Bei besonderen Gottesdiensten bitte ich daher die Gläubigen, sich den Friedensgruß so zu geben, dass sie einander beide Hände reichen und sich dabei in die Augen schauen. Das ist eine Verfremdung des Shake-Hands, die sehr hilfreich ist. Für mich ist es selbst oft ein Aha-Erlebnis, wenn ich dann plötzlich wieder mal bewusst Menschen in die Augen schaue, mit denen ich im Glauben und in der Liebe zu Gott eins bin.

Apropos Augen: Oft schon habe ich Ehepaaren geraten, ihre lau gewordene Liebe auch dadurch zu entfachen, dass sie sich gegenseitig anschauen, in die Augen schauen, den Blick in den Blick des anderen versenken. Es ist traurig, dass man so etwas Banales überhaupt raten muss. Doch das Sitzen im Halbkreis vor dem Fernsehapparat oder das Sitzen als Einzelner vor dem Computer ist heute weit selbstverständlicher und normaler als das Sich-Gegenseitig-Anschauen. Brautpaaren gebe ich immer ein kleines »Training« für die Hochzeit auf: Sie sollen sich das Vermählungswort, das sie dann in der Kirche öffentlich vor aller Welt, vor Pfarrer, Trauzeugen, Verwandten und Freunden sagen, auch ganz persönlich bei Kerzenschein oder Kaminfeuer sagen, und zwar Aug in Aug. Es lautet: »Vor Gottes Angesicht nehme ich dich an als meinen Mann (meine Frau) und verspreche dir die Treue in guten und in bösen Tagen, in Gesundheit und in Krankheit; ich will dich lieben, achten und ehren alle Tage meines Lebens«. Ein wunderschönes Versprechen, durch das man sich selbst einem anderen Menschen hinschenkt. Nach unserem Glaubensverständnis wird dadurch ein Bund bis zum Tod geschlossen. Als ich die Paare das dann auch gleich live während des Vorbereitungsgesprächs ausprobieren ließ, konnte ich oft Überraschungen erleben, weil es für einige Paare eine emotionale Überforderung bedeutete. Da saßen die beiden Eheentschlossenen, schauten sich tief in die Augen und los ging es: »Vor Gottes Angesicht nehme ich dich an … ich will dich lieben, achten und ehren …« Die einen haben den Blick des anderen nicht ausgehalten und unsicher zu kichern begonnen, andere brauchten mehrere Anläufe, weil die Stimme plötzlich belegt war, und nicht selten flossen plötzlich auch die Tränen, weil sich die beiden plötzlich der Schönheit und Feierlichkeit des Lebensbundes, den sie eingehen wollten, voll bewusst wurden. Ich hätte mir ja erwartet, dass sich die beiden schon viele Male die Liebe von Seele zu Seele versprochen haben. Vielleicht hat man als ehelos lebender Priester auch zu naive Vorstellungen, aber irgendwie hat es mich doch nachdenklich gemacht, weil ich oft das Gefühl hatte, dass die beiden selten zuvor so richtig von Herz zu Herz, von Seele zu Seele ihre Liebe ausgetauscht hatten.

Gemeinschaft braucht Ritual und Tradition. Rituale können helfen, Gemeinschaft gelingen zu lassen. Je inhaltserfüllter sie sind, desto besser; doch meine ich, dass sie auch dann, wenn sie bloß aus Gewohnheit und Sitte gesetzt werden, schon ihre Aufgabe erfüllen, Zusammengehörigkeit zu festigen. Auch in meiner Verwandtschaft gab und gibt es solche Rituale, etwa, dass sich alle am Nachmittag des Weihnachtstages gegenseitig besuchen. Nach einer über Jahre eingespielten Reihenfolge, einer heiligen Familientradition, besuchen wir zuerst jenen Teil der Verwandtschaft, dann ziehen alle weiter in diese verwandte Familie, und das geht so dahin, bis am Abend an der letzten Station alle zusammen sind und der Weihnachtstag mit einem fröhlichen Familienessen ausklingt. Ich gebe zu, dass ich schon als Kind nicht immer Lust hatte, diesen »Wanderzirkus« von Verwandtschaft zu Verwandtschaft mitzumachen, noch dazu, wo überall dasselbe wiederholt wurde: Christbaum anzünden, Lichter ausschalten, Weihnachtslied »Stille Nacht«, Weihnachtslied »O Tannenbaum«, Licht wieder an, kleine Geschenke, Gratulation, Essen. Und dann weiter zur nächsten Station, und wieder dasselbe … Aber heute schätze ich das sehr. Man muss in solche Traditionen investieren, denn sie geben einem Lebensgeborgenheit; sie erzeugen in einem ein Gefühl von »Heimat«. Eine Familie kann ebenso wenig ohne Rituale Gemeinschaft sein wie es die Kirche sein kann.

Ich habe mein Leben lang Glück gehabt, denn ich durfte so viele gelingende Gemeinschaften hautnah erleben: die Ehe meiner Eltern, die Ehen meiner nahen Verwandten, jetzt eine außerordentliche Konstellation in meinem Kloster, in der es keine nennenswerten Spannungen gibt. Vielleicht neige ich deshalb dazu, das Thema viel zu verklärt zu sehen. Aber natürlich kenne ich das Leiden an misslingender Gemeinschaft. Würde man mir als Theologen die Frage stellen: Kann Gemeinschaft überhaupt hundertprozentig gelingen? Oder anders: Gibt es eine absolut ideale Gemeinschaft?, so müsste ich aufgrund der Vorgaben unseres Glaubens klar antworten: Nein! So etwas gibt es nicht auf Erden. Der Unfrieden und die Disharmonie sind ja etwas, das in unserem eigenen Herzen beginnt, und da bleibt auch für uns Gläubige, die wir unter der Gnade Gottes stehen, immer ein Rest an Falschheit und Bösem. Auch im ausgeglichensten und mildesten Menschen gibt es eine Grundspannung, welche die Kirche »Erbschuld« nennt. Vor allem Martin Luther (1483–1546) hat diese böse Wirklichkeit in uns sehr ernst genommen, er spricht davon, dass wir Menschen immer vom Teufel geritten werden. Vielleicht stehen dahinter ja seine persönlichen Erfahrungen, er war Augustinermönch und hat am eigenen Leib erfahren, wie unfähig man manchmal ist, mit diesem oder jenem unausstehlichem Mitbruder auszukommen. Man kann es sich noch so vornehmen, es geht einfach nicht. Und auch in anderen Bereichen meinte Luther, dass wir durch die Erbsünde völlig der Sünde ausgeliefert seien und uns nur im Glauben unter die Barmherzigkeit Gottes flüchten könnten. Nun, wir Katholiken sehen das nicht ganz so trüb, aber doch sehr ähnlich. Dem Konzil von Trient war Martin Luther zu pessimistisch, was die Fähigkeit des Menschen zum Guten angeht. Es lehrte also, dass die Erbsünde den Menschen nicht zerstört, sehr wohl aber verletzt. Und es lehrte, dass Gott durch seine Gnade, die er in der Taufe schenkt, die Erbsünde wegnimmt. Das theologische Wort von uns Katholiken dafür ist: »heiligen«. Gott »heiligt« uns. Das ist eine wunderbare Theologie, aber sie muss natürlich auch mit unserer realen Erfahrung versöhnt werden. Denn warum passiert es mir, der ich getauft bin, an Gott glaube und also »geheiligt« bin, trotzdem, dass ich so viel Dunkles und Böses in mir habe? Warum fühle ich mich so angezogen von dem, was ich gar nicht will?

Die Bischöfe auf dem Konzil von Trient haben ein Bild verwendet, um unser Innenleben zu beschreiben: Sie sagen, auch wenn Gott in uns heiligend wirkt und alle Sünde wegnimmt, bleibt doch in uns ein *»fomes peccati«* zurück. Das lateinische *fomes peccati* bedeutet »Zunder zur Sünde«. Im 16. Jahrhundert, als die Konzilsväter tagten, gab es noch keine Grillpartys und folglich war die segensreiche Erfindung des Grillanzünders den Bischöfen damals noch nicht bekannt. Doch genau das meinten sie mit dem Bild vom »Sündenzunder«. »Fomes« war der leicht entzündliche Unterstoff, den man brauchte, um ein Feuer zu entzünden. Wir Heutigen dürfen an den Grillofen denken, wo der Anzündewürfel sofort auflodert, wenn wir das Feuerzeug dranhalten. In jedem Menschen, also auch im Christen, der in der Gnade steht, bleibt immer etwas leicht Entflammbares zurück, wo ein Funke genügt, um alles anzuzünden und niederzubrennen. Hand aufs Herz, erleben wir uns nicht genauso in unserem Umgang mit anderen, gerade mit denen, wo es schwer geht?

Unsere alten Patres erzählen, dass es unter den Mönchen in den 50er Jahren zwei besondere Streithähne gegeben haben soll, die immer wieder aneinandergerieten. Der heilige Benedikt mahnt zur Versöhnung, und darum haben sich die beiden auch aufrichtig bemüht. Einmal war der Konflikt samt den folgenden Verletzungen besonders heftig, und ebenso steinig gestaltete sich der Weg zur Aussöhnung. Endlich war es so weit: Pater X entschuldigte sich mit sichtlicher Selbstüberwindung bei Pater Y. Der nahm ebenso zähneknirschend an. Die rituelle Geste, mit der wir Mönche uns signalisieren, dass wir wieder gut miteinander sein wollen, ist der Friedensgruß. Den Friedensgruß geben wir uns auch bei jeder Heiligen Messe vor der Kommunion. Kommunion kommt von *communio*, das heißt Gemeinschaft, Gemeinschaft mit Gott. Die können wir aber nur haben, wenn wir auch untereinander »Kommunion« haben. Darum sieht das uralte, aus dem Mittelalter stammende Ritual vor, dass wir Mönche uns den Friedensgruß nicht bloß durch Händeschütteln geben, wie das in der neueren Liturgie allgemein üblich geworden ist, sondern durch eine kurze Umarmung. Wir nennen das auch kurz *»Pax«*, das heißt einfach »Friede«, denn wir sagen: »Der Friede sei mit dir!«, lateinisch: *»Pax tecum!«* Es ist gar nicht so leicht, diese gegenseitige Verneigung zu lernen, denn beide müssen sich rechts aneinander vorbei verneigen, sonst passiert es, dass die Köpfe aneinanderkrachen, was bei Novizen manchmal vorkommt. Kurze Verneigung, kurze Umarmung, kurzes »Der

Friede sei mit dir!« Die Antwort des Umarmten lautet: »Und mit deinem Geiste!«, dann gibt er seinerseits den Pax an den Nächsten in der Reihe weiter. Diesen Friedensgruß tauschten also die beiden Streithanseln aus, etwas verkrampft, weil es halt doch nicht so ehrlich gemeint war: »Der Friede sei mit dir!« – »Und mit deinem Geiste«, antwortete der andere. Leider war es doch eine Spur zu laut, was er murmelnd hinzufügte: »Und mit deinem Geiste, – *wenn du einen hast!«* Ich brauche nicht hinzuzufügen, dass der Verdruss nachher größer war als vorher. Denn es hilft natürlich auch das schönste Ritual der Gemeinschaft nichts, wenn man es nicht ehrlich meint.

Vom Kampf zwischen Gut und Böse, vom Funken der Aggression, der einem unvermutet ins Herz springen kann, vor allem dem Choleriker, ist auch der Priester und Ordensmann nicht gefeit. Auch bei uns, die wir gleichsam durch die Umarmung von der Liebe Gottes zusammengehalten werden, gibt es Streit und Eifersucht, Neid und Missgunst, ja sogar Verbitterung und Hass. Wir selber nehmen das humorvoll, weil wir ja Realisten sind und keiner von uns vom Abt mit einem Heiligenschein gekränzt wird, wenn er in das Kloster eintritt, sondern nur mit einem bodenlangen Ordensgewand. Das bedeutet, dass wir Christus bewusst »anziehen wollen«, um uns um seine ausstrahlende Liebe zu bemühen. Unser alter Dogmatikprofessor Pater Hermann Riedl hat gerne im Scherz den alten Spruch der Römer zitiert: *»Homo homini lupus!«* – »Der Mensch ist dem Menschen Wolf«, um die alte Weisheit dann in den Komparativ und Superlativ zu steigern: *»Sacerdos sacerdoti lupior, monchus monacho lupissimus!«* Das kann man natürlich nicht wirklich gut ins Deutsche übersetzen, es kommt dabei raus: »Der Priester ist dem Priester wolfiger, der Mönch aber dem Mönch am allerwolfigsten.« Naja, ehrlich, so schlimm ist es nicht. Aber ein Körnchen Wahrheit steckt drin.

Unser Ordensvater Bernhard von Clairvaux hat es wohl

auch mit einem Augenzwinkern gemeint, wenn er seinen Mönchen erklärt hat, warum es die Mitbrüder im Kloster gibt. Er sagt sinngemäß: Das oberste Gebot Christi ist die Feindesliebe. Wenn wir nur die lieben, die uns lieben, dann liegt darin nichts Besonderes. »Und eben darum«, so Bernhard, »gibt es die Mitbrüder: Damit wir die Feindesliebe im eigenen Haus üben können.« Natürlich gibt es in jedem Kloster Mitbrüder, mit denen es so gut wie gar nicht geht. Menschen, deren bloße Anwesenheit uns schon provoziert oder deprimiert, die gibt es überall … So ist das Leben. So ist es in jeder Gemeinschaft, auch in einer geistlichen. Für solche Fälle hat uns der inzwischen emeritierte Bamberger Erzbischof Karl Braun, der übrigens zufällig den deutschen Parallelnamen zu der amerikanischen Comic-Figur Charly Brown trägt, bei einem Vortrag einen netten Tipp gegeben, den ich seither praktiziere. Wenn in mir innerlich alles hochsteigt, dann sage ich mir still: »Du Schleifstein meiner Eitelkeit, sei hochgelobt in Ewigkeit.« Ich habe das Schmunzelwort schon oft an Menschen weitergegeben, besonders auch an Ordensfrauen, die in der Beichte geklagt haben, dass sie es mit dieser oder jener nicht aushalten. Ich empfehle den innerlichen Gruß: »Sei gepriesen, du Schleifstein meiner Seele!« Freilich hat mir dann auch einmal eine Frau, die bei uns im Kloster öfter zu Gast ist, gesagt, dass sie mein Tempo und meine Dynamik nicht aushält, und das *ich* ihr Schleifstein der Seele sei. Das muss man dann auch annehmen, so ist das eben: Wir werden nicht nur geschliffen, wir schleifen auch selbst. Ist das nicht der letzte Sinn von Gemeinschaft? Und am Schluss funkelt hoffentlich unsere Seele wie ein heller Diamant.

Spaß beiseite. Gemeinschaft, die gelingt, ist etwas Wunderbares. Aber es geht nicht, ohne sich von der Eigenart der anderen selbst abschleifen zu lassen, nur so wird ein Ganzes daraus. Der heilige Benedikt sagt allen Eintrittswilligen voraus, dass *»aspera et dura«*, »Raues und Hartes« auf sie wartet. Den Himmel auf

Erden gibt es eben nicht, nicht im Kloster, nicht in der Familie, nicht in der Ehe, nicht in der Firma, nicht im Kegelverein, nicht im Kirchenchor, also schlechthin: nirgendwo. Aber wer den Himmel bei Gott vor Augen hat, der wird auch leichter mit den kleinen Höllen auf Erden, die uns die Kränkungen und Intrigen von anderen bereiten, fertig werden. Ist es nicht ganz gut, wenn unsere Ecken und Kanten abgeschliffen werden? Ist es nicht gut, wenn die anderen dafür sorgen, dass wir uns nicht zu Götzen unserer Selbstverliebtheit hochstilisieren? Eine Szene aus meinen ersten Mönchstagen, kurz nach meiner Einkleidung, ist mir unvergesslich. Mein Idealismus damals war ebenso grenzenlos wie meine Naivität, was klösterliche Gemeinschaft betrifft. Beim gemütlichen Kaffee nach dem sonntäglich festlichen Mittagessen setzte sich plötzlich ein älterer Mitbruder zu mir, der aus Norddeutschland stammte und eine durchaus preußische Ausstrahlung hatte. Er grinste mich an und sagte zu mir, der ich damals wirklich noch ein Bübchen war: »Frater Karl, ich habe gehört, sie sind voller Ideale. Sie sind fromm. Und sie wollen sicher heilig werden. Hören Sie mal, darüber machen sie sich am besten überhaupt keine Gedanken. Denn dafür werden *wir* schon sorgen!« Das habe ich mir gemerkt. Ja, dazu sind Mitmönche – und alle Mitmenschen – auch da: dass wir innerlich reifen, dass wir anhand der Herausforderungen zur Liebe stärker werden.

Ich möchte hier aus meiner kleinen Erfahrung einige Hilfen zum Gelingen von Gemeinschaft anführen. Ich muss dazu sagen, dass das auch bei mir nur so recht und schlecht funktioniert, denn grundsätzlich gilt ja, dass wir faktisch immer nur uns selbst korrigieren können. Jesus sagt: »Was siehst du den Splitter im Auge deines Bruders, das Brett vor deinem eigenen Kopf aber siehst du nicht!« Solange wir die Fehler nur und ausschließlich bei den anderen sehen, wird nichts gelingen und wir werden an unserer Frustration ersticken, denn die anderen werden es uns nie recht machen. Splitter gibt es immer und jederzeit. Als erste Hilfe rate ich, das Verzeihen zu üben. Wir werden verletzt, immer wieder verletzt. Es hat keinen Sinn, sich ohne Ende mit seinen eigenen Wunden zu beschäftigen und alte Narben immer wieder aufzureißen. Leider haben wir rein menschlich nicht die Kraft, »göttlich« zu verzeihen. Wenn Gott nämlich verzeiht, – wir Katholiken glauben, dass uns das bei der Beichte durch die Lossprechung des Priesters geschenkt wird –, dann löscht er die Sünde aus seinem Gedächtnis. Wenn Gott einem verziehen hat, dann gibt es für ihn die Sünde nicht mehr. »Lieber Gott, kannst du dich erinnern, wie ich damals dieses oder jenes Böses getan habe?« Könnte man Gott so fragen, so würde er antworten: »Wovon sprichst du, ich weiß von nichts!« Doch nur Gott kann vom Nicht-Sein ins Sein führen und vom Sein ins Nicht-Sein. Leider funktioniert das bei uns nicht, das meine ich, wenn ich sage, dass unser Verzeihen nicht »göttlich« ist, sondern eben bloß menschlich. Das heißt, dass wir seelische Elefanten sind, die sich wonnevoll an ihre Verletzungen klammern und schon bei der nächsten kleinen Kränkung ihre Narben wieder lustvoll aufkratzen … Wie viele zerstören sich selbst, weil sie nicht loslassen können, loslassen in die Vergebung hinein: »Ich verzeihe, ich lasse meine Kränkungen los, ich vergebe dir!« Ich glaube, dass es mit dem lieben Gott leichter geht, weil er ja ein großes Interesse daran hat, dass wir uns nicht selbst kaputt machen, weil wir einmal von anderen kaputt gemacht worden sind.

Der zweite Rat, den ich geben möchte, lautet: Schluss mit den Minderwertigkeitsgefühlen. Die »Mikros« sind ein echtes Problem, das wir Seelsorger sehr hautnah erleben. Man kann sich nur wundern: Ich erlebe Menschen, die gut ausschauen und sich für hässlich halten; ich erlebe Jugendliche, die charmant und intelligenzsprühend sind, und sich nichts zutrauen. Wie oft muss ich in der Beichte hören: »Ich kann mich selbst nicht annehmen!« Die Wurzel aller Minderwertigkeitskomplexe ist der

Mangel an Liebeserfahrung, an diesem Mangel dürfte unsere Gesellschaft derzeit sehr reich sein. Viele Menschen fühlen sich heute verletzt, von anderen enttäuscht und zurückgesetzt. Dass uns die Medien »Idole« vorführen, die superreich, superschlank, supererfolgreich sind, spielt sicher auch eine Rolle. Wir sehen überall die »Perfekten« und fühlen uns deshalb umso unperfekter. Zur Überwindung dieser Gefühle setzt oft der Mechanismus der Autosuggestion ein, der aber meines Erachtens auch gefährlich ist. Meine Schwester, die Sportlehrerin, erzählt mir, wie sie sich vor ihren Rennen selbst mental pushen muss: »Du schaffst es. Du hast gut trainiert. Du wirst es machen.« Positives Denken motiviert, und ohne Motivation geht gar nichts. Aber wenn das Suggerierte nicht der Wirklichkeit entspricht, wird es doch zur Lüge. Einer der beliebtesten Megahits in unserer Alpenrepublik – und darüber hinaus – war der lustige Gröhl-Jodler »Ich bin so schön, ich bin so toll, ich bin der Anton aus Tirol …« Auch meine Theologiestudenten haben den »Anton aus Tirol« bei so manchem Ausflug gerne angestimmt, eben ein einfach gestricktes Lied, das nett und unterhaltend ist. Vielleicht kommt der Erfolg aber doch auch von dem coolen Text, dass hier einer ganz ungeniert sagt, wie schön und wie toll er ist. Wenn man das singt, dann fühlt man sich so ganz als Tiroler Almöhi, der sich dessen nicht schämt, sondern genau darin seine ganze Coolheit behauptet. Das suggeriert Selbstbewusstsein! Vielleicht deckt der Song ja damit genau die Sehnsucht von vielen ab, die zwar sehr wohl wissen, dass sie gar nicht so schön, gar nicht so toll und gar nicht so »Anton aus Tirol« sind, – aber wie schön ist doch die musikalische und rhythmische Autosuggestion. Wenn man sich aber selbst etwas einreden muss, dann ist man nicht ehrlich mit sich selbst. Der, der ich bin, grüßt traurig den, der ich gerne wäre.

Minderwertigkeitskomplexbeladene Menschen neigen dazu, sich gegenüber anderen »aufzuspielen«, sich aufzublähen, sich auf Kosten der anderen groß machen zu wollen. Solche Menschen werden hochmütig und traurig. Ich bin ein schlechter Psychologe, aber ich behaupte, dass Hochmut und Selbstüberschätzung immer Frustration und Traurigkeit hervorbringen. Leute, die immer etwas an den anderen zu kritisieren haben, die immer nörgeln, die immer alle anderen kleinmachen, kosten einen viel Kraft. Man fühlt sich nach Gesprächen mit ihnen nicht aufgebaut, sondern ausgelaugt und ausgezehrt. Überhebliche Menschen sind »Kraftsauger«, sie bauen eine Gemeinschaft nicht auf, sondern höhlen sie aus. Das Gegenteil von zerstörerischem Hochmut, der das eigene Ich auf Kosten der anderen hochstilisiert, ist die aufbauende Demut. Demut ist in der weltlichen Welt leider ein Unwort geworden, wieder einmal! Das, was wir Christen unter Demut verstehen, ist nicht schleimendes Kriechertum und rückgratlose Unterwürfigkeit. Nein, es ist keine Haltung der Schwäche, sondern eine Haltung der Stärke. Das deutsche Wort »Demut« kommt von »Mut zum Dienen«, es besagt die Fähigkeit, sich selbst so zurückzunehmen, dass der andere zur Geltung kommt. Und wie kann man demütig werden, wenn man doch dieses Vakuum des Minderwertigkeitsgefühles in sich hat? Dieses bohrende »Ich komme zu kurz. Ich kann weniger als die anderen. Ich bin nicht schlank oder fit genug. Ich werde benachteiligt. Ich werde nicht so viel geliebt wie andere«? Wie ein unheilbarer Tinnitus schrillen solche giftigen Töne in den Herzen vieler Menschen, unablässig, Tag und Nacht. Der Glaube hilft hier, denn das Vakuum in unserem Ego wird ja durch die Zusage aufgefüllt, dass wir von Gott geliebt sind. Der Glaube sagt uns, dass uns der unsichtbare Schöpfer- und Erlösergott unendlich wertschätzt, unabhängig davon, ob mich mein Arbeitskollege toll findet, ob mir meine Eltern in meiner Kindheit eine ausgewogene Zuwendung geschenkt haben oder ob ich zwanzig Kilo Übergewicht habe. Anders gesagt: Der Demütige braucht keine Bestätigung seines Selbstwertes von außen. Wenn er sie bekommt, wird er sich nicht dagegen wehren. Aber er schielt nicht dauernd auf Liebe und Anerkennung und Beweihräucherung, weil er ja schon aus einer Anerkennung lebt, die durch alles überboten wird. Und so ein in die Demut führendes Gottvertrauen macht dann wirklich souverän, also auch in gewissem Sinne »toll«, noch viel toller als »Anton aus Tirol« es je sein kann.

Die Souveränität der Demut habe ich persönlich an jenem 15. März 1988 erleben dürfen, als ich einen Nachmittag lang als junger Mönch Mutter Teresa von Calcutta begleiten durfte. Mutter Teresa besuchte damals unser Stift Heiligenkreuz, und meine Aufgabe war es, sie und ihre Schwestern in Wien abzuholen. Die »Sisters of Charity«, wie sie ihren Orden nannte, hatten damals in einem heruntergekommenen Gebäude nahe der City Quartier bezogen und kümmerten sich um die Sandler, so nennen die Wiener die Obdachlosen. »Am Sand sein« heißt nämlich auf Wienerisch so viel wie »am Boden sein«, also heruntergekommen sein. Als ich vor Mutter Teresa stand, staunte ich; ich hatte mir die Friedensnobelpreisträgerin erhabener vorgestellt. Ich dachte mir: Wie kann man so klein sein, wie kann man so viele Falten haben? Aber die kleine Frau hatte funkelnde Augen und hielt – wie eine richtige Oberin – ihre Schwestern, die gerade damit fertiggeworden waren, die Sandler zu speisen, auf Trab. Wir hatten es eilig, denn es stand außer der Messe in Heiligenkreuz noch ein hochoffizieller Besuch in einem SOS-Kinderdorf auf dem Programm der berühmten Frau. Wir wollten gerade zu den Autos gehen, als noch ein Obdachloser – viel zu spät – an die Tür klopfte. Ich erinnere mich noch, dass ich mich über ihn geärgert habe, weil alles durcheinander zu geraten drohte. Außerdem war mir Pünktlichkeit immer wichtig. Aber Mutter Teresa hat ihn seelenruhig bedient. Und nun sollte ich eine der wichtigsten Lektionen meines Lebens erhalten; mir ist etwas aufgegangen, das ich seither immer wieder versuche weiterzugeben. Nichts Geringeres als das, was Liebe wirklich ist: Wir glauben nämlich, dass wir Gutes zurückbekommen müssen, wenn wir Gutes tun. Wir rechnen mit einem Automatismus des Guten. Wenn wir Gutes tun, schielen wir daher immer irgendwie auf das, was wir zurückerhalten, und sei es nur dadurch, dass der andere, dem wir Gutes tun, dankbar ist. Oder ein besserer Mensch wird. In uns allen steckt dieses uralte Prinzip, das die Lateiner mit dem Satz *»Do ut des«* formulierten: »Ich gebe, *damit* du gibst!« Unsere guten Taten sind eine Art Handelsabkommen, bei dem wir in den anderen investieren, damit unsere eigenen Aktien steigen.

Ich war fasziniert, wie Mutter Teresa sich Zeit nahm. Klar, so lieb müssen Heilige eben sein, dachte ich. Was für eine Ehre für den Sandler, von einer Friedensnobelpreisträgerin persönlich bedient und gefüttert zu werden. Von einer Frau, die sicher eine Heilige ist. Dann kam die Lektion: Der Sandler stand auf und es kam nicht nur kein Wort des Dankes, sondern im Gegenteil. Er spuckte vor Mutter Teresa aus. Warum er das tat, weiß ich nicht; es war eine widerliche Geste. Das Leben ist eben nicht so romantisch wie ein Hollywood-Film. In der Realität verwandeln sich Frösche, die man küsst, normalerweise nicht sofort in Märchenprinzen. Der Sandler mit seiner stinkenden Alkoholfahne und seinem bösen Grant im Blut war wirklich kein Märchenprinz, der nun eine bezaubernde Dankesrede an seine Prinzessin gehalten hätte. Was Mutter Teresa dann gemacht hat, werde ich mein Leben lang nicht vergessen: Sie hat sich vor ihn hingestellt, ihn mit ihren großen Augen angeschaut, und diesen unsympathischen Typen einfach liebevoll im Gesicht getätschelt. Ich kann das nicht gut schildern, denn was daran so beeindruckend war, war eben diese völlig überraschungslose Selbstverständlichkeit, mit der die kleine Ordensfrau reagiert hat. Und die tiefen weiten Augen, mit denen sie diesen Typen von unten bis oben angeschaut hat. Aug in Aug! So als wollte sie sich bedanken. Das war die souveränste Geste, die ich je gesehen habe. Das war nicht eine Prinzessin, sondern eine Königin, die hier den hässlichen Frosch tätschelte; das war das Leuchten einer Demut, die wirklichen Mut hat zu dienen, ohne sich über Umwegen darin selbst bedienen zu lassen. Der evangelische Pfarrer und Heiligenbiograph Walter Nigg hat den Satz formuliert: »Der Demütige, der den letzten Platz einnimmt, ist der unüberwindliche Mensch!« Gerade dort, wo es uns als »Fehlinvestition« vorkommt, auf andere zugegangen zu sein, es im Guten mit jemandem versucht zu haben, gerade dort, wo nichts zurückkommt, haben wir den wertvollsten Baustein zur Harmonie in unserer Welt gelegt. Genau dann, wenn wir unser Lieben scheinbar in den Sand gesetzt haben, ist jene Kraft frei geworden, von der allein das Glück aller Menschen abhängt: die *selbstlose* Liebe. Ich selber fürchte, dass ich nie so zweckfrei und absichtslos werde lieben können, aber ich glaube, dass schon die Sehnsucht nach einer solch egofreien Haltung unser Zusammenleben besser gelingen lässt.

Eine dritte Beobachtung, die vielleicht zum besseren Gelingen unserer Gemeinschaften helfen kann: Nicht ehrgeizig sein! Achtung: In den Evangelien erzählt Jesus mehrfach sehr sonderbare Gleichnisse: Da geht es darum, dass ein Gutsherr, gemeint ist damit eindeutig immer Gott, seinen Verwaltern Geld anvertraut, um dann auf Reisen zu gehen. Bezeichnenderweise wird dort als Bezeichnung für die Währung das Wort »Talent« verwendet. Die Talente werden unterschiedlich verteilt, einem zehn, einem fünf, einem eines … Als der Gutsbesitzer zurückkehrt, muss jeder der Beliehenen Rechenschaft ablegen über seine Verwaltung. Alle haben mit den Talenten gut gewirtschaftet und das Anvertraute vermehrt – außer einem, der hat sein Talent vergraben und es nicht vermehrt, weil er ach so lieb und vorsichtig sein wollte. Diese Jesus-Gleichnisse enden jedes Mal mit heftigem Tadel, ja mit Strafen, die der Gutsbesitzer über den verhängt, der das ihm Überantwortete nicht vermehrt hat.

Das heißt: Wir sind nicht die Religion der Duckmäuser und der Nichtstuer, und schon gar nicht die Religion der Fatalisten, die sich selbst nichts zutrauen und meinen, dass es am richtigsten vor Gott ist, nichts aus seinem Leben, aus seinen Veranlagungen, aus seinen »Talenten« zu machen. Gott lädt uns nicht ein, unsere Talente zu vergraben – die Redewendung stammt ja aus eben diesen biblischen Gleichnissen! –, sondern dazu, mit ihnen zu wuchern. Daher ist es nicht unchristlich, etwas erreichen zu wollen. Aber das gute »Wuchern« mit den Talenten kann zum bösen »Wuchern« werden, und das ist Streberei, Ehrgeiz und Geltungssucht.

Für den österreichischen Psychologen Alfred Adler (1870–1937) ist der Trieb nach Geltung und Anerkennung genauso mächtig wie der Sexualtrieb, der ja nach Sigmund Freuds Interpretation den Wurzelstock aller menschlichen Motivationen ausmacht. Das eine ist so übertrieben wie das andere, aber wahr bleibt, dass wir in uns den Drang haben, von anderen bestätigt zu werden und bei ihnen angesehen zu sein. Bei uns Priestern kann der Geltungsdrang zur sprichwörtlichen *»invidia clericalis«* führen, also zum »klerikalen Neid«, der anderen den Erfolg nicht gönnt und selbst dauernd danach schielt, auf der Karriereleiter nach oben zu kommen. Karrierismus ist eine ätzende Säure, die jedes Gemeinschaftsgefüge zerfrisst. Ich bleibe bei meinen Beobachtungen aus meinem kleinen Biotop »Kloster«: Am glücklichsten leben die, die nicht nach oben wollen. Aber nicht aus Feigheit und Bequemlichkeit, sondern aus einer Haltung, die es dem lieben Gott überlässt, einen an den Platz zu stellen, wo man am meisten gebraucht wird. Am besten ist, man macht einen »Deal« mit Gott: Ich tue alles für dich und du stellst mich an den Platz, wo ich am meisten für dich tun kann. Und dann hat Gott freie Hand. Ich bin sicher, dass Kardinal Joseph Ratzinger ein solches stillschweigendes Abkommen mit dem lieben Gott hatte; und dass er, der »deutsche Panzerkardinal«, wie er von manchen abwertend bezeichnet wurde, nie damit gerechnet hatte, einmal Papst zu werden. Deshalb hat er die Welt an jenem denkwürdigen 2. April 2005, als er nach einem kürzestmöglichen Konklave plötzlich als Benedikt XVI. auf der Papstloggia stand, durch seine unprätentiöse Demut auch so fasziniert. Man hat gesehen und gehört, dass er nicht mit Worten kokettiert, wenn er sich als *»umile lavoratore«*, als »demütigen Arbeiter« bezeichnet. Er kann sein Papsttum auch deshalb so locker und charmant angehen, weil er sich ganz in Gottes Hand gelegt hat. Mein Ratschlag ist also: Es Gott überlassen, wo er einen hinstellt. Aber nicht faul und träge, sondern unter voller Ausschöpfung seiner Talente! Nur ein Eifer, der an dem Platz, wo man hingestellt wird, sein Bestes gibt, wird uns vor Ehrsucht bewahren. Falscher Ehrgeiz ist wie eine Sucht, die nach immer mehr giert. Ein Schlund, der alles in sich hineinstopft und nie satt wird. Am Schluss hat man dann vielleicht fettes Kapital angehäuft, ellenlange Titel gesammelt, einen Ordner mit Urkunden und Auszeichnungen – aber zufrieden ist das griesgrämige Herz nie.

Zum Schluss möchte ich noch einen kleinen konkreten Rat geben, wie man Gemeinschaft sehr einfach und unaufwändig verbessern kann, und zwar so, dass man sich selbst dabei besser fühlt. Bei uns in Österreich gibt es das Sprichwort: »Wie man in den Wald hineinruft, so tönt es zurück.« Das ist übrigens nichts anderes als die Übersetzung der so genannten Goldenen Regel, die Jesus in den Worten ausgedrückt hat: »Alles, was ihr also von anderen erwartet, das tut auch ihnen!« (Matthäusevangelium 7,20) Wenn ich etwas zum Aufbau einer Gemeinschaft tun will, dann muss ich mich fragen: Was hätte ich am liebsten von dieser Gemeinschaft, wann fühle ich mich innerlich am wohlsten, wo empfange ich durch diese Gemeinschaft das größte Geschenk? Ich habe mich das einmal in Bezug auf mein Ordensleben gefragt. Meine Antwort war: Mich baut am meisten auf, wenn ich mich angenommen und wertgeschätzt fühle! Wertschätzung kann sich nonverbal äußern, Wertschätzung kann sich durch Gesten und kleine Zeichen ausdrücken. Doch am konkretesten äußert sich Wertschätzung im Loben. Zumindest mir geht es so, dass ich mich freue, wenn ich gelobt werde. Mein letzter Ratschlag ist also sehr konkret: Ich rate, häufig andere zu loben.

Mit dem Loben verbinde ich ein lustiges Erlebnis, das ich als junger Pfarrer hatte. Ich wurde kurz nach meinem 28. Geburtstag, also blutjung und unerfahren, zum Pfarrer einer unserer nahegelegenen Stiftspfarren ernannt. Weil schon mein Einsatz an der Hochschule des Stiftes geplant war, musste es eine kleine Pfarre in der Nähe sein. Der dortige Pfarrer wurde in eine unserer größeren Pfarren, die zugleich in weiterer Entfernung vom Kloster lag, versetzt. Er war sehr, sehr, sehr beliebt, und entsprechend war mein Empfang. Ich habe die Menschen meiner Pfarre dann alle sehr lieben gelernt, aber ich bin dem lieben Gott heute noch dafür dankbar, dass ich von der Missstimmung über die Versetzung meines Vorgängers und von der offensichtlichen Enttäuschung, dass sie jetzt einen so »weltfremden Mönch und abgehobenen Professor« bekommen, nichts bemerkt habe. Ich war so begeistert, nach dem abstrakten Doktoratsstudium endlich mit konkreten Menschen zu tun zu haben, dass ich mich über alles Seelsorgliche einfach freute. Was mir aber doch auffiel, war, dass sehr wenige Gläubige zur Sonntagsmesse kamen. Das bedrückte mich. (Erst später, als die Leute mich mochten, erfuhr ich, dass die Frommen die ersten Sonntage lieber hundert Kilometer weit zu meinem beliebten Vorgänger gefahren waren, statt zum Neuen in die Messe zu kommen.) So stand ich an meinem ersten oder zweiten Sonntag nach dem Gottesdienst mit gemischten Gefühlen an der Kirchentür, um die circa zwanzig vorwiegend älteren Leute, die sich (mangels Fahrgelegenheit) zu mir in die Kirche gewagt hatten, zu verabschieden. Da nahm der alte Volksschuldirektor, ein uralter und aufrechter

Mann, eine örtliche Respektsperson, damals schon knapp neunzig Jahre alt, meine Hand, schüttelte sie inbrünstig und sagte: »Ein großes Lob, Herr Pfarrer, ein großes Lob. Das war eine sehr schöne Predigt!« Mir ging das Herz auf, ein Gefühl von Wärme durchflutete mich von oben bis unten. Freilich gebe ich seither meinen Studenten den Rat: Lob immer nur einfach anzunehmen. Einfach »Danke« zu sagen, oder »Das freut mich!« Auf keinen Fall soll man nachfragen, so wie ich es damals getan habe: »Danke, und was hat Ihnen denn so gefallen?« Dass der alte Direktor schlecht hört, konnte ich ja als junger Pfarrer nicht wissen. Die Antwort aber war eindeutig: »Wissen Sie, gemerkt habe ich mir nichts, aber schön laut und deutlich war es.« Darum nochmals mein Rat: Lob einfach annehmen, und sonst nichts. Damit man nicht stolz wird, sollte man freilich als Gläubiger das Lob auch gleich an den weitergeben, der einem das Talent und die Gnade gegeben hat: an Gott.

Meine Eltern betrieben einen großen Lebensmittelmarkt und haben uns Kinder mit der Weisung erzogen: »Grüßen und Danken kostet nichts.« Und sie fügten mit durchaus kaufmännischer Absicht hinzu: »Und bringt viel.« Wir wurden so erzogen, dass wir den Geschäftsraum immer mit einem »Grüß Gott« betreten mussten, höflich zu allen »Bitte« und »Danke« sagten und auch ein lautes »Auf Wiedersehen!«, wenn jemand das Geschäft verließ. Wertschätzung des Kunden, so würde man das wohl in der Business-Sprache nennen, ist profitabel. Ich bin schon in so manchem Restaurant, wo ich das Gefühl hatte, dass sich der Kellner durch meine Anwesenheit belästigt fühlt, leise wieder aufgestanden und weggegangen, ohne etwas zu bestellen. Schwieriger ist es in Baumärkten, wo ich oft dem heiligen Antonius ein paar Gebete versprechen musste, um endlich einen fachkompetenten Angestellten zu finden, der dann – dazu brauchte es natürlich weiterer Versprechungen an den erstaunlich effizienten Heiligen – auch noch die Tugenden der Geduld und Freundlichkeit besaß. Das gute und freundliche Wort, sei es in Form von Grüßen, standardisierten Wünschen oder sonstigen Redewendungen ist selten geworden. Und noch seltener ist das persönliche gute Wort, das wir einem anderen sagen. Wir loben im persönlichen Umgang viel zu wenig. Freilich: Das Lob darf nicht zu einem Trick verkommen, zu einer bloßen Einleitung von Kritik oder einer Bitte. Hier wird das Gute nur als Instrument eingesetzt, um etwas zu erreichen. Wir sind schon so darauf eingeschossen, dass das Loben nur Mittel zum Zweck ist, dass wir selbst oft innerlich mit einem »Was willst du denn jetzt von mir …?« reagieren, wenn ein Mitbruder etwas an uns gut zu findet, und das dann auch noch ausspricht.

Wie schön ist es, wenn man zweckfrei gelobt wird! Ich erlebe zumindest an mir, wie ich dadurch aufgebaut und motiviert werde. Je näher mir die Menschen stehen, je mehr ich sie respektiere oder gar fürchte, desto mehr positive Kraft hat das Lob. Natürlich darf das Lob nicht künstlich sein, und vor allem muss es ehrlich sein. Das spürt man. Das unverzweckte Loben bringt viel, es baut nämlich Gemeinsamkeit auf, es macht Miteinander möglich. Im Lateinischen gibt es das Wort *benedicere*, das sich aus *bene* für »gut« und *dicere* für »sagen« zusammensetzt. Wörtlich heißt *benedicere* also »gut reden«, »Gutes sagen«. Interessant ist, dass dieses eine lateinische Wort mit zwei verschiedenen deutschen Begriffen übersetzt werden muss, je nach der Richtung, in die es ausgesagt wird. Wenn der Mensch auf Gott hin *benedicere* macht, dann muss man es mit »loben« übersetzen. Wenn das *benedicere* aber von Gott auf den Menschen hinläuft, dann heißt es »segnen«. Die Urbedeutung von Segnen ist also, dass Gott Gutes über uns sagt, ja dass er uns lobt. Jeder kirchliche Gottesdienst endet mit dem liturgischen Segen: »*Benedicat vos omnipotens Deus!* – Es segne euch der allmächtige Gott …« Gott ermöglicht unsere Gemeinschaft mit ihm, indem er uns von sich aus den Himmel geöffnet hat. Und er will nur Gutes über uns ausgießen, *benedicere.* Das sollten wir uns auch für unsere irdischen Gemeinschaftsformen abschauen. Positives über Andere denken, Positives über andere reden, und konkret auch Postives dem anderen sagen.

Es zahlt sich aus, dieses gesprochene und getane Gute in unser Zusammenleben zu investieren. Die Rendite liegt in der Harmonie, ohne die wir selbst ja nicht glücklich sind. Nichts ist unverfüglicher als gelungene Beziehungen und Gemeinschaften, und in nichts sollten wir uns mehr bemühen, uns selbst einzubringen, auch bis zu einem Punkt, wo wir das Gefühl haben, von undankbaren Menschen ausgenützt zu werden. Wie Mutter Teresa, die ja die Kraft zu einer so starken Liebe aus ihrem Blick auf Christus am Kreuz hatte. Das erste bewusste Bibelwort, das ich mit sechzehn Jahren kennen lernen durfte, stammt aus den Psalmen. Damals war ich mit einer Jugendgruppe im Stift Heiligenkreuz, und ein junger Mönch, der später mein Novizenmeister werden sollte, zitierte beim Lagerfeuer den lateinischen Vers: *»Ecce quam bonum et quam iucundum, habitare fratres in unum.«* Das schön klingende Latein machte das Wort für mich mysteriös und daher merkenswert. Die Übersetzung lautet: »Seht, wie gut und fröhlich es ist, wenn Brüder in Eintracht zusammen sind.« Das Wort ist auf Gott hin gesagt, denn wo Beziehungen und Ehen, Familien und Verwandtschaftsgefüge, Pfarrgemeinden und Gremien, Vereine und Gruppierungen in harmonischer Gemeinsamkeit zusammenstehen und uns glücklich machen, da wird man doch letztlich zugeben müssen, dass Er seine Hand im Spiel hat. Jede gute Gemeinschaft ist ein Wunder Gottes, für dessen Gelingen jeder Einzelne Verantwortung trägt.

23. Wir sind Helden

Die Soziologen sagen einmütig, dass wir in einer Zeit des Super-Individualismus leben. Das heißt: Jeder von uns ist sich selbst der Nächste. Alles dreht sich um uns. Für uns ist das so absolut selbstverständlich geworden, dass wir uns gar nicht mehr vorstellen können, dass es anders ist. Wir alle haben ein Lebensgefühl, das ich »Ich-meiner-mir-mich!-Was-und-dich-gibt-es-auch-noch?!« nennen möchte. Psychologen sprechen vom Ich-Syndrom. Wir sind so eingespiegelt in unser Ich, dass wir uns schon gar nicht mehr vorstellen können, wie Menschen früher für Werte wie Glaube, Heimatland, Familie und Ehre ihr Leben riskieren konnten. Nicht nur deshalb, weil in unserer Geschichte der Idealismus des »Für-Jemanden« schändlich missbraucht wurde, sondern vor allem, weil unsere Grundstimmung lautet: Ich lebe in erster Linie »für mich«. Ich finde den Ausdruck treffend, dass wir Heutigen zu einer »Ego-AG« geworden sind: Jeder ist seine eigene Firma, die für sich selbst arbeitet, für sich selbst Wohlgefühl erwirtschaftet und die Kontakte zu anderen pflegt, um den Profit zu erhöhen. Die anderen gibt es, damit es mir gutgeht. Übertreibe ich hier? Ich denke nein.

Wenn ich als Priester in den Spitälern Krankenbesuche mache, so treffe ich ab und zu bei unseren einheimischen Kranken jemanden aus der Verwandtschaft an, der zu Besuch gekommen ist. Doch oft ist auch niemand da. Die Kranken meinen dann oft sogar, ihre Kinder oder Enkelkinder, die nicht zu Besuch kommen, entschuldigen zu müssen. »Wissen sie, Herr Pfarrer, die haben ja so viel zu tun!«, um sich über ihre eigene Enttäuschung hinwegzutrösten. Nebenan im Krankenbett aber liegt jemand, »mit Migrationshintergrund«, wie man das heute in politisch korrektem Undeutsch sagen muss. Und um diese kranke türkische Oma hat sich die ganze Verwandtschaft eingefunden, und offensichtlich nicht nur die! Eine ganze Sippe lagert um das Bett, die sind dort nicht bloß auf fünf Minuten Händedruck vorbeigekommen, um sich dann gleich wieder gestresst zu verabschieden, im Gegenteil, die Besucher scheinen regelrecht am Krankenbett kampieren zu wollen. Ich habe mich oft über diesen Unterschied in der Mentalität gewundert: Hier der vereinzelte, der individualisierte Mensch des Westens, im Krankenbett zusehends allein gelassen, weil all seine Verwandten und Freunde genauso wie er selbst ihren Lebensschwerpunkt in sich selbst haben. Am Bett daneben aber Menschen mit einer offensichtlich doch ganz anderen Grundstimmung, bei denen der Zusammenhalt in der Familie eine Selbstverständlichkeit ist. Meine Freunde, die Krankenpfleger sind, erzählen mir, dass diese Massenaufmärsche ganzer »Clans« durchaus zu Problemen in den Spitälern führen.

Fällt uns deshalb die Hingabe an jemand anderen so schwer? Echte Liebe ist immer Hingabe und bedeutet daher – zumindest ein Stück weit – dass ich mich selbst zurücknehmen muss. Ein Element der Liebe ist immer die Selbsteinschränkung. Natürlich empfange ich dann, wenn die Liebe beantwortet wird, sehr viel zurück; ich werde ja nur glücklich, wenn ich in einem Du aufgehe. Es ist unser Dilemma, dass wir zwar unser Glück wollen, aber nicht dieses Element der Selbsteinschränkung. Psychologen können das sicher besser beurteilen als ich, doch ich habe das Gefühl, dass in unserem »Ich liebe dich« immer die Grundmelodie mitschwingt: »Ich will, dass es *mir* gutgeht mit dir!« Das ist aber Egozentrik und das Gegenteil von dem, was wir Christen als Liebe verstehen. Liebe ist für uns immer hinschenkende Liebe, weil wir das Maß der Liebe ablesen vom Kreuz, wo Gott sich selbst – berechnungslos – an uns hingeschenkt hat. Dafür sogar gelitten hat. Das Beste, das je über die christliche Liebe gesagt wurde, stammt vom heiligen Bernhard, unserem Ordensvater; er formuliert: »Das Maß zu lieben ist, ohne Maß zu lieben.« Die maßloseste Liebe, so sagt Jesus, hat der, der sein Leben hingibt für die anderen. Für uns Heutige, die wir auf einem Egotrip durch das Leben gehen, ist der Verzicht für andere, die Selbsteinschränkung für andere, ja das Leiden für andere keine positive Kategorie. »Ich werde doch nicht blöd sein und auf Lebensqualität verzichten.« Den meisten Brautpaaren glaube ich ihre ernsten Absichten: Sie wollen ein schönes Leben miteinander haben und eine noch schönere, maximalromantische, absolut mega-geile Hochzeitszeremonie. Klar. Aber ob sie das, was sie da vor dem Altar zueinander sagen, auch wirklich so meinen, wie die Kirche es meint? »Ich will dich lieben, achten und ehren in guten und in bösen Tagen, in Gesundheit und in Krankheit, bis der Tod uns scheidet!« – Daran habe ich oft meine Zweifel. Manchmal habe ich das Gefühl, es wäre ehrlicher, wenn sie sagen würden: »Ich will dich lieben … solange es *mir* gutgeht mit dir.« Das ist aber nicht das, was eine christliche Ehe ist. Ja, würde man heiraten mit der inneren Einschränkung »nur solange ich was Schönes von dir habe«, dann wäre die Ehe ungültig. Liebe drückt sich im Wollen aus, bei der Eheschließung ist dies von entscheidender Bedeutung: Denn wenn Braut und Bräutigam nicht auch die Herausforderung des Leidens füreinander und aneinander *wollen*, kommt keine gültige Ehe zustande. Ehe als Sakrament wird ja mit dem Zeichen des Kreuzes gesegnet, also dem Symbol einer Liebe, die totale Hingabe bis in den Tod ist. Wer unter Liebe nur versteht: »*Ich* will von dir geliebt werden«, der hat nicht kapiert, was wir Christen darunter verstehen, nämlich: »Ich will *Dich* lieben …«

Aber sind wir Ego-AGs überhaupt noch fähig zur Hingabe? Sind wir noch beziehungsfähig? Ludwig Feuerbach hat in etwas anderem Zusammenhang formuliert: »*Homo homini deus*. – Der Mensch ist dem Menschen Gott.« So wörtlich in *Das Wesen des Christentums*. Heute geht es nicht um eine kluge Kritik an

Religion, sondern um die Beschreibung einer Grundstimmung, die wir alle haben: »*Ego mihi deus*. – Ich bin mir selbst Gott.« Etwas Höheres als mich gibt es nicht. Können wir das noch, von diesem eigenen kleinen Gott in uns, der uns dauernd zuflüstert: »Bete mich an!«, absehen und uns ganz an andere hinschenken? Ich bin selbst schon oft an die Grenzen meiner Liebesfähigkeit gelangt. Wo man sich selbst ausgenützt vorkommt, wo einem innerlich die Kraft ausgeht. Seit etwa fünfzehn Jahren erhalte ich einmal im Jahr durch einen postalischen Service einen Strauß duftender Blumen zugestellt. Von einer Dame aus einem österreichischen Bundesland, mit der mich eine interessante Geschichte verbindet, die ich als Priester nur deshalb erzählen kann, weil keine Gefahr besteht, dass ihre Identität preisgegeben wird, und auch weil hier nichts unter dem Siegel des Beichtgeheimnisses besprochen wurde. Als Neupriester ging ich einmal über den Stiftshof, der wie üblich mit vielen Touristen gefüllt war, als sich eine Frauengestalt von einer Gruppe löste und auf mich zusteuerte. Auch nichts Besonderes, denn die Touristen löchern uns mit vielen Fragen, sodass ein Fortkommen außerhalb des Klausurbereiches in den fremdenverkehrsstarken Zeiten schwierig ist. »Herr Pater, kann ich mit Ihnen sprechen?« Warum ich damals Zeit hatte oder mir Zeit genommen habe, weiß ich nicht mehr, vielleicht auch deshalb, weil ich gemerkt habe, dass es hier um Ernsteres ging als um Fragen nach der Geschichte des Klosters und des Ordens. Wir gingen in eines der klösterlichen Sprechzimmer, die damals bei uns den Charme von Gefängniszellen hatten, denn es sollte ein längeres seelsorgliches Gespräch werden. Schwieriger Fall! Die Frau, eine sehr attraktive Mittvierzigerin, bat um Rat, da sie vor Kurzem gemerkt hatte, dass sie von ihrem Mann betrogen worden war. Die beiden hatten schon heftige Auseinandersetzungen hinter sich, alles war im Chaos, die Kinder schon mitbetroffen von der Ehekrise. Und wie immer, stimmte auch sonst vieles nicht in dieser

Ehe, und zwar, so wie sie es schilderte, von der Seite ihres Mannes her. An Details erinnere ich mich nicht, aber ich kenne viele Männer, die ihre Frauen vernachlässigen; in diesem Fall hatte ich den Eindruck, dass da offensichtlich (wieder einmal) eine zärtlich-empfindsame Frau mit einem Typen zusammen war, der emotional behindert ist. Ich hörte also zu und hörte zu, – mit großer Sorge, denn ich sollte ja dann irgendwann einen Rat geben. Aber welchen? Ich erinnere mich sehr deutlich an zwei Empfindungen, die in mir aufstiegen: die eine war die normalmenschliche: wenn auch nur ein Bruchteil von dem stimmte, was dieser Ehemann seiner Frau angetan hatte und wie wenig er sie schätzte, so konnte man nur raten, dass sie ihm schleunigst einen Tritt in den Hintern geben sollte, um ein neues Leben ohne ihn zu beginnen. Das menschliche Urteil war hier eindeutig. Dagegen sagte mir eine andere Empfindung, dass ich weder als Priester noch als Christ in diese Richtung raten darf. Die beiden waren schließlich verheiratet, das Urteil der guten Frau konnte ja einseitig sein, weil sie in einem emotionalen Tief war … Und außerdem hatte ich mir ja bei meiner Priesterweihe vorgenommen, nicht bloß »natürlich«, sondern »übernatürlich« zu handeln. »Liebt er sie noch?« – »Ja, aber er schätzt mich nicht!« – »Lieben Sie ihn noch?« – »Ja, aber ich halte ihn so nicht mehr aus!« Also betete ich innerlich, während ich äußerlich zuhörte und zugleich zwei Seelen in meiner Brust einen Kampf kämpften. Ich habe dann geraten, in der Ehe zu bleiben. Mein Rat war nichts Besonderes, das Übliche eben, weil sich vom Glauben herleitet, dass die Ehe ein Sakrament ist, dass also Gott mit seiner Gnade dabei ist und dass Gott auch alles gut machen kann. Ich riet »das Übliche«, das ein Priester raten kann: zu verzeihen, Gott um die Kraft zur Vergebung zu bitten, einen Neuanfang zu wagen, ein offenes, unaufgeregtes Gespräch mit ihm zu führen … Irgendwann segnete ich sie und sie lief zu ihrem Reisebus, wo man schon auf sie wartete. Die Sache hatte ich dann auch schon bald wieder vergessen, wäre da nicht irgendwann der Blumenstrauß geliefert worden. »Von der Frau, deren Ehe Sie gerettet haben.« Seither bekomme ich von dieser Frau, deren Namen ich immer noch nicht kenne, immer an ihrem Hochzeitstag den besagten Strauß. In dem Fall ist es gutgegangen, aber ich kenne leider auch Paare, wo die Kraft zur Versöhnung nicht da war. Ein junger Mann, zwei Jahre verheiratet, erzählte mir, dass seine Frau eines schönen Abends, nachdem man den Tag noch nett und harmonisch miteinander verbracht hatte, ihm freundlich sagte, dass sie ausziehe. Nicht, weil sie sich in einen anderen verliebt hatte, sondern weil sie »von der Beziehung nichts mehr hatte«.

Wie jeder Seelsorger könnte ich jetzt noch seitenweise Bedrückendes und Beglückendes weitererzählen … Abgesehen von der Naivität und der schlechten Vorbereitung, mit der viele in die Ehe gehen, stellt sich mir deshalb schon die Frage: Können wir Menschen denn überhaupt so lieben, dass wir nicht gleich aufgeben, wenn es schwieriger wird? Anders gesagt: Wenn man das Gefühl hat, dass man in eine Beziehung mehr investieren muss, als man von ihr profitiert? Apropos »Beziehung«. Wenn ich merke, dass sich die Sprache, wie ich sie gelernt habe, plötzlich verändert, fühle ich, dass ich alt werde. Die Fremdwörter merkt man sich ja leicht, inzwischen weiß ich, was ein »Hype« ist und spreche selbst manchmal vom »Relaxen« usw. Weit unauffälliger sind die Verschiebungen in der deutschen Sprache selbst. In meiner Jugend sagte man, wenn man verliebt war, noch: »Ich habe eine Freundin« bzw. »Ich habe einen Freund.« Das war natürlich schon damals keine sehr klare Aussage, denn das Wort »Freundin« war absolut vieldeutig, da passten alle möglichen Schattierungen von zwischenmenschlicher Verbundenheit hinein. Von Händchenhalten bis zum festen Zusammenleben. Aber immerhin, sprachlich wurde zumindest ein Mensch genannt, eine konkrete Person, ein Jemand.

Heute aber sagt man: »Ich bin in einer Beziehung.« Eine Beziehung ist ein Neutrum, ein Etwas, eine Sache. Dass man mit einer anderen Person in einer Beziehung ist, ist sekundär, alles ist auf das eigene »Ich bin« zurückgeworfen. Ich bin versucht, das zu übersetzen in »Ich genieße mich selbst mittels einer Beziehung.« Oder »Ich beglücke mich, indem ich mir eine Beziehung gönne.« Das ist übertrieben, aber meine Aversion gegen diese Formulierung hat einen Grund: Jugendliche erzählen mir, dass sie »in einer Beziehung« sind. Die Formulierung lautet immer gleich, aber der Jemand, mit dem man in einer Beziehung ist, hat sich geändert. Im Mai ist es Gabi, im November Katrin … Und immer bleibt das eigene »Ich« als Maß aller Dinge über: »*Ich bin* in einer Beziehung«. Besonders schrecklich finde ich es übrigens, wenn man das Zerbrechen einer Liebe so mit »links« wegsteckt. Einer von meinen Jugendlichen, sehr sportlich, beruflich erfolgreich, ein Banker, und sogar ein menschlich-sensibler, fand erst mit zwanzig zum ersten Mal eine Freundin. Dass es so lange gedauert hatte, hatte zuvor schon zu einer Art Komplex geführt. In diese junge Frau, die um einiges älter war und bereits mehrere »Beziehungen« hinter sich hatte, verliebte er sich Hals über Kopf; für ihn war es Liebe: für ihn war sie die eine und einzige … Doch sie machte nach ein paar Monaten Schluss, nein, sie servierte ihn regelrecht ab. Für sie war er ein Abenteuer, und er war monatelang untröstlich. Er erzählte mir, dass er sich ja selbst nicht verstehe, weil alle seine Freunde das Ende einer Beziehung nicht so tragisch nahmen wie er. Ich habe ihm geantwortet, dass er mir eben deshalb so imponiere, weil er trauere, weil er leide »wie ein Hund«. Wer nicht trauert, der hat auch nicht geliebt.

Es fragt sich, wie wir mit diesem Ego fertig werden? Denn unser Ego verlangt ja offensichtlich, dass wir es als unseren Gott anbeten. Es ist eifersüchtig und achtet darauf, dass wir uns nur ja nicht selbstverloren an andere hingeben; es duldet die anderen nur zum Zweck seiner selbst. Übrigens: Der Umstand, dass wir unserem eigenen Ich zu sehr huldigen, also unserer Subjektivität, unseren Emotionen, unseren Stimmungen, unseren Gefühlen, führt dazu, dass wir uns leicht austricksen lassen. Wenn wir immer nur das tun, bei dem wir das Gefühl haben, dass es »mir guttut«, gibt es bald nichts Objektives mehr. Im Bereich der Religion merken wir das deutlich: Zu meinem Glauben gehört, was »mir gefällt«. Subjektivität und Multioptionalität ist angesagt. Hier fällt mir ein Erlebnis ein, das ich als junger Professor hatte. Damals hielt ich an unserer Hochschule zum ersten Mal die Vorlesung über die »natürliche Gotteserkenntnis«. Wir glauben nämlich – und 1870 hat das 1. Vatikanische Konzil dies auch feierlich als Teil der von Gott geoffenbarten Wahrheit verkündet –, dass jeder Mensch von Natur aus »mit dem natürlichen Licht der Vernunft« erkennen kann, dass es Gott gibt. Von der Existenz Gottes überzeugt zu sein, ist also gar keine Sache des Glaubens, sondern des Denkens. Man muss gleichsam nur denken wollen und aus der Beobachtung der Dinge seine Schlüsse ziehen, und schon kann man *»certo«* – »mit Gewissheit« erkennen, dass es einen Gott gibt. Und natürlich kann der Verstand auch die wichtigsten Eigenschaften dessen erkennen, was wir Gott nennen. Da das, was alle Menschen Gott nennen, einerseits »ganz-anders«, andererseits aber zugleich Ursache und Grund von allem Endlichen sein muss, müssen wir uns Gott ähnlich-und-unähnlich zugleich zur Welt vorstellen. Philosophisch undenkbar ist es also, dass Gott sterblich ist, dass er begrenzt ist, dass er ein Körper ist usw.

Damals war ich von der philosophischen Gotteslehre ganz begeistert. In dieser Zeit veranstalteten die Jugendlichen einer katholischen Jugendgruppe in einer nahe gelegenen höheren Schule ein Glaubensgespräch mit anderen Jugendlichen. Diese Runde lief nach einem speziellen Muster ab: Ich musste als Priester dabei sein, durfte aber in der ersten Hälfte nichts sagen, erst in der zweiten Hälfte wurde ich als »Fachmann« mit ins Gespräch einbezogen. Das System war genial, denn so kamen die Jugendlichen mal richtig untereinander ins Reden und Diskutieren. Die wünschten sich auch immer ordentliche Themen, also nicht bloß Drogen und Mülltrennung, sondern wirklich substantiell Religiöses, sodass das Thema »Wie ist Gott?« anstand. Und da saß ich nun und musste schweigen, während ein Mädchen, an sich nett, das Wort massiv an sich gerissen hatte. Sie war erfreulicherweise religiös, aber mit einem leicht infantilen Einschlag, denn sie schwärmte allen vor, wie toll sie es fände, sich Gott vorzustellen wie im *Kleinen Prinzen* von Antoine de Saint Exupéry. Sie denke jeden Abend vor dem Schlafengehen an den »lieben Gott«, der da draußen irgendwo auf einem kleinen Planeten sitzt und auf uns aufpasst. Das Mädchen war immerhin siebzehn Jahre. Dann durfte ich endlich was sagen und versuchte sanft zu argumentieren, dass der kleine König auf dem Zwerg-Planeten ein hübsches Bild für Gott sei, dass wir uns Gott jedoch in Wirklichkeit schon anders als ein altes Männchen mit Schlafmantel vorstellen müssten. Am besten sei, wir machten uns gar kein Bild von ihm, denn der Verstand sagt uns ja, dass er unbegrenzt, einzig, ewig, unendlich, geistig, unsterblich, alles durchdringend usw. ist. Ich erzähle das nur wegen der Reaktion des sympathischen Mädchens, denn das zog ein langes Gesicht, lehnte sich zurück und zickte: »Aber wenn *ich* mir Gott so vorstellen will, warum sind Sie dann dagegen?«

Für mich war das ein Schlüsselsatz, denn wenn man diese Reaktion analysiert, so bedeutet sie ja Folgendes: Ich denke mir, was ich will; du kannst dir ruhig auch denken, was du willst. Aber komm mir ja nicht mit deinen Vorstellungen in die Quere! Anders gesagt: So wie mir meine religiöse Subjektivität immer heilig ist, so wage ja nicht etwas Objektives über religiöse Themen zu behaupten. »Warum sind Sie dagegen?« Was für eine Unterstellung. Es ist ja nicht mein persönliches Ich, dass gegen ihre Ideen ist, sondern die Vernunft, die jeder Mensch hat, die ist dagegen. Es widerspricht objektiv der Vernunft und der Logik, eine Phantasiegestalt auf einem Phantasieplaneten als »Gott« zu bezeichnen und auch noch zu so etwas zu beten.

Ich habe daraus meine Lehren gezogen. Ich bin überzeugt, dass es eine objektive Wahrheit gibt, dass Gott sich in einer Weise geoffenbart hat, die jedem denkenden Menschen in Verstand und Glauben zugänglich ist. Aber ich bin auch überzeugt, dass es heute besser ist, nicht mit »Dogma« zu argumentieren, sondern mit »Überzeugung«. Heute würde ich nicht mehr sagen: »Schau, der Verstand sagt uns doch, dass Gott kein begrenztes Etwas, kein Männlein, irgendwo unter anderen begrenzten Dingen sein kann, sondern ...« Nein, die Objektivitätsschiene zieht nicht. Weil wir alle Super-Egos geworden sind. Aber das Super-Ego hat eine Schwäche. Es hat keine Argumente, wenn ein anderes Super-Ego kommt und einfordert, respektiert zu werden. Es sitzt in der Falle: Weil es selbst mit seinen Ideen respektiert werden will, muss es auch mich und meine Ideen respektieren. Darum würde ich heute sagen: »Was du hier über Gott sagst, macht *mich* total *betroffen*, weil es *meiner* Idee von Gott widerspricht. *Ich* finde deine Idee von Gott zu klein, weil *ich* nämlich *fühle*, und zwar ganz tief drinnen in mir, dass *ich mir* persönlich Gott unbegrenzt, unendlich, unsterblich, geistig usw. vorstellen muss, und darum macht *mich* deine Vorstellung traurig, weil *ich* von einem größeren *überzeugt* bin.« Wer auf dem Egotripp könnte so viel persönlicher Betroffenheit, Gefühl und Überzeugung eines anderen Ego noch ernsthaft etwas entgegensetzen? Ich gestehe, dass ich das auch meinen Studenten als »Trick« weiterempfehle, weil ich persönlich leider wirklich überzeugt bin, dass das Argumentieren mit Dogma »out« ist, Zeugnis hingegen »in«. Und ich bin Papst Benedikt XVI. sehr dankbar, dass er versucht, die Vernunft samt der Philosophie zu retten. Denn wenn es im Denken nichts Allgemeingültiges mehr gibt, dann ist die Philosophie am Ende, dann regiert der reine Aberglaube.

Wie werden wir also mit dem Ich fertig? Keine Angst, ich rate nicht, dass wir unser Ich niederkämpfen müssen. Denn ein Blick in mein eigenes Herz sagt mir, dass wir so tief drinnenstecken in diesem Mega-Egozentrismus, dass wir es gar nicht schaffen würden, dieses dominante Ego einzudämmen. Unser Ichgefühl atmen wir ja mit dem Zeitgeist ein, und der Zeitgeist besteht nun einmal im Superkult des Ego. Ich fürchte, dass unser Versuch, unser Ich masochistisch niederzuzwingen und selbstasketisch zu bekämpfen, kläglich scheitern würde. Daher schlage ich vor, dass wir den alten christlichen Weg versuchen, nämlich dieses Ich zur höchsten Reife zu bringen. Das ist der Weg des Heldentums. Jawohl, mein Vorschlag lautet: Werden wir glücklich, indem wir Helden werden!

Unser Denken wird doch bestimmt durch eine allgemeine, träge zeitgeistige Strömung, von der wir uns alle mittreiben lassen. Wir fühlen uns »individuell«, weil wir alle nach dem Motto leben »Ich-bin-mir-selbst-der-Nächste«. Aber so individuell sind wir gar nicht, denn das ist genau das, was *alle* denken. Die Ego-Verliebtheit ist in Wirklichkeit ein kollektiver Uniformismus. Wir tragen alle diese unerträglich einheitlichen Mao-Uniformen mit der Aufschrift: Ich liebe vor allem mich! Um aus solchen Strömungen auszusteigen, braucht es Mut. Die Bereitschaft, gegen den Strom zu schwimmen und »anders zu sein«. Wir Mönche sind solche Aussteiger. Deshalb finden uns ja Jugendliche so interessant. Wenn man Jugendlichen nur fünf Minuten vom Klosterleben erzählt, fangen sie schon an existentiell zu fragen: Warum sind Sie ins Kloster gegangen? Wieso leben Sie so ganz anders? Mutter Teresa faszinierte die Menschen gerade in den 70er Jahren des 20. Jahrhunderts, als die westliche Welt sich gerade im Konsumrausch des uneingeschränkten Wirtschaftswachstums befand. Die kleine Schwester in Kalkutta, die sich dort um die Siechen und Verlassenen kümmerte, arm mit den Ärmsten der Armen lebte, zog nicht nur Berufungen an, sondern auch Journalisten sonder Zahl. Bekannt ist die Erzählung von dem amerikanischen Fotografen, der Mutter Teresa einen Tag lang begleitete. Einer unserer Studenten hat als Vorbereitung auf das Theologiestudium eine Zeit in Kalkutta verbracht; er hat uns von den extrem schlimmen hygienischen Bedingungen erzählt, sodass ich mir diese Geschichte noch besser vorstellen kann. Nachdem der Journalist einen ganzen Tag dabei war, wie Mutter Teresa die Kranken pflegte, den Sterbenden die Hände hielt, die mit Geschwüren bedeckten Siechen wusch, sagte er bewundernd: »Mutter, nicht für eine Million Dollar würde ich diese Arbeit machen!« Mutter Teresa schaute ihn an, mit diesem Blick voll Weisheit, den ich selbst ja kurz erleben durfte, und antwortete: »Ich auch nicht!« Der wahre Held handelt aus der Fülle seiner Selbstverfügung. Er tut es nicht aus dieser ekeligen verweichlicht-zickigen Selbstverliebtheit. Er ist souverän, weil ihn nicht eine Million Dollar motiviert, sondern etwas Größeres: die Liebe.

Ich möchte, dass viele Menschen glücklich werden. Und das wird nur gehen, wenn wir unverschämte Helden der Hingabe werden. Ich plädiere für ein christliches Heldentum. Natürlich ist mir bewusst, dass der Ausdruck »Heldentum« problematisch ist. Es handelt sich hier auch um einen Ausdruck, der in der Theologie nicht heimisch ist. Die Kirche kennt keine Helden, sondern nur Heilige. Im Raum der Kirche kommt der Ausdruck »Held« nur etwas verschämt im Rahmen von Heiligsprechungsprozessen vor, wenn ermittelt wird, ob denn diese oder jener den so genannten »heroischen Tugendgrad« besessen hätte. Aber vielleicht ist der Ausdruck ja deshalb so faszinierend, weil er so abgekommen, so verstaubt, so diskreditiert ist. Der Begriff »Held« war sosehr belastet durch den nationalistischen Missbrauch des 19. Jahrhunderts, der sich dann in den nationalsozialistischen Missbrauch des 21. Jahrhundert übersteigerte, dass er danach fast ausgestorben ist. Zumindest in der deutschen Sprache. Nur Hollywood kannte nach 1945 Helden. Was für platte Helden, stereotype Sieger. Der christliche Held ist nicht der profane Held, denn der profane Held ist der absolut clevere Unbedingt-immer-Sieger. Das ist der heidnische Held, der immer nur siegt, und der so cool ist, dass er Belastungen gar nicht kennt. Die Hauptsorge von James Bond ist es, den Wodka-Martini »geschüttelt, nicht gerührt« serviert zu bekommen. So sind wir ja alle nicht, so wollen wir höchstens sein. Ein solches Heldentum ist reine Science Fiction, eine Extrapolation von Wunschvorstellungen, die entspannende Scheinwelt für den samstäglichen Kinoabend. Die Hollywood-Helden gleichen faschistoiden Mussolini-Giganten, diese Typen stehen erstarrt und wirklichkeitslos da, ihr Triumph ist reine Pose. Das Tragische, durch das der Held geschritten ist, die Wunden, die ihm geschlagen wurden, sind kein Thema. Das ist das Gegenteil von dem, was ich mit christlichem Heldentum meine.

Hollywood produziert uns diese platten Heldenfiguren, diese *Last Action Heroes*, wie einer der Filme von Arnold Schwarzenegger heißt. Schade, dass dies einer seiner schlechteren ist, denn dort soll eigentlich die Scheinwelt der Hollywood-Action-Heroes auf die Schippe genommen werden. Weit besser und mit genialem Humor ist diese Persiflage in *True Lies* gelungen. Doch die Schwarzenegger-Filme sind nur ein Bruchteil der Superhelden-Epen, die uns da ins Kino und weiter ins Hirn und ins Herz geliefert werden. Die Heroes in ihnen allen sind schlechthin unverwundbar und unberührbar. Das gilt auch für Serien mit Schmuddel-Helden wie etwa in den *Stirb Langsam*-Filmen mit Bruce Willis, in denen die Blessuren des Helden die Handlung so irreal wenig beeinflussen, dass sie bloß noch stylisch und kokett sind. Ich meine, dass das Heldenpathos, das Hollywood mit seinen unbesiegbaren und unirdischen Stehaufmännchen verbreitet, ganz heidnisch ist. Hier spielt auch nichts von der alttestamentlich geprägten Religiosität des amerikanischen Christentums hinein. Denn in den Psalmen des Alten Testamentes gibt Gott dem Frommen zwar die Verheißung der Unversehrtheit: »Fallen auch tausend zu deiner Seite, dir zur Rechten zehnmal tausend, so wird es doch dich nicht treffen.« (Psalm 91,7) Das Angebot Gottes lautet also: Du wirst immer gut aussteigen, dir wird nichts zustoßen. Wir Mönche beten diesen Psalm jeden Abend vor dem Schlafengehen, wir stehen dann nebeneinander als Mönche beim Chorgebet, und ich habe diesen Bibelvers schon oft auf mich selbst bezogen: Mögen tausend links fallen und zehntausend rechts, Gott wird mir immer beistehen. Doch eben: Hier handelt es sich um eine Zusage von Gott. Hier geht es um die Verheißung einer göttlichen Kraft und nicht um ein selbstproduziertes Heldentum, wie es uns in den Filmen vorgegaukelt wird. Denn die Hollywood-Helden vertrauen nie einer Kraft außerhalb ihrer eigenen. Es sind in Wirklichkeit »Idole«, also heidnische Götter, die hier dargestellt werden.

Im Alten Testament gibt es auch viel Heldentum, das dem, was ich meine schon näherkommt. Wenn der heilige Benedikt seinen Mönchen in seiner Regel vorschreibt, dass sie bestimmte Bücher des Alten Testamentes nicht unmittelbar vor dem Einschlafen lesen sollen (Benediktsregel 4,2), so möchte er damit vermeiden, dass die vielen Schilderungen von Lug und Betrug, Mord und Totschlag, Blut und Verbrechen die Phantasie am Abend zu sehr in eine falsche Richtung lenken. Tatsächlich ist die Geschichte Gottes, die er mit seiner Offenbarung an Israel eröffnet hat, eine Geschichte, in der uns ein spannendes Ringen des Volkes, aber auch des Einzelnen, geschildert wird. Das Alte Testament kennt seine Helden. Jedem ist die tolle Schilderung des Kampfes zwischen David und Goliath bekannt, wo der junge David gegen einen Koloss von einem erfahrenen Krieger antritt, und siegt. Michelangelo hat mit seiner nackten Rennaissancestatue des David ein Vorbild für eine Heldenfigur geschaffen. Welcher Unterschied zu den nackten Muskelkolossen des Faschismus, die jeder religiösen Vergeistigung entbehren und ein »Heldentum« von entpersonalisierter Brutalität ausdrücken! Wie sehr diese alttestamentlichen biblischen Geschichten sich einprägen, habe ich selbst als junger Kaplan erlebt. Pädagogisch völlig ahnungslos, aber mit viel gutem Willen und noch mehr Liebe, bin ich damals wöchentlich in den Kindergarten von Heiligenkreuz gegangen. Eine halbe Stunde saß ich mit den Kindern im Kreis, habe Lieder gesungen, sie kleine Gebete gelehrt und dann meist auch eine biblische Geschichte erzählt. Meine »Auftritte« dort waren immer kurz, um die Kinder nicht zu langweilen. Natürlich wollte ich die kleinen Vier- bis Sechsjährigen mit besonders spannenden Geschichten für Gott gewinnen, so stand die Geschichte von David und Goliath ganz am Anfang. Erzählen war mir zu wenig, also haben wir das auch gespielt: Ein Kind durfte David spielen, der auf Gott vertraut. Ich selbst mit meinen 1,92 Metern spielte den Goliath. Goliath drohte mit einem angedeuteten Schwert. David entgegnete, dass er sich nicht fürchte, weil er auf Gott vertraue. Das war mir natürlich der wichtigste Inhalt! Dann kam der angedeutete Schuss des kleinen David mit seiner nicht vorhandenen Schleuder, Goliath, also ich, wankte, wankte und stürzte dramatisch zu Boden. Irgendein Teufel muss mich dann geritten haben, denn ich erzählte auch noch, dass David dem Goliath den Kopf abgeschlagen hat. Also schlug mir mein kleiner David-Schauspieler auch noch den Kopf ab. Angedeutet, versteht sich. Am selben Nachmittag schrillten natürlich die Telefone, weil Kindergärtnerin und Eltern anriefen, was ich – der Kaplan – denn mit den Kindern am Vormittag gemacht hätte. Die Kinder seien nicht mehr zu bändigen und spielten den ganzen Tag Niederschießen, Umfallen und Kopfabschlagen … Naja, inzwischen habe ich dazugelernt. Und letztlich bestätigt es ja nur, dass Benedikt Recht hat: Im Alten Testament steht vieles, was sich in der Phantasie selbstständig machen kann; es steht dort aber um eines religiösen Inhalts willen. David ist nicht Bruce Willis, Arnold Schwarzenegger, Keanu Reeves, Brad Pitt, Superman, Spiderman oder wie die Superheros der Kult-Movies alle heißen. David siegt nur, weil er dem Gott vertraut, von dem alle Stärke kommt. Und gerade in der Gestalt des David leuchtet dann schon etwas vom christlichen Heldentum auf: als er sich seines Feindes Saul erbarmt und ihn nicht tötet, obwohl er ihn töten könnte; als er sich von den Anhängern seines Sohnes und Gegners Abschalom ungestraft verspotten und bespucken lässt; als er den Tod seiner Widersacher mit ungeheuchelten Tränen beweint. Der biblische, vorchristliche Held vertraut immerhin schon ganz auf Gott und lässt die göttliche Macht zum Durchbruch kommen. Und der christliche Held?

Auch der christliche Held ist ein Sieger. Christus wird in den Auferstehungsikonen nicht viel anders dargestellt: mit Victory-Pose, wie die Filmstar-Helden. Aber etwas ist anders: Er ist durch die Hingabe gegangen, und zwar bis zur Selbstlosigkeit. Da steht dieses komische Wort in der Schrift, aus dem Mund Jesu, das da lautet: »Wer sein Leben retten will, wird es verlieren; wer aber sein Leben um meinetwillen verliert, wird es gewinnen.« (Matthäusevangelium 16,25 u. ö.) Christus, der Held, hat keine Make-up-Blessuren wie Bruce Willis, sondern er hat sich wirklich Nägel durch den Leib schlagen lassen, wirklich von der Spott-Dornenkrone durchstechen lassen, wirklich ausbluten lassen in seiner Hingabe. Warum strahlen Menschen, die sich anderen verschenken, eine solche Ich-Souveränität aus? Was macht diese Menschen so souverän glücklich?

Ein Beispiel für mich ist eines der vielen Nazi-Opfer, die auch wir Christen zu beklagen haben. Karl Leisner, ein katholischer Jugendführer aus Münster, starb kurz nach seiner Befreiung aus Dachau am 12. August 1945. Leisner beeindruckt mich erstens durch sein Lebensmotto: »Entweder Heiliger oder Schuft!« Die Psychologie erklärt uns, dass wir Herdenwesen sind und gruppendynamische Prozesse einen regelrechten Sog entfalten können. Konrad Lorenz hat den Opportunismus, mit dem die meisten auf den Anschluss Österreichs im Jahre 1938 reagiert haben, mit den Worten analysiert: »Wenn die Trompete erschallt, ist der Verstand in der Trompete!« Leisner entschied sich gegen die Trompete, und er ist Gott sei Dank nicht der Einzige. Auch heute würden wir viele brauchen, die im Guten aussteigen. Leisner ist für mich, der ich viel mit jungen Männern zu tun habe, die in sich den Wunsch verspüren, Priester zu werden, vorbildhaft, weil er einen eindrucksvollen Kampf ausgefochten hat zwischen der Einsicht in seine Berufung zum Priestertum und seinem tiefen Verliebtsein in eine junge Frau, deren Name Elisabeth war. Die Entscheidung fiel zugunsten des Priestertums; der Briefwechsel zwischen Karl und Elisabeth ist berührend und erinnert ein bisschen an Abaelard und Heloisa. Dieses Ringen, Leiden, Beten, aber auch vernünftiges und distanziertes Nachdenken kann ich allen empfehlen, die das Gefühl haben, dass Gott etwas Anderes, Aussteigerisches, Unvorstellbares mit ihnen vorhaben könnte. Als der 24-jährige Leisner 1939 vom missglückten Attentat des Georg Elsner auf Hitler erfährt, kommentiert er es mit einem: »Schade!« Daraufhin wird er sofort denunziert und am nächsten Tag verhaftet. Sein Leidensweg führt über das Konzentrationslager Sachsenhausen nach Dachau, wo er die Folter in unerschütterlichem Gottvertrauen erträgt, auch als sein Gesundheitszustand sich verschlechtert. Ein inhaftierter französischer Bischof weiht Karl Leisner 1944 im Geheimen zum Priester. Unter strengster Geheimhaltung kann er im Konzentrationslager am 26. Dezember 1944 eine einzige heilige Messe feiern. Alle Lebensopfer für die Feier dieser einen und einzigen heiligen Messe seines Lebens! Denn gleich nach der Befreiung aus Dachau durch die Amerikaner stirbt er, aufgerieben, krank und erschöpft. Das ist für mich christliches Heldentum! Das hat etwas mit dem Mut zum Widerspruch zu tun. Wir leben heute in keiner Diktatur, wir werden nicht wegen eines einzigen Wortes in Konzentrationslager gesteckt. Wir hätten alle Möglichkeiten, mutig zu sein und gegen den Strom zu schwimmen. Wenn wir alle so supercoole Egozentriker sein wollen, warum leben wir dann unser Ego nicht aus, indem wir mal ganz unverschämt anders sind als die, die nur auf sich selbst schauen? Seien wir doch heldenhaft, indem wir für andere leben. Seien wir doch cool, indem wir uns an andere verschenken. Gönnen wir uns doch uns selbst, indem wir zu lieben anfangen. Der Mut, der uns zu glücklichen Helden macht, ist der Mut zu lieben. Freilich: Lieben bis es weh tut. Im Tagebuch von Karl Leisner findet sich der Satz: »Was siegt ist die Kraft der größeren Liebe.« (Karl Leisner, Tagebuch Nr. 25, S. 3)

Wo die Liebe wirklich siegreich ist, dort geht sie vorher durch das Leiden. Der heidnische oder vorchristliche Held siegt im Kampf, indem er niederzwingt; Christus aber siegt, indem er bezwungen wird. Christus siegt, indem er am Kreuz stirbt. Merkwürdig? Nein, es geht nur so! Der Held, der aus dem Grab steigt, hat die Wundmale deshalb auch nicht abgestreift. Im letzten Buch der Bibel, in der Apokalypse wird das »Dahinter« der Welt in phantastischen Bildern geschildert. Diese vielfach rätselhafte Schrift mit ihren dramatischen Szenarien schildert auch den Kampf der Kinder Gottes gegen die Kinder des Bösen. Der Teufel tritt in Gestalt eines Drachen auf, dessen Wunden interessanterweise sofort vernarben, verheilen und verschwinden. Wir kennen das aus den Fantasy-Filmen, die viel von dem anonymen Autor der Apokalypse abgekupfert haben. Der aus dem Grab steigende Christus aber trägt die Wundmale bleibend an sich; es ist ein Teil seiner Osterbotschaft, dass er auf seine Wunden verweist. Für uns heißt das, dass all das Böse und Verwundende, das wir im Leben ertragen, all das Leiden und der Kampf und die Überwindung nie zu einer abgestreiften Episode herabgewürdigt werden. Im Gegenteil, wir glauben, dass all das in der Ewigkeit geradezu unser Lohn sein wird. In einem Osterlied heißt es: »Die Wunden leuchtend, o wie schön, wie Sonn und Mondglanz anzusehn.« Wenn ich im christlichen Sinn ein Held sein will, dann darf ruhig auch einiges tragisch und kaputt sein in meinem Leben. Vielleicht ist das schon wieder *zu* christlich, aber es ist eigentlich der springende Punkt: Bei Gott drehen sich nämlich einmal alle Verhältnisse um. Das wird uns in den so genannten Seligpreisungen gesagt, die der Höhepunkt der berühmten Bergpredigt Jesu im Matthäusevangelium sind. Dort werden die seliggepriesen, die wir menschlich gesehen nur bedauern können: die Armen, die Traurigen, die Weinenden, die arglosen Friedfertigen, die Hungrigen, die Verfolgten ... Diesen wird das Himmelreich verheißen. Und der Evangelist Lukas stellt den Seligpreisungen die Weherufe gegenüber, wo Jesus denen ein »Wehe!« entgegenhält, die jetzt reich sind, jetzt fröhlich sind und lachen, jetzt hochgeehrt und angesehen sind.

Das Heldentum, das ich meine, hat etwas mit dem Mut zu tun, anders zu sein. Ich möchte kein Massen-Egomane sein, sondern ein Aussteiger-Liebender. Und ich bin sicher, dass das irgendwie geht. Ich werde mir verwundet, verspottet, ausgelacht vorkommen. Manchmal werde ich zu mir sagen: »Du Depp, warum lässt du dich so ausnutzen!« Mein Leben wird keine runde Happy-End-Geschichte, sondern irgendwann werde ich in Todesangst auf dem Sterbebett liegen, und bei aller Anstrengung werde ich mir dann wahrscheinlich gar nicht sicher sein können, dass ich wirklich mein Möglichstes an Liebe gegeben habe. Aber ich kann ja auf Gott vertrauen. Ich muss es ja nicht selbst machen. Gott hat seine eigenen Vorstellungen von dem, was ihm gefällt. Der Unterschied liegt wie immer in dem, was man mit dem englischen *the twist of the wrist* veranschaulichen kann: »Das Drehen des Handgelenks«. Denn man kann seine Handfläche entweder nach unten oder nach oben halten. Und man kann die Hand so mit der Handfläche nach unten halten, dass man sich abstützt, oder dass man zugleich nach unten drückt, während man nach oben abgeschottet ist. Das entspricht dem Egomanismus der Welt. Ich plädiere dafür, die Hand umzudrehen: *Make a twist of your wrist!* Die nach oben offene Handfläche lässt sich beschenken. Aus der spirituellen Haltung des Empfangens ist noch ein viel schöneres, göttlicheres Heldentum möglich.

Was ich meine, hat am schönsten meine Lieblingsdichterin Gertrud von LeFort geschildert. In ihrer Novelle *Die Letzte am Schafott* verarbeitet sie die reale Geschichte der sechzehn Karmelitinnen von Compiègne, die am 22. Juni 1794 von den Revolutionären verhaftet und schließlich wegen Verweigerung des Eides auf die Zivilkonstitution am 17. Juli 1794 hingerichtet wurden. Wir wissen aus den Akten, dass diese Nonnen sich im Kerker tatsächlich gegenseitig zum Martyrium ermutigt haben. Historisch sicher ist auch, dass die sechzehn Karmelitinnen mit fröhlichen Gesichtern auf das Schaffott kletterten, angesichts des Blutgerüstes das »*Veni Creator Spiritus* – Komm, Schöpfer Geist« anstimmten, laut ihre Taufe und Profess erneuerten und so gefasst starben, dass der gaffende Mob tief ergriffen war. Diese realen Karmelitinnen verehren wir in der Kirche als Märtyrinnen. Es ist nun interessant, wie Gertrud von LeFort in ihrem Roman diese Vorgabe aufgreift und mit einer frei erfundenen Figur genau das ausdrückt, was christliches Heldentum ausmacht: die Figur der Blanche. Lassen Sie mich den Inhalt von *Die Letzte am Schafott* kurz schildern: Der Titelheldin, also jener, die dann wirklich »die Letzte am Schafott« sein wird, gibt Gertrud von LeFort den Namen »Blanche«, also »bleich«; sie ist ein schmales, zartes und scheues Mädchen. Ihr ganzes Wesen verrät eine außergewöhnliche Angst, als lebte sie ständig in Erwartung irgendeines grauenvollen Ereignisses, als würde sich in ihr gleichsam die ganze Angst der Welt vor dem Bösen zusammendrängen. Aus Angst vor dem Leben tritt Blanche in ein Karmelitinnenkloster ein und erhält, wie bei Karmelitinnen üblich, den Namen »Schwester Blanche« mit dem Zusatz »von Jesus im Garten der Todesangst«. Ja, tatsächlich, Gott ist selbst in die Todesangst gegangen: Am Ölberg, so schildern die Evangelien, leidet Jesus so angstvoll, dass der Schweiß »wie Blut« zur Erde rinnt. Keine andere Religion schaut ihren Gott im Bild eines zu Tode Geängstigten! Die Todesangst Christi am Ölberg charakterisiert jedenfalls dramatisch die psychische Verfassung von Blanche. Als sich ihre Mitschwestern, die von der mutigen Priorin angetrieben werden, in einem Gebet heldenmütig dem Martyrium weihen, kommt es bei Blanche zur Krise. Sie flieht in Panik aus dem Kloster. Kurz darauf werden die Schwestern verhaftet, ohne Blanche, und zum Tode verurteilt. Zum großen Show-Down kommt es, als die sechzehn Karmelitinnen singend das Schafott besteigen und heroisch in das Martyrium gehen. Eine nach der anderen wird enthauptet, der Gesang wird immer schwächer. Als die Letzte hingerichtet ist, herrscht Totenstille. Da erhebt sich plötzlich die Stimme der Blanche, die unter der gaffenden Menge war und plötzlich den Mut empfängt, den Lobpreis furchtlos zu beenden. Die Meute stürzt sich auf die entsprungene Karmelitin und tötet sie.

Übrigens hat der geniale Georges Bernanos denselben Stoff übernommen und in seinem Roman *Die begnadete Angst* überarbeitet. Dort ist die Figur der Blanche noch plastischer herausgearbeitet, ja fast schon überzeichnet als die gleichsam personifizierte Angst, die von der heldenmütigen Priorin kontrastiert wird. Während Blanche vor Angst fast stirbt, lechzt Letztere regelrecht nach dem Heldentum des Martyriums und verachtet die ängstliche Blanche natürlich abgrundtief. Diese Gegenüberstellung spielt Bernanos durch, denn am Ende ist es gerade die verängstigte Blanche, die von Gott die Gnade erhält, Märtyrin zu werden. Die Priorin hingegen muss weiterleben;

gerade ihr verweigert Gott den Siegeskranz des Martyriums, das ihr selbstgesetztes Lebensziel war. Wunderschön, wie Bernanos auch das in Gnade wandelt: Denn sie begreift, dass ihr Heldentum eben darin besteht, es als lebenslange Buße annehmen zu müssen, von Gott nicht des Martyriums gewürdigt worden zu sein. Auch wenn dieser Kontrast fiktiv ist, weil die wirkliche Priorin Gabriele Croissy ja sehr wohl enthauptet wurde, so ist doch hier das Wichtigste gesagt: die wichtigste Quelle des Heldentums ist Gott, der mit seiner Gnade unser Leben wirkt, wie er es will. Wenn wir ihn nur lassen. Der christliche Held siegt nicht aus eigenem Verdienst, sondern aus Gnade. Aber er siegt wirklich! Wenn unser Ego sich auch unter den machtvolleren Gott stellt, er setzt uns nicht herab zu soften, duckmäuserischen Loosern, sondern zu Mutter Teresas, Karl Leisners oder auch zu solchen Blanches, die noch im letzten Augenblick die Kurve zum Richtigen hin schaffen. Der Stoff von LeForts »Die Letzte am Schafott« bzw. Bernanos' »Begnadete Angst« wurde immerhin von Francis Poulenc zu der wunderbaren Oper *Dialogues des Carmélites* verarbeitet.

Aber hat das etwas mit mir zu tun? Ist das nicht alles fernab von unserer Lebenswirklichkeit? Mir hat diese Geschichte geholfen, gewisse innere Haltungen zu entdecken und zu entwickeln, die mir Kraft geben. Wir werden ja mit unserem Ich nur glücklich, wenn wir es kultivieren und pflegen. Nochmals mein Vorschlag, mein Plädoyer: Den zerstörerischen Egozentrismus so austricksen, dass wir ihn zu einer fruchtbaren Kultur des Ich machen, das heldenmütig bereit ist zur Liebe. Oder zumindest bereit zum Guten. Für jeden wird das konkret etwas anderes bedeuten. Ich brauche als temperamentvoller und arbeitswütiger Choleriker ganz andere Formen, mutig zu sein, als ein etwas schüchternerer Mitbruder. Für mich bedeutet es z. B. schon Mut, einmal anzunehmen, dass nicht alles sofort gelingt, nicht alle Ideen sofort beklatscht werden von meinen

Mitbrüdern. Am meisten Mut brauche ich persönlich, um die Schäden, die mein Charakter anrichtet, wiedergutzumachen. Was andere Charaktertypen wie Phlegmatiker, Sanguiniker und Melancholiker als Mut empfinden, kann ich schwer nachvollziehen. Bei der Cholerik aber kenne ich mich aus. Wenn der Zorn hochspringt in mir wie ein fauchender Tiger, kann ich wirklich zu einer Waffe werden, die andere bleibend verletzt. Sich selbst ein bisschen zu kennen, ist gut, aber es schützt nur wenig vor der Sünde. Schon als Jugendlicher habe ich durch meinen Zorn Freunde verletzt, Freundschaften zerstört. Dabei ist der Zorn wie ein Streichholz, das schnell aufflackert, aber gleich wieder verlöscht. Aber das genügt ja leider, um vieles in Brand zu setzen. Von der Seite der Moraltheologie her muss man dazu vielleicht auch noch wissen, dass bloße Emotionen noch keine Sünde sind. Es wäre ja geradezu unnatürlich, wenn man etwa beim Autofahren abgedrängt oder geschnitten wird und man sich nicht ärgert. Zur Sünde wird es aber erst dann, wenn ich meinem Zorn freien Lauf lasse, wenn ich zurückdrängle, provokant heranfahre und mich in meinen Rachgedanken suhle wie ein tollwütiges Wildschwein. Wenn das »Es regt mich auf« zum »Ich rege mich auf« geworden ist, dann wird es moralisch problematisch. Und dann braucht man Mut und die Bereitschaft gegen dieses »Es« in einem selbst zu kämpfen, um in der Liebe zu bleiben.

Ich wurde kurz nach meinem 28. Geburtstag zum Pfarrer der wunderschönen Wienerwaldgemeinde Sulz ernannt, mein Amt trat ich am 1. März an, das war kurz vor Ostern. Nach der etwas reservierten Aufnahme in der Pfarre erlebte ich in der Osternacht, also der Feier der Auferstehung Christi, endlich zum ersten Mal eine brechend volle Kirche. Da waren sie nun endlich gekommen, die Kinder, die Feuerwehr, die Jungen und die Alten, der Chor jubelte, es gab viele Ministranten … es war ein wunderschöner Gottesdienst, liturgisch und menschlich. Der Hinübergang vom Tod in das Leben, ihn konnte ich ja auch an dem nun so positiven Verhalten meiner Pfarrgemeinde mir gegenüber miterleben. Schon bei der Feier war mir ein glatzköpfiger Mann aufgefallen, der ganz hinten stand und nicht ganz in die Kleidungsgepflogenheiten der üblichen braven Kirchenchristen passte: offenes Hemd, goldene Halskette, und vor allem diese Unruhe, mehrmals ging er raus und kam wieder zurück … Nach der Osternachtsfeier war ich in einer mittleren Euphorie, stand am Kirchenausgang und als der neue Pfarrerlehrbub mit meinen 28 Jahren schüttelte ich jedem, der aus der Kirche kam, die Hand. »Der Herr ist auferstanden! Frohe Ostern! Schön, dass Sie da sind …« Das dauerte. Dann gab es auf dem Kirchplatz Glühwein oder irgendetwas, wo man noch zusammenstehen konnte. Ich glückstrahlend mitten drin. Ostern ringsum und Ostern in mir. Und dann stand dieser Mann vor mir, offensichtlich betrunken, und begann mich zu beschimpfen. Wir standen Gott sei Dank abseits, sodass die große Masse nichts davon bemerkte. Gut, das hätte ich ertragen, ich sah ja, dass er betrunken war. Und es traf mich nicht, denn was er mir vorwarf, dass ich meinen Vorgänger vertrieben hätte, war ja Nonsens. Aber eine junge Frau, eine vierfache Mutter, die sich mit ihrer Freundin vor Kurzem gemeldet hatte, um wöchentlich ehrenamtlich den Blumenschmuck in der Kirche zu machen, hatte gemerkt, dass da etwas nicht stimmte, kam dazu, und begann auf den Mann einzureden. Was dann folgte habe ich noch lebhaft in Erinnerung: Eine Kaskade von Obszönitäten gegen meine neugewonnene Kirchenfloristin. In diesem Augenblick stieg eine derartige Wut in mir auf, dass ich nur eines wollte: diesen Besoffenen zum Schweigen bringen. Über den Schutzengel habe ich schon geschrieben; da Engel geistige Kräfte sind, haben sie auch Macht über unseren Geist. In diesem Augenblick, wo ich kurz davor war, den Mann niederzuschlagen, musste sich mein Schutzengel wirklich sehr anstrengen. Ich hatte das Gefühl, dass ich regelrecht von hinten zurückgehalten wurde, denn ich wollte zuschlagen, konnte aber nicht. In unserem täglichen Nachtgebet beten wir Mönche: »*Irascimini et nolite peccare!* – Wenn ihr euch ereifert, dann sollt ihr nicht sündigen. Bedenkt es auf eurem Lager und werdet still!« (Psalm 4,5) Ohne gnadenhafte Hilfe von oben hätte ich wahrscheinlich völlig die Kontrolle über mich verloren. Irgendwie war dann alles vorbei und die Leute brachten ihn weg. Wir haben danach noch oft über diese Szene gelacht: Nicht auszudenken, was passiert wäre, wenn ich wirklich zugeschlagen hätte ... Noch dazu, wo mir dann erzählt wurde, dass der gute Mann immer noch jene Partei wählt, der auch der Peppone in den Don-Camillo-Filmen angehört. Das hätte eine Schlagzeile gegeben: Neuer Pfarrer prügelt sich in der hochheiligen Osternacht vor der Kirchentür ...

Die Geschichte hat sogar noch ein wirkliches Happyend. Der Mann kam zu mir in den Pfarrhof, um sich zu entschuldigen; nicht gleich, es brauchte schon ein paar Monate. Aber er kam, und es war aufrichtig und ehrlich. Wir tranken zusammen ein Gläschen Wein, es war einer der glücklichsten Augenblicke in meinem Priesterleben. Wie froh kann man doch jemanden machen, wenn man die Hand zur Versöhnung ausstreckt! Und noch mehr: Als ich später bosnische Flüchtlinge aus dem Balkankrieg im Pfarrhof einquartierte und diese aus Dankbarkeit begannen, den Dachstuhl einer baufälligen Scheune herzurichten, spendete »mein Peppone«, der von Beruf Zimmermann war, das ganze Holz. So hat Gott auf krummen Zeilen äußerst gerade geschrieben!

Jedenfalls: Ein Stück Heldenmut liegt schon im Verzicht auf Aggression, auf Revanche, auf Heimzahlen. Ein Stück Heldenmut liegt in der Überwindung des eigenen Stolzes, wenn es darum geht, einen Fehler einzugestehen. Festigen sich nicht dort Freundschaft und Liebe am tiefsten, wo wir aufrichtig um Entschuldigung bitten; oder wo wir die Kraft aufbringen, aufrichtig Verzeihung zu gewähren? Vielleicht brauchen wir auch solche

Rituale des Entschuldigens, wie wir sie im Kloster haben. Wenn bei uns während des Chorgebetes jemand falsch singt, so geschieht das nie (hoffentlich!) mit Absicht. Man haut halt einmal daneben. Gott ist kein Karajan, er hat auch an falschen Tönen seine Freude, die man zu seinen Ehren singt. Wir sind ja keine Pavarottis, sondern Mönche! Trotzdem ist das Chorgebet in den Melodien des gregorianischen Chorals etwas Feierliches und Falschsingen mindert die Qualität. Was Gott nicht stört, stört die Mitbrüder. Und darum gibt es in der Tradition unseres Ordens ein einfaches Ritual: Der Falschsänger verbeugt sich tief und berührt mit seiner Hand kurz den Boden. Diese Geste heißt lateinisch *Venia,* das heißt »Vergebung«, denn sie ist in sich aggressionshemmend, weil alle anderen Mönche sofort wissen: Es tut ihm leid, er entschuldigt sich. Die Venia bringt gleichsam automatisch die Vergebung hervor, sodass gar niemand auf den Gedanken kommt, sich über diese unbeabsichtigte Störung zu ärgern. Ich erzähle das, weil das Entschuldigen aus der Mode gekommen ist. Natürlich ist Entschuldigen unangenehm! Aber ehrlich gesagt: so tragisch ist es auch nicht. Das ehrliche »Entschuldige bitte« tut nicht weh, und kostet nichts – und: es hilft uns zu einem frohen Leben miteinander. Gemeinschaft kann nur gelingen, wenn jeder bereit ist, sich zu entschuldigen.

Werden wir also Helden. Erringen wir Siege! »We are the Champions!« Nicht im Ego-Trip, sondern weil wir uns von diesem Ich nicht tyrannisieren lassen. Lassen wir Gottes Kraft durchfließen durch unser Ich, dann enden wir weder als phlegmatische Softies noch als brutale Machos. Seien wir unverschämt mutig im Guten, denn Gott ist dann auf unserer Seite. Warum spricht die Kirche nie von Helden? Weil sie dafür ein viel schöneres Wort hat. Das ist nur leider unverständlich geworden. Die Kirche spricht nämlich von »Heiligen«. Warum denken wir dabei sofort an Gipsstatuen an den Säulen von Kathedralen? Das sind Menschen wie du und ich. Die im Kampf mit ihrer eigenen Unfähigkeit und ihrem eigenen Unvermögen sich selbst einfach Gott hingehalten haben. So konnten sie das große Match des Lebens kämpfen; einige sind alt geworden, andere jung gestorben; einige haben Außergewöhnliches vollbracht, andere haben das Gewöhnliche nur außergewöhnlich gemacht. Ich erinnere mich noch sehr gut an den schönen Junitag des Jahres 1998, als der schon alte Papst Johannes Paul II. auf dem geschichtsträchtigen Heldenplatz in Wien die Ordensfrau Restituta Kafka seliggesprochen hat. Eine »typische Österreicherin« – sie stammte nämlich aus Mähren –, die ganz in der Nähe von Heiligenkreuz, in Mödling, das Regiment über eine Krankenstation des dortigen Spitals führte. Die Heiligen rühren uns in unserem Leben an. An Schwester Restituta war augenscheinlich nichts außergewöhnlich, sie entsprach dem Typus der normalen damaligen Ordensfrau, die Tag und Nacht arbeitete. Die Bilder zeigen eine kantige Frau, fest eingeschnürt in das damals fast alles verhüllende Ordensgewand. Uns Österreichern ist sie deshalb so sympathisch, weil sie resolut war und weil sie so furchtbar normal war. Sie führte das Kommando über ihre Station, auch über die Ärzte, sie ging nach der Arbeit gerne in ein kleines Lokal auf ein Krügerl Bier und ein Gulasch. Doch als die Nazis die Kreuze abnehmen wollten, leistete sie totalen Widerstand. Und als ein verwundeter Soldat ein Gedicht über den bald verlorenen Krieg zum Besten gab, schrieb sie es ab. Doch vielleicht war das auch Denunziation. Nach der Verkündigung des Todesurteils schrieb sie einen Brief an ihre Mitschwestern, den wir beim Gottesdienst immer am liturgischen Gedenktag dieser Märtyrin verlesen. In ihm ist nur Ergebung, nur Liebe, nur Hingabe. Eine einfache Frau, die mit einem reinen und mutigen Herzen alles gegeben hat. Der »Heldenplatz« ist wegen des triumphalen Empfangs, den man im März 1938 dem »Führer« bereitete, einer der belastetsten Plätze Österreichs. Geniale Dichter und Künstlerinnen der Sprache haben über und gegen diesen Platz geschrieben, der Heldenplatz hat mittlerweile Lichtermeere gegen Hass und Rassismus gesehen. Doch für mich ist Schwester Restituta Kafka der wichtigste Grund, warum ich nicht mit einer Gänsehaut über diesen Platz gehen muss, sondern mit Stolz und Freude. Denn damals, im Juni 1998, fühlte ich eine Art von österlichem Triumph, an diesem Tag trug der Heldenplatz seinen Namen zu Recht. Ich hatte das Gefühl, als wolle der Papst mit der Seligsprechung einer von den Nazis enthaupteten Ordensfrau, deren Widerstand im Prinzip ja nur etwas »Harmloses« war, eine Art großen Exorzismus über jenes dämonische »Heldentum« sprechen, das sechzig Jahre zuvor am selben Platz verkündet worden war und uns so furchtbar heimgesucht hat.

»Kann ich glücklich werden?« Oder so formuliert, wie wir es heute empfinden: »Kann mein ›Ich‹ glücklich werden?« Mein Ego-Gefühl werde ich wohl nicht los, es ist christlich gesehen auch gar kein Ziel, es zu unterdrücken oder gar durch Meditation und Askese auszulöschen. Es ist nun einmal so, dass es mir in meinem Leben immer sehr stark um mich gehen wird. Aber dann muss ich wissen, dass mein Ich nur glücklich werden kann, wenn es ein großes Ziel hat. Und dass mein Ich nur ruhig leben kann, wenn es sich nicht irgendwelche Minderwertigkeitsgefühle einreden lässt, um folglich das ganze Leben damit zu verbringen, seine Unvollkommenheiten zu kompensieren. So marschiert man sicher von einer grantigen Frustration in die nächste. Wenn wir etwas für unser Ich wollen, das uns wirklich glücklich macht, dann doch bitte das: Etwas Besonderes und Einzigartiges zu werden, indem man sich nicht vom Mainstream von einer kleinen Vergänglichkeit zur nächsten drängen lässt; indem man mit Seele und Geist durchatmet und sich »von oben« beschenken lässt; indem man sein Leben neu ordnet und sich selbst das eine und einzig Wichtige abverlangt, das dem Leben einen letzten Sinn gibt: sein Ich mit Liebe an das Du Gottes und der Menschen zu verschenken.

24. Schaut, dass ihr weiterkommt!

Liebe Leser! Zum Schluss möchte ich noch einmal sehr persönlich werden. Bitte stellen Sie jetzt dringend etwas in Ihrem Zimmer um, verrücken Sie Ihren Schreibtisch, Ihr Bett, Ihren Kaffeeautomaten. Es darf doch nicht sein, dass Sie dieses Buch zu Ende gelesen haben, und jetzt wieder in den normalen Alltag übergehen wollen? So viel Zeit und Schweiß, die Sie aufbringen mussten, um so lange Gast in meinem Denken, in meinem Leben und in meinem Herzen gewesen zu sein, sollen umsonst gewesen sein? Stellen Sie was um in Ihrer Lebenswelt, sodass Sie am Morgen beim Aufstehen über den verrückten Stuhl stolpern, sodass Sie daneben greifen, wenn Sie die Zahnbürste am üblichen Platz suchen … Damit Ihnen dann einfällt: Halt! Ich sollte ja nachdenken, nachdenklicher werden, ich sollte doch nach der Luke suchen, durch die ich hinausschauen kann in die Weite einer anderen Welt. Ändern Sie Ihr Passwort am Computer, speichern Sie sich andere Sender im Autoradio, meinetwegen auch unangenehme. »Das Leben ist zu kurz, um schlechten Wein zu trinken!«, hat ein befreundeter Bischof (!) gesagt, und damit wieder einmal einen schlagfertigen Beweis für die Inspiration des bischöflichen Amtes durch den Heiligen Geist geliefert.

Ich bin als geweihter Priester verpflichtet, mich treu an die liturgischen Vorschriften der Kirche zu halten, und ich will das ja auch von Herzen gerne tun, weil es für mich kein höheres Gut gibt, als diese Einheit im Glauben und in der Liebe, die sich in der Einheit des Gebetes und der Liturgie äußert. So muss ich manchmal auch die Übersetzungen liturgischer Texte ins Deutsche verwenden, die ich persönlich für nicht sehr gelungen halte. Im Lateinischen lautete nämlich der uralte Entlassungsruf am Ende des Gottesdienstes: *»Ite, missa est!«* Davon kommt das Wort »Messe«. Weil man rund um die Sonntags-Messen gerne auch Märkte und Verkaufsveranstaltungen für die herbeigeströmten Gläubigen abhielt, ist das Wort »Messe« dann in die weltliche Welt abgewandert und bezeichnet heute meist die Ereignisse, in denen sich Marketing und Promotion selbst zelebrieren. (Wieder so ein Wort …) Was heißt *»Ite missa est«*? Die deutsche Übersetzung, die ich in Demut und Gehorsam und mit viel Zähneknirschen und Herzensleid verwenden muss, lautet: »Gehet hin in Frieden!« Die Gläubigen antworten mit »Dank sei Gott, dem Herrn.« Das ist nun aber wirklich so gar nicht das, was die alten Christen damit meinten. »Gehet hin in Frieden« klingt ja so, als sollten sich jetzt alle in Frieden zur Ruhe setzen. Und die Antwort: »Dank sei Gott dem Herrn« klingt ja fast nach: »Gott sei Dank, dass wir endlich wieder in Frieden gelassen werden mit Gott und Glaube und dem ganzen Zeugs!« Kein Wunder, dass wir Christen ein verängstigtes und verschämtes Grüpplein in der Gesellschaft geworden sind. Die schönsten Frauen haben oft den schlimmsten Wahn, dass sie nicht schön genug sind. Einen solchen Minderwertigkeitskomplex hat im Augenblick auch das schönste Wesen, das ich kenne: die Kirche.

Aber zurück zu Ihnen, liebe Leser! Das *»Ite missa est«* am Schluss eines Gottesdienstes ist eigentlich ein kraftvoller Befehl. *Ite* heißt eigentlich: »So geht doch endlich!«, »Brecht auf!«, »Raus mit Euch!« Wir Wiener würden sagen: »Schaut, dass ihr weiterkommt!« Und *»Missa est«* heißt: »Es ist Sendung!«, »Ihr seid gesandt!« Mission ist, wenn man einen energetischen Impuls erhalten hat, wenn man angestoßen wurde, um etwas weiterzugeben. Ich würde übersetzen: »So ändert doch etwas!« Jeder kann etwas verändern. *Mission is possible.* Jede Messe ist also wirklich eine Sendungsfeier für die Christen.

Ich wollte in diesem Buch nicht predigen, sondern plaudern. Zweckfrei, aber nicht ohne Absicht. Darum bitte, stolpern Sie zumindest für ein paar Tage über Ihre umgeräumten Möbel, ärgern Sie sich über Ihren verrückten Schreibtisch, aber denken Sie mal nach, wo der Weg hingehen soll. Das Leben ist zu kurz, um es schlecht zu leben; das Leben ist zu kurz, um sinnlos zu leben; das Leben ist zu kurz, um ohne das große Glück zu leben. Ich danke Gott, dass ich gefunden habe, nein, dass ich gefunden worden bin. Nicht verschweigen darf ich, dass auch wir gläubigen Christen nicht auf Wolke Nummer 7 Richtung Himmel zischen. Die Flower-Power-Happiness von Zeffirellis Film *Bruder Sonne, Schwester Mond* ist nur ein Aspekt unserer Berufung. Denn Jesus hat uns den Weg in die letzte Freude über das allergrößte Leiden eröffnet, das Kreuz.

Ob Sie auf mein *»Ite missa est«*, also auf meine Einladung »Raus mit euch aus euren Betonsärgen der Endlichkeit« mit einem »Dank sei Gott!« antworten können? Ich bete darum, dass es geht. Wenn Sie ein bisschen mehr nachdenken, dann bin ich schon zufrieden. Für mich als Priester ist es zwar schön, wenn bei einem Gottesdienst die Antworten kräftig zurückkommen. Es ist immer schön, wenn das Geben dem Empfangen entspricht. Aber das Gefühl, mit einer Botschaft angekommen zu sein bei den Menschen, ist eigentlich nicht mein letzter Lohn. Es ist auch nicht das letzte Glück des Priesters in der Messliturgie, denn nach dem *»Deo gratias«* des Volkes kommt noch etwas Schöneres für uns Priester. Die katholische Liturgie will, dass wir dann den Altar küssen. Am Schluss jeder Messe, und auch schon am Anfang, gibt es diesen Kuss: Der Priester küsst den Altar. Den Ort auf dem Christus nach unserem Glauben im Sakrament gegenwärtig wird. Dem Symbol Altar wird das Symbol Kuss aufgedrückt. In beidem geht es um Liebe. Hier, auf dem Altar, wird die Liebe Gottes gefeiert, die sich am Kreuz als unendlich siegreich dargestellt hat und alle Menschen erreichen will. Und da drauf drücke ich meinen Kuss und antworte mit meiner Liebe. Mit Dankbarkeit, dass ich begriffen habe, besser: dass ich ergriffen wurde. Dieser Kuss ist es, der mein Leben unabhängig glücklich macht.